KB105562

임마누엘 칸트

Kaulbach, Friedrich: Immanuel Kant

임마누엘 칸트

생애와 철학 체계

F. 카울바흐 지음
백종현 옮김

아카넷

책을 내면서

이 책은 카울바흐(Friedrich Kaulbach, 1912~1992)의 『임마누엘 칸트(*Immanuel Kant*)』([Sammlung Göschen 2221] Berlin: Walter de Gruyter, Zweite Auflage 1982, mit Volker Gerhardt)를 완역해서 내는 것이다. 역자의 손으로 원서의 제1판([Sammlung Göschen 536a] Berlin 1969)을 번역하고 몇몇 부록을 더하여 이미 『칸트. 비판철학의 형성과정과 체계』(서광사, 1992)라는 제목으로 출간한 바 있으니, 이 책은 재번역서인 셈이다.

1992년 당시 칸트철학 강의 수요에 비해 칸트철학의 전모를 조망할 수 있는 국내의 참고문헌이 불비하여, 우선 급한 대로 역자가 학생 시절부터 읽던 원서의 초판을 번역해내서 보조 교재로 사용하였다. 그러나 이 책을 처음 번역하여 사용할 즈음에는 다수의 한국어 번역어를 새롭게 제안하는 중에 아직 역자의 칸트 번역어가 유동적이었던 탓에, 처음의 역서에서 사용한 어휘 중 상당수가 그 후에 발간된 《한국어 칸트전집》(아카넷, 2002~)의 어휘들과 서로 맞지 않아

진즉에 개정판을 내는 것이 역자로서의 도리였다. 이제야 기회를 얻어 재번역을 하면서, 번역 대본을 원서의 개정판으로 바꾸었고, 칸트철학 용어의 한국어 번역어는 《한국어 칸트전집》에서 사용하는 것과 일치시켰다. 그리고 앞의 역서에 있던 오탈자도 바로잡는 한편, 다수의 어휘와 표현 방식도 바꾸었다. 이러한 변경은 근 30년의 세월이 지나면서 역자의 어감이 적지 않게 바뀐 탓일 것인데, 취향에 따라서는 예전의 것이 더 적의한 독자도 있을 것 같다.

그리고 이 연구서의 번역에서는 칸트 원전을 번역할 때처럼 자자구구 일대일 번역 방식을 취하지 않았으며, 그렇게 하는 편이 이해에 더 도움이 되겠다고 생각이 든 경우에는 용어도 그대로 쓰기보다는 풀어서 썼다. 가령 칸트 원문 인용문에 등장하는 "트란첸덴탈(transzendental)"은 예외 없이 '초월적'으로 옮겼으나, 카울바흐가 자신이 이해하는 방식으로 사용한 '트란첸덴탈'은 문맥에 따라 '초월적' 또는 '초월론적' 또는 '초월철학적'으로 번역하였다.

칸트 원서였더라면 붙였을 역자 주해도 이 책에는 덧붙이지 않았다. 간혹 역자 주가 필요하겠다 싶은 대목이 없지 않았으나, 이미 『한국 칸트사전』이 나와 있으니, 그를 통해 충분한 관련 정보를 얻을 수 있는 독서환경이 조성되었고, 주해서에 대해 다시 주해를 한다는 것이 마땅하지 않다는 생각도 들었다. 그래서 이 책의 각주는 모두 원저자인 카울바흐의 것이다. 다만 번역서의 성격상 원서의 표현을 바꿀 수밖에 없는 것이 있었는데, 예컨대 원저자가 자신을 지칭하면서 "나"라고 한 것은 모두 "카울바흐"라고 이름으로 표현했고, 저자 중심으로 "최근 10년"이라고 기술한 대목은 "1970년대"라고 바꾸어 표현했다. 또 원서 각주의 표현이나 인용서, 인용처 제시 방식도 한국어 독자에게 알맞은 방식으로 고친 것이 더러 있다. 문단 나누기, 제목 쓰기 등은 모두 원서의 방식을 그대로 유지하였으나, 원서에 이탤릭체로 쓰인 어휘는 이 책에서는 진하게 쓰기를 했고, 한국어 어휘 하나만으로는 의미 전달이 미흡하다 여겨진 경우에는 1차 번역어에 이어 부호 '/' 또는 '[ ]'를 사용하여 대체어를 병렬하였다.('/'의 좌우 낱말은 언제든 서로 바꿔 써도 좋으며, '[ ]' 안의 낱말은 때로는 이렇게 대체해도 좋겠다는 생각이다.) 그러나 전반적으로 이 책은 번역서가 지켜야 할 바대로 체제, 서술 방식, 어휘 선택에서 원서의 모습을 충실히 복제하려 했고, 원서와의 대조 편의를 위해 (한국어와 독일어의 어순이 다른 경우가 많아서 다소간의 불일치는 있겠지만) 측면에 원서의 면수를 적어놓았으며, '찾아보기'에도 원서의 면수를 제시했다.

책의 조판 방식이나 장절의 편성에 어그러짐이 있는 등 형식적인 면에서 흠결이 없지 않은데다가, 번역 판권 취득 조건이 한국의 출판계 실정에 합당하지 않았음에도 불구하고, 이 책을 이 시점에 재번역하여 내는 것은, 이 책의 탁월한 내용이 방금 출간한 『한국 칸트사전』(아카넷, 2019)의 보충자료로서 적합하고 유용하다고 보기 때문이다. 『사전』은 개념어나 인명을 표제로 해서 작성된 꼭지 글들을 가나다순으로 배열 편집한 것이므로, 표제어 중심으로 필요한 내용을 쉽게 찾아볼 수 있는 반면에, 표제별로 분절되어 있어서 표제어들 사이의 내용상의 그리고 발생상의 유기적 관계를 알기가 쉽지 않다. 이때 누군가가 칸트의 인간됨이나 그의 사상의 전개 과정과 체계에 대한 일람을 필요로 한다면, 이 책은 그러한 필요를 충족시키기에 안성맞춤이다. 그래서 역자는 이 책을 『한국 칸트사전』에 이어서 이를테면 그 '별책 부록' 격으로 펴낸다.

원서의 기획 의도가 그러하고 저자도 자부하고 있듯이, 이런 정도의 분량으로 칸트 사상이 그 단초에서부터 어떻게 싹이 트고, 어떤 배경에서 성장해나갔으며, 어떤 결실을 맺었고, 남겨놓은 문제들이 무엇인지를 체계적으로 서술한 것으로 카울바흐의 이 책만 한 것이 없다. 무엇보다도 카울바흐는 칸트철학의 대명사가 된 초월철학의 '초월적'의 의미 맥락을 잘 밝혀주고 있다. 칸트의 초월철학은 한낱 의식의 선험성(Apriorität)에 대한 기술이 아니라, 선험적인 의식의 초월적 운동(transzendentale Bewegung) 내지 활동(Handlung)에 대한 서술이다. 의식의 선험성이 상태라면, 초월성(Transzendentaliät)은 그러한 의식의 능동적 작용을 함의한다. 카울바흐는 '초월'을 스콜라 학파 → 라이프니츠-볼프 학파 → 칸트로 이어지는 맥락 속에서 이해함으로써 '초월철학'이 자칫 인식론의 한 유형으로만 읽힐 수 있는 위험을 방지하는 한편, 형이상학/존재론의 계몽주의(휴머니즘)적 전통 안에 있음을 밝혀내고 있다.

칸트철학에 대한 이러한 심층적 탐구를 담고 있는 까닭에 이 책은, 칸트철학으로의 안내를 위한 해설서로 출판된 책임에도, 초판 출간 당시부터 전문가들에게도 연구서로 읽히고 있으며, 출간된 지가 이미 50년이 됐는데도 이 책의 그러한 가치는 전혀 감소되지 않았다. 그것은 저자가 이미 10여 권의 칸트 연구서를 낸 공력이 있고, 관련 분야를 깊게 탐구한 이력이 있기 때문일 것이다.

카울바흐는 수학철학과 기호학 그리고 니체 철학 분야에서 탁월한 저술을 내는 한편 칸트철학 전문가로서 *Die Metaphysik des Raumes bei Leibniz und Kant*(Kölner Universitäts-Verlag, Köln 1960), *Der philosophische Begriff der Bewegung. Studien zu Aristoteles, Leibniz und Kant*(Böhlau, Köln/Graz 1965), *Kritik und Metaphysik*(de Gruyter, Berlin 1966), *Philosophie der Beschreibung*(Böhlau, Köln 1968), *Das Prinzip Handlung in der Philosophie Kants*(de Gruyter, Berlin/New York 1978), *Recht und Gesellschaft*(Duncker & Humblot, Berlin 1978), *Philosophie als Wissenschaft. Eine Anleitung zum Studium von Kants Kritik der reinen Vernunft*(Gerstenberg, Hildesheim 1981), *Einführung in die Philosophie des Handelns*(Wissenschaftliche Buchgesellschaft, Darmstadt 1982), *Studien zur späten Rechtsphilosophie Kants und ihrer transzendentalen Methode*(Königshausen & Neumann, Würzburg 1982), *Ästhetische Welterkenntnis bei Kant*(Königshausen & Neumann, Würzburg 1984), *Immanuel Kants Grundlegung zur Metaphysik der Sitten*(Wissenschaftliche Buchgesellschaft, Darmstadt 1988) 등 다수의 연구서를 냈다. 이들 연구서들과 이 책의 얽힘 관계는 카울바흐 자신이 이 책의 각주에서 밝히고 있다.

이 책의 초판 번역서에는 번역어 해설 등 여러 종류의 부록을 붙였었는데, 이제는 그러한 부록이 더 이상 필요가 없을 것으로 보여, 이 개정판에서는 삭제하였다. 또한 카울바흐 원서의 "칸트 연구문헌" 목록이 1982년을 기준으로 작성된 것이라, 당연히 그 이후의 중요한 문헌들이 수록되어 있지 않으므로, 번역서 출간 시점 기준으로 보완하는 것이 합당하지 않을까 하는 생각도 하였으나, 그 역시 그렇게 하지 않았다. 자칫 카울바흐의 것과는 다른 기준으로 선별되어 추가된 목록이 원저자가 연구문헌 사용법에서 밝힌 문헌 목록의 의미를 훼손할 우려도 있고, 또한 이미 역자가 펴낸《한국어 칸트전집》의 각 권과 『한국 칸트사전』에 국내외의 최근의 연구문헌 목록이 충분하게 담겨 있기도 하기 때문이다. 여러 종류 여러 방식의 칸트 관련 책들이 상보적으로 이용되어 한국 독서계의 칸트철학 이해가 더욱 심화되기를 바라 마지않는다.

언제나 그렇듯이 이 작은 책자를 내는 데도 여러 분의 노고가 함께 하였다. 누구보다도 아카넷 김정호 대표님께서는 점점 더 어려워지는 학술서 출판 환경에도 불구하고 이 책의 재번역 출간을 승인해주셨고, 김일수 팀장님은 이 책의 한국어 출판권 취득 과정의 업무까지 흔쾌히 맡아 잘 정리해주셨다. 정민선 선생님은 한결 같은 세심함과 전문가적 식견으로 인용문들의 정합성과 번역 글의 순화를 위해 정성을 다해주셨다.

많은 분들이 함께 노고를 기울였어도 그를 담아내는 역자의 역량이 충분치 못하니, 이 책 역시 흠결이 없지 않을 것이다. 혹시 있을 미흡함이나 착오는 독자 제현의 지도에 기대어 교정의 기회를 얻게 되기를 희망하면서 조심스러운 마음으로 이 재번역서를 내놓는다.

2019년 6월

정경재(靜敬齋)에서

백 종 현

차례

II. 이론이성과 실천이성 영역에서의 비판적 초월철학의 정초

III. 초월적 체계사유의 확장 및 자유와 현상의 매개

IV. 새로운 형이상학의 기획과 방법, 그리고 〔유작〕에서의 발전적 전개

일러두기

1. 이 책의 번역 대본은 Friedrich Kaulbach, *Immanuel Kant*, Berlin · New York: Walter de Gruyter, [2]1982(Sammlung Göschen 2221)이다.
2. 각주, 연구문헌 목록, 찾아보기 또한 원서의 것을 그대로 옮긴다. 단, 몇몇 각주에서 보이는 조판상의 문제는 원서의 제1판(Sammlung Göschen 536a: Berlin 1969)을 참고하여 보정하고, 인용처 표시는 한국어 독자가 찾아보기 쉽게 만든다. 각주에서 [ ] 안의 대목은 역주의 보충이다. 찾아보기 표제어도 원서의 것 그대로 하되 한국어 번역상 불필요한 것은 삭제한다.
3. 편집 체제 또한 원서 그대로 하고, 원서의 이탤릭체 글자는 진하게 쓰기로 변경한다.
4. 본문의 좌우 면수는 원서의 면수를 가리킨다.
5. 칸트철학 용어의 한국어 번역어는 아카넷, 《한국어 칸트전집》의 것을 준용한다.
6. 번역문에서 한국어 어휘 하나만으로는 의미 전달이 미흡하다 여겨진 경우에는 1차 번역어에 이어 부호 '/' 또는 '[ ]'를 사용하여 대체어를 병렬한다. ('/'의 좌우 낱말은 언제든 서로 바꿔 써도 좋으며, '[ ]' 안의 낱말은 때로는 이렇게 대체해도 좋겠다는 역자의 의견 표시이다.)
7. ( ) 안의 한자는 원문의 라틴어나 그리스어의 번역어이며, [ ] 안의 한자는 역자가 덧붙여 쓴 말이다.

머리말

제1판의 머리말에서 이 저술을 이끈 생각을 특징지어 말한 바 있 6
거니와, 이 저술은 칸트의 철학함으로 안내하기 위해 칸트 문헌에 밀착한 해석의 관행적인 관점을 통용시키면서도, 연구의 견지에서 해석의 독자적인 시각도 고려할 것을 지향한다. 지금도 역시 나는 이 저술에 대한 이 같은 까다로운 기획이 타당하다고 보는데, 그것은 특히 이 저술이 연구서 목록에서도 자리를 얻었기 때문이다.

칸트의 초기 사상 발전에 대한 비교적 상세한 고려가, 한편으로는 그로부터 칸트의 "고유한" 철학이 발전해 나온 배아들을 알 수 있도록 해줄 것이고, 다른 한편으로는 칸트철학과 '영구한 철학(philosophia perennis)'의 전통과의 연관 관계를 부각시켜줄 것이다. 이 저술이 스스로 세운 과제의 특징에 관해서는, 이 저술은 수많은 사상적 분절을 거쳐 마지막 〔유작〕의 단서들에 이르기까지의 칸트철학의 통일성을 알 수 있게끔 하고, 그렇게 함으로써 수많은 칸트 연구의 개별적 성과들을 하나의 전체 그림 안에 통합하는 데 기여할 것을 시도한 것이라고 말해야만 하겠다. 이 제2판은 제1판의 본문을 본질적으로는 변경 없이 그대로 받아썼으되, 남아 있던 오식을 제거한 것 말고도 사유의 정밀성을 위해 몇몇 곳을 수정한 것에서 의의를 갖는다고 본다. 그 밖에 나에게는 제1판이 출간된 이후 이 책에서 예시되었던 단초들이 더 발전되어간 사유 방향을 소묘하라는 요구가 있는 것으로 보여, "조망"을 덧붙였다. 마지막으로 자연스러운 기대에 부응해서, 연구문헌 목록에 그 이후에 나온 중요한 저작들을 고려해 넣었다. 이를 위해서는 폴커 게르하르트(Volker Gerhardt) 박사께서 값진 도움을 주었다.

제1판 머리말*

이 총서[Sammlung Göschen]에 이미 수 세대에 걸쳐 많은 사람들이 읽어온 정평 있는 바우흐의 칸트 해설서[Sammlung Göschen 536: B. Bauch, *Immanuel Kant*, 1911]가 있음에도, 출판사에서는 칸트에 관한 새로운 전문서를 편찬하기로 결정하였다. 이 결정은 앞서의 책에 나타나 있는 신칸트학파의 전제들로 인해 야기된 칸트에 대한 협소한 해석을 탈피하고, 요즈음에 얻은 칸트 연구의 새로운 관점들과 그 이후 타당해진 철학적 경험들을 고려하는 새로운 기획이 있어야만 한다는 정당한 사려에서 나온 것이다. 그러니까 그 의도는 부분적으

* 이 '제1판의 머리말'은 Kaulbach의 원서에는 실려 있지 않으나, 개정판 '머리말'의 이해를 위해 제1판에서 옮겨 싣는다.

로는 서로 엇갈려 있는, 여러 가지 제약들에 매인 과제를 해소하고자 한 것이었다. 따라서 책을 쓰는 데 요구된 사항은 예컨대 책의 부피는 되도록 작게 하되, 칸트의 다양한 사유 동기들은 가능하면 하나라도 빠뜨리지 않도록 해야 한다는 것이었다. 또한 새로운 칸트 해설서는 한편으로는 광범위한 독자층, 특히 대학생들을 위해서는 칸트의 전체 사고 과정을 이해할 수 있는 입문서 역할을 해야 하고, 다른 한편으로는 전문가들도 관심을 가질 수 있는 칸트 해석에 관한 특성 있는 체계적 구상을 제시해야만 한다는 것이다.

이 책은 이런 요구에 부응해서 칸트의 철학을 다루었다. 칸트 자신도 스스로에 대해 그렇게 생각했거니와, 여기서는 칸트를 철학적 이성의 보편적-체계적 운동들의 대변자요 선도자로서 파악하고, 또한 이런 관점에서 칸트의 사고 전개의 역정[歷程]을 고찰한다. 특히 "전[前] 비판"기에 많은 지면을 할애했다. 이렇게 한 것은, 이로써 한편으로는 그로부터 후년의 칸트철학이 전개되어간 사상적 배아들을 뚜렷이 밝히고, 또 한편으로는 후년의 칸트철학과 전통 철학 사이의 연관 관계를 명료히 하려는 의도가 있어서이다. 전통의 언어를 그 뿌리에서부터 말할 수 있는 것과 이 전통에 관한 역사적으로 반성된 정확한 지식을 갖는 것은 서로 다른 일이다. 칸트가 학교철학에 관한 그의 정확한 지식을 바탕으로 해서 현존하는 이론들 속에 전승되어 있는 철학적 이론들에 대해 논의의 세세한 가지들까지도 숙지하고 있었으며, 이런 것들에 달통해 있었다는 점에서, 칸트는 전자의 경우에 해당한다. 그러나 이 해설서는 또한 칸트에서부터 비롯한 사고방식의 혁명을 그것의 전체 의미에서 밝히고 이해함을 목표로 삼는다.

칸트의 생애 7

임마누엘 칸트는 1724년 4월 22일, 당시 프로이센 공국[公國] 중심 도시이자 중요한 무역항 중의 하나인 쾨니히스베르크에서 태어났다. 이곳에서는 주로 영국의 공산품과 식민지 상품이 프로이센의 내지와 폴란드에서 나온 천연 물품과 교역되었다. 가족의 집이 프레겔 강과 바다가 만나는 포구 가까이에 있었으므로, 소년 칸트는 일찍부터 넓은 세계와 접촉할 수 있었다.

마구사[馬具師]였던 아버지 요한 게오르크 칸트는 임마누엘이 자란 가정의 분위기에 정직하고 성실한 수공장인의 정신과 자의식 있는 시민 정신을 펼쳐주었다. 뉘른베르크 태생의 로이터 가문 출신인 어머니 안나 레기나는 선명한 인격을 가졌던 것으로 보인다. "나는 결코 한 번도 나의 양친으로부터 어떤 천한 말을 들은 적이 없고, 품위 없는 행실을 본 일이 없다."라고 칸트 자신이 자주 직접 말하는 것을 들었다고 보로브스키[1]는 회상하고 있다. 신심 깊은 칸트의 어머니는 온건한 경건주의파 신앙에 따라 생각하는 사람이었다. 그녀는 경건주의파 신학자로 대학의 신학 교수이며 콜레기움 프리데리키아눔의 교장인 슐츠와 교분이 있었다. 이런 인연으로 어린 칸트는 1732년에 이 교육기관에 들어가 1740년까지 다녔고, 이어서 대학에 진학하게 되었다.

전기 작가 야흐만은, 칸트가 부모의 집과 학교에서의 경건주의 교

---

1) Alfons Hoffmann(Hrsg.), *Immanuel Kant, Ein Lebensbild nach Darstellung der Zeitgenossen Jachmann, Borowski, Wasianski*(Halle 1902), S. 153.

8 육을 “패악적인 영향에 맞서는 심성과 윤리의 수호자”라고 칭송했음을 증언하고 있다. 그러나 물론 그의 종교철학의 많은 대목들은 이 종파의 사유 방향과 경건성의 극단적인 형태들에 대해 비판을 가하고 있는 것으로 보인다. 야흐만[2]의 추측에 의하면, 소년 칸트는 좀 산만하고 가끔 뭘 잊어버리곤 했던 것 같다. 칸트 자신이 야흐만에게 해준 이야기라는데, 그는 언젠가 학교 가는 길에 친구들과 장난에 빠져 책들을 내던져놓고는, 수업이 시작되어 책들이 필요하게 되자 그때야 책이 없는 것을 알아차린 적도 있었다고 한다. 반면에 칸트의 전 생애에 걸쳐 표준적인 특성인 계획적이고 절제 있고, 이성에 따르는 태도가 아주 어렸을 때부터 뚜렷했음을 잘 보여주는 일화도 있다. 소년 시절에 칸트는 어느 날인가 물이 가득 찬 넓은 배수로를 가로질러 뻗어 있는 나뭇가지 위에 올라가서 균형을 잡고 있었다 한다. 그런데 이내 칸트가 딛고 서 있던 나뭇가지가 휘어지기 시작했고 게다가 갑자기 현기증까지 나기 시작했다. 그냥 서 있을 수도 되돌아 내려갈 수도 없었다. 이때 그는 나뭇가지가 뻗어 있는 쪽 배수로 둔덕 위의 단단한 곳을 재빨리 포착하곤, 시선을 떼지 않은 채 그쪽으로 줄기를 타고 내려가 그 위기를 모면했다는 것이다.

고전학자 하이덴라이히는 중등 학생으로 하여금 로마 고전을 열심히 공부하게 하는 방법을 잘 알고 있었다. 훗날 칸트의 저술들에서 확연히 볼 수 있는 고전 지식, 특히 루크레티우스[3]에 대한 지식의 기초는 이 시기에 닦인 것으로 보인다.

---

2) 앞의 책, 7면.

3) Lucrez, 『사물의 본성(*De rerum natura*)』.

대학 시절에 칸트에게 가장 큰 영향을 미친 것은 마르틴 크누첸의 철학과 수학 강의였다. 그는 이 밖에도 테스케에게서 물리학을, 그 9
의 옛 중등학교 교장 슐츠에게서 교의학을 수강하였다. 칸트는 친구들에게 자기의 학습계획을 한 번도 표명한 적이 없었다고 알려져 있다. 그러나 그가 주로 "인문학(humaniora)"을 탐구했으며, 실증 과학에 몰두하지 않았다는 것만은 확실하다.[4)]

대학 공부를 마친 후 수년간 칸트는 인근 지방에서 주로 귀족 가문의 가정교사 노릇을 하였다. 전기 작가 보로브스키의 소견에 따르면, 이미 이 시기에 "그의 머릿속에는 수없이 많은 연구의 개요들이 잡혔고, 상당 부분은 거의 완벽하게 작업이 이루어졌으며", 이로써 그는 1754년부터 "그에게 기껏해야 평균적인 정도밖에는 기대하지 않았던 많은 사람들을 놀라게 하고, 단번에 그리고 빠르게 점점 더 두각을 나타낼"[5)] 수 있었다. 칸트는 이내 대학으로 돌아왔다. 1755년 6월 12일 그는 공식적으로 학위를 취득했다. 학위 취득 규정에 따라 당시의 관례대로 칸트가 행한 라틴어 연설의 제목은 "더 쉬우면서 더 근본적인 철학 강연에 대하여"였다. 강당을 메운 쾨니히스베르크의 명망 있고 학식 있는 청중은 칸트의 연설에 각별히 정숙한 가운데 주목함으로써 큰 존경을 표했다고 전해오고 있다. 같은 해 9월 27일 공개 토론을 마친 후 칸트는 논리학은 마이어에 의거해, 형이상학은 처음에는 바우마이스터에 의거해서, 다음에는 "더 근본적이지만 더 어려운 바움가르텐에 의거해, ―물리학은 에버하르트

4) Alfons Hoffmann(편), 앞의 책, 9면.
5) 앞의 책, 157면 이하.

에 의거해 그리고 수학은 볼프에 의거해서”[6] 강의를 시작했다. 칸트
10 가 그의 학생들에게 수업한 것 중에는 토론연습도 있었다. 해를 거듭함에 따라 여기에 자연법, 도덕학, 자연신학 및 인간학, 자연지리학에 대한 강의들이 추가되었다. 칸트는 대학과 도시 내에서 얻은 큰 명망에도 불구하고, 교수로 승진하지 못한 채 15년간이나 마기스터로 지냈다. 크누첸의 사후(1756년 4월) 자리가 빈 철학 원외교수직을 얻으려 한 그의 시도도 무위로 끝났다. 그 몇 해 뒤에 자리가 빈 논리학과 형이상학 교수직을 얻으려 애썼던 그의 노력도 허사였다. 보로브스키는 이러한 과정에 대해 의견을 붙이고 있다: 칸트는 "그의 행로는 기꺼이 운명에 맡기고, ―후원자를 찾지도 않아, 당시 프로이센 대학에 있던 전권위원 가운데서 이름을 아는 사람 하나 없었고, ―베를린으로 편지를 쓰는 일도, 지지자가 될 만한 사람에게 자기의 저술을 헌정하는 일도 없이, 요컨대, 그가 어떤 다른 길을 구축할 수도 있었을 일체의 비밀통로는 그에겐 품위에 맞지 않는다고 생각하고, 자기의 처지에 조용히 머문 채 오로지 강의와 저술 활동만 계속했다."[7] 1764년 시학[詩學] 교수 자리가 공석이 되었을 때, 프로이센 정부는 칸트로 그 자리를 채우려 하였다. 그러나 그는 이를 거절하였다. 그는 왕실의 대관식 축제나 왕의 생일날을 위해 송시[訟詩]를 짓는 것과 같은 일은 자기가 할 일이 아니라고 보았던 것이다. 1766년에 칸트는 그가 구하지 않았음에도 그에게 주어진 왕립 도서관의 제2 사서직을 맡아, "약간의, 정말 얼마 안 되는 봉급"을 받게

6) 앞의 책, 159면.
7) 앞의 책, 160면 이하.

되었다. 칸트는 이 직을 1772년에 사임했는데, 보로브스키의 말에 따르면, 그 직책은 "그를 너무 산만하게 만들고, 한갓 호기심에 찬, 흔히는 전혀 지적 욕구도 없는 이들에게 도서관에 소장되어 있는 진 11
기한 것들을 보여주는 언제나 똑같은 일이 그에게 부담스러웠기"[8] 때문이었다. 1770년에 수학 교수직이 새로이 마련되었을 때, 그 자리를 이제까지 논리학과 형이상학을 담당하던 교수가 맡게 되었다. 그렇게 해서 비게 된 철학 교수직을 마침내 칸트가 얻었다.

칸트는 여러 차례 소속 학부의 학부장이 되었고, 두 차례(1786년과 1788년) 총장을 역임하였다. 첫 번째 총장 재임 기간에 칸트는 대학을 방문한 프리드리히 빌헬름 2세 왕을 대학의 이름으로 환영해야 하는 임무를 맡게 되었다. 칸트의 환영사에 왕은 "이 철학자와 그 자신에게 영예로운"[9] 방식으로 답사했다고 한다. 이 일이 있은 직후에 칸트는 아무런 청원을 하지 않았음에도 이제까지의 봉급(연봉 220탈러)에다가 고등교원 기금에서 나오는 적지 않은 추가 수당을 받게 되었다. 보로브스키는 칸트의 이력서에 대해서 총괄적으로 다음과 같은 주[註]를 붙이고 있다: "독자가 그의 이력서에서 어떤 두드러진 것, 어떤 뜻밖의 것을 찾으려 한다면, 그런 기대는 접는 것이 좋을 것이다. 왜냐하면 이력서에는 다름 아닌 칸트의 생애가 서술되어야 하는데, ― 대학 교수들의 생애가 보통 그렇듯이 칸트의 생애 역시 다른 직종의 사람들, 예컨대 상인들의 생애에 비하면 훨씬 단조로운

8) 앞의 책, 161면. 나는 여기서 칸트 동시대의 전기 작가들을 여러 차례 인용하고 있는데, 그것은 그들의 말이 칸트가 그들에게 직접 들려준 이야기에 근거하고 있으리라 짐작하기 때문이다.

9) 앞의 책, 163면.

행로였으니 말이다."[10)]

1792년에 칸트는 하나의 분란에 얽혀들게 되는데, 그가 만약 그처럼 사려 깊고 이성적이지 않았더라면 그 고초는 훨씬 더 컸을 터였다. 그해 4월에 그의 첫 번째 종교철학 저술인「인간 자연본성에서의 근본악에 대하여」가《베를린 월보》(편집자: 비스터)에 게재되었다. 그러나 이것에 뒤이어 바로 인쇄하기로 예정된 다음 논문:「인간에 대
12 한 지배를 둘러싼 선한 원리의 악한 원리와의 투쟁에 대하여」는 검열당국으로부터 인쇄 허가가 거부되었다. 편집자 비스터의 항의가 묵살되었을 때도 칸트는 흔들리지 않았다. 칸트는 이미 완성되어 있는 네 편의 종교철학 논문을 자기 책임 아래서 한 권의 책으로 묶어 출판하기로 결정하였다. 그는 학자로서의 그리고 철학자로서의 역할을 의식하면서 처신하고 있었으므로, 그가 의뢰한 쾨니히스베르크 대학 신학부의 검열이 이루어지지 못한 다음에는, 철학부의 검열만이 효력을 가질 수 있다고 생각하였다. 그래서 철학부에서 인쇄허가가 난 후에, 그의 논문들은『순전한 이성의 한계들 안에서의 종교』(1793)라는 표제로 출간되었다. 그리고 1794년 10월 12일 자 (뵐너가 서명한) 각령[閣令]에 의해 견책받는다. 그의 유고 가운데서 우리는 그가 나이 70에 겪어야만 했던 그 사건에 관해 다음과 같은 경구를 적어 놓은 쪽지를 볼 수 있다: "자기 내심의 확신을 철회하거나 부인하는 짓은 비루하다. 그러나 어떤 경우에, 가령 이번처럼, 침묵하는 것은 신민의 의무이다. 우리가 말하는 모든 것은 진실이어야만 하지만, 그렇다고 해서 모든 진실을 공공연하게 말하는 것이 의무는 아

10) 앞의 책, 164면.

니다."

1794년 이후 칸트는 점차 강의 활동에서 물러났다. 1796년 여름 그의 마지막 강의의 대상은 논리학과 자연지리학이었다. 그의 말년은 위엄과 권위를 지닌, 그러나 정신적으로나 신체적으로 점차 쇠약해가는 모습을 보여준다. 그의 〔유작〕의 단편들은 독자에게, 한 위대한 철학적 천재가 새로운 과제를 보고 있는데도 불구하고 기력이 그 수행을 뒷받침해주지 못하는 눈물겨운 장면들을 보여주고 있다. 칸트 말년의 친구이자 그를 임종 때까지 돌보고 간호해주었던 바지안 13
스키가 이 철학자의 소진해가는 모습에 관해 보고해준다. 그런 마지막 시간에도 위대한 순간들이 있었다. 예컨대, 칸트는 죽기 아흐레 전에도 그의 의사를 일어서서 맞이했으며, 인사하는 동안 내내 서 있었다. 바지안스키의 보고는 다음과 같다: "의사는 그에게 앉도록 권했다. 칸트는 당황해서 불안해하며 머뭇거렸다. 나는 왜 칸트가 그에게 남은 기력을 모두 빼앗아갈 힘겨운 서 있는 자세를 바꾸지 않고 머뭇거리는지, 그 진정한 이유를 헤아릴 만큼 그의 사유방식을 잘 알고 있었다. 나는 의사에게 그 참된 이유, 즉 칸트의 섬세한 사유방식과 점잖은 행동방식을 알려주고, 만약 내방객인 그가 먼저 자리에 앉으면 칸트도 곧 뒤따라 앉을 것이라고 말해주었다. 의사는 이런 근거를 미심쩍어 하는 것처럼 보였으나, 이내 칸트가 온 힘을 모아 힘겹게 '인간다움의 감정은 아직 나를 떠나지 않았습니다.'라고 말했을 때, 그는 내 말이 진실임을 납득하고 눈물을 글썽였다." 2월 11일에 들을 수 있었던 그의 마지막 말은 "좋아, 그만 됐어요."였다. 바지안스키는 최후의 경과를 다음과 같은 말로 보고한다: [1804년 2월] "12일 새벽 3시 45분 그는 목전에 다가온 자신의 죽음을 똑바로 맞으려는 듯, 자신의 몸을 가장 정상적인 자세로 누이고 미동도 하지 않은 채 죽음에 임했다."[11)]

11) 앞의 책, 425면.

칸트의 인품

하인리히 하이네는 "자연은 자기가 어떻게 보이는지를 알고자 했고, 그래서 괴테를 만들어냈다."고 말한 바 있다. 우리는 이 표현을 14
본떠서, 자연은 이성이 어떻게 보이는지를 알고 싶었고, 그래서 칸트를 만들어냈다고 말할 수 있겠다. 그러나 여기서 우리는 단지, 생활의 엄정한 규제와 계획 그리고 엄격한 일관성만이 표준이 되는 이성의 현상적 형식만을 생각할 일이 아니다. 만약 우리가 칸트의 일관성, 즉 쾨니히스베르크 시민들이 그에 따라 시계를 맞추었다는 일화가 보여주는 모습만을 가지고 칸트를 판정한다면, 그것은 너무 일면적인 일이다. 물론 칸트가 신체적으로 허약한 탓에 기력을 조절했고, 조절해야만 했으며, 확고하게 규칙을 지켰다는 것은 사실이다. 그는 정각 5시에 제대군인인 그의 고용인에게 "시간이 됐습니다!"라고 소리쳐 그를 깨우도록 시켰다. 그러고 나서 그는 초년에는 매일 네댓 시간에 걸쳐 강의 준비를 했다. 후년에 그는 매주 네 번은 7시부터 9시까지, 두 번(수요일과 토요일)은 8시부터 10시까지 강의를 하였다. 이외에 토요일 7시부터 8시까지 한 차례 복습 강의도 하였다. 강의를 마친 후 오후 1시까지는 혼자서 작업을 했는데, 이 시간에 그는 그의 논저들을 써 나갔다.

그러나 그 이후의 일과에서는 자유로운 인간적인 풍모가 나타난다. 그에게 점심 식사 시간은 느긋한 사교적 환담의 기회였다. 그는 현실 문제에 올바른 안목을 가진 건전한 상식을 갖춘 교양 있는 사람들과의 친교를 찾았다. 그는 누구에게나 환영받는 유명한 사교의 달인이었다. 야흐만의 보고에 의하면, 그의 식탁에서의 담화는 전체적으로 다른 사교 모임에서의 그것과 비슷했다. "다만 그들의 대화는 좀 더 친밀하고 허심탄회했다. 여기서는 사람들이 더 진정어린 마음으로 이야기를 나누었으며, 우리의 위인은 그와 그의 친구들의 주변 문제들에 관해 즐겁게 이야기했다."[12] 또한 그는 특히 교양 있는 부인들의 사교 모임에서 돋보였던바 사교적인 통심[通心]의 재능이 있었다. 체계와 계획을 추구하는 그의 이성의 또 다른 극과 더불어 그의 자유롭고 위대한 인품의 전체를 이루는 풍성한 감정 세계의 일례로서 우리는 자기 고향 도시 쾨니히스베르크에 대한 변함없는 그의 사랑을 들 수 있다. 여러 대학들(예나, 에어랑엔, 미타우, 할레)로부터의 초빙에도 불구하고 그는 충실하게 쾨니히스베르크에 남았다.

칸트는 그의 주위에 있는 사람들의 학식이 아니라, 건전한 상식과 현실에 대한 공평무사한 식견을 높이 평가했다. 여성의 품격으로 그의 마음에 드는 것은 자연스러움, 쾌활함, 가정적임과 "보통 가정적임과 결부되어 있는 집안일, 부엌일을 능동적으로 관리하는 역량"이었다.(보로브스키) 그는 여자들과는 학문적인 주제를 가지고 이야기를 나누는 것을 피했고, 그 자신이 대단한 지식을 가지고 있던 요리에 관한 대화를 앞세웠다. 한 부인은 그의 사망 소식을 접한 후에 다음과 같이 적었다: "… 나는 그를 그의 저술을 통해서는 알지 못한다. 왜냐하면 그의 형이상학적 사변은 내 이해능력의 지평을 넘었기 때문이다. — 그러나 나는 그 유쾌하고 재치 넘치던 환담에 관해서는 이 유명한 사람과의 흥미롭고 친밀했던 교제에 감사한다. 매일 나는 이 호감 가는 사교인과 쾨니히스베르크 제국백작인 나의 사촌의 저

12) 앞의 책, 102면.

택에서 이야기를 나누었다. 칸트는 당시 30대로 가문의 친구였고,
이제는 고인이 된 매우 재기 넘치던 제국백작 부인과의 교제를 좋아
했다. 나는 그때 너무나 호감이 가게 환담하는 그를 자주 보아, 어느
누구도 그가 철학상에 그와 같은 혁명을 일으킨 심오하고 추상적인
사상가임을 눈치채지 못할 정도였다. … 그는 우아한 기지를 가지고
있었고, 때때로 자기는 늘 아무렇지도 않다는 표정으로 겸허하게 발 16
하는 가벼운 풍자를 섞어 가면서 대화를 이끌어갔다."[13]

누구에게나 그랬지만 특히 학생들이나 대망을 품고 노력하는 젊은이들을 도우려는 칸트의 자세에 관한 많은 보고가 있다. 예컨대 1791년 당시 아주 곤궁했던 피히테가 "모든 계시에 대한 비판 시론"이라는 제목의 그의 첫 작품 초고를 들고서, 이것의 인쇄 출판의 도움을 청하기 위해 쾨니히스베르크로 칸트를 찾아왔을 때, 보로브스키의 보고에 의하면, 칸트는 그에게 가능한 모든 것을 기꺼이 해주마고 약속하였다. "그날 저녁 나절 산책길에서 칸트는 나와 마주쳤다. 나에게 한 첫마디는 '먹을거리가 없는 한 젊은이에게 명성과 금전을 만들어주려는데, 당신 나 좀 도와주어야겠소. 그것도 아주 신속하게.'였다. 그리고 말을 이었다. '당신 매부(서적상 하르퉁)를 끌어들여야겠소. 내가 오늘 중으로 원고를 보낼 테니 당신이 한 번 죽 훑어보고, 그것을 출판할 수 있도록 그를 움직여주시오. 운운.'이라고. —내가 그 모든 일을 기꺼이 떠맡아, 그와 피히테가 바라던 바가 … 모두 이루어졌을 때 나는 그가 여느 때와는 달리 몹시 기뻐하는

---

13) 앞의 책, 237면. 보로브스키는 여기서 폰 데어 레케스(von der Reckes) 부인의 말을 인용하고 있다.

것을 보았다."[14]

사람들 사이의 교제에서 우아함이 결여되어서는 안 된다는 것이 칸트의 의견이었다. 그는 사람들이 '도시풍'이라고 특징짓는 생활 유형을 선호한다고 고백하였다. 그는 이 특징을 '궁정풍'이라는 명칭보다 우위에 두었는데, '궁정풍'이란 본래 한갓 언행에서의 궁정의 예의범절을 뜻한다고 보았기 때문이다.

칸트의 예술적 경험들은 무엇보다도 운문 분야에서 이루어진 것이었다. 근래의 작품들 가운데서는 밀턴의 『실락원』이 그에게 깊은 인상을 주었다. 그는 포프에서는 그의 저술을 위한 표어들을 골랐다. 독일 시인들 중에서는 칸트는 특히 할러를 높이 평가했는데, 그의 시 대부분을 암송할 수 있었다. 그는 빌란트도 높이 평가했다. 그
17 는 풍자에 대한 특별한 호감을 가지고 있었으며, 그 때문에 말년에는 리히텐베르크를 높게 평가하게 되었다. 그에게는 예술에서의 일체의 디오니소스적 개입은 서먹했고, 그 때문에 음악과는 거의 아무런 관계도 갖지 못했다. 그는 음악을 단지 "무해한 감관적 쾌"[15] 정도로 여겼다.

스승으로서의 칸트에 관해서도 한마디 해야겠다. 그의 강의는 철저하고, 솔직했으며, 편안했다고 한다. 물론 그는 수강생들에게 대단한 집중력을 요구했다고 한다. 받아쓰는 것을 탐탁하지 않게 생각

---

14) 앞의 책, 225면 이하.

15) 앞의 책, 255면. 보로브스키의 전언에 의하면, 칸트는 그가 16세 때에 음악에 몰입하지 말라고 일깨워주었다고 한다. 음악은 배우는 데도 많은 시간이 필요하고, 연습하는 데는 더 많은 시간이 필요해서, "진지한 학문"을 연구할 시간을 많이 빼앗기기 때문에 그렇다고 했다 한다.

했는데, 그것은 생각하는 데 방해가 되어서 자칫 중요한 점을 놓치게 되고, 별 중요하지도 않은 것을 고착시킬 수 있다고 보았기 때문이다. 학생들에게 자주 강조한 경구는, 철학을 배우지 말고 철학함을 배우라는 것이었다. 그는 한낱 "흉내 내 말하기"를 위해 사상을 전달하려 하지 않았으며, 함께 생각하기를 요구했다고 한다. 사람들은 그에게서 '스스로 생각하기' – '스스로 탐구하기' – '제 발로 서기'와 같은 표현들을 거듭해서 들었다.

그의 인품의 전모를 드러내 보이기 위해서는 1760년대 초에 그의 강의를 들었던 헤르더의 유명한 소묘를 여기에 옮겨놓는 것이 좋을 것 같다: "나는 나에게 인간다움의 참스승이었던 한 철학자를 알게 된 행운을 누렸다. 당시 최절정의 개화기에 있었던 그는 젊은이의 즐거운 쾌활함을 가지고 있었다. 그의 시원하고 사려 깊은 이마는 깨질 수 없는 명랑함과 기쁨의 거처였다. 그의 입술에서는 시사로 가득찬 강연이 흘러나왔다. 그는 천성적으로 농담과 기지와 유쾌함을 갖추었고, 그의 교시하는 강의는 오히려 재미있는 교제였다.
라이프니츠, 볼프, 바움가르텐, 크루시우스, 흄을 검토하고, 케플러, 18
뉴턴, 여타 물리학자들의 자연법칙들을 추궁해 들어가는 바로 그 정신으로, 그는 또한 당시 발간된 루소의 저작들 『에밀』과 『엘로이즈』를 다루고, 새로 알게 된 자연 발견들을 취급했으며, 그것들을 높이 평가했다. 그리고 그는 언제나 다시금 막힘없는 자연에 대한 지식과 인간의 도덕적 가치로 복귀하였다. 그의 인류사, 민족사, 자연사, 자연 이론, 수학에 관한 지식과 경험이 그의 강의와 교제에 생기를 주는 원천이었다. 알만한 가치가 있는 무엇에 관해서도 그는 무관심하지 않았다. 어떤 간계, 어떤 종파, 어떤 선입견, 어떤 명성—명예

욕도 그가 진리를 밝히고 넓혀가는 것을 방해하는 유혹이 되지 못했다. 그는 우리를 일깨우고 스스로 생각하도록 편안하게 강제하였다. 전제주의는 그의 마음과는 거리가 멀었다. 내가 최대의 감사와 경의로 칭하는 이분은 임마누엘 칸트이다. 그의 모습이 편안하게 내 앞에 있다."[16)]

16) Herder, *Briefe zur Beförderung der Humanität*, Ausgabe Suphan, Bd. 17, S. 403 bzw. Bd. 18, S. 324.

I

순수 이성 비판으로의 길

— 구조 분석 시론

A. 신, 자연, 이성

1. 변증법적으로-대화하는 이성

칸트의 초기 주제들은 자연철학의 영역에 속하는 것들이다. 신과
이성 그리고 자연 사이의 관계에 대한 물음들이 형이상학적 범위를
제공한다. 칸트가 자연 현상들의 "근거" 및 이 현상들의 학문의 "근
거"를 인식하는 철학적 과제를 제기할 때, 그는 라이프니츠를 따르 19
고 있다. 칸트가 쓴 최초의 논고는 『활력의 참측정에 대한 견해』[17]였
다. 이 논고는 1747년에 인쇄에 부쳐졌는데, 당시 칸트의 나이는 23
세였다. "힘들"의 개념과 그것들의 측량("측정")을 다룬 이 논고의 내

17) 온전한 제목은 『물체 일반의 힘에 대한 몇 가지 선행하는 고찰에 이은, 활력의 참측정 및 라이프니츠 경과 여타 기계론자들이 이 쟁점에서 이용했던 증명들의 판정에 대한 견해』[GSK](1747)이다. 수록: I, 1~181. [이하 칸트 원문의] 인용은 일관되게 베를린 학술원판 칸트전집[권수(로마숫자), 면수(아리비아숫자)]: *Kant's gesammelte Schriften*, hrsg. v. der Königlich Preußischen Akademie der Wissenschaften(Berlin 1910 ff.)에서 한다.

용은 아래에서 서술하기로 한다. 그러나 내용에 관해 언급하기 전에, 칸트가 이 저술의 머리말에서 내세운 변증법적 해설에 대해서 주해하는 것이 좋을 것 같다. '변증법적'이라는 말의 의미의 전체 폭은 나중에 명료해질 것이다. 여기서는 우선 다투고 있는 쌍방 간의 대화에서 그 의미가 시야에 들어온다. 칸트는 힘의 도량[度量]에 관한 대화에 스스로 끼어드는데, 그때 그에게도 그가 진리에 대해 그리고 이제까지 진리를 서술하라고 요구했던 이들에 대해 주장하는 주관적 입장이 자각된다. 이것은 이 젊은 철학자가, '과감히 분별하라!', '너 자신의 지성을 사용할 용기를 가지라!'로 정식화한 그 경구를 자신에게 계몽적으로 제시하는, 자신을 자각하는 주체성의 증거문서로서 중요한 의의를 가진다.

"이제 우리는 대담하게, 만약 그것이 진리의 발견에 지장을 준다면, 뉴턴이나 라이프니츠의 명성도 아무것도 아니라고 치부할 수 있어야 하고, 지성의 견인 이외의 어떠한 설득에도 복종하지 않을 용
20 기를 가질 수 있어야 한다."[18]라고 칸트는 말한다. 그는 위대한 사상가들의 의견에 대항할 때, 그가 비록 이들과 상충한다고 해도, 이들의 의견을 자기 견해의 재판관으로 세우고자 한다. 이렇게 해서 그는 이들과의 대화에 들어가는 것이다. 그의 성찰 중에는, 사람들은 자신이 갖는 주관적인 의견과 우리 안에서 목소리를 내는 이성의 주장 사이를 구별해야 하는바, 주관적 의견은 개별적이고 사사로우나, 이성은 공통적인 것, 보편적인 것으로서 의견들이 진리인지 비진리인지를 가름하기 위한 척도를 제공한다는 플라톤-소크라테스적 전

18) GSK: 전집, I, 7.

제가 암묵적으로 작동하고 있다. 의견 대 의견을 대결시킬 필요는 없고, 오히려 모든 의견이 보편적 이성의 공통의 척도에 비추어 검토되어야 한다고 칸트는 생각한다. 칸트는 티모레온의 고사[故事]를 인용하고 있다. 티모레온은 일찍이 법정에 소환된 일이 있다. "재판관들은 그를 고소한 사람들의 뻔뻔스러움에 대해 역정을 냈다. 그러나 티모레온은 이 사건을 전혀 달리 보았다. 이 같은 기도는, 자기 조국이 완전한 자유 속에 있음을 보는 데에 자기의 온 즐거움을 두었던 사나이에게는 마음에 들지 않는 일일 수가 없었다. 그는 심지어 그 자신에게 대항하는 경우일지라도 자기의 자유를 활용하는 이들을 보호하였다. … 위인들이 인간 지성의 자유를 위하여 그렇게 많은 노력을 기울인 후에 그 노력의 결실이 그들을 불유쾌하게 만드는 것을 두려워해야 할 이유를 어디서 발견할 수 있을까?"[19] 심판관으로서의 이성에 대한 이 이야기는 순수 이성 비판에서 중요한 역할을 할 것이다.

"선입견이 정말로 인간에 대해 하는 일이라고는, 인간다움이 없으면 떨쳐버리지 못하는 두 성질, 안일과 자기애를 북돋우는 것이 21
다."[20] 사람의 마음속에서 허영이 힘을 쓰고 있는 한, 선입견도 온존할 터이다. 다시 말해 그것은 결코 종식되지 않을 것이다. 선입견은 앎이 아니라 의견이며, 대화를 나누는 함께하는 놀이에서의 견해가 아니라 사적인 관점이다.

이 같은 성찰들은 훗날의 주관성 철학의 시사점을 포함하고 있고,

19) GSK: 전집, I, 8.
20) GSK: 전집, I, 8 이하.

사적인 판단이나 선입견을 마주해 주장하지 않으면 안 될 보편적 이성에 대한 이론의 시사점을 포함하고 있다. 이 성찰들은 변증법에 그리고 이성의 자기 검토의 과제에 이른다. "나는 이 논문을 진행시켜감에 있어서 제아무리 유명한 사람의 명제라도 만약 그것이 그릇된 것으로 보이면, 과감하게 파기해버리는 데 주저하지 않을 것이다. 이 자유가 나에게는 매우 싫은 결과를 초래할 것이다."[21] 진리로의 길은 착오들을 뚫고 지나갈 수밖에 없을 터이다. 그러나 그 길은, 사람들이 착오에 고집스레 그리고 허영에 차 집착하지 않고, 본래적인 더 나은 지식 앞에 스스로 지속적으로 책임지려 할 때, 오직 그때에만 진정한 통찰에 이를 터이다. "나는 이미 내가 고수하고자 하는 길을 그려놓았다. 나는 내 길에 들어설 것이고, 그 어느 것도 내가 이 길을 계속 가는 데 방해하지 못할 것이다."[22] 물론 칸트가 이것으로써 이미, 그가 언제 '순수이성비판'이나 '윤리형이상학'을 쓸 것인지를 정확히 알고 있었다고 말하고자 하는 것은 아니다. 만약 그 같은 일이 가능했다면, 그것은 아무런 발전이 없음이겠다. 그렇다면 또한 칸트가 따라가겠다고 한 그 길의 비유나 그가 들어서려 한 행로의 비유도 무의미한 것일 터이다. 왜냐하면 그때 그는 이미 곧바로 종점에 와 있었던 것이고, 발전하는 대신에 그 자리에 머물러 있던 것이니 말이다. 그렇다면 그의 사유는 이미 확정되고 최종적으로 타당한 명제들의 한 체계에서 휴식한 것에 불과하겠다. 이런 일은
22 바로, 칸트가 그의 전 사유 역정[歷程]에서 견지했던 입장인, 탐구와

21) GSK: 전집, I, 9.
22) GSK: 전집, I, 10.

연구(추궁하는 수행태도)는 확고한 명제들의 주장에, 다시 말해 교조적인 수행태도에 운동과 발전의 원리를 앞세우지 않으면 안 된다는 그의 지론과 배치됨을 뜻하겠다.

개개 연구가의 참된 진술도 그릇된 진술도 모든 것을 포섭하는 공통의 이성에 의해 도전받기 마련이라는 칸트 후년의 위대한 견해가 이미 이때 다음의 문장에서도 감지된다: "우리가 위대한 발견들 곁에서 분명한 착오와 마주치게 된다면, 이것은 한 인간의 허물이라기보다는 오히려 인간 일반의 인간성에서 유래한 것이다. 만약 우리가 이런 착오조차 학자들에게서 완전히 제외시키려 한다면, 우리는 학자들 개인에게 너무 많은 경의를 표하려 하는 것이겠다."[23] 착오는, 그것이 나타난다 하더라도 이성 자신에 의해서 설득된다. 바로 그렇기 때문에 인간의 주관성에 입각해서도 보편적 이성의 척도에서 정위[定位]되는 하나의 길을 발견하는 것이 철학의 할 일인 것이다.

2. 힘의 도량의 객관적 해설: 형이상학의 개념

칸트는 라이프니츠와 데카르트 학파 사이에서 벌어진 힘의 참된 도량에 관한 다툼을 중재해보려 했다. 힘의 개념에다 물리학적 사고영역에의 거주권을 부여하는 일은 자연과학의 정초를 위해 결정적으로 중요하였다. 이를 위한 전제는, 힘들을 측정하는 방법이 개발되고, 힘들을 수치로 표현하여 여러 가지 힘들을 서로 비교할 수 있

---

23) GSK: 전집, I, 12.

어야 한다는 점이었다. 물리학적으로 정의될 수 있고, 과학의 대상
23 으로 인정받을 수 있으려면, 힘도 거리나 시간과 똑같이, 무게와 온도, 전기처럼 측정될 수 있어야만 한다. 데카르트는 힘들을 측정하는 데 쓸 단위로 $m \cdot v$를 택해야 한다고 주장했다.[24] 이에 반해 라이프니츠는 이 단위가 $m \cdot v^2$이어야 한다고 설명했다. 두 사상가의 이 차이는 깊은 철학적 견해차에서 비롯한 것이다. 만약 사람들이 이 차이를 단지 물리학적 주장과 언표의 차이로 해석할 것 같으면, 이 차이란 그다지 흥미로운 것이 못된다. 게다가 이미 오래 전에 힘을 측정하는 이 두 가지 방식 모두 물리학적으로 가능하고 동등한 권리를 갖는다[25]는 것이 밝혀진 바이다. 여기서 전제는 우리가 그 문제 제기 점을 알고 있다는 것이다. 즉 우리는 힘을 충격이 문제가 되는 곳에서 속도를 전달하는 역량으로 측정($m \cdot v$)할 수도 있고, 힘을 수행한 일의 양을 통해서 측정할 수도 있다.

데카르트는 기하학적 관점을 자연에서 일어나는 모든 일에도, 따라서 물체의 형태를 규정하고 그것들의 운동을 규정하는 데도 표준이 되는 것으로 납득했다. 기하학적-형상적으로 이해된 "연장[延長]"이 물체들의 본질을 이룬다는 그의 유명한 명제는 힘 이론이나 운동 이론과 부합한다. 그에 따르면 운동이란 한 견고한 물체가 다른 한 견고한 물체와 충돌함으로써 생긴다. 거기서 한 운동의 충돌의 원인을 힘이라 일컫는 것이다. 라이프니츠는 이 전제의 귀결들

---

24) 주지하다시피 m은 질량, v는 속도를 뜻하며, $v = \frac{s}{t}$에서 s는 거리, t는 시간을 의미한다.

25) D'Alembert, *Traité de dynamique*(1743), 머리말; E. Mach, *Die Mechanik in ihrer Entwicklung*, 9 Aufl.(Leipzig 1933), S. 247 · 341 ff. 참조

과 대결을 벌인다.[26] 힘에 대한 그의 파악은 데카르트와는 다르다.
즉 힘은 외적인 충격으로 작용하는 것이 아니라, 각 물체 내에서 독
립적으로 운동하는 계기로서 작용하는 것이다. 그래서 그의 물리학
적 성찰은 다음과 같다: 1파운드 질량을 4미터 들어올리기 위해서
는, 4파운 질량을 1미터 들어올리는 데 요구되는 일의 능률과 똑같 24
은 정도의 힘이 필요하다. 데카르트가 제안한 힘의 도량은 이 사실
에 들어맞지 않을 터이다. 1미터 낙하한 4파운드짜리 물체는 바닥에
떨어지면 4미터 낙하한 1파운드짜리 물체와 똑같은 운동량을 갖는
다고 생각해야만 한다. 그런데 갈릴레이의 운동방정식에 따르면 4미
터 높이에서 낙하하는 물체는 1미터만을 낙하하는 물체에 비하여 2
배의 속도를 요한다. 그러므로 데카르트식 힘의 측정에서는 첫 번째
물체의 경우는 $m_1 \cdot v_1 = 2$가, 두 번째 물체의 경우는 $m_2 \cdot v_2 = 4$라는
결과가 나온다. 이 힘의 도량은, 두 물체의 힘의 양이 같다는 앞서의
성찰과는 달리 서로 다른 결과를 낳는다. 그러나 우리가 $m \cdot v^2$이라
는 도량을 바탕에 놓으면, 올바른 결과가 나온다. 왜냐하면 그때 첫
번째의 경우는 적[積] $m_1 \cdot v_1^2 = k_1$에서 $m_1 = 1$, $v_1^2 = 4$, $k_1 = 4$이고,
두 번째 경우는 $m_2 \cdot v_2^2 = k_2$에서 $m_2 = 4$, $v_2^2 = 1$, $k_2 = 4$가 되기 때문
이다. 그러므로 결과적으로 $k_1 = k_2$가 되고, 이로써 힘의 양이 같음이
입증된다. 이제 이러한 전경[前景]에서 물리학적으로 행세하는 성찰
들의 철학적 배경을 고찰할 수 있을 것이다.

칸트는 그의 힘에 관한 논고에서 물리학자나 수학자로서가 아니

---

26) *Die Philosophischen Schriften von Gottfried Wilhelm Leibniz*, hrsg. v. C. J. Gerhardt, Bd. IV(Berlin 1880), S. 370 ff.

라 철학자의 역할에서 말하고 있다. 칸트가 힘이란 기하학적 형상으로 파악할 수 없는, 즉 오히려 점과 같은 것이며, 이로부터 연장 운동이 생기고, 이 운동의 산물이 공간 내지 공간적 형태이기 때문에 그렇다고 설명할 때, 그는 힘의 개념을 철학적으로 파악하고 있다. 칸트의 전제들에 따르면 이 연장 운동에 "활력[活力]"이 연관 지어져야만 한다. 활력은 계산될 수도 없고, 어떤 인과 관계에서 파악될 수도, 규정될 수도 없는 것이겠다. 칸트는 활력을 "우연적"[27]이라고 특징지은 적이 있고, 그로써 그것의 자율적이고 자유로운 본성을 표시하려 하고 있다. 활력은 물체 자체에 실재적으로 주어진 것이지, 단지 가설적으로 받아들여지거나 관념적 내용으로 놓인 것이 아니다. 능동적인, 살아 있는 힘[활력]은 현재의 운동 상태를 유지하고, 일체
25 의 변화를 일으키는 영향들에 대처하는 "힘씀"으로 자신을 드러낸다. 움직여진 물체가 단지 죽은 힘만을 보여야 한다면, 그 피동의 물체에서는 자율적으로 운동을 유지하려는 어떤 추동도 활동하지 않을 것이다. 그때 그 물체의 힘의 밀도는 한 점의 크기를 갖고, 따라서 곧 0일 것이다. 그러나 활력의 경우 그것의 밀도적 도[度]는 0과는 다를 터이다. 그것은 단지 실제적 운동이 아닐 뿐, 오히려 동시에 또한 자기 유지를 위한 힘씀이며, 그러므로 잠재적 운동이다. 속도가 "하나의 직선"과 같고, 속도 유지를 위한 힘씀이 똑같이 직선적이라면, 이 양자의 합일은 "정방형[제곱]과 같다." 이로써 살아 있는 자발적으로 활동하는 힘의 도량은 곧 $m \cdot v^2$으로 밝혀진다. 형이상학적으로

27) GSK, §129: 전집, I, 151.

이해된 힘은 동시에 “밀도”[28]인 것이다. 그것은 연장하는 운동으로 이해될 수 있고, 연장된, 연장적인 사상[事象]들의 근거로 밝혀진다.

라이프니츠는 또한, 한 물체의 모든 장소 운동은 그 물체 자신의 내적 힘으로 인한 것이지, 외부의 충격에 따르는 것이 아니라는 견해를 대변했다. 데카르트를 포함한 기계론적 물리학자들이 운동의 근거를 물체의 본질과 그것의 내적인 힘 자체에서 찾는 대신에, 어떤 외적인 충격에다 옮겨 놓는다면, 그들은 모든 것[만물]을 단지 기하학적으로만 파악하고 기술하는 잘못에 빠지게 된다. 물체의 연장도 굳은 물체[剛體]의 형상이라는 의미에서의 기하학적 소여로 파악해서는 안 되고, 오히려 거기에서 힘이 작용하는 표현을 보아야[간파해야] 할 터이다. 라이프니츠에 따르면, 힘의 올바른 도량은 기하학적인 운동 관계들을 끌어댈 뿐만 아니라, 이 힘으로 말미암은 일의 효율의 관점도 포괄해야만 한다. 철학적으로 볼 때, 힘의 도량으로서 제안된 두 물리학적 정식의 차이는 이렇게 해서 생긴 것이다.

칸트는 이 다툼의 문제에서, 그 자신도 반성하고 있는, 하나의 원 26
리적인 변증법적 수행절차를 따른다. 이 반성이 이 논고의 서문의 변증법적 사유를 전개시키고 있다. 여기서 우리는 발생한 다툼 문제들을 원리적으로 서로 다른 이성의 입장으로 귀착시키는, 칸트의 장래의 변증법적 사유 과정을 미리 보게 된다. 이 변증법적 사유 과정을 통해 다툼은 두 개별적인 사상가 사이의 쟁론 수준에서 이성 자신“의” 쟁론 수준으로 이행하고, 따라서 이 다툼의 두 적대자는 마침내 공통적 이성의 보편적 동기들의 대변자로 등장한다. 그때 변증

---

28) GSK, §123: 전집, I, 147.

법적 관점은 양편 각각의 옳음과 그름을 비판적으로 저울질할 수 있게 되고, 또한 그 관점들의 필연적 귀결로 나타나는 착오들을 설명할 수 있게 될 것이다. 그래서 칸트는 힘에 관한 이 논고에서, 양편의 즉 데카르트 학파와 라이프니츠 학파의 결실을 모두 인정하고, 이 양자 사이의 모순을 제거하여 이성을 이성 자신과 다시금 합치시키려 노력하고 있다. 칸트는 여기서 데카르트적 결실은 기하학의 관점에서 올바르다고 밝히고, 반면에 라이프니츠에게는 활력에 대한 견해에서 옳음을 부여하는 방식으로 일을 처리하고 있다.

칸트는 비자유 운동과 자유 운동을 구별한다. 자유 운동은 그것이 전달된 물체 안에 보존되고, 장애물이 나타나지 않으면 무한히 존속한다. 반면에 비자유 운동은 외부에서 작용하는 힘에만 의존하며, 따라서 이 외적인 작용이 더 이상 없는 그 순간에 사라진다. 우리는, 첫째의 경우는 라이프니츠의 철학적 전제들에 대응하며, 반면 두 번째 경우는 데카르트의 것임을 알 수 있다. 쏘아진 탄환이나 던져진
27 물체들은 첫 번째 종류의 예들이겠고, 그 반면 두 번째 종류의 운동
의 예로는, 가령 손으로 "천천히" 밀다가 손이 더 이상 밀지 않으면 그 순간에 곧바로 멈추는 공과 같은 것이 있겠다. 그러니까 이 다툼은 이성이 서로 다른 두 사상가를 골라 각각 부분적인 진리를 지지하도록 했다고 평가될 수 있겠다. 칸트 자신은 여기서 양편 진술 각각에 상대적 옳음을 만들어주고, 이런 방식으로 이성의 이성 자신과의 화해를 이루려고 기도하고 있다. "우리가 만약 명민한 인사들의 서로 다른 인격들에서의 이성과 이성 자신을 합일시키고, 그들이 정면으로 대립할 때, 그들의 철저한 사념 속에 결코 빠져 있을 수 없는 진리를 발견해낸다면, 그것은 대체로 인간 이성의 영예를 수호하는

일이라 할 것이다."[29]

칸트의 물리학적 성찰들은 비판받을 소지가 있으므로, 그 철학적 배경과 칸트의 철학적 방법만이 의의가 깊다. "만약 실체들이 자기 밖에서 작용하는 어떠한 힘도 가지지 않는다면, 공간도 그리고 연장도 없을 터라는 것은 쉽게 밝혀진다. 왜냐하면 이 힘이 없으면 어떠한 결합도 없고, 결합이 없으면 어떤 질서도 없으며, 질서가 없으면 결국은 공간도 없는 것이기 때문이다."[30] 여기서 우리는 힘을 특징짓는 데에 "외적[외부]"이니 "내적[내부]"이니 하는 술어[述語]들이 중요한 역할을 함을 본다. 힘은 운동으로서 그리고 동시에 활동작용으로서 공간적으로 시간적으로 연장해나가는 실체의 "내적인 것"이다.

우리는 운동을 수학적으로는 공간과 시간의 관계로 표현할 수 있다. 그러나 거기서 말하는 것은 단지 속도일 뿐 운동이 아니다. 그러나 운동은 철학적으로 볼 때 관계맺음이 아니라 독립적인 사태 자체
이다. 그것은 실체적인, 내적인 살아 있는 힘의 표현인 것이다. 칸트 28
는 물리학적 언어의 영역과 형이상학적 언어의 영역을 비판적으로 나눈다. 운동과 활력은 오직 후자에만 속한다. 크기[量]는 물리학적 언어에서 합성의 결과로서 등장한다. 그것이 측정될 수 있기 위해서는 단위[하나]들로 합성되어 있어야 한다. 그러나 철학적으로 볼 때 독립적으로 존재하는 것인 힘은 측정될 수 없다. 힘은, 물론 외부로 이월함에서는 합성의 형식을 취하는 단순한 것, 연속체이다. 라이프

---

29) GSK: 전집, I, 149.

30) GSK: 전집, I, 23. 여기서 이미 물리적 단자론에 관한 논고의 사상이 선취된다.(아래 각주 51 참조)

니츠는 자연 경과들의 내부를 파악하려고 추구하였다. 이 내적인 것이 자연 중에 나타나는 현상들인 운동과 형상적인 형태들의 실체적인 담지자라는 것이다.[31] 내적인 힘은 현상적으로 가시적이고 지각될 수 있는 것에서 자신을 표현한다. 사람들이 이 지각될 수 있는 것의 영역에서 언제나 분할을 수행한다고 하더라도, 이것이 근저에서 작용하는 힘의 전체성과 단순성을 저해할 수는 없다. 이 작용하는 힘의 전체성과 단순성이 오히려 그 부분들을 항상 하나로 결속시키는 숨겨져 있는 끈이다. 이렇게 해서 칸트가 이러한 연관에서 다음과 같이 말하게 되는 세계에 대한 하나의 특별한 개념을 위한 전제들이 동시에 마련된다.—세계는 모든 사물들 상호 간의 "실제적인 결합"이다. 그것은 낱낱으로 나뉘어 있는 사물들을 하나로 결속시키고, 연속시키고, 지속시키는 원리이다. 만물을 결속시키는 것, 그것이 철학적 의미에서의 힘[32]이다.

칸트는 수학적 언어가 자연 자체와는 합치하지 않는다고 본다. 수학은 자연에서 발견하는 물체를 기술하는 것이 아니라, 물체 개념 자체를 구속한다. 그것도 "공리에 의거해서. 수학이 요구하는 바, 공리란 물체에서 우리가 반드시 전제해야만 하는 것이면서도, 자연의 물체에서는 필연적으로 마주칠 수밖에 없는 그런 어떤 성질도 가질 수 없는 것이다. 그러므로 수학의 물체는 자연의 물체와는 전혀 다른 어떤 사물이며, 따라서 수학의 물체에서는 참일 수 있는 어떤 것

31) Kaulbach, *Der philosophische Begriff der Bewegung* (Köln · Graz 1965) 참조.

32) GSK: 전집, I. 22 이하.

이 자연의 물체에는 끌어대질 수 없다."[33] 이것은 사고와 언어의 상 29
이한 두 관점을 비판적으로 구별함을 의미한다. 하나는 수학적인 것으로 추상적이고 요청적인 것이며, 반면에 다른 하나는 자연 사물의 실재적 성분을 파악할 수 있는 것이다. 형이상학적 사고는 기하학적으로도 대수학적으로도 파악할 수 없는 힘을 개념화한다. 힘은 연장적인 것이 아니고, 오히려 공간과 형상의 발생 운동에서 모든 연장성을 정초하는 것이기 때문이다. 갈릴레이가 낙하법칙에 이르는 개념형성의 과정에서 보여주었듯이, 수학적-물리학적 사고는 또한 우리가 운동으로 인지하고 표시하는 사태를 자기의 사고의 개념 망에서 잡아내지 못한다. 오히려 이러한 사고는 운동 개념의 전체를 함께 규정하는 모종의 인자들을 처음부터 배제한다. 공간과 시간은 이러한 인자들에 속하거니와, 이 두 가지는 측정 가능한 양으로 해석된다. 공간과 시간은 점의 잡다로 해석되고, 공간 점들과 시간 점들 사이에서는 일정한 관계, 예컨대 속도의 관계인 $v = \frac{s}{t}$가 확인된다. 여기에서 운동 자체에 대해서는 아무런 언급이 없다. 기껏해야 크기 내지 양, 즉 속도, 운동량 등에 대한 언급이 있을 뿐이다. 칸트는 라이프니츠를 승계하여 힘의 형이상학적 개념에다, 그렇게 점적으로 생각하는 한낱 점들만을 관계 맺어주는 사고방식에서는 자리가 없는 속성들을 부여한다. 그가 힘의 성격으로 보는 것은 무엇보다도 "밀도[密度]적임"이다. 밀도로서의 힘은 결코 수학적으로는 파악할 수 없는 연장함의 운동이다. 왜냐하면 그것은 수학적 물리학자가 그 나름의 개념틀의 방식에서 준비한, 가시적으로 현상하는 운동

33) GSK: 전집, I, 139 이하. 또 I, 40 이하, 그리고 I, 107 참조.

의, 예컨대 하나의 암석의 사태를 만들어내는 것임에 틀림없기 때문이다. 밀도는 그것이 공간적 · 시간적 다수를 하나의 현상하는 형태로 연속적으로 결속시키는 운동인 한에서, 철학적으로 이해된 힘의 본질의 특징이다. 힘은 두 가지 면을 보인다. 한편으로 힘은 연장을 이루어내고, 다른 한편으로는 공간적 · 시간적 다수를 현상하는 형태들의 연속적인 하나로 결속시킨다. 이미 여기서 후년의 물질의 역학 이론의 전조[前兆]들을 만난다.

30 "현재 운동 중에 있는 물질을 매개로 하지 않고서는 자연에서" 어떠한 운동도 "발생하지 않는다는, 그러므로 세계의 일부에서 사라져버린 운동은 다른 어떤 현존하는 운동에 의하거나 신의 직접적인 손길에 의하지 않고서는 만들어질 수 없다."는 원칙은 자연이론에서 그릇된 것으로 판명되었다. 이 명제는 이에 동의를 표했던 이들에게 언제나 몹시도 큰 거북함을 준다고 칸트는 말한다. 그들은 불가피하게 "하나의 가설 위에 또 다른 가설을 세우는, 인위적으로 만들어낸 소용돌이 속에서 그들의 상상력을 지치게 만든다. 또 그들은, 자연의 합성되어 있는 현상들을 이끌어내기에 충분히 단순하고 개념적으로 파악 가능한 세계건물[우주]의 설계도를 제시하는 대신에, 오히려 우리를 그것의 설명을 위해 동일한 것이 적용되어야 할 그 모든 것보다 훨씬 더 기이하고 개념적으로 파악할 수 없는, 무한히 많은 진기한 운동들 속에 빠뜨린다."[34]는 것이다. 이쯤에서 칸트가 이 구절에서 다루고 있는 대립이 무엇인지가 분명해진다. 한편에는 인위적으로 고안되고, 중첩적으로 쌓아올린 가설들이 있고, 다른 한편

---

34) GSK: 전집, I, 60.

에서는 자연 자체의 단순하고 개념적으로 파악 가능한 설계도를 인식할 수 있다. 칸트는 "나는 가설을 만들지 않는다(hypotheses non fingo)."는 뉴턴의 명제에 대해 초기의 비판적 성찰에서 원리적인 전향을 하고 있다. 한편의 사람들은, "명민함과 상상력의 탁월한 시도들로 가득차 있으나, 자연 자체와 그것의 작용들의 아무런 설계도도 내놓지" 못하는 물리학에 봉착한다. 그러나 마침내는 자연을 있는 그대로, 다시 말해 단순하게 그리고 끝없이 우회하지 않고서, 기술하는 의견이 승리할 것이다. 자연의 길은 오직 하나의 길일 것이다.
그러므로 우리는 "참된 그 길에 이를 수 있기에 앞서, 무수하게 많은 31
샛길을 탐색"[35)]할 수밖에 없을 터이다.

뉴턴은, 세계는 그것의 위대한 건설자인 신의 편에서 보면 언제나 다시금 보수할 필요가 있는 것으로 보인다는 명제를 대변했다. 예컨대 행성의 운동에서 작은 불규칙성을 볼 수 있는데, 그 불규칙성의 정도는 만일 신의 교정이 없다면, 시간이 경과함에 따라 행성들과 혜성들의 상호 작용의 영향으로 전체가 완전히 무질서하게 될 만큼 커질 것이 틀림없다는 것이다. 이에 대하여 칸트는 자연의 자족성[自足性]을 주장한다. 그리고 그는 바로 행성 운동의 이러한 불규칙성을 후에 1755년의 저술『천체 일반 자연사와 이론』에서, 뉴턴의 귀결과는 반대로 자연의 독자성을 그리고 신의 작용 영향이 불필요함을 이끌어내는 논증을 위해 사용한다.[36)]

이것은 라이프니츠를 승계하여 자연이 신의 편에서의 보완이나

---

35) GSK: 전집, I, 61.

36) Newton, *Optice*(Lausanne · Genf ^{4}1740), S. 322 f. 참조.

개선을 필요로 한다는 생각을 강력하게 반대하는 젊은 칸트의 사상적 특징을 보여주는 한 단면이다. 자연은 비독립적이며 독자적으로는 생존력이 없다는 뉴턴에 의해 대변되는 견해에 대한 반론이 이미 힘에 대한 논고의 주조[主調]이다. 힘의 도량을 둘러싼 문제와 관련해서도 뉴턴에 반대하여 자연 안에서의 활력의 항상성에 대한 라이프니츠적 명제가 주장되고 있다. 그 때문에 활력의 항상성을 둘러싼 논쟁은 힘의 도량에 관한 논쟁과 밀접하게 결부되어 있다. 왜냐하면 후자의 논쟁에 활력처럼 끊임없이 보완되고 자연 중에서 생기는 에너지 손실을 끊임없이 보충하는 힘들에 대한 물음이 영향을 미쳤기 때문이다. 그러므로 라이프니츠와 칸트로 하여금, 자연에서의 힘의 소멸에 대한 물리학적 경험에서, 신이 언제나 다시금 관여하지
32 않을 수 없다는 뉴턴의 결론을 끄집어내지 않도록 한 것은 바로 활력에 대한 형이상학적 사상이었다. 라이프니츠와 칸트는 오히려, 일단 자기 발전의 궤도에 올라간 자연은 스스로 독립적으로 그리고 어떤 외부의 영향을 받지 않고 발전할 수 있다는 정반대의 결론에 이르렀다. 자족적인 자연에 대한 이러한 사념이 또한 칸트가 자연에서의 "자유 운동"과 "활력"의 해설에 관심을 기울인 동기이다.

여타의 사안에서 칸트는 방법적으로 뉴턴에 정향[定向]되어 있는데, 뉴턴은 사람들이 자연의 단순한 길을 따르는 대신에 인위적인 가설을 고안해낸다고 낙인찍는다. 뉴턴은 그의 중력의 사실적 의미와 학문적 진지성을 정당화하기 위해 "나는 가설을 만들지 않는다."라는 경구로 자신의 입장을 천명했다. 뉴턴의 추종자들 역시 중력은 고안된 것이 아니라, 스스로 드러나는 사태의 "서술"에 기여한다고 말한다.

3. 신과 자연: 체계 사상

라이프니츠적 사유의 길에 정향되어 비연장적이고 한낱 "생각할 수 있는" 힘에 의해 현상들을 정초[定礎]하는, 그런 형이상학의 개념 외에, 더 학문 이론적 의미에서 숙고해야 할 형이상학의 의미도 있다. 이 형이상학의 개념에 따르면 형이상학에서 본질적인 것은 "체계[성]"이다. 형이상학에서는 [그 학을 이루는] 명제들의 체계성이 관건인데, 각 명제는 자신의 상위에 놓여 자신을 정초하는 명제에 의존하면서도, 다른 한편으로는 자기에게 종속되는 명제들을 다시금 정초한다. 합리적인 정초 연관이 다수의 명제들을 하나의 체계로 결합시키는 실마리이다.[37] 여기에서 토대, 즉 여타의 모든 명제들이 33
그에 의존하는 최초의 가장 확실한 명제들의 토대 문제가 생긴다. 이런 방식으로 각 명제는 앞선 명제에 의해 규정되는 것이므로, 그것은 필연적으로 타당하고 또한 확증된 귀결이라고 주장할 수 있다. 이로부터 형이상학이, 특히 학교철학의 영역에서, 취했던 "교조적/교조주의적" 행태가 유래한다. 칸트는 철학의 명제들을 의심할 여지

---

37) 형이상학의 체계적 건립이라는 의미에서 예컨대 볼프(Christian Wolff, 1679~1754)는 일반 형이상학(존재론)과 특수 형이상학, 그리고 이것의 세 분과인 이성적 신학, 이성적 영혼론, 이성적 우주론을 구분하였다. 볼프는 라이프니츠의 철학을 학교 체계의 언어로 바꾸었다. 특히 그의 독일어 저술의 제목에는 "이성적 사고 …" 운운하는 새로운 어투를 빌린 형이상학적 사고에 대한 이성의 요구와 체계의 요구가 빈번하게 표현되어 있다. 볼프, 마이어(G. I. Meier) 그리고 칸트를 포함해서 독일어 철학 언어 형성에 기여한 여타 철학자들에 의해 다수의 대표적인 학술어들이, 특히 이미 라틴어로 정착된 스콜라의 철학 용어가 당시 막 생겨나는 독일 교양 언어로 번역되어가는 과정을 추적해보는 것은 철학을 위해 크게 유익할 것이다. 칸트도 이에 대해 적지 않게 발언하고 있다.

없는 확증된 결과라고 전달하고 가르치는 수행 방식을 "교조적/교조주의적"이라고 일컫는다. 이성적 형이상학과 학교철학의 목록 그리고 교조적 교육 행태와 전달 행태는 매우 밀접하게 결부되어 있다. 체계의 원리가 표준이므로, 이 당시의 형이상학 저작과 철학 편람들은 엄밀한 구분(장절) 아래 구성된 교과서의 형태로 나타난다. 칸트 자신도 1756년부터는 그에 의해 선택된 형이상학 편람인 바움가르텐의 형이상학에 따라 강의한다. 이러한 계획을 공지한 강의요람에서 칸트는 물론 철학 강의를 위해서도 교조적 수행 방식에 반대되는 관심을 표명하고 있다. 즉 젊은이는 단지 교조적 행태로 철학 교육을 받아서는 안 되고, 오히려 그 스스로 사고하는 도정에서 "추궁하는" 수행 방식, 즉 탐구하고 검토하는 방식으로 육성되어야 한다는 것이다. 이런 연관에서 대학의 젊은이들은 철학이 아니라 철학함을 배워야 한다는 유명한 명제가 생긴 것이다.[37a)]

이어서 나온 칸트의 비교적 큰 저술은 우주 생성 진화론이라 볼
34 수 있는데, 그것은 고유의 법칙에 따라 자족적으로 발전하는 자연에 대해 사색해 들어간 것이다.[38)] 칸트는 여기서 "세계건물"이라고 하는 우주의 구성과 발전을 "보편적"인 내재적 자연법칙들에 따라 추적하려고 기도한다. 물론 그것은 종교 의식에는 불쾌감을 일으킬 수도 있다. 왜냐하면 자기 자신에서 생겨나서 스스로 발전하는 자연, 즉 근대의 법칙 개념에 의거해 고대의 자연원리의 갱신을 서술하

37a) 「1765/1766 겨울학기 강의 개설 공고」[NEV], 수록: 전집, II, 303~314 참조.
38) 『전체 일반 자연사와 이론, 곧 뉴턴의 원칙들에 따라 논구된 전체 우주의 체제와 기계론적 기원에 대한 시론』/『일반 자연사』 [NTH], 수록: 전집 I, 215~368 참조.

면, —"에피쿠로스가 우리들 가운데서 다시 부활한다."—신은 불필요하게 된다고 사람들이 생각할 수 있기 때문이다. 그러나 칸트의 논변은, 오히려 반대로 자연이 당초부터 잘못 틀 잡혔다는 가정은 무신론자를 위한 논거가 된다는 것이다. 왜냐하면 그것은 신의 무능과 무력함을 드러내는 것이니 말이다. 이와는 달리 강력한 것으로 납득된 자연은 강력한 창조자를 위한 징표일 터이다. 종교적 신앙의 옹호자가 내세우는 논거가 이로써 직접적으로 제시되는 것은 물론 아니다. 종교적 신앙에서 더 중요한 것은 신 또한 이성적 존재자라는 사실보다는 신이 무한한 권능을 가지며 개념적으로는 파악되지 않는다는 점이니 말이다.

칸트의 논점은, 종교의 옹호자들이 신의 실존을 입증해준다는 근거들을 그릇된 방식으로 사용하고, 그리하여 "자연주의자들에게 불필요한 약점을 노출"[39]시킴으로써 그들과의 다툼을 영구화하고 있다는 것이다. 여기서 칸트가 지칭하는 "자연주의자"란 "신"을 가정하지 않고도 자연을 개념적으로 파악할 수 있다고 선언하는 자연 연구가와 철학자들을 말한다. 사람들은 한편으로 종교적인 측면에서 자연을 신의 작품으로 보고 모든 가능한 술어들을 동원하여 칭송하려 하면서도, 다른 한편에서는 또한 자연을 깎아내린다. 한편에서는
자연이 모든 가능한 완전성과 합목적성과 법칙성을 보여준다고 하 35
면서도, 다른 한편에서는 신의 질서의지에 "반항하는 주체"임을 드러낸다고 한다. 이렇게 앞뒤가 안 맞음을 철학적 이성으로서는 받아들일 수가 없다. 『일반 자연사』에서 여러 가지로 변형되어 나타난 칸

39) NTH: 전집, I, 222.

트의 기본주제는, 신이 자연 안에 조성해놓은 물질의 보편적인 작용법칙들은 최고의 지혜가 예정해둔 계획을 "스스로 이행하려 애쓴다"는 것이다.

그에 따라 칸트는 자신이 신과 자연의 관계를 판정하는 철학적 원리들의 성격을 규정하기 위해, 자기는 "보편적인 법칙들에 따라 스스로를 규정하는 물질"이 보여주는 "자연의 거동"에 관해서 말하고 있다고 말한다. 이 보편적인 법칙들이란 그것들에 따라 자연이 "최고의 지혜의 기획인 것으로 보일 수밖에 없는" 사건들을 야기하는 기계적 법칙들이다. 예컨대 바람, 기압, 온도, 강우와 강설 같은 자연에서의 많은 인자[因子]들 사이의 상호작용은 지상의 생명에게는 필연적인 것이다. 그런데 그 결과들은 단지 우연이나 돌연[突然]에 의해서, 또한 신의 의도에 따라 생긴 것이 아니다. 그러한 작용결과를 필연적으로 야기하는 것은 자연의 법칙들이다.[40] 칸트는 자신의 시론에 대한 반론으로 볼 만한 두 가지 관점을 든다. 한 관점은 우리 앎의 한계와 관련이 있고, 다른 한 관점은 종교의 주장들과 관련이 있다. 칸트는 먼저 후자를 다루고, 그들의 논증은 자기 자신들의 의도에 모순된다는 점을 들어 물리친다. 칸트는 종교적 사고의 문제들을 소홀히 여기지 않고, 반대로 종교 대변자들의 주장을 높이 사며,
36 유신론적 철학자에게 무신론자나 자연주의자들과의 다툼에서 자칭 신앙의 수호자들이 그에게 제공할 수 있는 것보다 나은 입지점을 마

---

40) NTH: 전집, I, 225 이하. 이즈음 칸트의 연구 관심은 자연지리학, 기상학 등에 쏠린다. 이때 그의 연구에서 표준이 되는 일반적 사고는, 자연에서 모든 것은 이성적으로 파악 가능한 법칙에 따라 일어나며, 법칙에 비춰볼 때 우연이라고 볼 수밖에 없는 신의 의사는 자연 안에서 어떠한 작용 지점도 갖지 못한다는 것이다.

련해주려고 추구한다. 신은 그를 우연이나 돌발의 원천으로 여기는 사고에서보다 독립적이고 자기 안에서 자족적인 자연의 창조자라고 생각하는 형이상학적 이성의 사고에서 더 견고하고 더 확실한 지위를 차지한다는 것이 칸트의 생각이다. 그런데 칸트는 인간 인식의 한계를 말하는 또 다른 관점을 여기서는 좀 뒤로 놓지만, 이것이 이후의 그의 사고의 발전에서는 점점 더 중심으로 옮겨간다. 주목할 만한 것은, 이 두 주제, "종교"와 "우리 인식의 한계"가 후에 칸트가 철학의 근본물음이라고 설명했던 두 문제가 된다는 점이다. 우리 이성의 한계에 대한 해설이 "나는 무엇을 알 수 있는가?"에 부응한다면, 종교의 대변자에 의해 강조된 주제는 "나는 무엇을 희망해도 좋은가?"라는 물음을 가리킨다. 이 두 물음에다가 칸트의 훗날의 물음 목록에 "나는 무엇을 행해야만 하는가?"라는 물음이 추가된다.

4. "일반 자연사"의 근본원리들로서의 기본구조와 체계

우리는 다시 한 번, 칸트가 "신적 진리들의 무오류성"에 관해 그것들에 어긋나는 모든 것이 충분히 논박되고 파기된다는 굳은 확신을 가지고 있다고 말한 점에 시선을 던질 필요가 있다. 여기에서 사람들은 마치 칸트가 형이상학과 자연과학을 어떤 기독교적 교의[敎義]를 척도로 해서 재고자 하는 일을 과제로 삼은 것처럼 이해하려 하지는 않을 것이다. 칸트는 논제가 되는 "신적 진리들"을 순수 이 37
성의 영역 안에서 찾는다. 여기서도 신은 이성적 진리들의 원천이고 대변자로 파악된다. 신은 이성 일반의 최상의 대변자로 통한다. 철학적 전통에서도 영원한 진리들(veritates aeternae)이라고 지칭되는 신적 진리들은 이성에 의해 직접적으로 통찰되는 그런 것들이다. 칸트가 관심을 보이는, 철학적 이론과 합치하는 "종교"는 동시에 또한 이성에 대한 믿음에 의거한다. 이 종교의 최상의 진리들은, 가장 이성적인 존재로서 신은 세계를 창조했고, 그는 세계의 건축자이며 동시에 또한 이 세계에서 살고 있는 영[靈]들의 통치자라는 것이다. 신의 이성적 성격이 온전히 활동을 시작하기 위해서는, 신이 그의 피조물인 자연을 자의적으로 처리하는 전제군주처럼 다루지 않는다는 것이 필수적이다. 즉 신은 전제적 신으로 등장해서는 안 되고, 자연에게 일정한 "기본구조/기본체제(Verfassung)"를 부여하여, 그에 맞춰 자연이 "보편적"인 법칙들에 따라 스스로 발전하고, 자신을 보존할 수 있는 것이어야만 한다. 칸트에서 자연은 "체계적 기본구조/기본체제"로 파악될 수 있다고 말한다면, 이 표현은 철학 전통에서 자주 마주치는, 자연은 신을 "저자(Verfasser)"로 갖는, 숙고되고 체계적으로 정리된 책이라는 말에 비견될 수 있을 것이다. 그러나 칸트가 기본구조/기본체제라는 말에 이미 [헌법이라는] 정치적 의미를 수반시켰을 수도 있다. 이에는 "보편적"이라는 술어가 잘 맞을 수 있겠다. 한 영토의 헌법[기본구조/기본체제]이 개별적인 특수한 법률[법칙]들의 총괄을 의미하는 것이 아니라, 흡사 모든 개별적인 법률들의 형태를 규정하는 보편적인 기본법으로 간주될 수 있듯이, 보편적인, 신에 의해 자연에 부과된 법칙들도 개별적으로 실존하는 사태들에 직접 관계하지 않고, 오히려 그 개별적 사태들의 본질과 내적 가능성들을
38 형성한다. 다시 말해, 예컨대 중력법칙은, 그것이 여기와 저기에서 실현된 규칙으로서가 아니라, 오히려 자연을 하나의 체계적으로 질

서 지어진 자립적으로 기능하는 영역으로 만드는 원리로서 있을 수 있는 한에서, 하나의 보편적인 성격을 갖는 것이다.

칸트가 1755년 아직 라이프니츠와 함께 공동으로 대변했던 신이성론[神理性論][41]에 의하면, 신이 자연에 투여한 보편적인 법칙들은 인간의 이성에 의해서도 인식된다. 자연의 기계성을 말할 때, 칸트는 자연을 단지 외부의 한 톱니바퀴가 다른 톱니바퀴를 건드려 돌아가게 하는 시계조직 같은 것이라고 묘사하려 하지 않는다. 그는 오히려 상호 간에 맞아 들어가는 힘들의 작동을 생각하고 있다. 칸트는 물체의 표면이 아니라 물체의 내부에 영향을 미치는, 예컨대 중력과 같은, "뚫고 들어가는" 힘[浸透力]들도 있다는 역동적 기계성 이론을 대변했다. 열힘[熱力]도 그 가운데 하나인데, 이 뚫고 들어가는 힘들이란, 힘에 관한 칸트의 첫 저술에서 화제였던, 철학적으로 해석된 힘의 표현이다.[42] 이 힘은 충격을 주는, 밀치거나 당기는 힘으로 작용하지 않으며, 한 물체의 표면의 끝에서 다른 물체의 표면의 끝으로 전달되어가는 것이 아니라, 여러 부분들을 하나의 유일한 연속적인 물체 형태로 통합시키는 내적인 끈[連帶]으로 작용한다. 이와는 달리 물체 형태의 표면에서는 다른 물체들이 그것을 뚫고 들어갈 수 없는 경계임을 나타내도록 영향을 미치는 반발력이 작동한다.

---

41) '신이성론[神理性論]'이라는 말로 나는, 신의 이성이 인간의 지성과 사물 사이를 선험적으로 매개한다는, 즉 인간은 그에게 신이 부여한 "생득 관념"을 통해 신이 창조할 때 그의 앎을 투여한 "존재자들"을 근원적으로 인식할 수 있다는 형이상학적 유형을 따르는 사상을 표현한다. 이 사상에 의하면 인간의 지성은 신의 지성의 불완전한 모상[模像]이라기보다는 신적인 완전한 지성의 진리들에 정향되어 있는 것이다.

42) 훗날(1786)의 저술인 『자연과학의 형이상학적 기초원리』에서 칸트는, 무릇 외부에서 공세를 취하는 "표면력"과 (예컨대 인력과 같은) "침투"력을 구별한다.

39 다른 철학적 우주 생성 진화론, 예컨대 플라톤의 대화편『티마이오스』에서 읽을 수 있는 것과 비교해보면, 칸트의 생각도 플라톤과 마찬가지로 어떤 혼돈의 시원[始原] 상태에서 시작되고 있다는 공통성이 보인다. [두] 철학적 이성은 [공통적으로] 혼돈을 분별하고 분류하여 질서를 줌으로써 세계건물[우주]이 생겨난 것이라고 그 과정을 추적한다. 그러나 생성되는 우주의 이 질서가 어떻게 전개되는가 하는 방식에 대한 표상에서는 칸트와 플라톤이 다르다. 저 고대 철학자는 불[火], 물[水], 공기[氣], 흙[土]의 원소들이 임시로 서로 나누어져 있었는데, 그때 세계 건설자가 등장해서 이미 주어져 있는 이 건축 자재들을 가지고서 수학적 표상에 따라 세계건물[우주]을 축조한 것이라 한다. 칸트도 혼돈에서 출발하기는 하지만, 그는 그 혼돈 상태 안에 이미 독자적인 질서의 배아와 가능성이 들어 있다고 본다. 혼돈 상태는 그것이 이미 가지고 있는 건축 자재 안에 장래의 조성[造成]의 배아와 가능태로서의 질서와 법칙을 함유하고 있어서, 세계건물은 신의 개입 없이도 독자적으로 발전해가면서 형성된다는 것이다.

여기서 칸트는, 사람들이 자연의 보편적인 법칙적 기본구조에 의거해 자연의 자유와 독자성을 주장할 때, 그것이 신을 불필요하게 만드는 것이 아니라는 점을 확인하는 일에 큰 가치를 둔다. "자연은 혼돈 상태에서조차 규칙적이고 질서 바르게 진행될 수 있기 때문에",[43] 바로 그 때문에 신은 실존하지 않을 수 없다는 것이다. "나에게 질료를 다오. 그것으로 내가 세계를 축조하겠다!"고 누가 말한다 해도, 그것이 주제 넘는 일이 아닐 수도 있다. 그때 이 말은, 뉴턴의 물리

43) NTH: 전집, I, 228.

학에서 우리에게 알려지게 된 법칙들에 따라 움직이는 재료들을 얻
을 수만 있다면, 나는 그로부터 하나의 세계가 독자적으로 발생하는 40
발전 과정을 제시할 수 있다는 것을 뜻할 터이니 말이다.

세계의 전개가 궤도 진입하기 위해서는 당초에 어떤 전제들이 있어야만 할까? 이에서 칸트는 단 한 곳의 빈자리도 없이 전 공간을 연속적으로 꽉 채우고 있는 세계질료를 생각한다. 이 질료는 원소적인 힘 중심들로 구성되어 있는 것이라 한다. 그는 데모크리토스의 원자가 아니라, 일종의 물리적 단자를 생각한다. 이 질료의 원리적 속성으로 그는 인력[引力]과 척력[斥力]을 든다. 만약 질료가 "본질적인 인력"을 갖추고만 있다면, 세계체계의 대체를 구축하는 데 작용했을 원인을 정하기란 어려운 일이 아니다. 칸트는 어떻게 하나의 세계가 독자적으로 형성되는가를 보이기 위해서 그가 기계론적이라고 이름 붙인 전제들 이외에 무엇이 더 필요하겠는지를 생각한다. 칸트의 기계성 개념은 특수하다. 그것은 끌어당기고 밀치는 작용을 하는 소위 하나의 양극[兩極]적인 힘쌍이 활동하는 운동의 법칙이 적용되는 단자적인 힘 중심 유형에 그 이론적 기반을 두고 있다. 바로 이 연관에서 세계를 구성하는 이 형이상학적 사고는 하나의 한계와 마주친다. 우주적인 세계체계의 골조 구성은 이런 식으로 가능하다. 그러나 과연 사람들이, "나에게 질료를 다오. 나는 너희에게 하나의 애벌레가 어떻게 산출될 수 있는지를 보이겠다."라고도 말할 수 있는지를 칸트는 묻는다. 우리는 사념적으로는 생명체의 복잡성의 주인이 될 수 없으므로, 객관의 "진짜 내적 성질"은 여기서 우리에게 전혀 알려져 있지 않을 터이다. 여기서 "내적 성질"이라는 말을 통해 예고되는 것이 현상들의 근거에 놓인 "본질"이라는 것을 암시한다.

5. 체계와 자유로운 자연

"질료"가 모든 사물의 원료인 이상, 질료는 "그것이 자유롭게 내맡겨져 그에 따라서 반드시 아름다운 결합들을 만들어낼" 모종의 법칙들에 묶여 있을 터이다. 질료의 자유는 이러한 완전성의 계획을
41 이탈하는 데에 있는 것이 아니라, 바로 그것의 법칙성에 있다.[44] 절대 이성으로서의 신은 자연에게 일정한 기본구조를 부여했고, 자연은 그에 따라 자유롭게 아무런 강제 없이 스스로 발전한다. 『일반 자연사』의 제1부에서 칸트는 항성들 사이의 "체계적" 기본구조의 개략을 제시하고자 한다. 케플러의 법칙들이 알려진 이래로 우리는 현상하는 우주 자연을 이성의 가시화된 체계로 파악할 수 있다. 세계의 체계적 구조에는 공간상의 중심점이 있는데, 그것을 차지하는 것이 태양이다. 이 중심을 일정 수의 천체들이 서로 방해하지 않고 조화롭게 운동하면서 회전한다. 이를 통해 매우 큰 잡다함 중에서도 가시화된 통일성이 드러나는데, 이 통일성은 행성들의 회전에서 구심점이 되는 바로 그 중심점에 의해 대표된다. "우리의 세계건물에 속하는 모든 행성과 혜성은 하나의 공동의 중심체 주위를 회전함으로써 본래 하나의 **체계**를 구성한다."[45] 특별한 방식으로 세계건물[46]

---

44) NTH: 전집, I, 228.

45) NTH: 전집, I, 246.

46) 칸트는 "우주(Kosmos)"라는 말은 거의 사용하지 않고, 오히려 "세계건축물(Weltgebäude)" 내지는 "세계건물(Weltbau)" 등의 말을 더 자주 쓴다. "세계건물"과 같은 말로 지칭되는 실제 현상들의 총괄이 "세계" 내지 "자연" 전체와 동일한 의미를 갖지 않는다는 점을 유념할 필요가 있다. "세계" 내지 "자연"은 현상하는 "세계건물"의 지나간 부분들의 전개와 법칙에 맞게 규제된 역사를 규정하는, 포괄적이고 항존하는 기본

의 체계적인 성격은 다음과 같은 점에서 드러난다. 즉 지구의 자식인 우리 자신들이 속하는 태양계를 관찰해보면, 행성들이 태양을 타원 궤도에 따라 돌고 있음이 밝혀진다. 이에 관해서는 케플러의 제1 법칙이 우리에게 가르쳐주는 바이다. 그런데 신기하게도 행성의 궤도들은 상호 엄밀하게 맞춰져 있고, 모두 거의 평면적으로 진행하고 있다. 우리가 태양 둘레에 적도원을 그려보고, 이 적도원에서 생긴 42 원주 평면을 생각해본다면, 행성의 궤도는 거의 이 원주의 평면상에 펼쳐져 있다. 행성과 태양의 거리가 멀면 멀수록, 가까이 있는 행성들이 그에 따라 가능한 한 정확히 그 평면상에서 움직이게 되는 그 질서에의 구속이 그만큼 덜 엄격하다. 이런 식으로 칸트가 체계적이라고 특징짓는 하나의 기본구조가 밝혀진다. "그리하여 만약에 공동의 중심점을 중심으로 해서 질서 지어져 있고, 같은 점을 중심으로 해서 운동하는 일정 수의 천체들이 있고, 그것들이 상호 간 동시에 가능한 한 조금밖에는 벗어날 수 없는 자유를 갖도록 그 일정한 평면에 제한되어 있다면, 그리고 만약에 중심점에서 매우 멀리 떨어져 있고 그래서 상호 관계에서 다른 것들에 비해 적은 몫을 갖는 그런 천체들에서만 그 벗어남의 정도가 단계적으로 발생한다면, 나는 이 물체들이 하나의 **체계적인 기본구조**에 함께 결합되어 있다고 말한다."[47]고 칸트는 규정한다.

행성들의 운동은 자기 회귀적이므로, 이에는 두 개의 힘이 전제되는바, "그것은 여느 학설 체계에서와 같이 필연적인 것이다. 하나

구조 자체를 위한 이름이다.

47) NTH: 전집, I, 246.

는 **발사하는 힘**이고, 또 하나는 그것과는 **다른 힘**이다. 만약 행성들로 하여금 끊임없이 태양을 중심점으로 하는 곡선 궤도를 따라 움직이도록 하는 데 필수적인 하나의 다른 힘이 없다면, 행성들은 발사하는 힘으로 인하여 곡선 진행의 각 지점에서 직선 방향으로 계속 나아가 무한히 멀리 가버릴 것이다. 기하학에 의해 의심할 여지없는 것으로 입증된바, 이 제2의 다른 힘은 어디서나 태양을 향해 있고, 그래서 가라앉히는 힘, 구심력 또는 중력이라고도 일컬어진다."[48]
43 중력이라고도 불리는 이 힘에 대해 칸트는, 이것을 "자연의 결정된 현상"이라고 설명한다. 칸트가 이 현상원리를 높이 평가하고 있음은, 그가 이 "현상"을 그것에 따라 "이 힘이 중심점에서 먼 거리까지 미치는" 그 "법칙"과 꼭 마찬가지로 "신뢰할 만하다"[49]고 표현하는 데서도 잘 나타난다. 이 힘은 중심점으로부터의 거리의 제곱에 반비례한다는 것이다.

6. 발전으로서의 체계적 기본구조

이성이 근거를 캐는 방식으로 그리고 특히 원인과 결과라는 언어로 세계에 관한 진리를 정리할 때, 이성이 자연 생성의 발생적 서술을 겨냥하는 것은 쉬이 그렇게 할 수 있는 일이고 자연스럽기도 하다. 자연 세계에 대한 철학은 신이 자연 안에 소질로 부여한 근거를

48) NTH: 전집, I, 243.
49) NTH: 전집, I, 244.

캐묻는 이성의 길들을 좇아야 한다. 이 "소질"에 근거해서 자연은 자연 자신이 자발적으로 혼돈의 상태를 벗어나 "형성"의 상태로 발전할 수 있다. 『일반 자연사』의 제2부는 "자연의 최초 상태, 천체들의 형성, 그것들의 운동의 원인들과 그것들의 체계적 관계"에 대해 다루고 있다.[50)]

칸트가 자기 이론의 단서에 따라 어떻게 천체들과 그 운동들의
"형성"이 이루어졌는지를 서술하고자 할 때, 이 논고보다 일 년 뒤
에 나온 「물리적 단자론」[51)]에서의 많은 사유 과정이 어떻게 시작될
것인지가 분명해진다. 칸트의 가설에 따르면 특별한 인력 작용을 하
는 밀도 높은 종[種]의 원소들은 자기 주위에 하나의 역장[力場]을 만 44
들고, "자기 주위의 권역에서 비중이 낮은 모든 질료"를 끌어당긴다.
그리고 이 밀도 높은 원소들은 다시금 더욱더 큰 밀도의, 더욱 강한
인력을 가진 원소들에 의해 형성된 역장들 내에서 반응하여 "더욱
더 높은 밀도의 유[類] 원소들의 입자들이 있는 점에 모이고, 이것은
또다시 더욱 큰 밀도의 원소들이 이루는 역장 내로 모이는 식으로
계속되어간다."[52)]

이런 식으로 해서 형성된 결과가 마침내 하나의 세계덩어리일 것이고, 이것은 만약에 자연이 더 이상 다른 힘들을 "비축"하고 있지 않다면 완전한 발전 후에는 정지할 것이다. 그러나 문제는 무엇보다도 반발하는 힘[斥力]이다. 이 힘이 인력과의 다툼을 통해 "말하자면

50) NTH: 전집, I, 259.

51) 「기하학과 결합된 형이상학의 자연철학에서의 사용 — 그 첫 시론으로서의 물리적 단자론」[MonPh](1756), 수록: 전집 I, 473~487.

52) NTH: 전집, I, 264.

자연의 장구한 생[生]”[53]이라 할 수 있는 운동을 만들어낸다.

다음으로 칸트는 우리에게 알려져 있는 태양계 내에서의 관계들로 시선을 돌린다. 그는 태양계의 구조가 전 세계 체계에 유추적으로 연장되는 것은 정당하다고 보고 그 구조를 탐구한다. 그러니까 태양은 본래 고밀도이며 인력이 강한 질량이 다른 것들을 끌어당겨 형성된 것일 수 있다는 것이다. 여기서 우리는, 이 인력을 행사하는 물체가 자기에게로 낙하하는 질료들을 끌어모아 지속적으로 성장하고, 그렇게 해서 더 큰 인력을 얻는다고 가정하지 않을 수 없다는 것이다. 그러나 끌어당겨진 물체들의 낙하운동의 진행 과정에서 이 물체들이 서로 충돌해서 인력의 중심을 가운데에 두고 원운동에 빠지는 일이 일어난다. 그렇게 해서 “하나하나의 입자가 끌어당기고 또 자기편으로 되돌리려는 힘의 합성을 통해 각각 독자적으로 곡선을
45 그리는 일군의 입자들의 소용돌이가 [생긴다.] 각종의 원들이 서로서로 교차하고, 그리하여 그것들의 큰 분산이 그것들에게 이 공간상에 자리를 갖게 한다.”[54] 이렇듯 운동들과 힘들의 다툼이 발생하나, 이로부터 마침내 질서와 협정이 결과한다.

이러한 성찰들 중에 성과가 큰 칸트의 사유 과정이 표현되고 있다. 다툼과 저항은 질서 형성을 자극하고, 이를 통해 직접적으로 상대방을 규제하는 법칙이 생긴다는 것이다. 훗날 칸트의 역사철학에서나 변증학에서도 이 원리는 여전히 등장한다.

53) NTH: 전집, I, 265.
54) NTH: 전집, I, 265.

세계의 건조 방식과 그 발생의 근거를 캐는 칸트의 성찰들은 천문학의 향도로서도 의미가 있지만, 그보다는 오히려 이성이 세계건물에서 자기 자신의 체계성이 현상적으로 표현됨을 발견한다는 철학적 의미를 더 크게 갖는다. 감성세계(mundus sensibilis)로서의 세계는 이성이 저작했고 또 이성이 그 체계의 주무기관으로서 자기 자신을 언어로 표현한 텍스트이다.

칸트가 체계의 본질을 개념화한 사상은 최대의 다양성 속의 최고의 통일성이라는 라이프니츠적 원리에 정향되어 있다. 그런데 칸트는 애당초부터 이 원리에 특별한 의미를 부여한다. 즉 그는 통일성과 질서를 상충하는 인자들에서 유래하는 결과물로 이해함으로써 이를 변증법적인 것이라 파악하는 것이다. 세계 내의 체계적인 기본구조와 법칙성은 서로 대립적인 힘들의 통일에서 성립한다는 것이다. 그래서 예컨대 만약 중력이라는 오직 단 하나의 힘만이 세계 내에 있다면, 태양을 중심에 두고 그것의 주위를 타원형으로 회전하는 행성들로 이루어진 행성계의 체계적 기본구조는 없었을 터라는 것이다.

상충하는 것들의 통일성을 산출해내기 위해 이성이 사용하는 기술은 "제한"이라는 수행 절차에 있다. 훗날의 윤리학과 역사철학에서도 상충하는 힘들이 교호적으로 제약한다는 유형은 표준척도가 된다. 칸트는 예컨대 각기 고유한 수많은 이해관심을 가진 서로 다른 개인들은 자기 자신의 자유가 타인의 자유와 화합할 수 있는 범위로 제한된다는 것을 불가불 자각해야만 통일에 이른다고 말하려 한다. 제한의 원리와 "법칙"의 원리는 한 나무에서 자란다. 초기 칸트의 원리이론에서는 자연의 상충하는 힘들의 자유로운 경합이 법칙에 의해 하나의 힘이 다른 하나의 힘을 방해하지 않게끔 제한되어 있다. 모든 힘들의 교호적인 제한은 자신을 상충하는 힘들의 통일체로 유지하는 한 체계적 전체의 기술이다. 이로써 자연의 "체계적 기본구조"가 성립하며, 이에 힘입어 전체 안에서 자기 자리와 기능을 갖는다고 주장을 펴는 각각의 개별자들이 교호적인 제한의 질서와 강제력에 따라 규정된다. 이와 함께 동시에 말하는 바는, 자연이 "보편적" 법칙들을 따른다는 것이다.

7. "보편적"이라는 말의 의미

"법칙"은 어떠한 예외나 우선권도 허용하지 않는다는 점에서 보편적이다. 갈릴레이는, 자기는 어떠한 기하학적 도형에도 그리고 공간상의 어떠한 장소에도 다른 것에 앞서는 어떠한 예외적인 위치를 허용할 수 없다는 점에서 아리스토텔레스의 반대자라고 강조했다. 그는 기하학적 도형들 가운데서 어떤 귀족 명단도 또 이것 아니면 저것에 부여됨 직한 특권 내용도 탐구하지 않았다. 자연이 보편적 법칙에 따라 운행한다 함은 이 자연의 영역 내에서는 예외적 위치를
47 차지하는 어떠한 사건도 나타나지 않는다는 것을 뜻한다. "보편성" 개념은 자연의 일정한 독립성과 자족성이라는 개념도 포함한다. 자연은 자기의 보편적 법칙들에 힘입어 자기 자신으로부터 우주의 건립과 발생을, 그리고 "천체"상에서 일어나는 모든 일을 해낼 수 있다. 그것은 자의적인 예외 상태를 만들어내는 어떤 외부의 손의 개입을 필요로 하지 않는다. 이 계획에 따라, 그 안에서 낱낱의 개별자

들이 교호적으로 법칙적으로 제한하는 하나의 체계적인 전체가 발생해야 하므로, 이 자연 안에서 발생하고 등장하는 모든 것은, 자연적인 사건이 어디서나 언제나 법칙이 하고자 하는 대로 반드시 일어나게끔 배려하는, 보편적인 규칙에 따른다. 그런 경우 자연 안에서는 단지 어쩌다가 우연히 일어나는 일은 허용될 수 없다. 즉 자연법칙의 보편성은 동시에 필연성도 포함한다. 마침내 우리 태양계라는 체계적 전체를 만들고, 그뿐만 아니라 우리의 세계도 단지 그것의 일부분일 뿐인 더욱더 큰 체계를 만들기 위해서, 예컨대 그에 따라 인력과 그것에 반대되는 척력이 함께 작용하는 필연적 법칙들이 있는 것이다. 이 점에서 칸트는 자신을 의식적으로 에피쿠로스나 루크레티우스와 구별한다. 칸트는 이들의 원자론을 특히 "물리적 단자론"이라는 사상을 통해 극복하고자 한다. 에피쿠로스는 원자들이 서로 만날 수 있기 위해 아무런 이유 없이도 그들의 직선 운동에서 벗어날 것을 요구할 만큼 "그토록 뻔뻔했다"는 것이다.

자연의 체계적 기본구조는 인간 이성의 위대한 모범이 되는 무한
한 지성에 의해 성취된 것이다. 그래서 인간의 사고도 세계를 하나
의 연관성으로 파악하는 데 관심을 기울일 수밖에 없다. 인간의 이
성은 신적 이성의 작품을, 예컨대 우리가 잘 알고 있는 태양계와 같 48
은 모든 개별 체계들이 종국적으로는 단 하나의 중심점과 관계 맺어
지는 체계로 인식하려고 나설 수밖에는 없는 것이다. 사상으로서 배
후에 있는 이 중심점은 바로 이성 자신이 중앙의 점이라는 사상의
"외면적" 대변자이다. 신적 이성의 임재[臨在]는 공간상의 어떠한 자
리를 차지하지 않으면서도 전 공간에 펼쳐져 있다. 이 공간은 신적
이성의 임재로 파악되는 한에서 무한한 것으로 납득되지 않을 수 없

는 것이다. 빈 공간이란 무한한 "신의 임재의 외연"[55]이다. 그렇기에 왜 신에 의해 기획된 자연법칙들이 이 공간상의 어떤 위치도 예외로 만들지 않으며, 신의 계획에서 배려되지 않은 점이란 하나도 없다는 의미에서 보편성의 성격을 갖는지도 이해될 수 있을 터이다.

8. 체계적 질서의 진화로서의 창조

이성이 시작점인 절대적 중심점에서 개시하여 한 걸음 한 걸음 단계적으로 질서를 세우고, 이 중심점을 가운데에 두고 그 주위의 계속해서 점점 더 먼 거리에 있는 영역들을 그 체계성에 의해 이를테면 문명화시켜가는 광경을 본다. 이 광경을 발전이라 일컫는다. 신적 이성은 한 점에서 시작해서 세계 질서를 건립하고, 이로부터 한 영역 한 영역 정복해간다. 신적 이성은 이미 형성된 세계 주위에 공간의 경계가 그어질 때마다 그것을 뛰어넘어 저편까지 손을 뻗치고, 그것을 혼돈으로부터 얻어낸다. "나는 창조의 순차적인 완성에 관한 이 이론 부분 말고는, 인간 정신으로 하여금 전능의 무한한 시야에 대한 조망을 갖게 함으로써 인간 정신을 하나의 고결한 경이로 고양시키는 그 어떤 것도 따로 발견하지 못한다."[56]고 칸트는 말하고 있
49 다. 신은 자신의 창조물에 독립성을 부여하고, 그로써 그것이 계속적으로 체계적인 기본구조 내에서 스스로 발전할 수 있게 함으로써

55) NTH: 전집, I, 306.
56) NTH: 전집, I, 312.

그 창조물을 실존하게 한다. 이런 식으로 언급한 바 있는 중심점에서 처음 개시된 "자연의 형성"은 "영원한 진전 중에 있는 무한한 공간을 세계들과 질서들로 채우기 위해 끊임없이 점점 더 전진하여 아득히 먼 거리까지 확장되어간다."[57] 여기서 세심하게 주의해야 할 것은, 이 체계의 사상은 생성과 발전의 사상을 내포하는 것이며, 그래서 자연의 질서를 완전한 것, 그러니까 단 한 번에 완성된 것으로 받아들여서는 안 된다는 점이다. 창조는 단 한 번의, 신에 의해 수행된 활동이 아니라, 자연의 독자적인 형성 중에서 현상한다는 것이다. "창조는 … 오히려 자연의 형성"[58]이라고 칸트는 말한다. 어쩌면 신은 사물들이 그에게 항상 의존하도록 사물들의 본질이나 본성을 그의 선험적 지성 안에 기획했을지도 모른다. 그러나 신은 동시에—그리고 바로 이 점에 그의 창조의 위업이 있는 것이지만—그 사물들의 본질과 본성을 현실적으로 실존하는 자연의 법칙적이고도 체계적인 기본구조로서 실행에 옮겼다. 비록 언표되지는 않았지만, 1755년에 칸트가 이미 가지고 있던 이 관점은 사물들 및 실존하는 것의 본질 내지 내적 가능성과 신과의 관계에 관한 것이다. 이 관점이 초기 칸트의 원리이론의 핵심을 구성하는 것이다.

세계 발전의 시기마다 자연의 체계적 형성은 형성의 시작점이기도 한 중심점 주위에 유한한 영역을 그리는 일정한 한계선까지 뻗친다.
이 한계선 저편에는 여전히 조야함과 혼돈이 있다. 그러나 진전해가 50
는 형성은 이 혼돈에서 한 부분 한 부분씩을 얻어내어 그것을 체계적

---

57) NTH: 전집, I, 312.
58) NTH: 전집, I, 312.

으로 질서 지어 나간다. 자연의 형성과 발전에서의 이 전진은 공간적인 측면과 시간적인 측면에서 고찰될 수 있다. 발전이란 한편에서 보면 끊임없이 새로운 공간 영역을 넓혀 이것을 형성의 땅에 편입시키는 일이다. 그러나 이 일은 진전해가는 시간 계기[繼起]에서 일어난다. "그렇게 하여 자연의 근원적 활동에서 형성은 먼저 중심점에서 시작되어, 진전해가는 시간 계기에서 더 넓어진 공간이 점점 더 세계들과 세계질서들을 이와 관계 맺는 체계적 기본구조와 함께 형성했을 것이다."[59] 그러니까 더 오래 지속되면 될수록 그만큼 더 많은 공간이 문명화되었을 것이 틀림없는 자연사의 시대들이 있는 것이다.

물속에 던져진 하나의 돌이 부딪친 수면의 점을 중심으로 해서 물결을 일으키기 시작하여 차츰 파장 원들을 먼 주변까지 만들어가듯이, 우주의 질서와 형성도 그렇게 이루어진다고 칸트는 생각한다. 그러나 이 질서는 질적인 정점에 이를 수 있으므로, 이미 이루어진 형성물들은 다시금 파멸하고, 그 반면에 다른 영역들에서, 혼돈에서 새로운 형성들이 막 형태를 갖추는 일이 일어난다. 이러한 생각을 칸트는 세계 내의 개개 사건들이 다른 사건들과 연관되어 있다는 성찰과 함께한다. 그러니까 우주의 한 위치에서 생성된 형성물의 유
51 한성으로 인하여 이미 그것의 형성 단계에서 본질상 불가피하게 소멸의 성향을 갖게 된 모든 유한한 형태에 고유한 사멸의 운명이 일어날 때, 바로 이것과 연관되어 다른 위치에서는 새로운 형성이 개시될 수 있다는 것이다. 세계 몸체들과 그것들 사이에서 생기는 질서의 체계적 형성이 결코 어떤 고정 고착된 마지막 상태로 흘러들어

59) NTH: 전집, I, 313.

갈 수는 없다. 주어진 시점의 어떤 위치에서 전체 계획과의 연관 속에서 하나의 형성물이 발생하며, 이 위치에서의 그 발생은 이제까지 거기 있던 형성물이 자연법칙에 의해 그것에게 지정된 시점에 소멸하고 새로 생겨나는 것에 자리를 내줌으로써만 가능한 것이다. 이때 물론 새로운 형성물도 쇠멸과 치환[置換]의 법칙에 종속한다. "이 같은 방식으로 세계들과 세계질서들은 소멸한다. … 반면에 창조 작업 역시 천계의 다른 지역들에 새로운 형성들을 일으켜 세우고, 쇠락한 것을 유리한 것으로 보완하기 위해 부지런히 계속된다."[60]

9. 같은 것의 끝없는 반복

이런 생각을 끝까지 해나가면, 같은 것의 반복이라는 귀결에 이
른다. 무릇 이제까지 스스로를 도와 이전의 혼돈 상태에서 자기 자
신으로부터 자기 자신 안에 우주 질서를 세웠던 자연은, **자연법칙상**
혼돈에 이르게 되었을 그 순간에도 독자적으로 다시금 질서로 되돌
아 갈 수 있을 것이라 믿어지기 때문이다. "흩어진 질료의 소재를 운
동시켜 질서 지었던 붓끝이 기계의 정지에 의해 운동이 멈춘 후에,
확장된 힘에 의해 다시금 활동할 수 있게 되고, 또 근원적 형성을 이 52
룩했던 바로 그 보편적 규칙들에 따라 합치를 위해 절제하는 일이
가능하지 않을까?"[61]

---

60) NTH: 전집, I, 317.
61) NTH: 전집, I, 320.

한 체계가 사멸할 경우 행성이나 혜성이 태양에 추락한다고 가정해보자. 그때 태양에는 무진장한 질료의 증가가 올 것이다. 이는 그 천체에게는 그에 상응한 에너지가 크게 증가함을 의미하고, 이 때문에 그 천체는 그만큼 더 큰 밀도로 발산할 수 있을 것이다. 특히 먼 거리의 행성의 비교적 가벼운 소재가 태양에 추락하는 경우에는, 태양 불은 순식간에 타오르는 땔감을 얻는 셈이 된다. 이에 의해 모든 것은 다시 미세한 원소들로 분해된다. 그러나 동시에 이 원소들은 다시 대단히 큰 에너지를 가진 열의 팽창력으로 인해 아주 먼 공간에까지 뿌려져 흩어지게 된다. 그렇게 해서 이 세계의 형성 전 태초의 모습 그대로, 질료들이 연속적으로 가득 채워진 세계공간[우주]의 상태가 생긴다. 그런 가운데 굉장한 밀도로 상승한 거대한 질료의 발산으로 인하여 중심부의 불길이 강력하게 일어나고, 이로써 “인력과 척력의 결합에 의한 예전의 산출과 체계적으로 관계 맺고 있는 운동들이 예나 마찬가지로 합규칙적으로 반복되고, 그래서 새로운 세계건축물을 조성할”[62] 조건이 마련된다. 바꿔 말하면, 보편적이고 자연에게 독립성을 보증하는 그 동일한 법칙에 따라 우주의 형성과 형성된 세계의 파멸, 그리고 새로운 형성이 일어난다.

이 끝없는 반복의 사상은 자연의 영원성 이념과 결합되어 있다. 이 자연의 영원성은, 예컨대 고대의 여러 반복 이론들에서 그렇듯이, 자연의 절대성과 독립성으로 해석될 수 있다. 그러나 칸트에서는 그렇지 않다. 왜냐하면 칸트는 자연이 신의 창조물이라는 전제에
53 서 출발하기 때문이다. 그러나 그때 끝없는 반복의 이론에서 끄집어

62) NTH: 전집, I, 320.

낼 수 있는 결론은, 신이 창조 시에 자연에게 일정한 점에서 영원성을 심어주었다는 것이다. 이 영원성은 공간의 무한한 영역과 시간 경과의 무한성으로 나타난다. 무한한 공간은 신의 임재[臨在]이며, 무한한 시간은 창조의 끝없는 역사[歷史]이다. 공간과 시간의 "무한성"은 칸트에서 끝-없음을 뜻한다.[63)]

후에 1763에 쓴 논문『유일 가능한 신의 증명』[64)]에서와 똑같은 의미를 지닌 말을 칸트는 이미 이 우주론 저술에서 피력하고 있다: "그러므로 모든 존재자들의 존재자, 하나의 무한한 지성, 그리고 독자적인 지혜가 있으며, 이로부터 자연은 규정들의 전체 총괄 중에서 자기의 가능성에 따라 자신의 근원을 끌어낸다."[65)] 여기서 말하는 "가능성"이란 스콜라 철학자들의 "내적 가능성(possibilitas interna)"에서 유래하는 것으로, 학교철학에서 등장하는 바로 그 내적 가능성이다. 그것은 사물의 본질, 즉 사물을 사물이게끔 하는 내용(실재실질성: realitas)을 뜻한다. 내적 가능성들 내지 실재실질성들은 신의 정신 가운데에 그 근원이 있으며, 이 점에서 볼 때 영원하고 불변적인 것으로 여겨진다.『일반 자연사』의 저자는 이 점에서 플라톤-아우구스티누스적 전제들 위에 서 있다. 그에게 자연은 절대적으로 독립 54

63) 칸트의 반복 이론은 그의 창조 개념에 대한 해석의 일부이며, 그래서 무한 반복이라는 징표를 갖는 자연 발전 전체가 자유로운 신의 위격[位格]을 세우는 것으로 파악되는 한에서, 그것은 역사적인 특징을 갖는다. 즉 이 칸트의 이론은『우주와 역사』에서의 엘리아데의 입론, 즉 자유와 일회성이 자리를 차지하는 역사적인 견해와 고대의 헤라클레이토스나 근대의 니체에서 볼 수 있는 바와 같은, 반복 이론을 전제로 하는 자연신비적 사상 사이에는 오직 하나의 선택만이 가능하다는 주장과는 정면으로 반대되는 것이다. (M. Eliade, *Kosmos und Geschichte* (Rowohlt 1966) 참조)

64)『유일 가능한 신의 현존 증명근거』[BDG](1763), 수록: 전집, II, 63~163.

65) NTH: 전집, I, 334.

적인 것은 아니지만, 자연이 영원한 실재실질성과 본질들의 현상인 한에서는 영원한 것이다. 자연의 본질적인 속성들은 그 근원을 모든 존재자의 근거이자 "원천"인 유일한 지성에 둔다. 영원한 존재자들을 생각하는 신적 지성의 활동을 칸트는 일관되게 "기획"이라고도 표현한다. 사물들의 내적 가능성 내지 실재실질성은 신의 지성에 의해 "기획된" 것이다. 신의 이성 활동의 특징이 화제가 되는 문장들에서도 이 용어가 등장하는 것은 주목할 만하다. '순수 이성 비판'의 시기에서는 이 "기획"이 다른 의미로 쓰인다. 거기서는 **인간의** 주관인 지성이 기획하는 주무기관으로 등장하니 말이다.

10. 칸트의 기계성 개념

라이프니츠가 그러하듯이, 칸트는 외부적인 물체들이 서로 부딪치고 밀치는 것만을 보는 것이 아니라, 힘의 형이상학적 유형을 가지고 작업하는 한에서, 그의 "기계성" 개념의 파악을 위해서 특별한 전제들을 단다. 칸트는 1756년에 "물리적 단자들"이라고 지칭하는 비공간적인 힘중심점[力中點]을 생각하고 있다. 이 단자들의 성격을 밝히기 위해, 이 단자들이 중심점이 되어 그 주위로 "활동 영역"[66]을 넓혀가면서 다른 물체들을 끌어들이는 역장[力場] 유형을 제시한다. 인력은 그 특징으로 보아 "뚫고 들어가는" 힘[浸透力]이라 지칭할 수 있다. 만약 하나의 힘이 뚫고 들어갈 수 있다면, 서로 접촉하는 물

66) MonPh: 전집, I, 480 이하: 명제 VI, 정리[定理].

체들은 서로 외적으로만 접촉할 뿐 끝내 타자로 남는다는 통상의 기
계론 유형은 쓸모가 없어진다. 침투력은 가까이에 있는 타자를 중심 55
점으로 작용하는 물체의 소유로 만드는 일을 가능하게 한다. 칸트의 기계성 개념은 이 뚫고 들어가는, 상이한 물체의 타자성을 지양하는 힘에 대한 사상에 의해 규정된다. 오직 이 전제 아래서만 칸트는 기계성을 자연 발전의 자동성을 위한 보증자라고 지칭할 수 있고, "기계적"으로 틀 잡힌 자연 안에서 형태 형성과 산출이 실현됨을 볼 수 있다. 자연 체계는 이런 의미에서 기계적이므로, 그것은 서로 완강하게 분리되어 있는 타자들 간의 연관이라는 성격을 갖는 것이 아니다. 기계성은 압력과 충격 작용의 연관으로 생각되지 않는다. 오히려 이 기계성은 형태 형성과 개조, 새로운 형태의 산출과 낡은 형태의 소멸, 질서의 수립과 해체, 요컨대 발전의 성격을 갖는다.

기계성은 "보편적"인 법칙들의 총체로서, 그 때문에 어떠한 우연도 배제되며, 자연은 인과성의 형식을 취하는 이성적 연관이라고 지칭될 수 있다. 기계성은 신의 정신 가운데에 그 근원이 있으므로, 기계성에 따라 진행해가는 자연의 과정은 또한 신이 예견했던 세계 안에서의 목적들을 이행하지 않을 수 없다. 기계성 속에서는 "가장 보편적인 법칙에 따라서도 신에게 적의하지 않은 일이란 결코 일어날 수가 없다." "자연 질서 안에서 필연적인 것의 근거들로서의 본질적인" 관계들은 "자기의 속성 일반과 최고의 조화 속에 있는 신 안의 것에서 기인한다."[67] 이러한 의미의 기계성을 위한 척도가 되는 뚫고 들어가는 힘의 개념은 또한 무엇인가를 향한 애씀의 원리를 내포

67) 『유일 가능한 신의 현존 증명근거』[BDG], 수록: 전집, II, 110.

56 하기 때문에, 뚫고 들어가는 힘에 의해 규정되는 이 사상 체계는 목적론적인 또는 유기체론적인 성찰들과 아무런 대립이 없다. 유기체도 세계 기계(machina mundi)의 일부이다. 다만 우리 인간에게 유기체 안에서 일어나는 그 복잡다단한 기계적 관계를 모두 통찰하는 일이 가능하지 않을 뿐이다. 이런 이유로 풀줄기나 애벌레의 성장을 파악하는 일이 태양 주위를 도는 행성들의 법칙을 인식하는 일과는 다른 일이라는 것이다.

신은 사물들의 현존과 그것들의 내적 가능성들, 그리고 이것들의 법칙적 연관의 창시자이다. 그러므로 신은 젊은 시절 칸트가 사물의 "본질"이라고도 부르는 것의 창시자이다. 이 때문에 자연 사물들의 본질을 이루는 기계적, 법칙적 연관은 신의 이성적 의도의 체계에 저절로 순응한다. 그래서 칸트는 이렇게 말한다: "그에 반해 하나의 신이 있기 때문에, 다른 어떤 것이 가능하다고 배운 나 자신은, 사물들의 가능성에서 그것들의 위대한 원리에 맞는 합치와, 또 사물들이 모두 자기들의 근거를 얻어온 바로 같은 존재자의 지혜와 바르게 조화하는 하나의 전체에 보편적인 정돈질서를 통해 어울리는 적절성을 기대한다."[68] 자연 사물들은 그것들의 본질의 힘에 의해, 그러므로 자유의지로 아무런 강제 없이, 아무런 "인위" 없이 완전한 것을 완성하며, "매우 큰 유용성의" 규칙들을 따른다. 사물들의 자연적 경과에서 사물은 각기 매우 잡다한 목적 달성을 결과로 갖는바, 그렇기에 큰 유용성의 규칙들은 "또한 필연적 통일성과 결합되어 있으

68) BDG: 전집, II, 112.

며, 이 합일은 사물들의 가능성들 자체에 들어 있는 것이다."[69] 그러나 이 가능성(본질)들 자체는 일반적으로 성립해 있으며, 현존을 자연 중에 갖는다는 것, 이를 위해서는 최초의 절대적 근거, 모든 존재자들의 존재자, 모든 가능성들의 가능성이 필요하다. 이 모든 존재자들의 존재자는, 그 자체로 필연적으로 실존하고 자연의 실존을 정초하고 보증함으로써 여타의 개별자들보다 눈에 띈다. 이러한 사유는 "유일 가능한" 신 증명을 예비하고 있다.

11. 물리적 단자의 공간 형성력 57

칸트가 주장하는 기계성 개념을 기술하는 맥락에서 우리는 "물리적 단자"라는 명칭과 마주친다. 칸트는 라이프니츠의 단자론에 결정적인 방향 전환을 제시했다. 라이프니츠에 따르면 단자는 일자[一者] 안에서 다수를 표상적으로 결합시키는 "힘"을 행한다. 라이프니츠는 자주 원 중심에서 원둘레까지에는 무한한 수효의 반지름이 나온다는 비유를 이용했다. 이 유형은 공간과 공간 안에 있는 잡다한 공간 부분들의 존재론적 기원을 잘 보여준다. 여기서 힘은 맹아[萌芽]적으로 잡다한 공간을 자신으로부터 펼쳐내는 "점"의 원리임이 밝혀진다. 그 자신 비공간적인 점이 공간적 형태들의 근원이고, 기하학적 도형들의 근원이며, 또한 실재하는 물체적 현상들의 근원이다. 시간적으로 볼 때 『일반 자연사』에 바로 뒤이어 나온 논고에서 칸트는 자

69) BDG: 전집, II, 125.

신이 이 전통적 유형의 노선에 들어서 있음을 명백하게 밝힌다. 그것이 그의 물리적 단자론[70] 저술이다.

칸트는 여기서 원자론과 반대되는 유형을 전개하여, 그가 『일반
자연사』에서 언급했던 데모크리토스와 에피쿠로스에 맞서는 입장
을 밝힌다. 원자가 아니라 단자가 물체들의 원소이며, 그러니까 물
체들은 단자들로 구성된다는 것이다. 단자 그 자신으로는 단순 실체
(substantia simplex)로서 다수의 부분들로 구성된 것이 아니다.[71] 그
러나 물체들이 충만한 공간은 무한히 분할 가능하며, 즉 최초의 분
할 불가능한, 다시 말해 단순한 원소들로 구성되어 있는 것이 아니
58 라 한다. 무한히 분할 가능하다는 구성체는 마찬가지로 원초적인 단
순한 부분들로 구성된 것이 아닌 것이다. 공간이든 구성체든 그것의
무한 분할 가능성은 분할 불가능한 원소로 생각해야만 할 원자[原子]
의 가정과 모순되는 것이다. 그렇다면, 한편으로는 물체들의 단순한
근원이면서, 다른 한편으로는 기하학이 주장하는바 공간과 물체들
의 무한한 분할 가능성과 조화를 이룰 수 있는 어떤 종류의 원소들
이 있어야만 하지 않겠는가? 만약 그러한 유의 어떤 원리가 생각 가
능한 것으로 밝혀지면, 형이상학적 주장과 기하학의 주장의 화해가
이루어질 것이다. 이 대목에서 물론 데모크리토스의 원자는 전혀 고
려 대상이 안 된다. 왜냐하면 그것은 연장[延長]적이면서도 불가분적

---

70) 「기하학과 결합된 형이상학의 자연철학에서의 사용 — 그 첫 시론으로서의 물리적 단자론(Metaphysicae cum geometria iunctae usus in philosophia naturali, cuius specimen I. continet monadologiam physicam)」[MonPh](1756), 수록: 전집 I, 473~487.

71) MonPh: 전집, I, 477.

이라는 모순을 표출하고 있으니 말이다. 그러므로 찾아야 할 단순한
것 내지 분할 불가능한 것은 그 자신 비연장적인 원리의 본성을 가
지지 않으면 안 된다. 그러니까 그것은 물체적이어서는 안 되고, 그
럼에도 어떤 방식으로든 공간 및 물체성과 관계를 맺어야 하는 것이
다. 이러한 관계맺음은 그 찾는 원리가 그 자체로 힘들의 표현인 운
동이라는 방식에서만 생길 수 있다. 그것이 "물리적 단자"이다. 명제
V에서 보면, 단자는 단순하고 비합성적인 본성을 훼손당하지 않으면
서도 공간 안에 있을 뿐만 아니라 일정한 방식으로 공간을 채우고 있
다. 이어지는 명제들에서 다음과 같은 사유 단계가 펼쳐진다. 즉 단
자가 현재하는 공간의 한계는 다수의 연장적인 실체적 부분들에 의
해서가 아니라, 단자의 저항력이 행사되는, 곧 외부에서 그 공간 안
으로 들어오려 애쓰는 물체들을 저지하는 활동성의 범위로서 정해진
다. 그런데 물체들이 형태나 부피를 갖추기 위해서는, 외부의 물체
들을 밀어내는 운동을 야기하는 힘 말고도 또 다른 힘이 더해지지 않
으면 안 된다. 불가투입성만으로는 물체들의 형태 형성을 설명하기 59
에 충분하지 않다. 한 물체가 자기의 연장의 한계를 형태로 가지기
위해서는 "끌어당기는" 힘[引力] 또한 있지 않으면 안 된다.[72] 공간적
인 연장 및 형태의 비연장적인 단자의 맹아와 공간 및 그것의 물체적
형상의 연장성과의 관계는 멜로디와 이 멜로디를 현시하는 악보와의
관계로 비유될 수 있겠다. 멜로디가 순수한 율동이고, 그래서 하나
의 연속적인 끊임없는 시간적인 진행임에도, 악보에서는 불연속적인
외접[外接]의 형식으로 현시되듯이, 공간의 단자의 맹아도 단순하다

72) MonPh: 전집, I, 483.

고 일컬어져야 할 운동이다. 바로 이 단순성에 근거해서 운동은 공간적인 다양성, 잡다성과 합성성의 맹아를 방출할 수 있다.[73)]

단자의 중심에서 상이한 힘들의 합동작용(끌어당김과 밀쳐냄)에 의해 공간 및 공간적 형태의 발생이 설명될 수 있으므로, 칸트는 물리적 단자론을 개진해가면서 라이프니츠와 데카르트 학파 사이의 논쟁에서 넘겨받은 과제 목차, 즉 형이상학과 기하학의 화해를 이룩해간다. 단자는 운동이므로, 무턱대고 단지 공간 안에 있기만 한 것이라 볼 수는 없다. 그것은 "공간 안에 있을 뿐만 아니라, 공간을 채우기도 한다."[74)] 단자적 실체는 단순하며, 다수의 분리되어 있는 부분들로써 합성된 것이 아니다.(명제 I) 형이상학적 사고는 공간을 그것이 발생하는 관점에서 고찰하는 반면에, 기하학자는 이를테면 완결된 영역과 그 도형적 형상을 요구한다. 명제 VI의 정리[定理]에서 이야기되는 공간은 단자가 능동적으로 채우고, 단자가 현재하는 공간으로 규정하는 공간이다.

60 "반발"은 "흡인"에 의해 균형이 잡힌다. 물체는 이렇게 주어지는 질료의 구성에 따라서, 한편으로는 확장 활동으로서 공간을 주장하고 공간을 차지하면서, 다른 한편으로는 이미 차지한 공간을 지키려는 평형상태로 나타난다. 이것이 이름하여 불가투입성이다. 그러나 한 물체의 원소들이 서로 배척하는 일이 일어나면, 그 물체는 아무런 응집점을 갖지 못할 터이고, 어떤 형태나 부피를 가질 수 없을 것

---

73) F. Kaulbach, *Der philosophische Begriff der Bewegung*(Köln · Graz 1965) 참조.

74) MonPh: 전집, I, 480. F. Kaulbach, *Die Metaphysik des Raumes bei Leibniz und Kant*(Köln 1960)(Kantstudien-Ergänzungsheft 79); *Der philosophische Begriff der Bewegung*(Köln · Graz 1965) 참조.

이다. 그래서 물체적인 부분들을 응집시키고, 척력과 균형을 이루는 인력이 또한 덧붙여지지 않을 수 없다.[75)]

12. 유일 가능한 신의 실존 증명

이제까지 칸트는 감성세계, 즉 보편적 자연법칙들의 세계 개념을 얻었다. 바야흐로 보편적 자연법칙들의 나라의 시민들로서 사물들의 "본질들" 내지는 "내적 가능성들"이 등장한다. 예컨대 하나의 행성들의 체계가 중심점, 즉 태양을 갖듯이, 모든 존재자들의 세계도 하나의 중심점, 즉 모든 존재자들의 존재자를 중심에 둔다.[76)] 신은 이미 천체 일반 자연사에 관한 논고에서, 비록 그것의 의사결정에 세계 내의 낱낱의 아름다움, 조화, 완전성이 비롯하는 그런 주무기관으로서는 아직 아니지만, 보편적 자연법칙들의 의미에서 "존재자들"의 주인으로서 논의된다. 이것은, 신이 세계이성 일반의 대변자여야 하고, 그 안에 유일한 연관성이 있으며, 어떤 비약이나 우연도 없다는 요구에 부응하는 것이다. 칸트가 신을 모든 존재자들의 존재자라고 말할 때, 그 경우 이 존재자는 동시에 세계를 정초하는 주무기관으로 지칭되고 있는 것이다. 그러나 어떤 근거에서 내적 가능성 일반이 있으며, 내적 가능성이 실존하는 사물들을 현존할 수 있게끔 61

75) MonPh: 전집, I, 483: "만약 불가투입성의 힘과 함께 공동으로 연장의 한계를 정하는, 물체에 대등하게 내재하는 인력이 없다면, 불가투입성의 힘만으로는 물체가 일정한 공간 내용을 갖지 못할 것이다."

76) NTH: 전집, I, 334.

한다는 것이 확실한가? 칸트가 이러한 물음을 명시적으로 제기하고 있지 않음은 주목할 만한 일이지만, 훗날 그가 이성 비판에서 그렇게 하듯이, 학문, 예컨대 물리학, 천문학 그리고 수학의 "사실"을 지시할 수 있을 것이다. 칸트 자신은 정말이지 『일반 자연사』에서 갈릴레이와 뉴턴의 노고를 통해 인식된, 내적 가능성들의 나라로서의 자연을 다루었다. 칸트가 과학의 사실에 의지하고 있음은, 그의 저술 『유일 가능한 신의 현존 증명근거』의 제2부 "제1고찰"에 붙인 제목, "사물들의 본질들에서 지각된 통일성으로부터 신의 현존이 후험적으로 추론됨"에서도 볼 수 있다. 다양성 가운데서의 "본질적" 통일성을 보여주는 예들을 들 때, 칸트는 기하학, 물리학 그리고 여타 자연과학들을 끌어온다.

사고[작용]는 결합[작용]이다. 사고작용이 개시될 수 있으려면, 거기에 "무엇인가"가, 즉 자료가 주어져야 한다. 그러므로 내적 가능성도, 한 사태의 모순 없는 통일성도 "자료들"을 결합하지 않을 수 없다. 칸트는 이것을 내적 가능성의 "질료"라고 지칭한다. 그 "재료"에 부여되는 통일성은 관계맺음의 "형식"을 갖는다. 자료와 통합(결합)의 존립으로 이해되는 형식-재료 유형은 훗날의 칸트 용어법에도 들어 있다. 관계맺음과 통일은 자료(재료)를 자기로부터 산출해낼 수는 없는 논리적 기능의 하나이다. 이 자료는 "정립"되고, 주어져야 하며, 즉 실존해야 한다. 도대체가 실존적으로 주어지는 것이 없다면 어떠한 결합도 없고, 또한 현존하는 내적 가능성도 없을 터이다. 실존은 (절대적) 설정이다.

여기서 "절대적"이라는 말은 "상대적"(관계에 따라서)과 반대되는 것으로 이해되어야 한다. 어떤 주어에 대해 '실존'이라는 술어를 쓸

때, 이 '실존'은 이 주어의 다른 술어들과 합치나 상충의 "관계"에 들 62
어설 수 있는, 그런 어떤 술어적 규정이 아니다. 이것은 어떤 "관계"로도 정립될 수 없으며, 그래서 절대적이다. 모든 본질적 술어들은 교호적으로 서로 간에 그리고 주어와 관계를 맺고 있다. 그것들은 상대적이다. 그러나 실존은 주어의 정립이고 이 주어의 모든 술어들 전체의 정립이다. 그래서 이것은 다른 본질적 술어와 같은 개별적인 술어가 아니다. 가령 내가 "카이사르는 대담하다."고 말하면, 이때 나는 주어를 하나의 "본질적" 술어를 통해 규정하는 것이다. 그러나 내가 "카이사르는 실존한다."고 말할 때는 이 문장의 주어에 아무런 술어적 본질 규정의 증가도 가져오지 않으며, 카이사르를 그의 대담성이라는 속성과 함께 현실의 영역에 위치 시킬 뿐이다.

모든 본질들이 단 하나의 세계연관 안에서 체계적 기본구조를 통해 결합되어 있으므로, 하나의 가능성을 실존으로 정립했던 그 동일한 존재자가 또한 다른, 제3, 제4의 가능성도 정초한다. 이러한 사유 진행은 세계 자체를 창조적으로 정립한 하나의 실존하는 것에 이르러 그친다. 이 최초로 실존하는 것은 이 낱의 가능성 또는 저 낱의 가능성을 그때그때 현존으로 옮겨놓는 것이 아니라, 동시에 언제나 모든 가능성들의 전체 세계를 현존하게 한다. 왜냐하면 오직 세계연관으로서만 이성은 비이성 대신에 현실이 되기 때문이다. 칸트의 이 사유는 아무것도 아닌 것[無]과 모든 것[萬有]의 양자택일로 표현된다. "모든 가능한 개념에서 실재적인 모든 것이 실존하지 않는다면, 그것도 절대적으로 필연적으로 실존하지 않는다면, 아무것도 가능한 것으로 생각될 수 없다. (왜냐하면 만약 우리가 이에서 벗어나면, 도대체가 가능한 것이란 아무것도 없고, 다시 말해 오로지 불가능한 것만 남을 것

63 이니 말이다.)”[77]라고 칸트는 추론한다. 세계연관을 설정을 통해 실존하게 하는 그 주어[주체]는 그 자신이 반드시 실존하지 않으면 안 된다. 개개의 내적 가능성이 실존할 수 있기 위해서 그것은 세계연관에 포섭되어 있어야 하고, 이 세계연관은 다시금 절대적으로 실존하는 것에 의해 현존해야 하는 것이다. **그러므로 모든 존재자의 존재자는 절대적으로 필연적으로 실존해야만 한다.**[78]

절대적으로 실존하는 것, 즉 신은 어떤 타자에 의해 정립되고 현존하게 되는 것이 아니다. 그런 일은 예컨대 창조된 유한한 세계사물들에게나 해당된다. 신은 비로소 현존하게 되고 실재화되어야 할 이념으로 어디엔가 있는 그런 것이 아니라, 칸트의 말처럼, 오히려 실존이 본질에 선행하는 유일한 존재자이다. 이 존재자에서는 실존이 심지어는 동시에 본질을 이룬다. 이 실존은 절대적으로 필연적인 것이다. 왜냐하면 그것의 정립이 어떤 유한한 동기연관에 조건 지어져 있는 것이 아니기 때문이다. 신의 실존에는 근원적으로 서로 다른 두 원리 즉 본질과 실존의 통일이 현재한다.

필연적인 존재자는, 고립되어 우연적으로 보일지도 모르는 모든 개별적 본질을 자기가 세운 체계적인 물리적 질서의 세계연관에 편입 정돈하고, 그를 통해 각 개별적 본질에게 실재성 성격을 수여하는, 즉 각 개별적 본질을 현존하는 사물의 본질로 만드는 기능을 갖는다. 필연적으로 실존하는 존재자 없이는 어떤 개별적인 다른 존재

---

77) 『형이상학적 인식의 제1원리들에 대한 신해명』[PND]. 제2절, 명제 VII: 전집, I, 395.
78) 이에 관해서는 『유일 가능한 신의 현존 증명근거』[BDG], 제1부, 제3고찰: 전집, II, 81 이하 참조.

자도 실존할 수 없을 터이다. 그러므로 유일한 내적 가능성의 현존근거가 동시에 모든 가능성을, 따라서 세계를 정초하는 현존근거이다.

절대적으로 필연적인 존재자의 속성들을 생각해보면, 그런 존재자는 "단 하나"만 있을 수 있다. 왜냐하면 그런 존재자가 다수 있을 경우에는 상호 간에 의존이 있을 수 있고, 그러면 절대성은 있을 수 64
없을 터이니 말이다. 그것은 또한 "단순한" 것일 수밖에 없다. 만약에 그것이 어떤 합성의 결과물일 경우에는, 그것의 부분들이 의존관계에 있을 것이니 말이다. 이밖에도 필연적인 존재자는 "불변적이고 영원"[79)]하다. 의존적인 것은 가변적이다. 즉 의존적인 것에는 오직 유한한 생명의 기간만이 할당되어 있다. 반면에 독립적인, 절대적으로 필연적인 존재자는 아무런 한계에도 유한성에도 종속되어 있지 않다. 더 나아가 필연적인 존재자는 "최고의 실재[실질]성"을 갖는다. 그것은 최고 실재[실질] 존재자(ens realissimum)이다. 그것은 모든 가능성을 자기 안에서 표출하기 때문이다.

이 대목에서 '실재[실질]성' 개념에 중요한 의미 변환이 뚜렷해진다. 주지하듯이 학교철학에서 실재성은 참인 명제의 주어를 긍정적으로 서술하는 "한정"(규정)을 뜻한다. 이제 칸트는 실재성을 실존하는 것의 사태성[실질성]으로 파악함으로써, 이 말을 실존을 뜻하는 말로 전환시키고 있다.

또한 이 저술에서 칸트는 본질과 실존, 논리적 규정과 실재적 규정의 구별에 유추해서 논리적 대립과 실재적 대립(실재적 반발)의 구별을 앞으로의 표준적 구별로 만들고 있다. 논리적 대립은 두 주장

79) BDG: 전집, II, 85.

사이에 모순이 등장하면 생긴다. 반면에 실재적 대립은, 반대 방향으로 작용하는 두 힘이 한 점에서 부딪쳐서 서로 간에 하나가 다른 하나의 결과를 없애버리려 할 때, 대두한다. 이런 문맥에서 신을 최고 실재성이라 지칭하면, 그것은 신 안에서는 어떠한 상충하는 힘들이 있을 수 없다는 것을 의미한다. 왜냐하면 그렇지 않으면 그것은 아무런 방해도 받지 않는 신의 작용력의 어떤 결여나 결핍을 뜻할 것이기 때문이다.[80)]

65 마지막으로 필연적 존재자는 "정신"으로 규정된다.[81)] 필연적인 존재자는 이성적이고 정신적인 본성을 가진 것이라 한다. 왜냐하면 우리 자신이 그렇듯이 그에 의해 창조된 존재자들이 정신, 다시 말해 의지와 지성을 가지고 있는데, 그것들의 제일 근거가 정신이 없이 있다라는 것은 있을 수 없는 일이기 때문이다. 가능한 모든 것에서의 질서, 아름다움, 완전함은 이 가능성들의 세계를 정초하는 존재자가 정신임을 전제한다. 그래서 신은 실존하는 세계이성의 대변자로 지칭된다. 만약 사람들이 세계가 그토록 조화롭고 합목적적이며 완전하다 해도 순전히 우연적인 것들의 총괄로 본다면, 그것은 이성이 아니라 비이성을 세계의 근거로 놓는 것이겠다. "게다가 이 존재자의 작용결과들로부터 원인인 그것의 현존으로 이끌어질지도 모르는 모든 증명들은 … 이 필연성의 본성을 결코 이해시킬 수 없다."[82)] 무릇 증명이란 여기서 또는 저기서 발견됨 직한 실제의 작용결과들

80) BDG: 전집, II, 86.
81) BDG: 전집, II, 87.
82) BDG: 전집, II, 91.

에서 출발해서는 안 되고, 법칙적으로 질서 지어져 있는 세계의 기본구조 전체에 정향되어야만 한다. 신은 그의 의지로 말미암아 사물들의 내적 가능성들의 근거이자 실재성들의 세계의 근거인 것이 아니라, "사물들의 모든 본질에 대해 근거의 관계를 갖는 무한한 본성"[83]으로서 모든 존재자를 정초한다. 그로 인해 사물들의 가능성들 안에서 통일성, 조화 그리고 질서를 만날 수 있게 되는 것이다. 신은 본질-근거이자 또한 존재-근거이다.

칸트는 줄곧 자연신학적 신 증명에 대해 공감을 표했다. 그는 이
증명이 "매우 생동감 있고 잡아끄는 힘이 있다"고 칭찬한다. 게다가
모든 사람은 우선 우리를 둘러싸고 있는 자연에 주목하게 되므로,
자연스럽게 이 증명으로 시작한다는 것이다. 나아가 사람들은 이러 66
한 증명을 통해 장래를 내다보는 탁월한 지혜에 대한, 또는 기도를
바칠 만한 존재자의 위력에 대한 "직관적 개념"을 얻는다는 것이다.
이 증명은 우리로 하여금, 주관이 미시 세계나 거시 세계를 바라볼
때 받는 인상인 "숭고함과 존엄함"을 느끼게 한다.[84] 여기서 주관은
하나의 현실에 참여하여, 형이상학적 길들만을 좇지는 않는다. 칸트
는 이 자연신학적 증명을 다른 증명, 가령 존재론적 증명에 비해 장
점이 있다고 칭찬한다. 자연신학적 증명은 적어도 직접적인 자연 경
험으로 채워져 있고, 최소한 공허한 형이상학적 개념들에서는 멀리
떨어져 있다는 것이다. 여기서는 자연에 대한 감각적 경험이 중요한
역할을 하고 있으므로, "논리적 추론이나 구별들이 갖는 위험을 우

83) BDG: 전집, II, 91.
84) BDG: 전집, II, 117.

려할 것도 없고, 기교적인 갑론을박의 위세를 뛰어넘는"[85] 흔들리지 않는 확신이 설 수도 있다는 것이다.

그럼에도 칸트는 완전성과 조화와 아름다움을 "우연적"이라고 보는 이 증명의 형식이 자기의 증명 방식에 비하면 뒤떨어진다고 낙인찍는다. 이런 형식의 증명은 자연의 필연적인 통일적 기본구조와 "자연의 아주 본질적인 규칙들"이 갖는 그러한 많은 속성들이 "유실"된다는 사실을 보지 못하고 있다는 것이다. 칸트는 지혜로운 창시자를 증명하기 위한 논거로서 자연의 우연성을 택하는 것이 철학에는 맞지 않다고 본다. 물론 유기체와 비유기체를 구별해야 한다. 유기체는 신이 자연을 위해서 좀 더 높은 정도로 정교한 노고를 기울였음을 인식하게 해주니 말이다. 유기체 안에서는 기계성이 말을 듣지 않는다. 서로 다른 인과계열이 한 기관, 예컨대 눈에서 독자적으로 작동한다. 그러나 그것들 사이의 연관성은 통찰되지 못하고, "우연적"이라고 특징지을 수밖에 없게 된다. 이 우연성을 극복하기 위해서 이성은 여기에서 기계성을 뛰어넘는 방식으로 통일성을 보장할
67 수 있는 신적 의지의 영향력을 요구하는 것이다. 자연의 내적 본질들의 보편적 법칙들이 유기체에서는 의도와 목적론을 통해 보완되어야 하는 것이다. 그러나 여기서도 체계적 기본구조 사상은 표준이 되지 않을 수 없다. 그래서 칸트가 성찰 끝에 내린 결론은 자연신학적 증명은 뒤떨어진 형식에 지나지 않는다는 것이다. 그러한 결론에서 칸트가 제기한 이의 가운데 가장 중대한 것은 자연신학적 증명이 세계 지평에, 세계의 기본구조 원리와 보편적 법칙성에 적절하지 못

85) BDG: 전집, II, 118.

하다는 것이다. 자연신학적 증명은 돌연[突然]의 신(Deus ex machina)에 의지하는데, 자연 연구가 본래 설명해내야 할 과제가 바로 이것인 것이다.[86] 자연 안의 신의 작품들의 탁월함과 완전성에 대한 경탄의 위험은, 그로 인해 이성이 자신을 미천한 것으로 느끼고, "더 나아가는 탐구"를 기꺼이 중단하는 데에 있다. 여기서 이성은 "그러한 일을 주제넘는 일이라고 보기" 때문인데, "이 선입견은 신앙심과 순종이 부족하다는 비난을 통해 지칠 줄 모르는 연구가보다 게으른 자를 앞세우기 때문에 더더욱 위험하다." 자연신학은 보편적인 세계 기본구조에 정향되어 이성을 만족시키는 대신에, "개별적 작용결과들"을 만지작거린다.

86) BDG: 전집, II, 119.

B. 주관성 원리, 인간의 위치와 경험

1. 주관성, 감각, 감정

도대체가 세계가 실존한다 내지는 현존성을 갖는다는 것은 창조
의 덕택이다. 창조란 보편적-법칙적 질서와 기본구조 안에 있는 사
물들의 절대적 설정(현존 정립)이다. 신이 세계 정초자의 역할로 등장
하고, 내적 가능성들에게 현존을 부여하는 한에서, 신은 모든 개개
의 정초연관들이 그 위에서 확립되는 제일의 근거이다. 그래서 신은
밑바탕에 놓여 있는 것(基體), 즉 주체이다. 고대적 의미가 아니라 근
68 대적 의미에서의 주체라는 명칭은 비로소 칸트에 와서 요즈음 우리
에게 통용되는 의미로 사용되었다. 초기 칸트의 사고와 언어에서도
이 명칭을 새로운 의미로 쓰는 것에 망설임이 엿보인다. 그러나 칸
트가 이 명칭으로써 차츰 일관되게 표현해가는 사태 자체는 한 걸음
한 걸음 전면으로 부상한다. 물론 세계에 대한 신의 위상에 눈길을
돌린 칸트의 초기 사유에서는 주관성 원리가 주로 철학적 신학의 영

역에서 나타난다.

고중세의 전통에서 "주체(主體: subjectum)"는 인식의 근거에 놓여 있는 대상을 뜻했다. 그런데 이 말의 의미 전환은 신이 자연을 창조했다는 기독교 교의학을 이어받은 철학적 신학을 통해서 일어났다. 여기서 만물의, 다시 말해 세계 일반의 "근거"가 말해지고 있다. 주체는 이제부터 "객체"의 맞은편에 자리 잡고 있는 것, 객체를 정초하고 산출하고 가공하는 자로 이해된다. 만물의 "근거"로서의 신은 동시에 그것들의 주체, 즉 주체들의 주체인 것이다. 아직 라이프니츠에서는 여전히 옛 용어법이 일반적으로 유지되고 있다. 그러나 바로 라이프니츠에서 그의 이른바 충분근거율과 연관해서 신이 근거라는 사상을 체계적으로 확립함으로써,[87] 이 말의 의미 전환을 위한 확실한 전제들이 제공된다. 칸트에 와서 인식하고자 하는 대상들 맞은편에 있는 인간의 역할과 위치가 반성되었고, 그런 정도에서 인간 주체가 주목받게 되었다.

칸트가 『유일 가능한 신의 현존 증명근거』에서 본질에 대해 현
존의 의의를 크게 부각시키고, 그것을 "무엇임"에 대해서 "어떻 69
게 있음"의 규정으로 해석할 때, 주관성 성찰이 관건이 된다. 사람들이 가능성을 오로지 모순율에 의거해서만 판정하는 한, 사람들은 "사물에서 너희에게 **생각할 수 있는 것**(카울바흐 강조)으로 주어지는 것"에 의거해 "이 논리적 규칙에 따르는 결합을 고찰한다. 그

87) Kaulbach, "Subjektivität, Fundament der Erkenntnis und lebendiger Spiegel bei Leibniz", 수록: *Zeitschrift für philosophische Forschung*, Bd. 20(1966), 471~495 참조.

러나 끝에 가서는 너희가 이것이 도대체 너희에게 **어떻게**(카울바흐 강조) 주어지는가를 곰곰이 생각해본다면, 너희는 현존을 끌어다 대는 수밖에는 없을 것이다."[88]라는 사정에 귀착한다. 이 주어짐의 양태, 즉 "어떻게" 주어져 있는가(자료의 실존 방식)는 그 주어지는 것을 맞이하는 주체를 시사한다. 이 주체는 신체를 가진 존재자로서 바로 우리들 자신이며, 우리에게 우리의 감관을 기반으로 한 경험에서 실존하는 대상들이 주어진다. 우리는 오로지 이러한 감각적인 만남을 통해서만 대상들에 대한 지식을 가질 수 있고, 사물들 자체를 그것들의 본질에서 통찰할 수는 없으므로, 우리에게는 일차적으로 사물들의 외관[가상]만이 제시된다. 이 외관에서 참인 "어떤 것"이 내비쳐지면, "현상"을 말할 수 있게 되는 것이다.

바야흐로 주관성은 능동적으로 정립하고, 검사하며, 자기의 고유한 철학적 길을 탐색하는 주무기관으로 등장한다. 그다음에, 그 "근거"를 인간의 주관 자체에서 찾아야 함이 더욱더 분명해진다. 이어서 셋째로, 주관성은 인식되어야 할 대상에 마주해 있는 자신의 위상에 대한 의식이다. 인식하는 주관은 자기의 위치를 주장하며, 그가 일정한 인식 과제들을 완수하고자 할 때, 자신이 놓이게 되는 형편에 대한 전망을 갖는다. 칸트의 초기 사유에서 주관성 개념의 이 세 뿌리를 차례대로 추적할 수 있겠다.

근대 자연과학은 한편으로는 경험에, 다른 한편으로는 수학적으
70 로 기획하는 사고에 기반하고 있는 한에서, 세계를 학문적으로 정복하는 특별한 방식을 현시한다. 자연과학의 정신에 의해 철학을 인식

---

88) BDG: 전집, II, 81.

한 홉스와 같은 사상가가 주관성을 경험의, 즉 감각과 인상의 무대로 파악한 것은 충분히 이해할 수 있는 일이다. 사실 근대적 의미에서의 주관이라는 용어는 대륙의 형이상학적인 철학자들보다 홉스에서 먼저 나타난다. 홉스에서 주관이라는 명칭은 인식하는 자가 지각하고 경험하는 존재자로서 하는 역할을 표현하는 것이다. 이것은 그의 뒤에 오는 이들, 그러니까 칸트에서도 볼 수 있는 유형이 된다. 즉 주관이란 그의 신체적인 감관 조직 덕분에 주변의 자연 물체적 현상들을 통해 발언할 수 있는 것이다. 이것들이 그의 감각기관을 자극(촉발)하며, 이때의 이 (칸트 표현대로) "건드림"의 결과가 그때그때의 상[그림]들이다. 우리는 자연의 물체세계 한가운데에 세워져 있고, 우리가 서 있는 자리에서 "인상들"을 받아들이는 것이 "우리의" 상황이다. 칸트는 『일반 자연사』에서 주관성의 특징을, 우리가 물체세계 안에 서 있으며, 맞은편 물체들의 영향을 피할 수 없는 것으로 기술하고 있는데, 이러한 특징 기술은 다음과 같은 성찰에 의한 것이다. 즉 생각하는 힘과 질료[물질]의 운동 사이에, 이성적 정신과 물체들 사이에 "무한한 간격"이 있지만, 인간이 "**우주**가 신체[물체]를 매개로 해서 그것의 영혼에 야기한"[89] 인상들로부터 그의 개념들과 표상들을 가짐은 확실하다는 것이다. 이 시기의 칸트의 말 중에 아직 주관이라는 명칭은 등장하지 않지만, 주관에 대응하는 "사태"는 그것이 신체[물체]적인 작용영향들에 대해 던져져 있고 내맡겨 있다는 측면에서 표현되어 있다. 다시 말해, 인간은 "세계가 그에게 야기 71
시킨다고 보아야 할 인상들과 촉발내용들을 그의 존재의 가시적인

89) NTH: 전집, I, 355.

부분인 신체를 통해 받아들이도록 창조되어" 있다는 것이다. 그리고 "이 질료는 신체에 깃들어 있는 비가시적인 정신이 외적 대상들의 최초의 개념들을 찍어내는 데뿐만 아니라, 내적 활동 중에서 이것들을 반복하고 결합하는, 요컨대 사고하는 데에도 쓰인다."[90]

또한 칸트는 주관성 철학의 분야에서 주목받을 만한 감각이론을 소묘하고 있다. 신체적 주관은 입지점을 내세우고, 그 지점에서부터 자신을 둘러싸고 있는, 그에게 감각되는 대상 각각에게 장소를 지정한다는 것이다. 여기서 일종의 감각의 물리학과 연관되어 원근법의 원리가 작동한다. 우리가 감각하는 대상에게 우리 자신의 입지점에서 그것의 자리를 지정한다면, 칸트 생각에 이런 일은 다음과 같은 기계성에서 비롯하는 것이다. 즉 우리의 영혼은 표상 작용에서 감각된 객체를 "인상이 만들어낸 인상의 여러 방향선들이 연장될 경우 서로 교차할 지점에 세우는 것이다. 그래서 사람들은, 눈에서 광선이 비쳐오는 쪽으로 그어진 선들이 서로 만나는 그 지점에서 하나의 복사[輻射]점을 보게 된다." 사람들은 이 지점을 시점[視點]이라 부른다. 실상은 이 점에서 분산되는 파장들이 나오기는 하지만, 표상에서는 "그에 따라 감각이 인상 지어지는 방향선들의 **집합점**(虛焦點: focus imaginarius)"[91]이 우리에게 미친 작용결과들이 나온 지점인 것이다. 그래서 사람들은 단 하나의 눈만 가지고서도 한 가시적인 객
72 체의 지점을 정할 수 있는 것이다. 이런 관계들을 유추해서 칸트는

90) NTH: 전집, I, 355.

91) 전집, II, 344. 『형이상학의 꿈에 의해 해명된 시령자의 꿈』[TG](1766), 수록: 전집, II, 315~373 참조.

청각의 영역도 추측하며, 나머지 세 감각기능에 대해서도 같은 것을 말할 수 있다 한다. 물론 나머지 세 감각기능은 "감각의 대상이 감각기관과 직접 접촉해 있고, 그래서 감각 자극의 방향선들이 이들 감각기관 자체 내에 그것들의 합일점을 갖는다."는 점에서 시각과 청각과는 차이가 있기는 하지만 말이다.

"감정"이라는 말의 사용도 주관적 권역을 시사한다. 이러한 연관관계는 『미와 숭고의 감정에 관한 고찰』(1764)[92]의 제목과 첫 문장에서 분명해지는데, 여기서는 시선을 "외적 사물들의 성질"에서 "사람마다의 고유한 감정"으로 돌린다. "즐거움과 싫음의 여러 가지 감각들은, 그 감각들을 유발시키는 외적 사물들의 성질에 기인한다기보다는 그로 인한 쾌감 또는 불쾌감에 영향을 받는 사람들 각자의 고유한 감정에 기인한다."[93]는 것이다. 어떤 사람은 다른 사람이 생각만 해도 구역질이 날 수 있는 대상에서 기쁨을 느낀다. 또 어떤 사람은 다른 이는 개의치도 않는 일에 민감하게 거부감을 보인다. 칸트는 누구에게나 흔히 수수께끼가 되는 "사랑에 빠지는 정열"도 이런 영역에 속한다고 보며, "인간 본성의 이러한 특수성들의 관찰"을 위해 열려 있는 아주 넓은 들판이 있다 한다. 주관적 의식은 그의 세계의 사물들을, 그가 그것들과 마주치는 위치와 상태에 따라 일정한 방식으로 알게 된다. 사물들이 그에게 "현상으로" 다가오는 것이다. 자기 자신의 위치를 반성하면서 자기의 주관성과 사물들 사이의 관

---

92) *Beobachtungen über das Gefühl des Schönen und Erhabenen*[GSE], 수록: 전집, II, 205~256.

93) GSE: 전집, II, 207.

73 계맺음을 대상화하는 관찰자는 세계가 주관 안에서 주관적으로 반사됨을 본다. 칸트는 이 들판에 철학적 이론가로서의 눈길이 아니라 관찰자로서의 눈길을 보내고자 한다. 무엇보다도 여기서 관심거리는 사물들의 한갓된 향수[享受]에서 소진되지 않는 그런 주관성이다. 세계에 대한 좀 더 보편적인 경험들로의 길을 열어가는 그런 주관 말이다. 그래서 세계지[世界知]와 생활지[生活知]라는 주제가 강조된다. 칸트는 재능 및 지성의 탁월성들과 관계되어 있는 그러한 감정의 면모를 관찰하고자 한다. 향수는 아무런 사려 없이도 일어날 수 있는 것이다. 그러니까 지금 칸트가 하는 작업은, 인간이 능동적으로 자신으로부터 만들 수 있는 것이 무엇인지를 알고자 하는 "실용적 관점에서의 인간학"의 일종의 예비연구이다.

주제는 숭고와 미의 감정이다. 이 두 가지는 여러 가지 방식의 쾌적한 "감촉[건드려짐]"을 의미한다. 가령 "눈 덮힌 봉우리가 구름 위로 솟구쳐 있는" 산악의 광경이나 "휘몰아치는 폭풍우의 묘사"와 같은 거대한 것, 비범한 것은 우리 안에 숭고하다고 표현될 수 있는 그런 감정을 불러일으킨다. 미의 감정은 다른 종류의 것이겠다. 이것에는 숭고의 감정에서와 같은 전율의 상태가 아니라, 예컨대 "꽃이 만발한 초원, 시냇물이 굽이굽이 흐르고, 여기저기서 가축 떼가 풀을 뜯는 계곡의 정경, 또는 무릉도원의 묘사나 비너스의 장식 띠에 대한 호메로스의 서술"[94]에서와 같이 기쁨과 미소가 떠오르는 상태가 대응한다.

칸트는 숭고와 미의 차이를 특징적으로 지적하면서 비극과 희극,

94) GSE: 전집, II, 208.

지성과 기지, 남성과 여성의 상이성을 기술한다. 또한 그는 이것을
실마리로 기질, 민족성, 취미의 방식 등등을 구별한다. 이 저술의 마 74
지막 절에서의 칸트의 역사철학적 요점 정리는 계몽주의 정신에 따라 작성된 것이다. 고대에서는 미와 숭고에 대한 진정한 감정이 시예술, 조각예술, 건축, 입법, 심지어는 실천 도덕에서도 분명한 징표들을 보였다. 그러나 게르만의 미개족속들이 로마제국을 궤멸시켰을 때, 그들은 "사람들이 고딕 양식이라고 부르는, 기묘하게 전개된, 모종의 전도된 취미를 일으켜놓았다. 사람들은 건축 양식에서뿐만 아니라, 학문이나 여타 풍속에서도 기묘함을 보게 되었다."[95] 그러다 "세련되지 못한" 감정은 차츰 도야되어, "자연의 옛적 간결함과는 사뭇 다른 하나의 자연스러운 형태"를 취했던 것이다. 그런데 그것의 발전이 너무 과장되거나 천박하게 흘러갔다. 이 시기에 인간의 천재성이 숭고의 방면에서 보여주어야 했던 최고의 업적은 모험에서였다. 물론 근대에 들어서 인간의 천재성은 재탄생하였고, 그리하여 우리는 "우리들의 시대에 미와 고귀성의 바른 취미가 예술과 학문에서뿐만 아니라 윤리의 면에서도 꽃피고 있음"[96]을 본다는 것이 칸트의 파악이다. 이러한 성찰들에서 의미 있는 것은 그 안에 들어있는, 주관적 감정이 역사적으로 발전할 수 있다는 명제이다.

---

95) GSE: 전집, II, 255.
96) GSE: 전집, II, 256.

2. 자발성으로서의 주관성

지금까지 주관이 물체적 환경의 영향에 대해 내맡겨져 있다는 측면에서 그 성격이 규정되고, 촉발하는 외적 힘들의 표적으로 기능했
75 다면, 이제 주관의 이러한 상에 속하는 다른 측면을 언급하지 않을 수 없다. 즉 주관은 독자적인 그리고 자기로부터 세계를 정립하는 주무기관임이 확인된다. 주관성의 이러한 성격은 일차로는 칸트가 주관으로서의 신의 지성이 표준척도라고 주장했던 그런 생각의 국면에서 드러난다. 『일반 자연사』에서 신의 지성을 두고 한 말은, 신의 지성이 세계질서를 기획한다는 것이었다. 이 기획 작업의 성과가 세계의 체계적 기본구조인 것이다. 또한 신의 지성은 모든 근거들의 근거를 현시한다. 법칙적으로 질서 지어진 별들의 체계의 중심점에 태양이 위치하듯이, 신은 이성적인 세계 정초 연관의 대변자로서 모든 근거들의 근거라는 자리를 차지한다. 더 나아가 『유일 가능한 신의 현존 증명근거』에서는 지성이 수행하는 설정에 대한 언급이 있다. 신의 지성이든 인간의 지성이든, 하나의 내용을 "정립"하는 것은 지성이다. 어느 경우에나 주관이 내용을 자기 자신과의 어떤 관계에 놓음[정립함]으로써 이 내용에 하나의 존재방식이 부여되어, 그것이 실존하는 것이라고 주장되는 것이다.

1763년부터 칸트의 사유는 방향 전환을 시작하는데, 그것의 잠정적인 결과가 회의적인 성찰들을 담고 있는 『시령자의 꿈』[97]이다. 여기서부터 칸트는 철학적인 길을 걷게 되고, 더 이상은 신이성주의적

---

97) 『형이상학의 꿈에 의해 해명된 시령자의 꿈』[TG](1766), 수록: 전집, II, 315~373.

사상가들처럼 신의 지성을 표준척도로 삼지 않는다. 즉 오히려 그는 이제 그 "근거"를 주관적인 인간의 지성에서 찾는다. 이런 발전에 발맞춰 앞서 서술되었던 "본질"의 해체가 시작된다. "본질"이란 우리 인간의 지성에게 인정하라는 요구와 함께 신에 의해 제시된 것이다. 그러나 새로운 자연과학의 시대가 도래하면서 철학적 사고는 이 76
러한 요구가 담고 있는 부당함을 더 이상 수용하지 않는다. 즉 이제는 인간의 사고에 제시된 본질 대신에 주관적인 인간의 지성에 의해 산출된 "법칙"의 원리만이 표준척도로서의 역할을 담당한다. 이 발전은, 인간의 이성이 법칙수립적[입법적] 성격을 갖는다는 훗날의 칸트의 주장으로 이어진다. 칸트의 방향 전환 자체만을 놓고 보면, 그것은 어쩌면 흄의 회의주의적이고 실증주의적인 성찰들과의 만남에서 비롯한 것이라 할 수도 있겠다. 그러나 사태 자체에서 보면, 그것은 형이상학적 언표들의 실재실질성을 위한 새로운 기준을 추궁하는 칸트 탐구의 논리에 맞는 귀결이라고 평가하는 것이 더 적절하다. 바로 이 때문에 칸트의 사유 지평에 처음 흄이 나타났을 때, 그것이 참된 "만남"의 성격, 즉 칸트에게 영향을 미칠 수 있는 성격을 얻을 수 있었던 것이다. 이러한 광경에는 인간 지성의 주관적 작용들이 이제 새로운 역할을 연출한다는 사실도 속한다. 능동적으로 결합하고, 기획하고, 정립하며, 세계 구조를 수립하고, 이성 자신을 비판하고 회의하며, 자신의 인식 한계를 탐구하는 이성의 활동은 이제 새로운 의미를 얻는다. 그때 표준척도적인 작용이 신의 지성의 영역에서 인간 이성의 영역으로 옮겨짐이 뚜렷해진다.

3. 비판과 회의의 단초들

이미 초기 저술에서부터 칸트의 발전 방향은 가짜 주장들과 실재적인 사실에 근거한 인식을 비판적으로 분별하려는 의도로 잡혀 있다. 또한 칸트는 자연에 대한 학문에서 확증된 진정한 사태의 구역
77 과 비록 이성의 관심에 의해 동기 지어진 것일지라도 다른 한편 우리를 착오로 이끌고 가는 다른 사고와 발언을 비판적으로 분리해내려는 관심을 보이고 있다. 이 비판적 동기는 이미 『시령자의 꿈』에서 인용되고 있는 "예지세계(叡智世界: mundus intelligibilis)"와 칸트가 "감성세계(感性世界: mundus sensibilis)"라고 부르는, 칸트에게는 그 사태연관성이 전혀 의문시되지 않는 경험 분야 간의 이원론에 이른다. 칸트는 영[靈]들에 대해서 그리고 영들과의 교제에 대해서 이야기하는 형이상학이 두 영역을 뒤섞고, 두 사유방식과 언술방식을 뒤섞는 잘못을 범하고 있다고 본다. 이 비판은 이성의 본성에 두 영역 간의 연결 교량의 가능성들이 있다는 생각에 의문을 표하는 것이다. 이런 가능성들은 모호해서 형이상학적 인식을 위해 긍정적인 의미도 부정적인 의미도 가질 수 있다. 관건은 과연 이성이 가령 자기 자신의 영혼에 대한 개념들의 영역에 종사하는 추상적이고 직관될 수 없는 것을 형상화할 수 있는지와 여하간에 이성이 가진 그렇게 하려는 경향성이다. 예컨대 영들이 인간의 형상으로 출현할 때, 그것이 학문적으로 정당화되는 "경험"의 의미로 지각되고, 보이고, 경우에 따라서는 들리고 만져지는 것으로 인정될 수가 없다. 그러한 출현에는 학문적 사고와 발언의 원천인 "경험"을 입증해주는 특성이 결여되어 있는 것이다. 인간 주관으로 하여금 문제 사실을 관찰하도록

이끄는 것은 누구에게나 열려 있는 **개방성**과, 누구라도 할 수 있는 **실행가능성**의 특성이다. 따라서 한낱 상징화의 가능성은 예컨대 영들의 현상에서 볼 수 있는 바와 같이, 역시 가짜 현상들에 이른다.

칸트가 형이상학적 언표들의 사실적 타당성을 판별할 "표준척도"를 얻지 못한 이상, 칸트로서는 개진된 형이상학적 가설들을 회의적 불빛 아래서 논의에 부치는 일 말고 달리 할 수 있는 일은 없었다. 칸트는 형이상학자들의 교조적 언술의 자기 확신을 흔들기 위해서, 사람들이 발 아래에 어떠한 사실적 근거를 가지지 않고서도 어떻게 78
모든 것을 증명할 수 있는지를 보여준다. 그는 형이상학적 가설들이 활동할 수 있는 공간이 아주 크다는 것을 제시한다. 또한 현상세계를 유추해서 정령의 법칙들[98]의 "세계"를 구축하는 것이 충분하지 않을까를 성찰한다. "영들의 세계와의 교제를 열어주는 신비 철학"의 절에서 칸트는 철학적 상상력에게 신체가 외적 힘들에 복속하듯이 우리 영혼이 그에 복속되어 있는 "내적" 힘들을 일별하도록 한다. 물리적 세계에서와 마찬가지로 내부에서도 "두 힘의 다툼", 즉 모종의 정령의 인력과 정신세계에 속하는 척력의 다툼이 발생한다는 것이다. 한 힘은 모든 것을 자기와 관계시키는 이기주의로 나타난다. 이에 대해서 "타자에 맞서는 마음을 쫓아내고 밖으로 끌어내는 공익성"이 반작용한다.[99] 우리에게는 우리로 하여금 우리의 감각과 사념

---

98) 당시에 "정령학(Pneumatologie)"은 학교철학에서 "정신(Geist)"의 본질을 연구하는 학문 분야로 이해되었고, 또한 거기에서는 "영들(Geister)"에 대해서도 무비판적으로 말했음을 상기할 필요가 있다. 볼프는 이성적 영혼론과 신학을 정령학에 편입시켰는데, 그것은 신을 "정신"으로 파악했기 때문이다.

99) TG: 전집, II, 334.

[私念]의 사적인 영역을 벗어나 타인들과 소통을 구하도록 하는 "추동"이 있다. 이 "비이기적이고 진실된 성정"에서, "사람들이 독자적으로 **선**하다고 또는 **참**이라고 인식하는 것을 타인들의 판단과 비교해보아 양자를 일치시키며, 또한 만약 그들이 우리가 접어든 길과는 다른 보도[步道]를 걷는 것으로 보이면, 모든 인간의 영혼이 참된 인식의 길에 말하자면 발길을 멈추도록 하는" 숨겨진 특성이 감지된다. "이 모든 것은 우리 자신의 판단을 **보편적인 인간 지성**에 의거하게 하는 자각이며, 생각하는 존재자 전체에게 일종의 이성 통일성을 부여하는 수단이 된다."[100] 형이상학은 이런 이성의 통일성에 관심이 있다. 그러므로 칸트가 만약 이 시기에 형이상학적 언표들의 "표준척도", 즉 실재성 기준을 얻었다면, 그는 위의 문장들의 행간에 나타나 있는 회의적인 징후들을 기꺼이 무조건적인 긍정으로 바꾸었을 것이다.

79 『시령자의 꿈』의 회의적인 언설 가운데에는 칸트 자신이 형이상학에 마음이 기울어져 있지만, 형이상학에서 아무런 호의도 경험하지 못하고 있다는 고백이 들어 있다. 그가 "경험"을 실재성의 기준으로 정할 때, 물론 그것이 교조주의적 증명 병[病]을 비판적으로 공박한 것이기는 하지만, 그렇다고 그것이 가능한 형이상학적 실재성에 대한 경험주의적 거부를 뜻하지는 않는다. 형이상학의 경우에 관건이 되는 언표들은 증명에 의해 견고하게 되는 것이 아니고, 반박에 의해 처치될 수 있는 것도 아니다. 또한 예컨대 하나의 정신이나 정령들의 상호작용과 영향 같은 것이 경험에 의해 증명될 수 없으니까

100) TG: 전집, II, 334.

불가능하다고 주장하는 것과도 아무런 상관이 없다. 사물 인식을 위한 우리의 주관적 조건들을 사태 자체에 그것의 고유한 성분이라고 덮어씌운다면, 그것은 잘못을 범하는 것이겠다. 모든 물질은 다른 물질들에 대해 예컨대 대항하여,[101] 자기가 현재할 공간을 주장한다. 그래서 물질은 불가투입성을 갖는다고 일컬어진다. 물질의 이러한 속성을 우리에게 가르쳐준 것은 경험이다. 이런 경험으로부터의 추상이 우리 안에서 물질의 보편적 개념을 산출한다. 경험이란, — 이것이 여기서 칸트의 의견인 것 같은데 — 도대체가 물체들의 편에서 우리에게 영향을 미치는 힘들의 성과이다. 저항의 경험에서 우리는 물질의 물체성을 "인식"하거니와, 인식은 물체들과 우리의 주관성 간의 관계의 결과물인 것이다. 그러나 바로 그 때문에 우리는 물질을 그것의 본질에서 "개념적으로 파악[개념화]"하지 못한다.

칸트의 회의주의는 다음과 같은 [이중적] 얼굴을 갖는다. 즉 그는 교조주의자들이 무비판적인 증명과 반박에서 보이는 활발함에 대해서도 회의적이고, 또한 마찬가지로 형이상학과의 관계 일체를 단절하는 실증주의적 경험주의자들의 교조적인 회의의 수행 방식에 대 80
해서도 의문을 품는다. 지식의 영역에서의 모든 성급한 결정과 결의들을 실효화[失效化]하는 것이 칸트적 회의의 특징이다. 이 회의의 적극적인 면은 원리적으로 형이상학의 가능성을 위한 공간을 비워놓은 데서 드러난다.

주관성에 대한 회의적 성찰들은 인간의 이성은 본성상 한계를 가지며, 이 한계 내에서만 인식이 가능하다는 결론을 얻는다. 예컨대

---

101) TG: 전집, II, 322.

영들에 대한 이론처럼, 이런 한계를 넘어가는 것, 그런 것에 관해
서 사람들은 단지 "의견"을 가질 뿐, 결코 어떤 "지식"을 갖지는 못
한다. 그 좁게 그어진 지성의 한계선을 지킨 자는 그 한계선을 넘어
서는 것을 포기한 바로 그 이유로 그에게 허용된 구역 내에서 그만
큼 더 확고하게 걸음을 걸을 수 있고, 그가 얻은 인식들은 그만큼 더
확실하다. 칸트에 의하면, 주관성 자체의 한계에 대한 지식은 전적
으로 확실하고, "완성된" 것이기도 하다. 자연 안의 어떤 경험대상
에 대해서도 사람들은 그것을 관찰과 이성을 통해 다 알아냈다고 말
할 수 없다. 즉 "물방울 하나, 모래알 하나 또는 이것보다도 더 단순
한 것이라 하더라도, 자연이 그런 자기의 보잘것없는 부분들에서 우
리 인간의 지성처럼 아주 제한되어 있는 지성에게 분석하도록 전시
한 것의 잡다함은 이루 다 측량할 수가 없다."[102] 그러나 정신적 존
재자들의 "철학적 학설"에서는 사정이 전혀 다르다는 것이 칸트의
생각이다. 여기서 얻을 수 있는 지식은 "**소극적인** 의미에서"이기는
하나, 완성된 것일 수가 있다는 것이다. 무릇 그것은 우리 주관의 통
찰의 한계에 대한 지식을 확실하게 가지고 있으며, 또한 우리로 하
여금 "자연 안에서의 **생**[生]의 여러 가지 현상들과 그것들의 법칙들
81 은 모두 우리가 인식할 수 있도록 허용된 것이나, 이러한 생의 원리,
다시 말해 사람들이 알지는 못하고, 단지 추측할 뿐인 정신의 본성
은, 우리의 전 감각 안에서 그것에 대한 아무런 자료도 만날 수 없으
므로, 결코 적극적으로 사고될 수는 없다."는 것을 완벽하게 확신하
게끔 해주기 때문이다.

102) TG: 전집, II, 351.

인간 주관의 위치, 자연과 신 사이의 위상이 야기하는 바는, 인간의 이성 안에서 장래에 대한 희망의 원리가 강력하면서도 동시에 유혹적인 역할을 하는 것이다. 이것이 유혹적이라 함은, 희망은 우리로 하여금 미래 세계들과 영들의 교제, 그리고 인간 영혼의 불사성에 대한 형이상학적 이론에 성급하게 동조하도록 유도하고 유인하기 때문이다. 아직 이런 것들의 실재 내용이 전혀 확증되어 있지 않고, 학문성 기준의 "표준척도"에 따른 정당화가 이루어져 있지 않음에도 불구하고 말이다. 그렇게 해서 객관적인 형이상학적 주장들의 주관적인 동기유발이 생긴다. 『시령자의 꿈』에서 칸트는 일종의 소크라테스식 논법으로써 형이상학적 가설들의 검사를 실시한다. 문제는, 어떻게 내가 나의 주관적 위치에서 형이상학적 언표들의 진위를 판정하기 위한 하나의 척도를 발견할 수 있는가이다. 그러나 문제는 더 번져, 설령 그러한 척도가 발견되었을 때라도, 과연 그 척도가 이 경우에 참된, 올바른 척도로 기능하겠는지를 다시 묻지 않을 수 없다. 이렇게 되면 척도의 척도가 필요하지 않겠는가? 그리하여 다시금 이것 자체의 정당화가 필요한 것으로 보이고, 결국에는 무한소급의 필요에 빠지지 않겠는가? 이 상황에서 일종의 변증법적 수행 방식이 제시된다. 시민생활에서 사람들은 저울이 정확한지의 여부를 물품을 저울판에 바꿔 달아봄으로써 검사한다. 칸트 생각에, 바로 이 같은 요령에 의해 지성이라는 저울의 주관적 당파성이 드러난다. "이러한 요령 없이는 철학적인 판단들에서도 비교되는 무게를 달아보는 일에서 일치하는 결과를 결코 얻을 수 없을 것이다."[103] 가

103) TG: 전집, II, 349.

령 예컨대 내가 영혼의 불사성에 대한 형이상학적 이론의 편에 서기
82 로 했다면, 이 의견을 저울의 한쪽 판에 올려놓고, 다른 쪽 판에는 나의 반대자가 그의 상반적인 의견을 올려놓는다. 여기서 나는, 내 저울은 어떤 상황에서도, 심지어 사태 자체가 나를 반대하여 말하는 경우조차도, 내가 정당성을 갖는다고 우기는 나의 자기사랑을 고려하여, 당파적으로 반응한다는 점을 생각에 넣지 않을 수 없다. 그러나 이제 나는 보편적인, 보통의 시민생활에서 택하는, 양쪽 저울판 위의 물품을 서로 바꾸어서 달아보는 방법을 따른다. 이렇게 해서 나는 나 자신을 나의 자기사랑과 언제나 정당성을 갖고자 하는 추동에서 벗어나 나의 자유를 보여주는 위치에 옮겨놓는다. 그때 나는 "우선 자기사랑의 저울판을 **거부**하고, 다음에 나의 잘못된 근거들에 반하는 상대의 판단에서 더 무거운 내용을 발견하고 나서", 나의 논변의 근거들을 반박하는 이의 판단이 나의 판단임을 알게 된다. "통상 나는 한갓 나의 지성의 관점에서만 보편적인 인간 지성을 고찰했다. 이제 나는 나를 타인의 그리고 외부의 이성의 자리에 놓고, 나의 판단들을 그것들에 숨겨져 있는 동기들과 함께 타인의 관점에서 관찰한다."[104] 다시 말해, 나는 나의 사적인, 내가 놓인 상황에 의해 굴절된 관점에서부터 이런 방식으로 참된 척도를 얻고, 참된 언표를 할 수 있는 보편적인 인간 이성의 관점으로 옮겨놓기 위해 나의 자유를 사용한다. 이것이 바로 주관이, 자연이 일차적으로 그에게 준 위치에서 벗어나 객관성으로 나갈 수 있는 길이다. 물론, 도대체가 주관이 이러한 길을 떠난다는 것은 주관이 자유의 관점을 얻었다는

104) TG: 전집, II, 349.

것을 전제한다. 이러한 대화법적 입장바꾸기의 방법에서 칸트는 표
준척도를 발견하고 착시를 방지할 유일한 수단을 본다. 이런 수단을
가짐으로써 우리는 “인간 자연본성의 인식능력과 관련해 있는 개념
들을 제자리에 놓을” 수 있다. 이 수행 방식이 훗날의 초월적 변증학
으로 흘러 들어감은 명백한 일이다. 그러나 이 사안은 아직 여기서 83
는 논의거리가 아니다. 이 대목에서 결정적으로 중요한 점은, 이 수
행 방식에서 지성이라는 저울의 특수한 속성이 드러나는데, 그것이
신과 자연에 마주해 있는 우리의 근원적인 본성적인 위치에서 결과
한다는 사실이다. 칸트는 이렇게 말한다: “나는 어떠한 애착이나 그
밖에 검사받기 전에 몰래 숨어들어 온 어떤 경향성도 내 마음이 모
든 근거에 준거해서 찬동하고 반대하는 것을 방해하지 못함을 본다.
단 하나만이 예외이다. 지성의 저울도 전적으로 비당파적이지는 않
아서, **미래의 희망**이라는 현판을 들고 있는 이의 팔이 기계적인 이
득을 얻는 것이다. 그것은 그에게 속하는 저울판 위에 놓인 가벼운
증거들도 다른 편 저울판에 놓인, 그 자체로는 더 무거운 것에 대한
사변들을 위로 올라가게 만든다. 이것은 내가 제거할 수도 없고, 사
실 한 번도 제거하려고도 하지 않은, 단 하나의 바르지 못한 점이
다.”[105] 이것으로써 칸트는 우리의 공통의 이성에 있는, 당파적이고
착시를 두둔하는 하나의 동기를 찾아냈다. 그는 후에 『순수이성비
판』에서 우리 이성이 갖고 있는 이런 성벽을 “변증적”이라고 표현한
다. 『시령자의 꿈』에서의 회의적 입장은 “육체를 떠난 영혼들의 출현
이나 영들 간의 교류에 대한 모든 이야기들, 그리고 정신적 존재자

105) TG: 전집, II, 349 이하.

들의 억측적 본성과 그것들의 우리와의 연결에 대한 모든 이론들은 단지 희망의 저울판 위에서만 눈에 띄게 무게가 나갈 뿐이다. 그러나 근거 없는 허풍선이의 사변의 저울판에서나 그렇게 보인다.”[106] 는 결론에 이른다. 이 저울의 비유를 통해서 드러난 것은, 인간 주관의 위치는 신과는 달라 그의 지성 저울의 당파성을 야기한다는 사실과, 그뿐만 아니라 인간 지성은 자신을 자유롭게 할 수 있으며, 자기가 갖는 당파성을 자각함으로써 동시에 그 당파성 위에 주권자로 군림할 수 있다는 사실이다. 이 입장 선택의 자유 내지 지성 저울에서 무게바꾸기의 자유가 뒷날 형이상학의 학문적 정초를 위한 근거를 제공한다. 주관성에 대한 계속되는 성찰들은 주관의 신체성에 대한 숙고와 공간 문제의 영역으로 나아간다.

84 4. 신체성과 공간상에서의 정위[定位]: “직관”의 등장

위치와 관점의 원리들은 계속되는 성찰들에서도 칸트의 초기 주관성 철학에 큰 의미를 갖는다. 「공간에서의 방위 구별의 제1근거에 대하여」[107]라는 논고에서 칸트는 “세계공간[우주]”을 인간 주관의 위치와 관계시킴으로써 규정한다. 그는 “나의” 입지점[입장]을 직관하는 신체적 존재자로서의 각각의 내가 차지하고서, 그로부터 내가 나

106) TG: 전집, II, 350.
107) “Von dem ersten Grunde des Unterschiedes der Gegenden im Raume”[GUGR] (1768), 수록: 전집, II, 375~383.

의 바깥 공간상에 있는 다른 사상[事象]과의 한 관계를 주장하는, 세계공간상의 그러한 점이라고 규정짓는다.

우리 바깥에 있는 모든 것에 대해 우리는 그것이 "우리 자신과 관
계 맺고 서 있는" 한에서만 감관을 통해 인지할 수 있다. 그래서 우
리는 우리 자신을, 우리 세계의 물체들이 우리와 만나지는 그런 공
간의 중심점에 서 있는 것으로 경험한다. 또한 우리가 신체적으로
수직으로 걸어 다니는 표면을 지평[수평]이라고 일컫는 식으로 정위
[定位]한다.[108] 우리는 우리의 정위를 목적으로 우리의 주관적인 중
심점 위치를 기준으로 해서 세계공간을 여러 "구역/방위"로 분할한
다. 방금 위에서 언급한 지평면은 예컨대 이 공간에서 위와 아래를
경계 짓는다. 여기서 뚜렷이 알 수 있는 바는, "구역들/방위들"의 이
런 차이란 우리 신체가 태생적으로 차지하는 위치와의 관계에서 이
해될 수 있다는 점이다. 즉 이 구역들/방위들을 구별 짓는 제1의 근
거는 주관성과 세계공간 안에서의 주관성의 정위이다. 지평면 위에 85
"두 개의 서로 직각으로 교차하는 수직면이 서 있을 수 있고, 그리
하여 인간의 신장은 이 교차선에서 생각된 것이다. 두 수직면 중 하
나는 신체를 외적으로 유사한 두 쪽으로 나누는데, 이것이 **오른쪽**과
왼쪽을 구별하는 근거가 된다. 이 수직면에 연직[鉛直]으로 서 있는
또 하나의 수직면은 우리가 **앞쪽**과 **뒤쪽**이라는 개념을 가질 수 있게
끔 해준다."[109] 이런 방식으로 칸트는 세계공간을 우리 주관의 위치

108) GUGR: 전집, II, 379. F. Kaulbach, *Die Metaphysik des Raumes bei Leibniz und Kant*(Köln 1960)(Kantstudien–Ergänzungsheft 79); "Leibbewußtsein und Welterfahrung beim frühen und späten Kant", *Kantstudien*, 54(1963), 464 이하 참조.

109) GUGR: 전집, II, 379.

에 대해 일정한 관계를 갖는 구역(방위)들로 나눔으로써, “우리의” 세계공간을 구성한다. “우리가 우리 신체에 대해 그것을 연직적으로 절단하는 두 평면이 갖는 관계에서부터 공간상의 구역/방위 개념을 산출하는 제1의 근거를 얻는다는 것”[110]은 전혀 놀라운 일이 아니라 한다. 그리고 칸트는 이 주관적 위치와 관계 맺고 있는 공간을 “절대적”이라고 일컫는다. 그것은 가능한 물체의 정위를 비로소 정초하는 것이기 때문에, 모든 물질의 현존에 독립적이라는 것이다. 또한 그것은 “자기 고유의 실재성”를 갖는다 한다. 왜냐하면 그것은 한 물체를 어떤 자리에 위치하게 하는 제1의 근거이자, 그 물체를 서로 결하여 있는 부분들로써 합성할 수 있는 가능성의 제1 근거로 여길 수밖에 없기 때문이다. 또한 이 공간은 모든 가능한 추상적인 공간들, 예컨대 기하학의 공간들을 위한 토대를 제공한다. 나의 신체의 위치가 이 공간상에서 정위의 표준척도라는 사실은, 제아무리 정확한 천체도[天體圖]라 할지라도, 만약 “서로 뒤섞여 있는 별들의 상태 이외에도 나의 손에 대한 대강의 위치 설정을 통해 구역/방위가 지정되지 않는다”[111]면, 내가 천체에서 제 길을 찾으려 애쓸 때에 그다지 도움이 되지 않을 것이라는 사정에 비추어보아도 분명하다. 우리가 이 지
86 구상에서의 일상생활에서, 가령 도보 여행이나 자동차 운행에서 올바른, 다시 말해 우리의 목표점으로 가는 방향을 발견하기 위해 위치를 잡으려 할 때에도, 지도 한 장을 손에 들고 중요한 지점들의 상호 위치를 아는 것만으로는 충분하지가 않다. 오히려 우리는 우리가 서

110) GUGR: 전집, II, 378 이하.
111) GUGR: 전집, II, 379.

있는 자리에서부터 공간상의 한 "방위/방향"(예컨대 북쪽)을 알아야만 그 지도를 올바로 사용할 수가 있다. 그래야만 지점들 상호 간의 위치를 알기 위해 우리가 서 있는 위치에서 우리에게 중요한 지점들이 있는 절대적인 "구역/방위"를 찾아내는 일도 가능할 것이다.

1768년의 이 공간 논고에서 처음으로 신체적 주관의 위치에 준거해서 공간적 사태들을 파악한다는 의미에서의 "직관작용"이 화제가 되었는데, 이것은 칸트의 주관성 이론의 진보에 큰 의미가 있다. 칸트는 이 논문의 목적이, 그가 그것의 고유한 실재성을 인정하는, 세계 정위의 공간 위에, 기하학에서 이룩된 "연장의 직관적 판단들"[112] 을 정초하는 일이라고 설명한다. 그는 이 세계 정위의 공간을 "보편적"인 내지는 "절대적"인, 즉 "자기의 고유한 실재성"을 갖는 "근원적"인 공간이라고 부른다.[113] 칸트가 "방위/구역에 대한 판단을 위해서는 오른쪽과 왼쪽에 대한 서로 다른 감정"이 매우 필수적이라고 강조하는 대목에서는, 특종의-주관적인 방식의 공간 경험의 "감정"에 대한 언급도 있다.[114] 훗날의 칸트의 다른 한 논문에서는 또 다른 더 섬세한 방식의 정위, 예컨대 "사고에서의 정위"가 숙고되어야 함이 지적되고 있다.[115] 이 정위의 방식에서도 각자의 고유한 주관적 87
위치가 중요한 역할을 한다. 그러나 여기서는 물론 왼쪽과 오른쪽의 "감정"이 아니라, "이성의 필요요구"가 화제이다.

112) GUGR: 전집, II, 378.
113) GUGR: 전집, II, 378과 383.
114) GUGR: 전집, II, 380.
115) 「사고에서의 정위란 무엇을 말하는가?」[WDO](1786), 수록: 전집, VIII, 131~148.

5. 실재성 기준의 문제

'실재성[실재실질성, 실질성]'이라는 명칭이 학교철학에서는 설정적[정립적] 술어에 의한 "본질" 규정을 뜻한다[116)]는 점을 다시 한 번 상기해야 하겠다. 실재성은 "설정"이다. 논고『유일 가능한 신의 현존 증명근거』에서도 실재성은 실존과는 달리 순전히 "상대적[관계적, 상관적]" 설정이라는 귀결이 나왔다. 이것이 상대적인 것은, 이미 하나의 주어[주체, 실체]가 전제되어야만, 이것과 관련해서 "실재적" 언표가 유효하기 때문이다. 실재성(실질성, 사실성)이라는 말의 이러한 의미사태는 초기의 칸트에서도 성립한다. 특히 그가 아직 신이성론적 전제들에서 벗어나지 못해 본질의 원리에 매여 있을 시기에, 그는 현상하는 사물들의 내적 본질을 사태 자체로 여겼다. 본질은 신의 지성에 의해 미리 생각되고 미리 형성된 것으로 통했으며, 인간의 지성에 대해서도 본보기적 타당성을 가졌다. 그래서 인간 지성의 소질적 법칙, 즉 동일률 내지 모순율이 올바른 사고와 그릇된 사고를 가르는 표준척도로 통용될 수 있었다. 무모순적인 것은 내적으로 가능하고, 사태 자체에 부응하는 것이며, 본질에 맞는 것으로 통했던 것이다.

그러나 칸트가 본질철학과 단절을 선언한 그 순간에 이 상황은 변했다. 바야흐로 칸트는 순수 지성이 자기 안에 이미 동일률이나 모순율의 형식으로 실재성 기준을 가지고 있다는 것을 인정하지 않았

---

116) 예컨대 1764년부터 1768년 사이에 쓰인 것으로 추정되는 조각글, Refl 3774: 전집, XVII, 290: "실재성은 상대적인 설정(設定)이거나 상대적인 폐기(廢棄)이다." 참조.

다. 논고『유일 가능한 신의 현존 증명근거』에서 그는 이미 경험론자 88
들과 공유하는 인식론적 사고유형으로 논변한다. 즉 결합하고 비교하는 기능인 사고작용이 작동하기 위해서는 일차로 무엇인가가 "주어져야"("자료"가 있어야) 한다는 것이다. 이러한 견해에다가 그는 "실존"과 "본질"을 구별하는 사상을 연결시켰다.(1763년) 즉 결합하고 비교하는 사고작용은 자기 자신으로부터는 "실존"이 닻을 내려야 할 자료를 공급할 수 없다는 것이다. 그러나 이렇게 해서 한낱 논리적인 사고와 실재적인, 사태 자체에 근거를 둔 사고의 대조가 준비된다. 주관이 해방되어, 이미 닦여진 "본질"의 보도[步道]를 따라 걷는 대신에, 스스로 경험하고, 주어진 것을 스스로 사고 속에서 결합시킨다는 주장을 내놓는 순간부터, 신의 지성에 의해 미리 주어진 것으로 납득되었던 실재성의 표준척도는 더 이상 통하지 않는다. 이제는 동일성과 모순이 사실적 진리나 비진리를 확정하는 데 더 이상 결정적인 역할을 하지 못한다. 오히려 언표의 사실성[실질성] 자체를 위한 표준척도는 비로소 자기 자신의 주관적 작업수행 안에 있다. 즉 나 자신이 자료를 만나고, 그 감각된 내지는 지각된 것을 결합과 분리의 작업을 통해 나의 지성의 언어로 보내야만 하는 것이다. 이 전개 과정에서 경험의 원리는 그의 충만한 무게를 얻는다. 그것은 순수 사고의 의미를 제한한다. 즉 참과 거짓의 판별을 위한 표준척도는 주관이 주어진 자료를 가지고 수행하는 경험 작업의 관할로 넘겨지므로, 선험적인 원리는 일단 뒤로 물러선다. 지성은 일단은 주어진 사물들의 토대를 필요로 하는, 그래서 그것이 주어진 "다음에"야 비로소 그것을 결합하고 비교할 수 있는 주무기관으로 여겨진다.

이것이 칸트가 잠을 깨우는 **흄**의 소리에 귀를 기울이고, 그의 인 89

과이론의 뜻을 이해할 수 있었던 사상적 상황이다. 그래서 이제 칸트는, 어떻게 "어떤 것이 하나의 원인일 수 있고, 하나의 힘을 가질 수 있는지"는 이성을 통해 결코 통찰될 수 없는 것으로 본다. "이런 관계는 오로지 경험을 통해서만 취해져야 하는 것"이라 한다. 우리의 이성규칙은 동일률과 모순율에 따른 비교에 상관할 뿐이다. 순수지성에 의해 동일성의 형식으로 만들어진 연결 끈은 원인과 결과를 서로 결합시키는 데는 결코 충분하지가 못하다. 왜냐하면 이 양자는 비동일적인 것으로, 서로 전혀 다른 것으로 정립되고, 그래서 양자를 인과성의 형식으로 결합하기 위해서는 전적으로 다른 연결 끈이 필요하기 때문이다. 원인으로서의 사물의 기본개념들인 "힘"이나 "작용"의 표상은, 만약 그것이 경험에서 취해진 것이 아니라면, 전적으로 자의적인 것이어서, 증명될 수도 반박될 수도 없는 것이라고 칸트는 말한다.[117)]

실재성 기준이 경험의 원리에 위임이 되면, 그다음에는 경험이 사태의 가능성 또는 불가능성에 대한 판정을 할 수 있는 것도 명약관화한 일이다. 그러나 칸트의 길은 더 뻗어나간다. 그에게는 경험에 기초할 수 없는 형이상학적 판단들의 특종의 "표준척도"에 대한 물음이 점점 절박해진다. 그의 사고는 사물들의 가능성을 경험의 기초에 독점적으로 맡겨둘 수만은 없다는 입장에 이르게 된 것이다. 이에서 칸트는 오히려 경험의 가능성 자체가 어디서 성립하는가 하는 물음에 대한 답을 추궁한다.

---

117) TG: 전집, II, 370.

6. 경험

90

칸트는 초기에, 특히 1763년 이래의 결정적인 수년간에 '경험'이라는 말을 근대의 물리학자들이 의거한, 그리고 그것을 근거로 해서 그들의 성과에 이르렀던 바로 그 원리로 이해했다. 이미 언급한 바대로, 이 시기의 칸트에서는 경험이, 그의 물리학 쪽 보증인들에서도 그렇듯이, 우리의 언표들의 실재성을 위한 척도 역할을 한다. 형이상학의 유일하게 가능한 방법에 대한 칸트의 설명들은 뉴턴의 수행 방식에 정향되어 있는 흔적이 역력하다. 사람들은 마땅히 "확실한 내적 경험, 다시 말해 직접적으로 명료한 의식"을 통해 한 개념의 징표들을 찾아 모으고, 그런 다음 그것들을 사태의 하나의 형상으로 연결시켜야 한다는 것이다.[118] 여기서 칸트는 단지 수학적 방법에 대항하여 전선을 펴기만 하는 것이 아니라, 또한 동시에 "본질" 인식을 포기하고, 그 대신에 "징표들"을 찾아내 한 사태의 전 개념을 얻기 위해 그것들을 결합시키려 생각하는 물리학자들의 진영에 가담한다.

이를 이끌어가는 사고 유형은 다음과 같다: 제일 먼저 감각, 즉 지각을 통해 무엇인가가 "주어진다." 이로써 앞으로의 인식을 위한 "토대"[119]가 놓인다. 이 주어진 것의 토대 위에서 지성은 이 건축자재들을 연관 지어 결합함으로써, 건축을 계속해간다. 이러한 방식으로

118) 전집, II, 286. 「자연신학과 도덕학의 원칙들의 분명성에 관한 연구」[UD](1764), 수록: 전집, II, 273~301. 수학의 모방에 대해서는 283면 참조.

119) 칸트의 용어 '토대(Fundament)'는 로크의 어휘 'groundwork'에 상응한다. Locke, *An Essay concerning Human Understanding*(London 1690) Bk II, ch. I, §24 참조.

하나의 보편적으로 결합되는 명제들의 체계가 생긴다. 칸트는 “감각의 법칙”에 대해 말하는데, 이것은 감각재료를 가지고 이론을 세
91 우는 데에 표준이 되는 것이다. 감각들이 하나의 보편적인, 전달 가능한 법칙 아래서 포착됨으로써, 그것들의 처음의 사적[私的] 성격을 극복하고 이성의 보편적 언어를 말할 가능성이 열린다. 칸트의 생각에 따르면, “그러나 만약에 모종의 그럴듯한 경험들이 대개의 사람들 사이에서 일치하는 감각의 법칙에 포섭되지 않고, (실제로 항간에 떠도는 유령들 이야기들이 그렇듯이) 하나의 무규칙성만이 감관의 목격들을 내세워 제시된다면, 그런 것들은 폐기하는 것이 낫다. 왜냐하면 자료적인 인식에서 일치와 동형성[同形性]의 결여는 모든 증명 능력을 앗아가고, 그 인식을 그에 대해 지성이 판단할 수 있는, 어떤 경험 법칙을 위한 토대로 이용하는 데 부적격으로 만들기 때문이다.”[120]

경험이란 합법칙적 연관[맥락]이다. 경험은 공통성, 보편성을 바탕으로 하여 생기며, 사적 의견이나 직접적인 감각 수준의 것들은 뒷전에 남겨놓는다. 이런 파악의 범위 내에서 법칙적 연관이라는 성격을 가지면서도 경험에 대한 개념은 더 발전해간다. “1765/1766 겨울학기 강의 개설 공고”[121]문에서 칸트는, 인간 인식의 자연스러운 진보는 지성이 경험을 통하여 “직관하는 판단”에 그리고 이것을 넘어서 개념들에 이름으로써 자기 자신을 형성해가고, “그다음에” 이 개념들이 학문의 체계적인 전체로 결합되는 것이라고 설명한다. 그래

120) TG: 전집, II, 372.
121) NEV: 전집, II, 303~313.

서 칸트 자신은 학생들을 가르치는 데 있어서 이런 순서에 따른 과
정을 밟을 것이라고 천명한다. 이렇게 하면 설령 수강생이 종강 때
에 고차적인 강목[綱目]의 영역에서는 아무것도 얻는 바가 없다 하더 92
라도, 최소한 경험의 토대로부터 무엇인가를 얻어갈 것이라 한다.
이로써 그는 비록 학교를 위해서는 아니지만, 생활을 위해서는 더
숙련되고 더 현명해질 것이다.[122] 만약 사람들이 이 방법을 거꾸로
써서, 아래에서부터, 말하자면 토대에서부터 시작하지 않고, 위에
서부터 시작한다면, 학생은 그의 지성이 형성되기도 전에 어떤 종류
의 이성을 덥석 입에 물게 된다. 그리하여 학생은 "빌려온 학문, 즉
자기에게서 성장하지 않은, 이를테면 그에게 발라 붙여진 것일 뿐
인 학문을 짊어지게" 될 것이라고 칸트는 말한다. 그렇게 되면 학생
의 마음 능력은 여느 경우나 마찬가지로 열매를 맺을 수 없고, 더욱
이 지혜의 망상에 의해 타락하게 될 것이라는 것이다. 칸트는 바로
이것이, 사람들이 거의 실천적 지성을 갖추지 못한 대학 졸업자를
드물지 않게 마주치고, "대학이 공동체의 다른 신분보다도 더 하찮
은 머리[인사]들을 세상에 내보내는"[123] 원인이라고 본다. 그래서 그
는 스스로 다음의 규칙을 원칙으로 삼았다고 한다. 즉 그는 첫째로,
자기 수강생들의 지성을 "경험 판단들"을 통해 훈련시키고, 지성에
의해서 가공된, 결합되고 비교된 자기 감관의 감각들이 가르쳐줄 수
있는 것에 주목하게 하는 데에 주안점을 둔다. 학생은 이 토대에서
더 고차적이고 멀리 떨어져 있는 개념들로 대담한 비약을 기도해서

122) NEV: 전집, II, 305 이하.
123) NEV: 전집, II, 306.

는 안 되고, "그를 한 발짝씩 앞으로 이끌어가는 자연스럽게 닦여진 좀 더 낮은 개념들의 보도[步道]를 통해 거기에 이르러야 한다."고 말한다. 그는 이 길을 스스로 걸어야지 이미 완성된 성과를 넘겨받아서는 안 된다. 그는 사상이 아니라 사고함을 배워야 한다는 것이다.

세상의 사물들을 접해보고, 성공과 착오를 겪으면서 이제야 성공에 이르고 사태에 적합한 태도를 터득한, 그래서 이 사태를 올바르게 다루는 자가 도달하는 "경험 있는" 위치를 칸트는 "경험 있음[노
93 련함/능숙함]"이라고 표현한다. 예컨대 많은 여행을 한 사람은 이 세계가 어떻게 생겼는지를 알고, 이 세계에서 올바르게 처신할 줄도 안다. 그는 "경험 있음"의 위치에 있는 것이다.[124] 칸트에 의하면 철학 교육에서도 중요한 것은, 젊은이를 스스로 걷는 경험의 길로 이끄는 일이다. 공부하는 젊은이들의 성장 과정에서 무엇보다도 위험한 것은, 그들이 "**경험 있음**의 위치에 들어설 수 있는 충분한 역사적[자료를 바탕으로 한] 지식도 없이, 일찍부터 **궤변적 논리 구사**를 배우는"[125] 일이라고 칸트는 말한다.

---

124) F. Kaulbach, "Weltorientierung, Welterkenntnis und pragmatische Vernunft bei Kant", in: *Kritik und Metaphysik. Studien*, Heinz Heimsoeth zum 80. Geburtstag (Berlin 1966), S. 66 참조. 여기서 '경험 있음'이라는 말과 관련하여 파라켈수스(Paracelsus)에게도 시선을 보낸다. 그의 견해에 따르면, 의사는 환자를 진료하고 다루는 역사[도정] 중에서, 그 나름으로 더 올바르고 성공적인 조치를 취할 수 있고 필요한 지식을 얻을 수 있는 '경험 있음'의 위치에 이른다. 파라켈수스는 "경험, 지식, 기술"의 삼위일체에 대해 말한다. 의사의 사례와 관련해서는 또한 아리스토텔레스에서의 경험 개념 논의(*Metaphysica*, 981a 8ff.) 참조.

125) NEV: 전집, II, 312.

7. 부정과 실재적 대립[반대]

부정량[否定量]에 관한 1763년의 논문에서 칸트는 그가 이미 『유일 가능한 신의 현존 증명근거』에서 해설했던 실재적 반발[대립]의 사상을 계속해서 피력한다.[126] 이 논문에서 의미 깊고 새로운 것은 칸트가 물리학 분야의 지식뿐만 아니라 수학 분야의 지식도 주관의 현존에 대한 태도[관계]에서 얻은 그의 실재성 개념을 위해 효과적으로 쓰고 있다는 점이다. 이로써 그는 수학철학에 하나의 길을 열고, 그 길은 『순수이성비판』의 다음의 입론으로 이어진다. 즉 기하학의 명
제들도 산술학의 명제들도 단지 논리적으로 동일률과 모순율에 따 94
라서만 정초될 수는 없고, 고유한 방식의 실재원리를 필요로 한다는 것이다. 다시 말해 그것들은 선험적이기는 하지만, 분석적인 것이 아니라 종합적이라는 것이다.

이 저술의 사유 과정은 사람들이 이제까지 단지 논리적 반대[對當]에만 주목해왔다고 논평하는 것으로 시작한다. 동일한 것에 대해 무엇이 동시에 긍정되고 부정될 때 생기는 논리적 연결의 귀결은 "전혀 아무것도 아니다"라는 것이다.(부정적 무(nihil negativum)[자기 모순적인 개념 대상]는 표상불가능하다.) 운동 중에 있는 한 물체는 무엇인가이다. 마찬가지로 운동 중에 있지 않은 한 물체 또한 무엇인가이다. 그러나 운동 중에 있으면서 "그와 같은 의미에서 운동 중에 있지 않은 한 물체는 전혀 아무것도 아니다."[127] 그러나 한 점에서 반

---

126) 『부정량 개념의 세계지로의 도입 시도』[NG](1763), 수록: 전집, II, 165~204.
127) NG: 전집, II, 171.

대 방향으로 향하는 두 힘을 생각해본다면, 이 두 힘은 상호 모순적이지 않고, "한 물체 안의 술어[속성]들로서 동시에 가능"하다. 이 반대 작용의 결과는 정지이다. 그리고 이 정지는 "무엇인가(表象 可能한 것)"이다. 물론 사람들은 정지를 아무것도 아닌 것이라고 표현할 수 있기는 하지만, 이 "무[無]"는 단지 상대적 의미에서 그러한 것이다. 그것은 다른 관점에서는 표상될 수 있는 어떤 것, 결여적 무(nihil privativum)이고, 표상 가능한 것이다.[128] 여기에는 부재[不在] 내지는 결여라는 의미에서의 부정이 들어 있기 때문에, 칸트는 이 무[無]를 앞으로는 제로=영[零]이라고 부르겠다고 한다. 일정한 방향으로 작용하는 한 힘은 실재[성]이다. 그것의 개념이 아무런 모순을 함유하고 있지 않아서가 아니라, 그것이 감각 중에서 주어질 수 있기 때문에 그렇다. 또한 그 반대의 힘도 실재[성]이지, 부정[성]이 아니다. 그것의 반대되는 방향은 부정이 아니라, [또 다른] 긍정을 의미한다. 그
95 래서 두 인자[因子]의 실재적 반대는 하나의 작용이 다른 하나가 추구하는 결과를 지양하는 것이라고 정의된다.

누군가가 어떤 방을 어둡다고 하고서는 동일한 관점에서 동시에 어둡지 않다고 한다면, 이것은 하나의 모순을 의미한다. '어둡다'는 술어는 논리적 긍정인데, '어둡지 않다'는 술어에 의해서는 논리적 부정이 일어나고 있다. 실재적 대립의 경우에도 동일한 사태의 두 술어가 상호 대립 관계에 놓여 있다. 그러나 이 관계는 "전혀 다른 종류의 것"[129]이다. 예컨대 어떤 사람이 일정한 노임이 지불되는

128) NG: 전집, II, 172.
129) NG: 전집, II, 172.

노동을 했다면, 이 노동은 그만한 액수의 수입을 올린 근거이다. 그런데 그가 같은 날에 그 액수만큼의 물품을 구매했다면, 이것은 그만한 지출의 근거이다. 그래서 최종 결과로서 그의 소유상태는 전과 마찬가지이다. 그의 벌이의 결과, 곧 수입이 물품 구매의 "근거"로 인하여 지양되었기 때문이다. 그럼에도 그의 벌이와 구매가 논리적 의미에서 상호 부정하는 것은 아니다. 왜냐하면 양자 각각은 적극[설정]적으로 파악될 수 있고, 적극[설정]적 술어들에 대응하기 때문이다. 이 경우에는 최종적으로도 적극적인 효과가 나온다. 즉 그는 구매한 물품을 소유하고 있는 것이다. 이런 실재적 반대의 상황에서 '그는 돈을 벌었다.'라는 언표나 '그는 물품을 샀다.'라는 언표는 마찬가지로 적극적인 방식으로 성립하며, 그 벌이와 구매 역시 그 상황을 적극[설정]적으로 규정한다. 그에 반해 두 언표가 논리적 방식으로 상호 부정한다면, 그 벌이와 구매, 그리고 이 양자의 결과도 절대적 무(부정적 무)가 될 터이다.

이 차변[借邊]과 대변[貸邊]의 예는 음수[否定數量]와 양수[肯定數量] 96
의 관계로 이입된다. 자기 자본을 +로 표시하고, 차입금을 －로 표시하면, 이내 실재적 대립에 대한 성찰로 이어진다. 플러스(적극적) 양과 마이너스(부정적) 양 사이의 관계는 실재적 대립으로 통찰된다. 한쪽 편에 있는 금액은 다른 쪽 편에 있는 같은 금액을 상쇄/지양한다. 이때 양쪽의 금액이 똑같으면, 그 결과는 영(0)이다. "그러므로 나는 채무를 마이너스(부정적) 자본이라고 부를 것이다. 그러나 이로써 나는, 이것이 단지 자본의 부정 내지는 순전히 자본이 아닌 것을 뜻하지는 않는다."[130]

칸트는 따뜻함과 차가움도 실재적 대립의 의미에서 반대라고 파악한다. 오늘날엔 누구나 이런 칸트의 입론에 동의한다. 왜냐하면 그 사이에 우리는 물리학에서 따뜻한 상태와 차가운 상태 사이에는 에너지 낙차[落差]가 있다고 배웠기 때문이다. 전기로 가동되는 냉장고가 그것을 확인시켜주는 예이다. 그러나 칸트 당대에는 "차가움이라는 것이 어떤 적극적인 원인을 필요로 하는 것인지, 아니면 단지 따뜻함이라는 원인의 부재 즉 결여 탓인지는 유명한 하나의 물음" 이었다. 칸트는 쟁점이 된 이 문제를 일반적인 형이상학적 방식으로 풀려 하지 않는다. 차가움이라는 개념은 의심할 것 없이 따뜻함이라는 개념의 부정으로 보아야 한다. 그러나 사람들은 차가운 현상 그 자체는 어떤 "적극적인 원인에 의해서 생길 수 있으며, 또 실제로 때때로 사람들이 따뜻함의 근원이라고 생각하기도 하는 바로 그것에서 발생할 수도 있음을"[131] 인정해야 한다고 칸트는 생각한다. 차가움과 따뜻함은 상대적으로 서로 관계되어 있는 상태들이다. 이 양
97 자 사이의 실재적 대립을 특히 뚜렷하게 만들기 위해서, 칸트는 이 양자의 관계를 서로 반대되는 힘들의 관계라는 말로 표현한다. 그는 물체들이 서로 간에 차갑지도 따뜻하지도 않게 유지되도록 작용하는 일정한 공간 내의 그 물체들 사이의 열 원소의 평형에 대해 이야기한다. 만약 이런 평형이 없어서 열 원소가 일방적으로 일부 물체에만 있고, 다른 물체들은 그것을 자기 안에 전혀 가지고 있지 않을 때, 한쪽은 따뜻하다고, 다른 쪽은 차갑다고 한다. 즉 이럴 때 따뜻

130) NG: 전집, II, 174.
131) NG: 전집, II, 184.

한 물체의 열 원소가 차가운 물체로 넘어가는 결과가 일어난다.[132)]

지금까지 이야기한 예들에서 나타난 실재적 반발[대립]의 주관과의 관련성은 분명하다. 첫째로, "감각"이 중요한 역할을 한다. 신체적 실존으로서 나는 감각에서 물체에 의해 촉발되고 마주친다. 둘째로, 실재적 대립 작용들은 그 방향성에 역할이 다른 공간상의 힘들의 관계들로 환원된다. 그런데 이러한 주관 관련성이 공간이 아무런 결정적 역할을 하지 않는 그런 경우들에서도 입증될 수 있을까? 그것은 "심리학" 분야의 경우인데, 칸트는 이 분야에서도 실재적 대립들을 추적해낸다. 사실 이러한 과제 설정 자체가 이미 큰 의의를 갖는다. 만약 이런 분야에서도 실재적인 "참된" 관계들을 발견하는 일이 성공한다면, 그로써 우리 주관의 "내부"에 관한 형이상학적 고구[考究]를 위한, 학문적으로 진지하게 받아들일 수 있는 길이 열리게 될 것이니 말이다. 문제가 되는 것은, 예컨대 불쾌감은 단지 쾌감의 결여인지, 만약 그러하다면, 그것은 논리적 부정에 의거해 있는 것인지, 아니면 우리 마음 안의 쾌감 상태에 대한 적극적 반대 작용에 98
의거한 것인지이다. 후자의 경우라면 불쾌감은 쾌감의 모순대당[矛盾對當]은 아니고, 그것과 실재적 의미에서 반대되는 것으로, 그러니까 부정적[마이너스적]인 쾌감이라고 표현될 수 있을 것이라고 칸트는 생각한다. 그는 "내적 경험" 내지는 "내적 감정"을 내세우고, 이로부터 불쾌감은 한갓된 논리적 부정 이상인 것이라 한다. 우리가

132) 칸트 시대 물리학에서 '열', '열 존재', '열 원료', '열 원소'와 같은 명칭은 동일한 것을 의미했다. 자연에서 일어날 수 있는 모든 현상들이 그에 대응하는 하나의 "원료"에서 기인하는 것으로 보는, 옛 물리학의 경향이 열 원료에 대해 이야기하는 데까지 이르렀던 것이다.

"제한되어 있는" 존재자인 한, 제아무리 쾌감이 충만한 상태에서라도 어느 정도는 쾌감에 결여가 있을 것이다. 또 예컨대 순수한 물처럼 아무 맛도 없는 약을 복용할 때, 우리가 비록 그 약에서는 아무런 맛도 얻지 못할지라도, 우리는 아마도 병이 나을 것이라는 기대에서 오는 쾌감을 느낄 것이다. 물론 이 경우, 아무런 맛도 식별되지 않고, 마치 혀 위에 아무것도 갖지 않은 것처럼 그런 한에서, 단지 하나의 결여가 있을 따름이다. 그것은 요컨대 쾌감의 없음이고, 또한 불쾌감이라고 표현할 수도 없는 것이다. 그러나 만약에 우리가 매우 쓴 맛이 나는 약을 복용한다면, 매우 적극적인 감각이 생기고, 그것은 단지 쾌감의 결여가 아니라, 불쾌감이라고 표현되는 "감정의 참 근거"로 감지할 수 있을 것이다.[133] 심리적인 두 동기 사이에도 하나가 다른 것의 결과를 폐기하려고 애쓰는 그런 실재적인 상충의 상황이 벌어진다. 기계학에서 안정이 원동력이나 힘의 부재 또는 정지해 있는 물체에서 서로 반대 방향으로 나아가려는 대등한 힘들의 평형으로 해석될 수 있다면, 심리적 영역에서도 마음의 안정 상태가 있으며, 그것은 심리적 운동을 야기하는 아무런 근거가 없을 때의 이
99 를테면 아무래도 좋음(無差別) 상태이다. 또는 그것은 대등한 두 근거[원인]의 실재적 대립의 결과일 것이며, 그런 경우 "**평형**(平衡)"이라고 일컬어진다. 첫째 경우에는 부정이, 둘째 경우에는 빼앗음이 관건이다.

---

133) NG: 전집, II, 180.

8. 방법의 문제

칸트는 베를린 학술원에 제출한 "방법"에 관한 현상논문[134]에서, "확고한 교육 방법의 지시규정"을 통하여 사적인 의견들을 극복하고 사고하는 인사들 사이의 공통성을 만들어냄으로써, 인식에서 "가능한 최고의 확실성"을 얻기 위한 과제를 지시하였다.[135] 여기서 칸트가 생각한 것은, 자연과학에서 뉴턴의 방법이 "제멋대로 하는 물리학의 가설들을 경험과 기하학에 의거한 확실한 수행 방식"으로 전환시켰듯이, 가설들을 생각만으로 아무렇게나 지어내는 것을 제한하는 일이다. 경험은 철학적 지식의 실재성을 위한 근거이기도 하다는 것이다. 물론 여기서는 "외적인" 물리적인 경험 대신에 "내적인" 경험이 문제되는 것이기는 하다. 특히 철학적인 방법과 수학적인 방법의 차이가 고려되어야 한다. 수학적인 방법은 정의[定義]에서 시작하는 바, 이를 통해 수학적 사고의 "사태"가 주어진다. 그러나 철학은 내적 경험에서 사태가 주어져야만 하기 때문에 정의에서 시작할 수가 없다. 여기서는 당초의 애매모호한 개념들이 철학적 분석을 통해 분해되고 분명하게 될 수 있다. 그래서 정의의 가능성은 마지막에나 비로소 주어진다. 또한 수학과 철학의 차이는 언어의 면에서도 나타난다. 수학은 보편적인 관계들을 현시하기 위해 직관적-상징적 기 100
호를 가지고서 작업한다. 수학자는 "간편하고 확실한 규칙들"에 따

134) 「자연신학과 도덕학의 원칙들의 분명성에 관한 연구」[UD](1764), 수록: 전집, II, 273~301.

135) UD, 서설: 전집, II, 275 참조.

라서 이용하고, 그에서 지식들을 얻는다. 여기서 "기호로 표시된 사태 자체는 … 전적으로 사고에서 나오는 것으로, 결국에는 이 상징들의 연결이 의미하는 바가 해독되는 것이다."[136] 이에 반해 철학적 사고는 다루고 있는 사태와 지속적으로 밀접한 관계를 유지한다. 사태 대신에 기호들을 가지고 작업하기 위해서, 철학적 사고가 사태들에서 벗어날 수는 없다. 계속되는 사유 과정에서 칸트는 형이상학을 "우리 인식의 제1 근거에 관한 철학"[137]이라고 설명한다. 형이상학의 과제는, 일상생활에서의 실용적 사고가 사물들과의 교제에서 얻은 지식들을 표현하고 있는 "증명될 수 없는 기초판단들"을, 그 안에 숨겨져 있는 "우리 인식의 제1 근거들"에 비추어 규명해내는 일이라는 것이다.

경험이 언제 어디서나 인식을 위한 표준척도로 통용될 것이라면, 사고의 또 다른 길이 현안이 된다. 그래서 계획표에 회의적 방법이 등장한다. 형이상학적 증명들 자체가 회의의 불빛 아래 세워진다. 예컨대 『시령자의 꿈』에서는 회의가 풍자적으로 표현되어 있다. 이 풍자적인 언어 그 자체에는 자신의 형이상학적 언표들을 진지하게 받아들이지 말고, 사태의 모든 생략에서 자신을 지키라는 이성의 자신에 대한 요구가 들어 있다.

여기에는 이성의, 방법적으로 취급되는 자기 자신과의 일종의 변
101 증법적 대결이 관련되어 있다. 칸트가 문제로 삼는 것은 바로 일상언어에서 "정신"이라는 말로 지칭되는 이성이다. 칸트는 언어가 이

136) UD: 전집, II, 278.
137) UD: 전집, II, 283.

낱말과 결합시키는, 내지는 결합시킨다고 믿는 의미를 "학문적으로", 뉴턴의 물리학처럼, 경험의 표준척도에 정향된 더욱 숙고된 입지점에서 검사한다. 칸트는 언어가 학문적 경험을 변호해야 할 이런 저런 경우에 과연 어떻게 반응하는지를 문제삼는다. 이것은 철학적 방법의 영역에 하나의 실험적인 수행 방식을 도입하는 것이다. 즉 이성은 자기 자신을 실험하고, 자신에 대한 많은 경험을 축적하면, "시험된" 이성이 된다.

이성이 자기 자신에게 부과한 이 시험이 1766년부터 『순수이성비판』의 구상에 이르기까지의 칸트 사유의 발전을 이끈다. 이 발전 도정에서 특별히 중요한 단계를 1770년의 교수 취임 논문[138]에서 볼 수 있다.

여기서 칸트는 한편의 감성 인식, 즉 공간 · 시간의 조망[지평] 위에 세워진 인식의 영역과 사태들 자체에 대한, 조망에서 자유로운 지성적 인식의 영역을 구별한다. "**순수 지성** 사용의 **제1원리들**을 함유하는 철학은 **형이상학**이다. 감성적 인식과 지성적 인식의 구별에 대한 학문은 저 형이상학을 위한 **예비학**이다. 나의 이 교수 취임 논문은 그러한 예비학의 시론이 된다."[139]라고 칸트는 말하고 있다.

감성적 인식과 지성적 인식은, 감성적 인식이 현상하는 바대로 사
물들을 표상하고, 지성적 인식이 있는 바대로 사물들을 표상한다는 102
점에서 구별된다. 이 두 종류의 인식은 상호 동등한 권리를 갖는 인

138) 『감성세계와 예지세계의 형식과 원리들』[MSI](1770), 수록: 전집, II, 385~419. 정교수직 취임을 계기로 공표된 이 학술논문은 당시의 규정에 따라 라틴어로 쓰였다.
139) MSI: 전집, II, 395(Sectio II, §8).

식 원천들, 즉 직관과 지성에 기인한다. 직관은 불완전한, 애매모호한 개념 작용이 아니라, 역시 자기 방식으로 분명할 수 있는, 고유한 방식의 파악 작용이다. 직관은 감성적인 것이지, 지성적인 것이 아니라는 것이다. 우리가 지성의 직관을 통해 수득해야만 할 지성적 사물들이 우리에게 "주어진다"는, 가령 플라톤이나 말브랑슈 같은 철학자들의 견해를 칸트는 "신비적"이라 지적한다. 칸트의 이런 생각에는, 우리는 아무런 생득적[선천적]인 개념도 가지고 있지 않다는 견해가 함의되어 있다. 칸트의 이 논문에 의하면, 우리는 기껏해야 생득적 법칙들을 가지고 있을 따름이며, 그것들에 따라 우리의 선험적 개념들을 형성한다.

"어떻게" 우리에게 사물들이 주어지는지의 방식의 형식들이 공간과 시간이다. 공간과 시간은 "단일한" 것이다. 모든 시간 조각과 공간 조각은 동일한 시간과 동일한 공간의 부분들로 파악할 수 있다. 공간과 시간은 연속량(連續量: quanta continua)이며, 그래서 "순수 직관(純粹直觀: intuitus purus)"이다. 이 양자는 현상들을 정돈하는 주관적 형식들인 한에서 "관념성"의 특성을 갖는다.

인식을 이렇듯 두 종류로 구별한 것에 이어, 칸트는 훗날 초월적 변증학에서 형이상학적 의식에 일어났던 기만의 발생 경위를 설명하고자 한다. 예컨대 감성적 대상들에 대한 사고를 그대로 세계 일반의 절대적 통일성에 대한 사고로 연장시키면, 그때 사람들은 허상을 사취하는 잘못을 범하게 된다는 것이다. 즉 사람들은 감성적 인식과 지성적 인식을 뒤섞고, 지성적 인식에게 감각적 상들을 씌워준다는 것이다. 형이상학자들에 의해 주제넘게 설파된 언설들은 "허위적인, 사취된 공리들"에 대한 것이다. 여기서 진짜와 가짜를 구별할

수 있는 검사의 기술이 필요하다. 그래서 이로부터 나오는 표어는, 103
공간 · 시간의 조망[지평]을 전제로 발언된 명제는, 그것이 어떤 지성적 대상에 적용된다면, 객관적으로 이해되어서는 안 된다는 것이다. 이 표어를 소홀히 하면, 누가 그 주장을 인정하느냐 않느냐가 순전히 그것이 누구의 마음에 드느냐 안 드느냐의 문제가 되어버릴 천진한 주장들이 생겨난다.[140)] 이제 화제는 형이상학적 사고로 하여금 이성의 한계를 부당하게 넘어가도록 오도하는 이성의 "관심들"이다. 대상들의 경제[합리적 배치], 통일성, 항상성이 이성 관심의 주제들이다. 이성의 관심에 의해 지향된 통일표상들의 단 하나의 합당한 기능은 객관적 언표의 기능이 아니다. 즉 그 통일표상들은 단지 규제적인 것으로만 타당할 수 있다. 그러므로 그런 것은 예컨대, 긴요 불급하지 않는 한 원리들을 늘려서는 안 된다는 명제나 마찬가지 것이다. 그러니까 그런 것은 주관적인 표어일 뿐, 자연의 본질에 대한 어떤 통찰이 표현되어 있는 객관적 원리는 아니다.

계속되는 사유 경과에서 칸트는 그의 1770년의 논문이 이성의 영토를 가로질러 파 놓은 도랑에 다리를 놓는 작업을 하지 않을 수 없게 된다. 그것은 감성적 인식과 지성적 인식 사이의 경계를 뛰어넘는 이성의 통일이 산출될 수 있도록 하기 위한 것이다. 요컨대 칸트가 주력한 것은, 경험을 정초하는 순수 이성의 운동과 작용을 인식하고, 동시에 비판적인 확인을 거쳐 형이상학적 사고로 넘어갈 수 있는 길을 모색하는 일이다.

140) MSI: 전집, II, 412 이하(Sectio V, §25) 참조.

1772년 2월 21일 자 마르쿠스 헤르츠에게 보낸 편지[141)]에서 칸트
는, 교수 취임 논문을 포함해서 자기의 이제까지의 저술들의 사유
104 과정에는 여전히 본질적인 무엇이 결여되어 있고, 그것을 그의 "오
랜 형이상학적 탐구에서" 주의하지 못했다[142)]고 자평하고 있다. 칸
트는, "우리 안의 표상"의 대상과의 관계맺음이 어떤 근거에 의거하
는가 하는 물음의 답을 구하는 중에, 그때까지 "그 자신에게도 숨겨
져 있던 형이상학"의 전 비밀을 풀 열쇠를 보았다고 말한다. 이 물음
에 대해서는 전통적으로 대립하는 두 답이 있어왔다. 하나는 경험주
의적인 것이고, 다른 하나는 (예컨대 플라톤처럼) 생득관념이나 지성
적 직관을 가지고 작업한다. 그러나 칸트는 이 두 답 가운데 어느 하
나도 참된 인식 상황을 제대로 보여주고 있지 못하다고 생각한다.
경험론자에 대해서는, 대상은 "지성표상들의 원인"일 수 없고, 기껏
해야 우리 안에서 만들어진 감각적 상들의 원인일 수 있을 것이라는
반론을 제기하지 않을 수 없을 것이다.[143)] 지성표상들은 지성 자신
의 모태에서 생겨난 것이 틀림없고, "감관의 감각들로부터 추상"된
것일 수가 없다. 그 반면 칸트는 신이성론적 생각에 대해서는, "우리
인식들의 근원과 타당성을 규정"하는 데서 "돌연의 신"은 사람들이
택할 수 있는 가장 이치에 맞지 않는 것이라고 말한다. 그런 생각은
그 자체가 기만적인 순환논법에 빠져 있을 뿐만 아니라, 또한 "온갖
기묘한 발상이나 꾸며낸 망상적인 환영을 불러일으킨다."는 점에서

---

141) 전집, X, 129 이하.
142) 전집, X, 130.
143) 전집, X, 130 이하.

비난받지 않을 수 없다는 것이다.

칸트가 헤르츠에게 보낸 이 편지에서 내린 결론은 하나의 과제 설정으로 이어진다. 즉 문제의 요체는, 어떻게 나의 지성이 "전적으로 선험적으로 스스로 사물들의 개념들을 형성"할 수 있는가, 그러니까 어떻게 선험적인 표상들이 사태들과 관계 맺을 수 있는가 하는 물음에 대한 답이라는 것이다. 이 문제의식은 바로 순수 이성 비판을 가리키고 있다. 그리고 그것은 1781년 5월 1일에 칸트가 헤르츠에게 "『순수이성비판』이라는 제목의 내 책이 이번 부활절 도서전시회에 105
나옵니다."[144]라고 알릴 때까지 지속된다.

동시대인들은 처음에 이 저작을 거의 이해하지 못하거나 이해하는 데 엄청난 어려움을 겪었다. 매우 엄청난 오해와 싸우면서 칸트는 그 뒤 6년을 경과하여 한결 더 명료하게 자신이 생각하는 바를 서술해냈고, 그래서 1787년에 제2판[145]을 출간할 수 있었는데, 이에 칸트는 그의 저작의 핵심 부분들을 수정 개작해서 내놓았다.[146]

---

144) 전집, X, 266. *Kritik der reinen Vernumft*[KrV], 제1판(1781), 수록: 전집, IV, 1~252.

145) KrV, 제2판(1787), 수록: 전집, III, 1~552.

146) 칸트의 연구 문헌에서는 『순수이성비판』[KrV]의 경우 보통 제1판을 'A'로, 제2판을 'B'로 표시하고, 그 각각의 면수를 제시한 후 인용하는 것이 관례로 되어 있다. 이하의 서술에서는 이것과 아울러, 상응하는 학술원판의 면수도 병기할 것이다.

Ⅱ
이론이성과 실천이성 영역에서의 비판적 초월철학의 정초

A. 순수이성비판: 이론 철학

1. 머리말-초월철학의 문제의식으로의 진입

A판을 위해 쓴 머리말은 B판에서 새로운 머리말로 대치되는데,
여기에서 칸트는 좀 더 상세히 그리고 더욱 성숙한 위치에서 자기의
입장을 개진한다. 칸트는 두 머리말에서 공통적으로 형이상학의 위
치 상황을 신랄하게 묘사한다. 그는 이 저작의 마지막 장에 붙인 제
목이기도 한 "이성의 역사"의 의미에서, 이제까지의 형이상학적 사 106
고가 이룩한 경험들, 그리고 이것들에 관한 그 자신의 견해, 또 이로
부터 그가 끌어내려고 생각하는 결론들을 기술한다. 그래서 거기에
는 칸트가 바라보고 있는 학문적 이성 일반의 현황이 드러나 있다.
그는 예컨대 수학, 물리학, 논리학과 같은 여러 인식영역들이 이성
역사의 진행과 더불어 학문성의 위치에 올라섰지만, 형이상학은 아
직 거기에 훨씬 미치지 못하고 있다고 확인한다.

칸트는 어떤 학문이 학문성을 가지고 있다는 징후로 다음과 같은

것을 꼽는다. 어떤 학문이 진정한 의미에서 학문이라면, 첫째로 그 분야에서 일하는 연구가들("함께 일하는 사람들"/"동료들")이 다툼의 상태에서 출발해서 합치의 상태에 이를 수 있는 방식으로 공동 작업이 가능하다. 둘째로 그렇게 함으로써, 그 학문 분야의 역사적인 전개에서 연속성이 유지되어야 하고, 그래서 후배는 선배가 이루어놓은 토대 위에서 계속 작업을 할 수 있다.[147] 칸트는 두 머리말에서 정치적 비유를 사용한다. 학문에서도 이 명칭을 쓸 만하려면, 국가의 계획적인 확장에서 새로운 구역들이 연속적인 역사적 작업에 의해 구[舊] 중심 강역에 편입되는 것과 같은 일이 일어나야 한다는 것이다. 수학과 물리학에서의 사태 진행이 그렇다는 것이다. 그러나 형이
107 상학은 — 어쨌거나 지금까지의 역사에서는 — 다른 모습을 보여주고 있고, 그렇기 때문에 그것은 아직도 학문이라는 명칭을 쓸 만하지 못하다 한다. 이제까지 형이상학자들은 계획을 세우고 미래를 대비하는 한 국가의 건립자들로 나선 것이 아니라, 유목민들처럼 무작정 이리저리 이주해, 법적으로 통치되는 공동체 안에서 토지를 계획적으로 경작해서 장래의 수확을 확고히 하는 대신에, 대지가 그들에게 우연히 제공하는 곳에서 먹을 것을 구하는 식으로 처신했다는 것

---

147) 칸트가 예컨대 자연과학적 이론의 연속적인 신장을 그런 이론들의 학문성의 징후로 보고, 이를 사고방식의 혁명의 시점에서부터 기산[起算]한 것이라면, 학문의 역사는 또한 본질적으로 혁명적인 성격을 갖는다는 것도 덧붙여 말하지 않을 수 없다. 어떤 조망을 가진 학문적 사고가 다른 조망을 갖는 사고로, 한 이론 구조에서 다른 이론 구조로 비약적으로 넘어가는 여러 가지 위기가 등장하면서 학문은 신장되기 때문이다. 카울바흐는 그의 책, *Philosophie der Beschreibung*(Köln · Graz 1968)에서 학문의 역사는 실제적인 본질 사고와 구조적인 법칙 사고 사이의 변증법을 통해 언제나 다시금 혁명적 상황으로 이끌린다는 주장을 편다. (또 Thomas S. Kuhn, *Die Struktur wissenschaftlicher Revolutionen* (Frankfurt 1967) 참조)

이다. 또 머리말에는 쟁투의 비유가 나온다. 형이상학은 "끝없는 싸움거리의 전장"[148]으로 보인다는 것이다. 제2판에서(BXV)는 형이상학의 지금까지의 상태가, 사람들이 그들의 힘을 단지 거울을 마주한 가상의 싸움을 통해서 숙련한 격으로, "아직 어느 전사[戰士]도 최소한의 땅이나마 싸워서 빼앗아 갖지 못한" 전장에 비유되고 있다. 형이상학의 종래의 형태는 한낱 "더듬거리며 헤매고 다니는 것"이었으며, 그것도 아주 나쁜 것이, 오로지 개념들 사이에서 그리하고 있다는 것이다. 그러므로 학문의 위상을 위해 형이상학이 이제까지 결여하고 있는 것은 확실성, 계획성, 함께 일하는 사람들 사이의 합치 등이다. 이런 것 대신에 철학자들은 고집만 부리고, 다툼의 상태에 머물러 있다. 그들은 이제까지 자신들을 우연에 맡긴 채, 성공적으로 지켜낸 토지에서 지속적인 경작을 하는 데에는 능력이 없음을 보여주었다.

그런데 칸트는, 형이상학의 이런 상황이 형이상학의 역사에 등장
한 개개 사상가의 무능이나 악의 탓이라기보다는, "이성의 본성" 자
체에서 기인하는 것이라고 강조한다. 제1판의 머리말 첫 문장은 인
간의 이성이 형이상학적 사고의 영역에서 특수한 운명을 가지고 있
음을 설명한다. 즉 인간의 이성은 "이성의 자연본성 자체로부터 부 108
과된 것이기 때문에 물리칠 수도 없고 그의 전 능력을 벗어나는 것
이어서 대답할 수도 없는 문제들로 인해 괴롭힘을 당하고 있다."[149]
는 것이다. 그러니까 이성은 자기 잘못 없이도 이러한 곤혹스러움

148) KrV, AVIII: 전집, IV, 7.
149) KrV, AVII: 전집, IV, 7.

에 빠진다. 처음에 이성은 경험으로부터 경험에서 입증되는 몇몇 원칙들을 채택하도록 강요당한다. 이렇게 해서 얻은 개념적인 도구를 가지고서 이성은 점차로 멀리 떨어져 있는 최초의 조건에까지 소급해 올라간다. 그러나 그때 이성은 결코 종점에는 이르지 못하고, 이제는 모든 가능한 경험 사용을 넘어서는, 그러면서도 진리의 가상을 띠는 명제들을 주장하는 일이 불가피하다고 본다. 이런 식으로 이성은 모호함과 모순으로 추락한다는 것이다.

이성의 필연적인 진행 과정은 형이상학적 사고의 역사에서 처음에는 교조주의자들의 "전제적" 지배가 있으면, 그다음에는 회의론자들의 "무정부적" 지배가 뒤따름을 보여준다. "이제 (사람들이 그렇게 믿듯이) 시도된 모든 방도들이 허사가 된 후에는, 혼란과 밤의 어머니인 싫증과 전적인 **무차별주의**가 학문들을 지배하게 된다. 그럼에도 그것은 동시에, … 장차 학문들을 개조하고 계몽하는 근원이요, 적어도 서곡인 것이다."[150] 이 계몽을 순수 이성 비판이 수행해내야 할 것이며, 이를 통해 이성은 자기 자신에 **관해**, 그것의 가능성과 한계를 명료하게 한다.

'순수 이성 비판'이라는 제목은 이성이 서로 다른 두 역할을 담당함을 지시한다. 이성은 한편으로는 비판을 행하는 주무기관이자, 다른 한편으로는 동시에 비판을 당하는 대상이기도 한 것이다. 이성은 자신의 앞에서 자신의 정당성을 해명한다. 여기에서 칸트의 역사의
109 식적인 사상이 드러난다. 그는 바야흐로 이성이 순수 이성으로서 자신을 검사할 기관을 만들어, 자기 자신의, 이제까지 역사적으로 형

---

150) KrV, AX: 전집, IV, 8.

성된 형식들을 자신의 심판석에 소환해야 할 시대가 도래했다고 보는 것이다. 이성은 비판을 행하고, 자기 자신의 일처리에서 무엇이 올발랐고 무엇이 그릇되었는지를 검사한다. 그 자리에서 무엇보다도 문젯거리는, 순수한 인간 이성의 상황을 대표적으로 반영하고 있는 형이상학이다. 칸트는, 이제 자기의 "시대"에, 순수 이성의 위임을 받아 재판 절차를 개시하기 위해서는, 이제까지 이성의 역사에 등장했던 학설들을 앞에 세워야 함을 안다. 그래서 이성은 한편으로는 역사적으로 생성된 형식으로서, 동시에 다른 한편으로는 검사하는 진리기관으로 등장한다. 칸트는 이렇게 말한다: "우리 시대는 진정한 비판의 시대요, 모든 것은 비판에 부쳐져야 한다. **종교**는 그 **신성성**에 의거해서, **법칙수립**[입법]은 그 **위엄**을 들어 보통 비판을 면하고자 한다. 그러나 그럴 때 종교와 법칙수립은 당연히 자신들에 대한 혐의를 불러일으키는 한편, 꾸밈없는 존경을 요구할 수는 없을 것이다. 이성은 오직, 그의 자유롭고 공명한 검토를 견뎌낼 수 있는 것에 대해서만 꾸밈없는 존경을 승인한다."[151] 또한 칸트는 자기 시대의 "성숙한 **판단력**"에 대해서도 이야기하는바, 성숙한 판단력은 자신을 그렇게 오래도록 사이비 지식에 맡겨놓지 않으며, 이성에 다음과 같은 일을 촉구한다. 즉 "이성이 하는 업무들 중에서도 가장 어려운 것인 자기 인식의 일에 새로이 착수하고, 하나의 법정을 설치하여, 정당한 주장을 펴는 이성은 보호하고, 반면에 근거 없는 모든 월권에 대해서는 강권적 명령에 의해서가 아니라 이성의 영구불변적인 법칙에 의거해 거절할 수 있을 것을 요구한다. 이 법정이 다름

151) KrV, AXI: 전집, IV, 9(주).

아닌 **순수 이성 비판** 바로 그것이다."[152]

110 2. 코페르니쿠스적 실행

순수 이성 비판은 "그" 이성 자신이 자기를 역사적인 생성과정이자 동시에 생성된 결실들의 총괄로 파악함을 전제한다. 그러나 이성은 자신을 검사하고 정당성을 부여할 수 있는 입지점을 얻기 위해서 이제까지의 모든 결실을 뛰어넘어 간다. 의식의 이런 반성적 행보를 위한 위대한 실례를 코페르니쿠스가 제공했다. 그는 이 세계를 자신의 몸이 딛고 서 있는 장소로부터가 아니라 태양을 중심에 두고 기술함으로써, 그 자신을 말하자면 깊숙이 들여다 볼 수 있는 입지점을 얻기 위해 우리 지상적 존재자에게 어울리는 시야[視野]와 조망을 뛰어넘었던 것이다. 이런 반성적 행보는 자유에 의한 활동이었다. 동시에 이 자유는 의식이 지금 자기에게 나타나 있는 천문학적인 상을 자기 자신이 자유롭게 세운 가설의 결과라고 파악하는, 바로 그러한 위치이기도 했다.

칸트가 근대 자연과학의 의식의 역사에서 실제로 일어난 바를 기술하고 있는 B판 머리말의 한 대목은 이를 반영하고 있다. 즉 칸트는 코페르니쿠스적 실행에 의해 얻어진 근대적 의식의 위치를 장래의 학문적 사고의 기본구조의 표준이라고 천명함으로써, 그 자신이 철학에서의 코페르니쿠스적 전환을 수행한다. 이런 의식은 자기의

---

152) KrV, AXI 이하: 전집, IV, 9.

본래의 자연스러운 위치를 넘어간 것이고, 자기 안에서 위치를 보
며, 그 한계와 가능성을 인식한다. 그러나 이 넘어감/이행[移行]에 의
해 의식은 동시에 세계 기술을 위한 좌표점으로 세계 내의 이 점이
나 저 점을 선택할 수 있는 자기 자신의 자유 또한 경험했다. 코페
르니쿠스는 태양이 위치한 점을 선택했고, 그로써 여러 가지 계산이
단순해지고, 이 계산의 단순성이 그의 선택이 옳다는 것을 입증해준
다는 것을 경험했다. 형이상학자 칸트도 이에 유비하여 그 실험의 111
자유를 자신을 위해 요구한다. 이 경우 그는 단지, 이성으로 하여금
일차적으로 자기가 세계의 대상들을 마주해서 자신의 위치를 정하
는 하나의 가설을 생각해보게 함으로써, 자기 자신을 시험하도록 한
다. 만약 어떤 가정을 받아들임으로써 이제까지의 전제들 아래서는
불가피하게 마주치는 이성의 자기 자신과의 상충이 제거된다면, 이
성의 이 실험은 이 가정이 가[可]하다고 결정한 것이고, 그것은 이론
으로 통용될 수 있다. 이 가설은 코페르니쿠스적 자유의 바탕 위에
서 생겨난 것이며, 동시에 자유를 내용으로 갖는다. 즉 이 가설은 이
제까지 지성이 대상의 확고부동한 "본질"을 획득하기 위해 애쓰도록
강요받은 것과는 반대로, 우리가 이제부터는 지성을 "부동[不動]적"
인 것으로, 그리고 동시에 세계 조망을 위한 척도로 보고, 그 반면에
대상들은 지성을 중심에 두고 운동하는 것으로 받아들일 것을 제안
한다. 이제까지의 전제들에서 불가피하게 나온 순수 이성의 오류추
리들과 이율배반들의 훗날의 해결은 이 실험의 긍정적인 결말을 입
증해줄 것이다.[153] 칸트의 입론과 거기에서 수행된 대상에 대한 주

153) 아래의 원서 140면 이하와 143면 이하 참조.

관의 참된 지위의 코페르니쿠스적 전환은, 이성이 이제부터는 자신을 올바르게 이해하고, 자기 자신의 이념[표상]들을 그릇되게 해석하지 않으며, 그것들을 가지고서 옳은 일에 착수할 줄 안다는 것의 표현이자 이를 위한 전제로서 타당하다는 것을 이제 드러낼 것이다.

또한 칸트는 점차로 천문학적 관계들에 대한 시선으로 "사고방식의 혁명"에 대해서도 언급한다. 이는 자연 연구가들에서는 이미 이루어진 것으로, 이제 철학 분야에서도 의식하지 않으면 안 되는 것
112 이다. 이것이 이성을 재판관에 비유한, 자주 인용되는 문장에서 표현되고 있다. 사람들이 자연과학이 "**경험적** 원리들"에 기초해서 연구되기 시작한 이래의 자연과학의 역사를 일별해보면, 그러한 "학문의 대로"를 발견하게 된 것은 기껏 "한 세기 반"[154] 전의 일이라는 사실이 드러날 것이다. 경험적 자연과학의 학문성의 출생 시간은 그에 앞서 있던 "사고방식의 혁명"과 결부되어 있다. 이 역사적인 혁명을 칸트는 다음과 같이 소묘한다: "**갈릴레이**가 그 자신이 선택한 무게를 가진 그의 공들을 경사면에 굴렸을 때, 또는 **토리첼리**가 공기로 하여금 그가 미리 그에게 알려져 있는 물기둥의 무게와 똑같다고 생각한 무게를 지탱하도록 했을 때, 또는 훨씬 뒤에 **슈탈**이 금속에서 무엇인가를 뺐다가 다시 넣었다 하면서 금속을 회[灰]로, 이것을 다시금 금속으로 변화하게 했을 때, 모든 자연 연구가들에게 한 줄기 광명이 나타났다. 그들이 파악한 것은 이성은 단지 그 자신이 그 자신의 기획에 따라서 산출한 것만을 통찰한다는 것, 곧 이성은 그의 판단의 원리들을 가지고 항구적인 법칙에 따라 앞서 나가면서 자

154) KrV, BXII: 전집, III, 10.

연으로 하여금 그의 물음들에 답하도록 시킴에 틀림이 없지만, 이를테면 아기가 걸음마 줄을 따라서 걷듯 오로지 자연이 시키는 대로만 걷는 것은 아니라는 것이다. … 이성은 한 손에는 그에 따라서만 일치하는 현상들이 법칙들에 타당할 수 있는 그 자신의 원리들을 가지고, 다른 손에는 저 원리들에 따라서 고안된 실험을 가지고서 자연으로 나갈 수밖에 없다. 그것도 이성은, 교사가 원하는 것을 모두 진술하게 되는 학생의 자격으로서가 아니라, 증인으로 하여금 그가 제기하는 물음들에 답하도록 강요하는 임명된 재판관의 자격으로 자연에서 배우기 위해서 그렇게 한다."[155] 자연과학은 수세기 동안 한낱 이리저리 더듬으며 헤매고 다니고 있었음에도, 자신이 먼저 질문 113
설정을 위한 계획[구도]을 내놓고 자연을 통해 그 답을 얻어야 한다는 혁명적 착상을 함으로써 "학문의 안전한 길에 들어섰다."[156]는 것이다.

순수 이성 비판은 학문으로서의 형이상학을 건립하기 위해서는 선행하지 않으면 안 되는 것이다. 그것은 "방법에 대한 논구로서, 하나의 학문 체계 자체는 아니다."[157] 그렇다고는 하지만 그것은 단지 길만을 표시하고 있는 것이 아니라, 동시에 그 길이 뻗어 있는 지역을, 첫째로는 "전체 윤곽"을, 그다음에는 내부 구역과 외부와의 경계를 표시하고 있다. 무릇 순수 사변 이성은 스스로 법칙을 세우고, 사실적 언표들이 가능한 것으로 입증될 수 있는 영역을 구획하는 것을

155) KrV, BXII/XIII: 전집, III, 10.
156) KrV, BXIV: 전집, III, 10.
157) KrV, BXXII: 전집, III, 15.

자신의 특성으로 가지니 말이다. 순수 사변 이성이 과제로 삼는 바는, "그가 사고를 위해 객관들을 어떻게 선택하는가 하는 여러 방식에 따라" 자기 자신의 능력을 측정하고, "과제들을 제출하는 갖가지 방식을 완벽하게 열거하여 하나의 형이상학의 체계를 위한 전 윤곽"을 그려낼 수 있고 그려내야만 하는 것이다. 이에 더하여, 선험적으로 인식하는 주관이 스스로 기획한 작업계획에서 가능한 대상들로 예상했던 사태들에 대해 어떤 태도를 취하는가 하는 반성이 관여한다. 이렇게 해서 주관은 인간의 행위 영역에서 일어나는 것이 어느 범위까지 자연의 기계성의 영역에 속하며, 이 영역에서 자유가 어떤 관점에서 표준척도가 되는지를 구별하는 것을 배운다. 만약 비판이 이러한 구별을 해내고, 이를 통해 자유와 자연 기계성의 모순 없는 공존을 생각할 수 있는 것으로 밝혀낸다면, 비판은 자기 자신에 대한 만족할 만한 상을 기획해낸 것이다. 왜냐하면 이제 자연의 인
114 간에 대한 요구가 자유 경험과의 모순 속에서 등장할 필요가 없어지기 때문이다. "비판의 이 직무가 **적극적** 효용이 없다고 말하는 것은, 경찰의 주업무는 단지, 시민 각자가 편안하고 안전하게 자기 일을 영위할 수 있도록 시민들 서로가 상대에 대하여 우려할 수밖에 없는 폭력행위에 빗장을 지르는 일이므로, 경찰은 아무런 적극적인 효용도 가지지 못한다고 말하는 것이나 똑같다."[158]

순수 이성의 활동 분야에 대한 비판적 분할에 의해 가능한 "인식"의 영역과 "사고"의 영역이 구별된다. 가능한 인식은 오직 현상의 영역과만 관계할 수 있을 뿐이다. 감성적인 직관으로 주어질 수 없

---

158) KrV, BXXV: 전집, III, 16.

는 것은 이론적으로 "인식"될 수 없지만, 아마도 최소한 "사고"될 수는 있을 것이다. 예컨대 신, 자유, 영혼의 불사성과 같은 형이상학적 대상들이 그런 경우이다. 인식 확장을 하는 일이 가능하지 않은 곳에 "실천적 의도에서"의 언표 가능성이 있다. 칸트는 "그러므로 나는 **신앙**을 위한 자리를 얻기 위해서 **지식**을 폐기해야만 했다."[159]라고 말한다. 이 비판을 통해서 인간이, 또한 ("우리에게는 가장 존경스러운") 대중들이 이성적 관심을 기울이고 있는 바가 회의주의적으로 분쇄되는 것이 아니라, 오히려 학파들의 독점권이 위세의 손실을 입는다. "학파들"은 증명하고 논박하고자 한다. 즉 그들은 "교조적으로" 수행해나가고, 그 때문에 이의가 제기될 수 없다. 그러나 그들이 "교조주의"로 치부되는 순간 그들은 비판에 부쳐지게 된다. 왜냐하면, 칸트 생각에, 교조주의는 진리에 부적합한 순수 이성의 수행 방식으로서, 그러한 수행 방식은 선행하는 이성 비판 없이 생겨난 월권적 115
인 것이기 때문이다.[160]

3. 초월철학의 이념

칸트에게 중요한 일은, 전통적인 의미에서의 그리고 통상적인 사고 양식에서의 형이상학적 물음들에 대해 새로운 대답을 제시하는 것이 아니다. 오히려 그의 중요 관심사는, 형이상학적 물음과 대답

---

159) KrV, BXXX: 전집, III, 19.

160) KrV, BXXX 이하: 전집, III, 21 이하.

을 비로소 가능하게 하는 기초가 놓일 새로운 비판적 학문을 개발하고 발전시키는 일이다. “형이상학적 주장들에 세상은 물려 있다. 사람들은 이 학문의 가능성, 이 학문에서 확실성이 도출될 수 있는 원천들, 순수 이성의 변증적 가상을 진리와 구별하는 확실한 표준들을 바란다.”[161] 칸트가 『순수이성비판』에서 발전시키는 새로운 학문을 위해서는 이성 인식의 “격리”가 요구되는데, 다시 말해 그것은 이성이 경험적인 원리들과 뒤섞이지 않고서 그것들에서 독립적으로 자기 자신으로부터 자기 자신의 가능성을 인식하는 것이 일의 요체이기 때문이다.

그것을 가능하게 하는 조건들이 제시되어야 할 형이상학은 일단 선험적 학문으로 기도된다. 이 기도에서 다른 선험적인 학문들, 예컨대 수학이나 논리학 및 순수 기계학 등을 참조하는 것은 유익한 일이다. 이 학문들은 그것들의 언표들이 보편타당하고 필연적임으로 해서 그것들의 선험적 성격을 증명한다. 보편타당성이 모든 이성
116 적 주관들로부터의 인정을 확보하는가 하면, 한 학문의 언표들의 필연성은 그것의 대상들이 어떠한 우연도 배제하는 하나의 법칙 아래에 있다는 사실에 기초해 있다. 순수 이성 비판의 물음은 결국 수학이나 논리학에서와 같은 선험적 인식이 어떻게 가능한가 하는 문제에 집중된다. 그러나 물론 최종적인 관심의 표적은 학문으로서의 형이상학의 가능성 정초이다.

그때 형이상학적 이론들이 상당수 실제로 등장했다는 사실을 증

161) 『형이상학 서설(*Prolegomena*)』[Prol](1783), 수록: 전집, IV, 253~383. 인용문은 Prol, A210: 전집, IV, 377.

거로 끌어댈 수는 없다. 오히려 칸트에게 문제는, 이제까지 실제로 나타난 형이상학적 이론이 하나도 학문적 위치에 이르지 못했음을 입증하는 것이기 때문이다. 칸트의 견해에 따르면 이제까지 등장했던 형이상학은 다소간 정도의 차이는 있으나 모두가 학문이라는 명칭을 사용할 만하지 못하고, 단지 이성의 소질적인 형이상학에 대한 필요욕구를 소박하게 그리고 맹목적으로 충족시킨 것에 지나지 않는다. 이성 비판은 이성의 형이상학적 자연소질을 계속 펼쳐내려는 것이 아니라, 오히려 형이상학이 실제로 학문이 되도록 하는 일에 주력한다.

순수 이성 비판은 모든 가능한 선험적 인식의 성과 전체의 설계도를 기획한다. 그것은 선험적 인식을 가능하게 하는 조건들을 분명하게 밝혀내고, 그렇기에 그것은 "초월철학"의 시작이자 이념이다. 여기서 칸트는 전통적으로 통용되던 '초월철학'이라는 용어에 새로운 의미를 부여한다.

칸트 자신이 그렇게 불렀듯이 "옛사람들의 초월철학"은 신이 자연
에서 현실화했던 최고 보편 개념들의 이론이었다. 그러한 보편적 원
리적 개념들이란 예컨대 참임, 선함, 하나 등이었다. 그것들은 그 안
에서 개별자를 하나이고, 참이고, 선한 것이라고 말할 수 있고, 또
가능하게 되는 보편적인 틀로 이해되었으므로, 초월자라고 이름 붙 117
여졌다. 그것들은 개별자를 넘어서면서도[초월하면서도] 포괄하는 개
념들이다. 칸트로서는 그의 코페르니쿠스적 전환 이후에는 **이런** 초
월철학의 신이성론적 전제를 더 이상 용인할 수 없다. 그는 이제 [개
별자를] 가능하게 하는 보편적인 개념들과 원리들을 주관 안에서 찾
는다. 주관은 이것들에 의거해서 객관적 학문으로의 길을 걸을 수

있을 것이다. 그리하여 초월철학은 이제까지의 형이상학보다 한 단계 더 높은 반성으로 나아간다. 초월철학이 형이상학적 인식을 가능하게 하는 조건들을 탐구하는 한에서, 초월철학은 형이상학의 형이상학인 것이다. 형이상학적 인식은 선험적 인식의 특수 경우이다. 초월철학은 모든 선험적 인식을 가능하게 하는 주관적 조건들을 다룬다. 초월(론)적 인식이란, "대상들이 아니라, 대상들에 대한 우리의 인식 방식을 이것이 선험적으로 가능하다고 하는 한에서 일반적으로 다루는"[162] 그런 인식을 말한다. 그러므로 그것은 선험적으로 인식되어야만 하는 그러한 대상들에 마주해 있는 주관의 지위에 관해 반성한다. 그것은 선험적 인식의 선험적인 인식함이다. 예컨대 수학은 또는 형이상학도 대상들에 대한 선험적 인식이지만, 초월철학은 스스로 선험적인 방식으로 그러한 선험적 인식들을 가능하게 하는 조건들을 탐구한다.

저작의 제목에서 "이성"을 말할 때, 이 이성이라는 것을 어떤 재능이나 "능력"으로 이해해서는 안 된다. 비록 칸트가 착오를 일으키기 쉽게 옛날의 능력이론에 이어서 "인식능력"에 대해 이야기하고 있기는 하지만 말이다. 그보다는 차라리 이성은 사고의 수행, 활동, 운동
118 들의 총괄이다. 사적인, 그때그때 우리에게 귀속하는 감각이나 감정의 권역으로부터 전달[공감]의 공동성과 공개성으로의 이행도 이에 속한다. 이성은 책 제목의 이의[二義]성에서 암시되듯이, 최종적으로는 자기 자신과의 대화의 역사로서 자신을 드러낼 것이다. 책 제목에서의 이성은 비판하는 주무기관이면서 동시에 비판받는 사고를

162) KrV, B25: 전집, III, 43.

뜻하는 것이니 말이다. 묶인 말 '순수 이성'에서 "순수"라는 형용사는 문제삼고 있는 이성이 모든 경험에 앞서(즉 선험적으로) 인식하는 이성이며, 이 이성은 자기 자신의 원천에서 유래한, 경험개념들이 혼합되어 있거나 뒤섞여 있지 않은 그러한 개념들만을 이용하여 기능함을 말하고자 한다.

그래서 초월철학은 특종의-주관적 인식의 근원적 원천들을 들춰내고, 그로써 주관성 이론을 세우는 것 또한 과제로 갖는다. 그때 뚜렷하게 드러나는 바는, 인간의 주관이 감성적 직관의 과정에서 인식되어야 할 사태가 "주어져" 있지 않으면 안 되는 상황에 있다는 점이다. "주어진 것"과 관련을 맺음으로써만 우리 개념들은 "의의와 의미"를 얻는다. 감성적 직관을 통해 사물들이 우리에게 "주어지고", 지성을 통해 그것들이 "사고된다." 우리의 주관적인 인식 상황은, 직관적으로 현시될 수 있는 그런 개념들만이 공허하지 않고, 다른 한편 개념적 사고에 의해 하나의 "대상"과 관계 맺어진 직관만이 그 대상을 실제로 바라보는 것임을 포함한다. 예컨대 어떤 삼각 형상을 바라봄이 한 삼각형의 직관인 것은, 이 직관과 함께 삼각형이 동시에 또한 그러한 것"으로서" 사고될 때뿐이다. 이 사고가 없다면 직관은 "맹목적"일 터이다.

그래서 칸트의 비판적 초월철학은 인간 주관의 근원적 인식 상황의 성격을 밝혀내고, 그리하여 객관적 인식으로 나가는 길들을 제시 119
할 수 있기를 노린다. 칸트는 이 길들을 우선 선험적인 학문들, 즉 수학과 일반 순수 자연과학에서 추적한다. 그는 인식비판 중에 이들 학문을 위한 일종의 "인식론"을 제시하는데, 그렇게 한 후에 이 사실을 선험적 주요 학문인 형이상학을 위해 끌어 쓰려는 것이다. 신칸트학파는 인식론적 준비들이 이성 비판의 주목적이라고 잘못 해석했다. 그런 것으로 칸트의 본래 의도가 이해되지 못했다. 칸트에서 궁극적으로 핵심 문제는, 형이상학을 학문적으로 정초하는 일이며, 그가 의도했던 바는, 그의 시대에도 오류추리나 이율배반 같은 자연 소질적인 이성의 변증성의 소용돌이에 휘말려 좌초해 있던 형이상학이라는 배에 선장을 보내주어, 그가 완벽한 해상 지도를 가지고서 항해술의 확실한 규칙들에 따라 이 배를 원하는 목표 지점에까지 안전하게 운항할 수 있게 하는 것[163]이다.

4. 인간 주관의 인식 상황의 특성과 선험적 종합 판단

우리 인식 상황의 성격은, 사물들이 우리에게 우리의 주관성 안에서 그리고 이 주관성의 감성적 직관방식에 맞게 주어져야만 하고, 그리하여 우리가 이 주어진 것을 우리 지성의 통일 작업을 통해 인식할 수 있어야 한다는 것이다. 그러니까 애초부터, 우리의 감성적 직관의 방식에서 우리와 마주치는 그런 것만이 우리에 대한 대상으로서 문젯거리가 되는 것이다. 이는 그것이 우리에게 공간 · 시간상
120 에서 주어져 있어야 한다는 것을 뜻한다. 공간과 관련해서는 칸트가 이미 1768년의 논문에서 밝힌바, 우리의 세계에서 우리와 마주치는 사태들은 공간적인 방향에 따라 — 왼쪽과 오른쪽 또는 위와 아래 등으로 — 정위되어 있다. 신체적인, 감성적으로-직관하는 주관으로서

163) Prol, A17: 전집, IV, 262.

의 나는 나를 세계공간[우주]의 중심에서 보며, 이로부터 나에게 나의 세계공간에 대한 조망이 생긴다. 이 조망에서 마주치지 않는 것은 아무것도 "나에게" 대상일 수가 없다. 나는 어떠한 사물도 그 "자체로"는 인식할 수 없고, 오직 언제나 "나에게" 인식 가능한 사태들만을 인식할 수 있다. 나의 직관작용의 "방식"이 내가 오직 현상만을 인식할 수 있고, 아무런 사물 자체도 인식할 수 없도록 규정한다. 나는 사태가 나에게 "현상하는 바[방식]대로" 인식한다.

결합하고-사고하는 지성과 감성적인 직관 사이의 공동작업[협업]을 경험주의적 사고와 특별히 친밀한 유형에 따라 생각해서는 안 된다. 예컨대 로크나 여타의 근대 경험주의자들[164]에 따르면, 일차적으로 지각의 토대가 놓여야만, "그다음"에 그 위에서 사고가 개시될 수 있고, 그때 이것이 "결합"의 작업으로 파악된다. 칸트의 견지에서도 지성의 작업은 결합하고 통일하는 성격을 갖는 것이다. 그러나 칸트는 사고가 연결하고 비교하면서 그 위에 구축될 수 있도록 하기 위해 아무런 경험 판단들도 기초에 놓지 않는다. 오히려 칸트는 "순수한" 사고작용과 직관작용의 근원적인, 모든 경험을 비로소 정초하는 기능들과 활동들에 대해 묻는다. 초월철학자로서 칸트는 우선 첫째로는 "경험적" 직관을 다루지 않는다. 또한 마찬가지로 그는 감각지각들을 대상으로 하는 지성의 추가적인 후험적인 결합 작업들에 121
대한 고찰에도 관심이 없다. 초월철학자에게 주요 관심사는 오히려 "선험적 결합(종합)"이다.

---

164) KrV, B127: 전집, III, 105. (Locke, *An Essay concerning Human Understanding*, Bk II, ch. I, §2 이하 참조)

선험적으로 "주어진 것"의 선험적 종합이 어떻게 가능할 수 있을까? 이 가능성을 통찰하기 위해서는 순수한 이성적 학문인 수학을 일별하는 것이 유익하다. 예컨대 '5 + 7 = 12'라는 대수학의 한 판단을 고찰해보면, 여기에서 지성의 능동적인 통일 작업이 뚜렷이 보일 것이다. 무릇 12라는 개념은 1들을 연이어 붙여나가는 과정의 결과로 생겨난 것이다. 그것은 예컨대 5에다 1을 일곱 번 연이어 덧붙이면 생기는 것이다. 그에 따라 이 판단이 하나의 "종합 판단"임이 밝혀진다. 그것은 지성이 여러 개의 1들을 하나로 통합한 통일작용을 표현하고 있다. 하나의 종합 판단은 언제나, 술어가 주어 안에 이미 함유되어 있지 않고, 주어에 비로소 덧붙여져 그것과 통일되는 내용(종합)을 표현할 때, 눈앞에 놓인다. 반면에 술어가 이미 주어 안에 함유되어 있는 내용을 진술한다면, 그 판단은 "분석적"이라 일컫는다. 분석 판단의 예로는 예컨대 '물체들은 연장적이다.'라는 명제가 있다. 왜냐하면 물체 개념은 공간적 연장성 개념에 의해 정의되기 때문이다.

본래적인 인식의 진보는 종합 인식의 편에서만 발견될 수 있음이 분명하다. 왜냐하면 분석 판단에서는 아무런 새로운 것도 언표되지 않기 때문이다. 분석 판단의 기능은 기껏해야 학문에서 관행적인 어떤 개념이 그것의 구성 부분들로 나뉘어 탐구되고 그렇게 해서 검사받게끔 하는 데에 있다. 그래서 칸트는 이런 분석 판단의 경우를 "설명판단들"이라고 말하는데, 반면에 종합 판단들은 "확장 판단들"이
122 라고 이름 붙인다. 모든 동어반복적 판단은 분석 판단이다. 예컨대 '직각삼각형은 하나의 직각을 갖는다.'와 같은 것 말이다. 그러나 피타고라스 정리에 표현되어 있는 판단이나 '직선은 두 점 사이의 가장

짧은 연결이다.'와 같은 그러한 기하학적 판단은 종합적인 본성을 갖는다. 후자의 경우만 하더라도, '직선'이라는 개념 안에는 최소의 양이라는 개념이 함유되어 있지 않고, 오히려 이 판단에서 두 개념이 하나로 결합된다.

인식의 획득은 종합 판단을 통해서 이루어진다. 이를 통해 한 개념이 그로부터 논리적으로 도출될 수 없는 또 다른 개념과 결합되고, 그래서 하나의 새로운, 이제까지 그 개념에 속하지 않던 내용이 그 개념에 덧붙여지기 때문이다. 그에 반해 분석 판단에서는 사고 내용이 판단의 주어의 범위를 벗어나지 못한다. 논리적 지성은 여기서 한 학문의 언표들과 개념들의 구성 성립에 주목한다. 그래서 분석 판단의 원리는 모순율 내지 동일률이다. 이 원리는 종합 판단들의 영역에서는 충분하지 않다. 왜냐하면 여기서는, 모순적인 개념들은 아니지만, 순수하게 논리적으로 볼 때 상호 간에 아무런 관계가 없고, 상호 간에 아무런 연역 관계도 없는 그러한 개념들을 결합하는 일이 문제되고 있기 때문이다. 형이상학에서도 인식의 진보, 다시 말해 종합 판단의 산출이 주요 문제이므로, 전체 관심이 이런 종합 판단에 쏠린다.

그래서 칸트는 흄이 종합 판단의 전형적 예인 인과 판단에 관해 했던 성찰에 특별한 주의를 기울여 살폈다. 칸트는 흄이 인과 원리라는 특수한 경우에 진행시켰던 것을 그에 대한 대답이 형이상학을 학문으로 정초할 것인 결정적인 물음을 얻기 위해서, 하나의 보편적 연관 안에 수용하려 한다. 가령 '번개는 천둥의 원인이다.' 또는 '천 123
둥은 번개의 결과이다.'와 같은 판단을 예로 든다면, 이 경우에 흄의 성찰은 다음과 같은 형식을 받아들일 터이다. 즉 한 개념에서 그것과 인과 결합에 들어서게 되는 다른 개념이 논리적으로 도출될 수는 없다. 그런데 천둥의 개념은 번개의 개념을 함유하고 있지 않으며, 그 역 또한 그러하다. 그러므로 이 두 개념을 결합시키는 인과 판단은 논리적 동일성의 끈이 아닌 다른 어떤 "끈"을 사용한 것이 틀림없다. 흄은 이것을 "연상[聯想]"[165]의 작용이라고 주장한다. 연상은, 시간적으로 잇따라 일어나는 두 사건이 언제나 다시 결합되는 것으로 관찰될 수 있을 때, 그러한 때 개시되는 마음의 연결 기제로 기능한다. 마음 안에 일종의 관습법에 의해 이 연결이 확립되면, 마음은 이 끈이 반드시 사태 자체 안에 정초되어 있다고 "믿는다." 한낱 "그것 다음에"가 같은 사건 형상의 반복적인 출현에 익숙해진 마음에게는 "그것 때문에"로 되는 것이다. 여기서 마음은 인과 결합이 사태에 속하는 것이 아니라, 심적 근원을 갖는다고 잘못 생각하게 된다. 이 흄의 성찰의 경우를 칸트식으로 말해도 좋다면, 여기에 하나의 후험적 종합 판단의 경우가 주어진 것이라고 할 수 있다. 무릇 연상적인 결합은 시간적으로 잇따라 일어나는 사건들이 지각된 "후에" 생긴다고 하니 말이다.

칸트는 종합적인 인과 판단이 가령 번개라든지 천둥과 같은 한 개념에 대한 논리적 설명에 의해 성립되는 것이 아니라는 점에서는 흄의 생각이 옳다고 본다. 그래서 칸트는, 흄이 순전한 동일성과 논리
124 적 연역이라는 끈을 인식의 성립을 위해 충분하지 않은 것으로 설명함으로써, 논리적 이성에 일종의 비판을 가한 것을 환영한다. 그러

165) KrV, B127: 전집, III, 105 · B794 이하: 전집, III, 500. Hume, *An Enquiry concerning Human Understanding*(London 1748), sect. III · sect. VII, part II 참조.

나 칸트는 흄이 원인과 결과 사이의 종합 끈을 **사태**에 기초하고 있는 것이 아니라 마음의 기제에 기인하는 것으로 본 점에서는 흄의 이 문제 취급 방식에 동의하지 않는다. 칸트가 중요시하는 바는, 종합 판단이 분석 판단과는 달리 어느 학문에서나 요체를 이루는 "사태"에 대한 새로운 통찰을 매개한다는 점이다. 종합에서 사유는 한 사태 개념의 한계를 뛰어넘어 또 하나의 다른 객관적 개념의 토대에 들어서며, 여기서 두 개념은 서로 결합된다. 바꿔 말하면, 이미 성립해 있는 개념에 종합 판단을 통해 새로운 사태 규정들이 가져와져 그 개념과 결합된다. 종합은 단지 표상 내용들 사이의 임의적인, 한낱 마음 안에서 일어나는 결합이 아니라, 사태에 기초하고 있는 규정들의 통일이다. 인과성은 천둥과 번개와 같은 경우에서도 두 자연현상에 대해 언급하는 언표이다.

이런 식으로 "결합"에 대한 흄의 이론을 넘어갈 수 있기 위해서는, 그것들의 실존이 아무런 문제없이 자명한 것으로 보이는 후험적 종합 판단들에 성찰이 머물러서는 안 된다. 칸트가 종합의 본질을 탐구하면서 닦은 새로운 길은 "선험적 종합 판단"에 이른다. 선험적 종합 판단이란 개념들 사이에, 일체의 경험에 "앞서"서 일어나는 결합을 산출하는 그런 판단이다. 그런 판단들의 예들이 수학에 있다. '직선은 두 점 사이의 가장 짧은 결합이다.'는 하나의 종합 판단인데, 이것은 사람들이 자연 안에 있는 두 점들 사이에 실제로 그은 많은 125
직선들을 거듭 측정해보고, 그것이 "이 점들 사이의 여타의 결합보다 더 짧은" 속성을 가짐을 경험적으로 확인함으로써 얻은 것이 아니다. 이 판단은 자연상의[물리적인] 직선들이나 그것들의 속성들에 대해서 말하는 것이 아니라, 관념적인 직선들과 그것들의 관념적인 기하학적인 속성들 일반"에" 대해 말하고 있는 것이다. 또한 하나의 순수한 일반 선험적 자연과학이 있다. 칸트 자신이 『순수이성비판』에서 바로 그것의 원칙들을 전개한다. 이 자연과학 안에서는 선험적 종합 판단만이 등장한다. 즉 이에서는 개별적인 경험적 자연 대상들에 관한 언표들이 아니라, 한 대상이 경험의 가능한 대상이기 위해서 보여야만 하는 보편적이고 정초적인 성격들에 관한 언표들이 이루어진다. 칸트 이론에 따르면 그런 것 중 하나가 인과성이다. 가령 천둥이니 번개니 하는 현상이 도대체가 자연과학의 대상으로 거론될 수 있기 위해서는, 그것이 어떻게든 언제나 인과 연결에 의해 규정될 수 있어야 한다. 그것이 사태 일반이 되기 위해 충족해야만 하는 조건도 인과적 성격 일반을 포함한다. 이러한 파악에서의 인과성은 하나의 선험적 종합 "기본판단"의 요체이다. 그래서 칸트에게 관건은, 그러한 선험적 종합 판단들을 가능하게 하는 조건들을 분명하게 밝혀내는 일이다. 그뿐만 아니라 순수한 개념들에 의한 선험적 학문의 하나인 형이상학에도 그러한 선험적 종합 판단들은 핵심 요소이다. 흄의 성찰 결과를 칸트적 언어로 표현하여 말하면, 인식은 후험적 종합 판단에 기인한다. 그러니까 그 판단들이 종합적이면서 동시에 선험적이어야만 하는 형이상학적 인식이란 없다는 것이다. 이것이 회의주의적 사고였던 것이다. 여기서 칸트가 통찰한 바는, 만약
126 사람들이 형이상학을 구출하고자 한다면, "선험적 종합 판단은 어떻게 가능한가?"[166]라는 물음에 대답하지 않으면 안 된다는 것이다.

하나의 수학적인 판단, 예컨대 '직선은 두 점 사이의 가장 짧은 결

166) KrV, B19: 전집, III, 39.

합이다.'라는 기하학적 명제의 경우를 생각해보자. 이 판단에서 수행된 종합은 직선이라는 개념을 이 개념과 논리적으로 상이한 개념인 "가장 짧은 거리"와 결합한다. 어떤 거리의 양은 서로 다른 공간적으로 곁하여 있는 도량 단위들의 접합으로 실존한다. 가장 짧은 거리는 이 공간적 도량 단위들을 최소수[最少數]로 함유하는 거리이다. 지금 예로 들고 있는 판단에서 실행된 종합은 두 개념들의 결합으로 나오는데, 그때 서로 다른 공간 부분들의 통일이 일정한 양을 가진 하나의 거리 개념을 위해 역할을 한다. 종합은 여기 이 경우에 공간 영역에서의 개념적으로 결합하는 작업으로서 요구된 것이고, 또 가능하게 된 것이다. 여기에서 다루어지는 공간은 물리학적인 것이 아니라, 순수하게 기하학적인 것으로서, 이 공간에는 (예컨대 빨강, 초록, 파랑 등의 색깔이나 강도 따위의) 감각적인 내용이 전혀 나타나지 않는다. 여기서는 오직 순수한 크기, 위치, 방향 관계들만이 어떤 역할을 한다는 점에서, 그것은 "질료적[물질적]" 공간이 아니라 순수한 "형식적" 공간이다.

대수학의 경우에 지성으로 하여금 상이한 서로 이어 있는 단위들을 개념적으로 결합할 것을 요구하는 것은 순수한 선험적인 공간이 아니라, 선험적이면서 동시에 형식적인 시간이다. 여기서 그 유명한 예인 명제: '5 + 7 = 12'가 이용된다. 이것이 하나의 종합 판단인 것은, 12라는 개념 안에 결코 5와 7의 더함이 들어 있지 않기 때문이
다. 여기서 지성이 수행하는 결합의 일이란, 잇따라 수행되는 단계 127
들에서 1에다 1씩을 덧붙여 나가 먼저 수 5를 얻고, 같은 방식으로 수 7을 얻어, 다음에 이것들의 합성으로부터 수 12가 되도록 하는 것이다. 이로써 지성은 하나의 통일작용을 수행하고, 그 결실이 수 12

이다. 이 통일작용이 '7 + 5 = 12'라는 종합 명제에서 표명되고 있다. 12라는 개념에는 시간적으로 잇따라 나오는 수의 단계들이 단 하나의 결실로 총괄되어 있다. 지성이 시간적인 잡다로서 선험적으로 주어진 요소들을 결합함으로써 종합적 판단들이 가능하다.

요컨대, 선험적 종합 판단들은 공간적으로 그리고 시간적으로 선험적으로 주어진 요소들을 개념적으로–종합적으로 가공한 것들로 가능하다. 이 요약문에 두 개의 서로 다른 "인식 원천들"의 합주[合奏]가 암시되어 있다. 순수 공간 내지 순수 시간은 "순수한" 내지는 선험적인 직관에 상응하고, 반면에 결합의 일은 순수 "지성"의 임무이다. 공간과 시간은 여기서 단지 질서 형식들로 고찰된다. "초월적 감성학"이라는 제목이 붙어 있는 부문에서 칸트는 제일 먼저 순수한 직관 형식들인 공간과 시간을 다룬다.

5. 직관의 순수 형식들로서의 공간과 시간

'감성학'이란 여기서 감성의 인식 원천의 논구를 말한다. 칸트는
이에서 그가 감성적 직관이라고 명명한 것을, 신이성론적 파악과는
달리, "저급의" 인식 능력이라든지 고급 인식인 지성적 인식의 불완
전한 전 단계로 보지 않음으로써 새로운 길을 가고 있다. 그는 애당
128 초 감성적 직관을 지성과 동등한 권리를 갖는 우리 인식의 적극적인
원천으로 다룬다. 이것은 칸트가 처음부터 인간 주체를 그것이 편입
되어 있는 물체세계에 내맡겨진 신체적 실존으로 보는 점과 연관되
어 있다. 감성적 직관은 거기에서 우리에게 사물들이 직접적으로 눈

과 귀 앞에 있는 그런 인식 방식이다. 즉 사물들은 감성적 직관을 통해 우리에게 주어지는 것이다. 그래서 감성적 직관은 자발성을 띠는 지성과는 달리 수용적인 태도를 취한다.

내가 지금 여기에서 수행하는 구체적인 한 대상에 대한 직관은 사람들이 경험(감각경험)이라고 칭하는 영역에 속한다. 우리가 우리를 둘러싸고 있는 물체세계의 영향에 내맡겨져 있는 한에서, 우리는 물체세계로부터 "촉발"된다. 그때 성립되는 직관은 경험적이다. 이 직관에서 칸트는 감각이라고 불리는 "질료[실질내용]"와 "형식"을 구별해낸다. 경험적 직관의 질료는 색깔이라든지 딱딱함 따위의 감각질들에 의해 제공되고, 형식은 공간-시간 관계들을 통해 현시된다. 수학이나 기계학의 경우에서 보듯이, 공간과 시간이 감각 내용과 아무런 관련 없이도 표준척도로 쓰이면, 거기서는 "순수한" 직관이 문제되고 있는 것이다. 순수 직관은 감각의 "질료"가 없는, 따라서 형식적인 것이다.

순수 직관들로서 공간과 시간은 예컨대 서로 곁하여, 서로 위아래로 내지는 서로 잇따라의 "관계들"을 표상한다. 그러나 여기서 또 다른 의미에서 "관계"를 말할 수도 있다. 곧 공간-시간적 규정들에 의해 대상들이 직관하는 우리 주관의 어떤 "관계"에 놓인 것인 한에서 말이다. 공간과 시간은 형식들이다. 그것들은 사물들이 우리에게 현존하는 방식이다. 우리가 어떤 개별적인 경험 대상을 그에 대한 직
관 중에서 직관할 수 있기에 앞서, 그러한 감각이 담긴 직관을 위한 129
가능성이 감각 없는 "직관 일반"의 순수한 형식에서 주어져야만 한다. 그리하여 우리 주관과 공간-시간적으로 주어지는 것 일반으로서 가능한 사물들 사이의 선험적 관계가 사물들이 "어떻게" 우리와

만나지는지의 "방식"으로서 분명해진다. 그래서 우리에게는 사물들 자체가 아니라 우리에 대한 사물들, 즉 "현상들"이 인식 가능하게 된다. 순수 공간과 순수 시간은 그 안에서 사태들이 우리에게 현상하는 형식들이다. 이것들 안에 감성적 직관작용의 선험적 조건들이 주어져 있으므로, 이것들에 대한 탐구는 초월적 감성학의 영역에 속한다. 그래서 칸트는, "모든 선험적 감성 원리들에 대한 학문을 나는 **초월적 감성학**이라 부른다."[167)]라고 말한다. 공간-시간 구조가 "주어질 수 있는 것 일반"을 가능하게 하는 조건이라는 이 천명은 그로부터 사람들이 미리(선험적으로), 이 저술에서 말할 수 있는 모든 내용이 그 특징적 성분을 통해 고지될 수 있음을 아는 표지[標識]로 참조할 만하다.

나는 아래에서 공간과 시간을 하나로 묶어서 해설하려고 하므로, 이 두 직관의 형식이 갖는 중요한 차이점에 대해서는 미리 이야기해 두는 것이 좋을 것 같다. 공간은 내가 대상들을 "나의 바깥에" 있는 것으로 그리고 크기, 형태, 위치의 상호 관계 속에서 직관하는 방식이다. 이에 대응하는 것은 "외적" 감각기능[감관]이다. 반면에 시간 형식에서의 직관은 우리 "안에서" 감정, 사상 또는 여타의 온갖 표상들, 따라서 예컨대 공간적 직관들의 변환으로 나타나는 현상들을 향해 있다. 그런즉 시간직관은 공간의 직관도 포섭한다. 공간과 시간은 직관 활동의 두 형식이므로, 그것들 자신을 직관한다는 것은 가
130 능하지 않다. 사람들은 공간에 대해서는 대단히 큰, 어쩌면 무한한, 세계를 담고 있는 그릇의 모습을, 시간에 대해서는 한쪽은 과거로

167) KrV, B35: 전집, III, 50.

뻗어 있고, 다른 한쪽은 미래를 향해 있는 무한한 직선의 모습을 그려보기도 한다. 그러나 공간적 직관작용의 형식 내지 시간적 직관작용의 형식은 객관적으로 표상된 상들의 배경에 머물면서 이것들을 가능하게 하는 것이다.

공간과 시간 개념에 대해서는 각각 "형이상학적" 해설과 "초월적" 해설이 있다. 형이상학적 해설에서는 공간, 시간 개념이 선험적으로 함유하고 있는 것이 "분명하게" 표상된다. 첫째로, 공간과 시간은 경험된 대상들의 지각된 관계들로부터 나중에 추상된 것이 아님이 통찰된다. 왜냐하면 어떤 개별적인 공간적으로-시간적으로 주어진 것들이 언급되려면, 공간과 시간 표상이 이미 "그 기초에 놓여 있어야" 하기 때문이다. 둘째로, 공간과 시간이 없는 것은 생각해볼 수 없지만, 대상들이 없다고는 생각해볼 수 있으므로, 공간과 시간은 현상들을 가능하게 하는 선험적인 조건들 내지는 "필연적[필수적] 표상들"로 부각된다. 셋째로, 선험적 학문으로서의 기하학의 필연성의 성격은 이것에 근거한다. 넷째로 형이상학적 해설이 밝히는 바는, 공간과 시간은 순수 직관이며, 따라서 논변적인 것으로 드러나는 지성의 개념들과는 달리 직관적 성질을 갖는다는 점이다. 그로부터 밝혀지는 바는, 공간과 시간의 영역에서는 보편과 특수의 개념적 관계가 아니라 전체와 부분의 관계가 표준척도가 된다는 사실이다. 예컨대 개개 공간 조각이 "공간 일반"이라는 보편 개념의 특수한 경우가 아니라, 오직 하나인 전체 공간의 한 부분인 것이다. 이 경우 전체가 부분들에 선행한다. 여러 개별 공간들(예컨대 유럽 공간, 아시아 공간)
의 "보편적" 개념을 가지고서 가령 지구상의 전체 공간이라는 개념 131
을 얻으면, 이 개념은 공간-전체의 "구획들"인 개별 공간들의 종합을 통해 생긴 것이다. 이로부터 분명해지는바, 전체 공간은 개념이 아니라 직관으로 이해되며, 그와 같은 모든 구획을 위한 선험적 근거[기초]라는 점이다. 다섯째로, 공간과 시간은 우리가 그것들을 하나의 상으로 그려볼 경우에 무한한 크기[무한량]로 표상될 수 있다. 이로부터도 공간과 시간의 직관적 본성이 도드라진다. 공간의 경우에는 특히 더 분명하다. 우리가 각개의 개념을 무한한 수의 가능한 서로 다른 표상들로, 그것들에 공통적인 징표로 인하여 "자기 아래에" 함유하는 표상으로 생각해야만 한다면, 어떠한 개념도 그것이 마치 이러한 무한 수를 "자기 안에" 함유하는 양하는 그러한 개념으로 생각될 수가 없다. 그러나 공간은 전체로서 그러한 것으로 생각된다. 공간의 무한히 많은 부분들은 "동시에" 서로 곁하여 놓여 있으며, 개념적 논변 중에서 서로 잇따라 나타나는 것이 아니니 말이다.

초월적 해설에서는 공간과 시간이 우리 인식을 가능하게 하는 선험적 조건들로, 따라서 가능한 경험의 전체 영역의 인식 원천들로 고찰된다. 공간의 경우에는 기하학의 학문성이 논의되고, 반면에 "우리의 시간 개념"은 "일반 운동이론이 서술하는 많은 선험적 종합 인식"[168]의 가능성을 함유한다.

---

168) KrV, B49: 전집, III, 59.

6. 초월적 관념성과 경험적 실재성

사태들에 대한 모든 경험에 앞서 성립하는 객관적 지식이 어떻게
가능한가? 사태에 대한 경험에 앞서 성립하는 사태들에 관한 판단들 132
이 어떻게 사태적인 타당성을 주장할 수 있는가? 더 나아가, 선험적
인 공간직관들이 경험적인 공간경험들의 영역에서 확인된다는 것이
어떻게 가능한가? 그것은, 공간과 시간이 "순수한" 주관적 형식들
로서, 그 아래서 우리에게 현상들이 주어질 수 있고, 그로부터 객관
적-실재적으로 타당한 명제들이 산출될 수 있기 때문이다. 그런데
이 직관작용의 두 형식은 주관으로부터 제공된 것이다. 그래서 우리
는 오직 "인간의 입장에서만 공간에 대하여, 연장적인 것 등등에 대
하여 이야기할"[169] 수 있는 것이다. 시간 또한 모든 현상들 일반의
선험적인 형식적 조건이다. 공간과 시간은 주관성의 편에서 사물들
을 직관하는 방식으로 기능하는 형식들이자, 동시에 우리에 대한 [대
상들을 대상이도록 하는] 대상성(객관성)의 선험적 조건들이기도 하다.
칸트가 말하듯이, 그것들은 초월적인 것과 관련해보면 관념적인, 다
시 말해 단지 주관에만 속하는 표상작용의 방식일 따름이다. 그러나
바로 그 때문에 그것들은 우리 경험 대상들에 대한 객관적 타당성을
갖는다. 경험적인 규정들로 받아들여진 공간과 시간은 경험된 사태
에 속한다. 그것들은 경험적으로 실재적이다.

칸트는 당초부터 맛, 소리, 색깔 따위의 감각 내용들은 경험적으로 우연적인, 우리 주관성의 상태 규정들이라고 본다. 그에 반해 직관작

---

169) KrV, B42: 전집, III, 55.

용의 형식들인 공간과 시간은 그에 따라 "우리의" 대상들이 우리에게 주어져 있는 주관적 방식들로 통용된다. 사태 자체는 "우리에 대한" 사태가 아닐 수도 있다. 즉 그것은 우리의 인식조망에 걸리지 않을 수도 있다. 공간과 시간은 현상들과 관련해서는 객관적으로 타당하다. 왜냐하면 이 현상들은 이미 언제나 "우리에 대한" 사태들이고, 다시 말해 처음부터 우리 감관의 대상들로 기능하는 것이기 때문이다.

133 초월적 감성학의 성과는, 그를 통해, 사태에 대한 인식을 확장하는, 다시 말해 종합적인 그러면서도 선험적인 판단들이 어떻게 가능한가라는 물음에 대한 대답에 한 걸음 더 가까이 다가선 데에 있다. 이 물음에 대한 대답의 제1단계에서 밝혀진 바는, 이것이 가능하다는 것이다. 왜냐하면 직관작용의 선험적 형식들이 있고, 이를 통해 우리 인간의 주관들에게 "우리에 대한" 사태 규정들, 다시 말해 현상들이 주어지니 말이다. 공간과 시간 방식에서의 직관작용은 우리의 사고작용에게, 선험적인 판단에서 예컨대 공간의 한 부분을 다른 부분과 연결시킬 것을, 즉 한 부분의 개념에서 벗어나서 다른 부분의 개념을 이것과 종합적으로 통합시킬 것을 촉구한다. 즉 지성은 예컨대 기하학에서 스스로 결합들을 선험적으로 수행하도록 촉구받는다. 이로써 선험적 종합 판단에 대한 물음에 대한 대답의 둘째 걸음을 위한 핵심적 술어가 부상했다. 그것은 즉 "결합"(종합)이며, 이를 향해 지성이 등장한다. 지성은 종합을 수행함을 과제로 안는다.

7. 초월 논리학의 이념

지성의 작업도구는 개념과 판단이다. 직관의 영역에서처럼 지성의 영역에서도 경험적인 표상들과 감각이 섞여 있지 않은 순수한 표상들은 구별된다. 경험적인 표상들은 현상하는 사태의 실제적 현재를 전제한다. 감성도 순수하고 선험적인 직관의 형식을 가지고 있기는 하지만, 그런 감성에 비해도 지성은 자발적임을 보인다. 지성의 경우는 대상들에 의해 우리가 촉발되는 방식과는 상관이 없고, 이는 자유롭게 그리고 가능한 대상적인 영향들의 현재와는 독립적으 134
로 수행한다. "감성이 없다면 우리에겐 아무런 대상도 주어지지 않을 터이고, 지성이 없다면 아무런 대상도 사고되지 않을 터이다. 내용 없는 사상들은 공허하고, 개념들 없는 직관들은 맹목적이다."[170]

칸트는 사고의 법칙, 유형, 수행 방식들을 대상으로 삼는 하나의 전통적 학문을 끌어대고 있는데, 그것은 아리스토텔레스에 의해 정초된 논리학이다. 그것은 선험적인 학문의 전형으로 생각되며, '일반 논리학'으로서 사고의 모든 특수한 내용을 사상한다. 그것은 지성 사용에 특유한 순수 형식들과 유형들만을 고찰한다.

역사적인 성찰에서[171] 칸트는 아리스토텔레스가 논리학을 분석론과 위치론[변증론]으로 나눈 것을 상기하고 있다. 이 구분을 그 자신 그의 이성 비판의 확장 건설에 이용한다. 그는 초월적 분석학을 초월적 변증학과 구별하는 것이다. 이러한 구별을 할 때 칸트가 성찰

170) KrV, B75: 전집, III, 75.
171) KrV, B86: 전집, III, 81.

한바 중요한 것은, 이미 아리스토텔레스 시대의 소피스트적 사고나 근대의 학교철학에서의 사이비 증명의 사례에서 뚜렷하게 볼 수 있듯이, 사고는 곧잘 단지 형식적인 사고 기제의 맹목적인 작동에 의해 얻어진 언표들을 내용 있는 인식들로 제출하려는 유혹에 빠진다는 점이다. 이런 식으로 사고는 자신에 의해 착오를 일으킨다. 즉 내용 없는, 형식적인 언표들이 진정한 진리들로 제출되고, 그리하여 환영과 "가상"이 생긴다. 일반 논리학이 모든 진정한 진리 발견의 불가결의 조건을 서술하고 제시한다는 말은 충분히 맞다. 그러나 논리적 형식들의 사용만으로 내용 있는 인식들을 얻는 데 충분한 것은
135 아니다. 그럼에도 형식 논리학이 내용 있는 통찰을 위한 도구(기관)로 내세워지면, 그때는 환영과 환상들을 위한 큰 문 작은 문이 열려 있는 것이다. 그때 철학은 가상의 계획적인 산출이 되고, 사이비 언표들의 계획적인 형성이라는 의미에서 "변증적"이 된다.[172]

그럼에도 칸트는, 그가 '변증법[변증학]'을 가상의 계획적인 산출 이론의 의미로는 사용하지 않을 것이라고 설명한다. 오히려 그는 이 말을, 그것이 "철학의 위엄"에 더 맞는 바대로, "논리학의 변증적 가상의 비판"으로 이해하고자 한다. "초월적 분석학"이라는 제목 아래의 이성 비판 부분에서 칸트는 "진리의 논리학"을 제시하려 한 반면에, 초월적 변증학에서는 이성 자신의 그것으로의 경향성에서 기인

---

172) 칸트는 '변증학/변증법'의 의미를 일차적으로 플라톤적이라기보다는 아리스토텔레스적으로 받아들인다. 주지하듯이 플라톤은 변증법을 적극적인 의미로 이해하고 사용하였다. 그에게 변증법은 철학적 진리에 이르는 사유의 길이다. 그러나 칸트가 변증법을 가상에 대한 "참된" 이론이라고 이해함으로써, 그도 이를 동시에 플라톤적으로 생각한다.

한 논리적인 사취나 술책에 의해 생긴 가상을 분해하는 일이 과제가 된다.

"일반 논리학"의 의미에서의 논리학은 선험적 종합 판단의 가능성 물음에 대답하는 데 쓰일 도구를 제시하지 못한다. 그래서 문제는, 우리의 주관적인, 선험적인 감성적 직관에 묶여 있는 지성에 표준척도가 되는 그러한 선험적 원리들을 분명하게 밝혀내는 일이다. 이런 목적으로 칸트가 정초하는 것이 "초월(적) 논리학"이다. 초월 논리학은, 전통적인 논리학처럼 문제삼는 내용이 사물들 자체냐 우리에 대한 사물들(현상들)이냐에 관해서는 고려함이 없이 사고 형식들 일반만을 고찰하는 것이 아니라는 점에서, 전통적인 논리학과는 구별된다. 오히려 초월 논리학의 과제는, 객관적 인식들을 얻기 위한 우리 136
의 주관적 지성 사용의 선험적 원리들을 선험적으로 명료하게 하는 일이다. 이 논리학에서 "형식"의 개념이 새롭게 해석된다. 즉 그것은 우리 지성 작용의 외관[外觀]으로 이해된다. 그러나 초월적 변증학에서는 "형이상학적 요술들"과 초월적 가상의 분해가 이루어지는데, 이런 가상은 순수 사고가 가능한 경험의 한계를 넘어가서(즉 "초험적"으로 되어), 우리의 인식조망에는 나타나지 않는 사물 자체들에 대한 언표를 지어내도록 유혹됨으로써 생겨나는 것이다.

우리의 순수한 "지성능력"의 분석적 해부 작업에서 칸트가 목표하는 바는, "일반" 논리학의 선례에 따라 제일 먼저 개념론을, 그다음에 판단론을, 그리고 마지막으로 추리론을 제시하는 것이다. 그는 그의 초월 논리학적 의미에서의 "개념"을 해석한다. 이 개념은 "기능" 원리에 의거해 있는 것이다. 칸트가 말하는 기능이란 "서로 다른 표상들을 하나의 공통적인 표상 아래서 정돈하는 통일 활동"이다. 칸트에서의 논리학은, 사고가 근원적인 활동으로 이해되는 그런 논리학이다. 지성의 사고는 여러 종류 여러 방식으로 "기능한다"는 것을 보여준다. 다시 말해 그것은 경우에 따라 하나의 선험적인 활동작용에서 대상적인 내용들을 통일한다. 이 기능 작용의 여러 가지 방식들이 초월적 "기초개념들", 즉 범주들로 나타난다.

8. 범주들의 체계

칸트는 아리스토텔레스가 그의 범주들을 단지 "광상곡처럼" 주워
137 모았다고 비난한다. 그래서 현안은, 순수 지성의 기초개념들을 임의적으로 늘리거나 줄일 수 없는 전체로서 파악하여 밝혀내는 일이다. 칸트는 일반 논리학의 전래되는 판단론을 초월철학적으로 해석하는 방식으로 범주들을 헤아릴 체계적 실마리를 얻는다. 예컨대 일반 논리학에서 전칭 판단과 특칭 판단을 구별한다면, 칸트는 초월철학적 관점에서 판단 형식에서의 이 차이는 서로 다른 사고의 기능들에서 기인하는 것이라고 성찰한다. 전칭 판단에서는 판단의 술어가 언표되는 개개 모두[전체]를, 특칭 판단에서는 단지 여럿[다수]을 통일한다는 것이다. 판단의 술어에서 사고의 통일 활동이 표현된다는 전제를 받아들이면, 논리학이 구별했던 서로 다른 여러 판단형식들은 또한 서로 다른 여러 사고기능들에 상응하는 것이라는 결론이 나온다. 따라서 판단형식들의 술어적(범주적) 수행들 중에 기초개념들의 체계가 표현된다. 여기에서 범주들을 얻을 실마리가 마련된다. 이로써 판단형식들과 범주들의 다음과 같은 편제가 생긴다.

일반 논리학의 판단들의 표

1. 양[量]에서

   전칭

   특칭

   단칭

2. 질[質]에서

   긍정

   부정

   무한

3. 관계[關係]에서

   정언[定言]

   가언[假言]

   선언[選言]

4. 양태[樣態]에서

   미정[未定]

   확정[確定]

   명증[明證]

초월 논리학의 순수 지성개념(범주)들의 표 138

1. 양[量]에서

   하나[단위]

   여럿[다수]

   모두[전체]

3. 관계[關係]의 범주들

   내속성과 자존성
   (實體와 偶有性)의 관계

   원인성과 의존성
   (원인과 결과[인과성])의 관계

   상호성(능동자와 수동자
   사이의 상호작용)의 관계

2. 질[質]에서	4. 양태[樣態]의 범주들
실재성[실질성, ~임/함]	가능성[있을 수 있음] – 불가능성[있을 수 없음]
부정성[~아님, ~아니함]	현존[실제로 있음, 현실성, 실존] – 부재[실제로 없음]
제한성[~이지는 않음]	필연성[반드시 있음] – 우연성[어쩌다 있음, 있다가 없음]

자연과학의 보편적 원칙들의 순수 자연학적 표[173)]

1. 직관의 공리들	3. 경험의 유추들
2. 지각의 예취들	4. 경험적 사고 일반의 요청들

범주들이란 순수한 직관에 선험적으로 주어지는 잡다를 하나의 통일 활동에서 결합하는 여러 가지 근원적인 방식들이다. "우리 사고의 자발성은, 잡다로부터 인식을 얻기 위해서는, 이 잡다가 먼저 일정한 방식으로 통관[通觀]되고 수득[受得]되어 결합되기를 요구한다. 이 활동을 나는 종합이라고 일컫는다."[174)]라고 칸트는 말한다. 기하학이나 순수 일반 자연과학에서처럼, 통일되어야 할 것 즉 잡다

173) 이 종합적 원칙들의 표는 아래에서(원서 150면 이하) 서술할 내용과 연관하여 여기에 미리 인용해둔 것이다. Prol, A86: 전집, IV, 303 참조.

174) KrV, B102: 전집, III, 91.

가 경험적으로가 아니라 선험적으로 주어지면, 순수 종합 내지는 선험적 종합이 문제가 된다. 사람들이 "인식"이라고 표기하는 것은 이
통일작용의 수행에 기반하여 있는 것이다. 범주들은 종합이 일어나 139
는 여러 가지 방식들을 제시한다. 또한 그것들을 "순수 지성의 **근간 개념들**"이라고도 이름 붙이는데, 그것은 이로부터 예컨대 힘, 능동, 수동, 현재, 저항, 발생, 소멸 등과 같은 순수 지성의 준술어[準述語]들이 파생될 수 있기 때문이다.

지성은 범주들을 통해 통일 기능을 수행한다. 그러니까 범주들은 주관을 사고하도록 작동시켜, 자발적인 능력으로서 종합적인 절차를 이행하도록 하는 "형식들"이다. 무릇 이미 로크도, 우리가 초록이나 파랑과 같은 색깔을 감각하는 상태에서는 발생하는 것을 그대로 인정하도록 강요당하지만, 지성이 감각 내용들을 결합하는 일에 나서는 경우에는 자유롭고 그리고 의사대로 일을 수행할 수 있다고 지적한 바 있다. 여기에서 객관성의 표준척도에 대한 물음이 등장하지 않을 수 없다. 왜냐하면 이 대목에서 자의의 작은 문 큰 문이 모두 열려 있는 것처럼 보이기 때문이다. 이 문제가 초월철학자에게는 더욱 심각하게 대두한다. 초월철학자는 선험적 종합들을 말하고, 지성의 순수한, 선험적인 결합들이 객관적 타당성을 갖는다고 지성을 위한 주장을 펴고 있으니 말이다. 그래서 선험적 결합의 원리들, 즉 범주들이 객관적으로 실재적인, 사태적인 기본개념들임을 입증하고, 이것들의 객관적 정당성을 밝히는 일이 과제로 설정된다. 그래서 칸트는 범주들에 대해 그 유명한 권리의 문제를 제기하고, 이를 "범주들의 초월적 연역"에서 다룬다.

9. 범주들의 초월적 연역

나는 제2판의 사유 과정을 뒤따라가 보려 한다. 왜냐하면 거기에서 초월철학의 원리가 좀 더 예리하고 일관되게 추구되고 있기 때문이다. 바로 첫 문장들에서부터 종합의 원리가 다루어진다. 이 대목
140 은『순수이성비판』에서 칸트가 완전히 고쳐 쓴 부분들 중 한 곳이다.

잡다의 이미 주어진 결합은 도대체가 감관들을 통해서는 수득될 수가 없고, 또한 순수한 감성적 직관을 통해서 산출될 수 있는 것도 아니라는 점이 강조된다. 통일작용 내지 통일은 주관적 수행이되, 지성의 자발성에 속하는 것이다. 여기서 "통일"의 원리가 이중적인 면에서 등장한다는 점을 눈여겨보아야 한다. 그것은 한편으로는 종합 활동의 결과물이다. 그러니까 "선"이라는 개념은 합성에 의해 생성된 통일이다. 다른 한편, 좀 더 근원적으로 파악하면, 통일은 운동, 통일하는 활동의 성격이며, 종합함(기능)의 통일하는 실행이다. 종합적 통일작용 운동의 이 통일은 "판단에서의 여러 개념들의 통일의 근거를, 그러니까 지성의 논리적 사용에서의 지성의 가능성 자체의 근거"[175]를 제공하는 그 원리에서 찾아야만 한다. 이 능동적이고 오직 운동으로만 파악될 수 있는, 모든 특수한 범주적 통일의 근거는 나의 모든 표상들에 수반할 수밖에는 없는 "나는 사고한다"는 자기의식이다.[176] 내가 모든 표상을 동시에 언제나 나에 의해 자발적으로 통일된 것으로 파악하는 한에서, 나는 이 표상을 통해 일종

175) KrV, B131: 전집, III, 108.

176) Kaulbach, *Der philosophische Begriff der Bewegung*(Köln · Graz 1965) 참조.

의 자기의식을 얻는다. 칸트는 이를 순수한("초월적") 통각이라고 말하며, "근원적" 통각이라고도 부른다. 그러면서 그는 이를 경험적 통각과 구별한다. 순수한 근원적 통각은 객관적인 표상들을 관통하여 매개되는 그런 자기의식이다. 그것은 대상적인 잡다들의 통일작용의 과정에서의 기능적 동일성으로 이해된다. 즉 자기의식의 초월적 141
통일이다. 이 통일이 나로 하여금 그때마다 유일하게 연관 짓는 통일작용의 과정인, 나 자신에 의해 수행되는 종합에 대한 자기의식을 얻도록 한다. 통일작용의 이 과정에서 운동하는 나의 동일성에 대한 자기의식이 내가 갖는 표상들만큼이나 "다채 다양한 자기"를 가질 수 있는 위험에서 나를 지켜준다.[177)]

이로써 밝혀지는 바는, 통각의 근원적-종합적 통일의 조건들 아래에 있는 직관내용만이 인식을 위한 대상적 의미를 얻을 수 있다는 사실이다. 칸트는 모든 지성 사용의 최상 원리인 통각의 종합적 통일의 "원칙"에 대해 말하고 있는 것이다. "나는 사고한다"는 통일작용의 운동에 의해 객관성의 가능성을 위한 선험적 근거가 놓인다. 무릇 객관 내지 대상이란 "나는 사고한다"는 통일작용 활동이 거기에서 자기의 대상적인 그리고 표상 가능한 침전물을 발견한 바로 그것이니 말이다. 표상들을 통합하여 하나의 객관적 내용을 통일하기 위해서는 "나는 사고한다"가 이 표상들에서 수행하는 "종합에서 의식의 통일"을 필요로 한다. "그러므로 의식의 종합적 통일은 모든 인식의 객관적 조건이다. 나는 한 객관을 인식하기 위해서 이 조건을 필요로 할 뿐만 아니라, **나에 대해 객관이 되기 위해서는** 어떤 직관

---

177) Kaulbach, *Philosophie der Beschreibung*(Köln · Graz 1968), S. 271 이하 참조.

도 이 조건 아래에 종속해야 한다. 다른 방식으로는 그리고 이 종합 없이는 잡다가 한 의식에서 통합되지 못할 것이기 때문이다."[178] 내가 나를 종합의 과정에서의 근원적 통일에서 유일한 그리고 동일한
142 것으로 의식하기 때문에, 내가 이 종합에서 객관적인 통일로 결합한 직관된 잡다도 나에게 동일한 대상이 되는 것이다. 이로부터 칸트는 판단을 초월철학적으로 모종의 직관들을 객관적 통일로 보내는 양식이라고 정의했다. '물체는 무겁다'와 같은 경험 판단에서조차, 자기의식적인 통합작용 운동에서 이러한 필연적 통일이 작동한다. 그래서 칸트는 이 경우에, 그 판단이 선험적인 판단처럼 필연적으로 타당하지는 않지만, "통각의 **필연적 통일의 힘에 의해** 직관들의 종합에서 서로"[179]에 대해 타당하다고 말할 수 있는 것이다. 경험적 직관들은 초월적 통각과 관계맺음으로써 대상적 성격을 얻는다. "나는 물체의 무거움을 느낀다."라는 명제에서 "물체는 객관적으로 보아서 무겁다."라는 명제가 된다.

10. 상상력

초월적 자아[나]는 잡다한 원소들을 객관적인 내용으로 통일하는 수행 중에 자기 자신이 연관 짓는 "하나를 이루는" 결합 운동을 의식한다. 거기서 중요한 것은 객관에 있는 운동이 아니라, "주관의 행

---

178) KrV, B138: 전집, III, 112.
179) KrV, B142: 전집, III, 114.

위"이다. 이 "초월적 운동"은 좀 더 세밀한 고찰을 필요로 한다.[180)]

통일작용의 주관적 운동은 직관적인 잡다들에서 실행된다. 예컨
대 선이라는 개념은 한 직관된 선분이 다른 선분에 잇대어지는 생각
속에서 그어짐으로써 산출된다. 선을 긋는 이 운동 행위를 통해 동 143
시에 시간이 역할을 한다. 시간은 '서로 잇따라'라는 종합적 행보로
서 현상에 등장한다. 이로써 분명해지는바, 종합적으로 진행되는 사
고는 예컨대 선이라는 상을 산출함에 있어서 공간적-시간적으로 펼
쳐지면서 동시에 또한 한 대상의 개념 통일을 위해 결집한다는 것이
다. 여기서 사고작용과 직관작용의 기능적 단결이 "상상력"의 이름
아래 등장한다. 이 "능력"은 한편으로 객관적인 상들을 만들어낸다
는 점에서 직관을 담고 있으면서, 다른 한편 어떤 현재하는 대상에
의한 촉발을 기다릴 필요가 없다는 점에서 지성의 순수한, 자발적
운동을 보인다. 이것이 "근원적" 상상력이다. 즉 이 상상력은 생산적
인 것으로 나타난다. 이 상상력은 이미 본 상들을 기억 속에서 재생
해내는 것이 아니라, 선이나 원과 같은 상상들을 만들어낸다. 직관
적인 형태들의 실재성은 상상력의 초월적으로 기술하는 운동에 의
해 성립한다. 이 운동에는 직관과 함께 지성이 가담되어 있다. 두 능
력은 형태의 현시라는 합작품을 위해 각자의 몫을 맡는다. 지성은
규칙을 운용하고, 직관은 공간-시간적인 면을 덧붙인다. 이렇게 해
서 양자는 바야흐로 가능한 경험을 구성함에 있어 대변자가 되는 상
상력으로 변환된다. 초월적[초월하는] 운동은 순수한 영역에서 실행

---

180) Kaulbach, *Der philosophische Begriff der Bewegung*(Köln · Graz 1965), S. 113 · 131 참조.

되는 과정[역사/이야기]이다. 그것이 예컨대 선[線]이라는 대상의 근원이자 동시에 선이라는 개념의 근원이다.[181)]

순수한 상상력의 운동 중에서 범주 그리고 그와 함께 근원적 자기의식이 실연[實演]되는 한에서, 이로부터 자의적인 형태들이나 형
144 상들이 아니라, 객관적인, 대상적인 상들이 생긴다. 예컨대 내가 기억 속에서 재생해내는, 이미 본 적이 있는 특정한 집의 경험적인 상을 생각하는지와, 초월적인, 형상을 구상해내는 상상력의 산물로서 이 집의 형태를 제시하는지는 차이가 있다. 첫 번째 경우에는 하나의 주관적인, 양도할 수 없는 상이 생기는데, 이 경우에는 더구나 내가 그 상을 위에서 아래로 그려나가느냐 또는 아래에서부터 위로 그려나가느냐는 자의적인 것이다. 이 대목에서 칸트는 "포착"에 대해 말한다. 포착은 어떤 집에 대한 경험적 직관의 경우에 직관의 "잡다"가 지각됨으로써 일어난다. 이 경험적 통일이 생기기 위해서는, 물론 공간과 외적 감성적 직관의 필연적 통일이 일반적으로 기초에 놓여 있어야만 한다. 두 번째 경우에는 하나의 객관적인, 자의적으로 합성할 수 없는 집의 상이 생긴다. 그것은 일정한 구성의 규칙에 의해 생산적으로 산출되는 것이다. 범주의 초월적 연역의 결산서의 내용인즉, 범주는 순수한, 운동으로 실행하는 자기의식의 총독으로서 생산적 상상력의 형태를 받아들이는데, 이 형태를 통해 공간-시간적으로 주어진 것들이 대상들이 될 수 있고, "현상들"이 "경험"으로 될 수 있다는 것이다. 실제 경험은 "가능한" 경험의 기초 위에서 일

181) Kaulbach, *Philosophie der Beschreibung*(Köln · Graz 1968) 참조. 여기서는 암시적으로 전개한 것이 이 책에서는 상세하게 해명된다.

어난다. 가능한 경험이 선험적-초월적 종합들을 통해 기획된 구조적인 기초 조직을 있게 하는 것이고, 그 위에서 경험적 학문들의 실제 경험이 구축되는 것이다.

범주들은 그것들이 선험적인 대상적 인식의 구축에서 하는 역할을 통해 권리가 증명된다. 그것들은 "실재적" 기초 개념들임을 스스로 입증한다. 그럼에도 이 권리증명은 동시에 그 한계를 포함하고 있다. 즉 그것들은 가능한 경험의 영역에서만 타당성을 주장할 수 있는 것이다. 그래서 우리에게는 어떠한 선험적 인식도, 만약 그 145
것이 가능한 경험의 대상들과 관계 맺지 않는다면, 가능하지 않다. 무릇 범주가 자신을 생산적 상상력으로 변환시킴으로써 공간-시간적 현상들을 객관들이 되게 하고, 이런 식으로 "현상들"을 "경험"으로 전환시키는 한에서, 그것은 동시에 또한 자기의 타당성의 영역을 가능한 경험의 구역에 국한시키니 말이다. 이러한 전제 아래서 사유진행은 가능한 경험 영역의 기본구조 일반을 현시하는 기초-판단들 내지 기초-명제[원-칙]들로 이행해간다. 여기서 문제가 되는 판단들은, 개별적인 자연인식을 표현하고 있는 그런 판단들이 아니라, 판단형식들 즉 개별적인 판단이 객관적 실재성을 주장할 수 있기 위해서는 그 아래 포섭될 수 있어야만 하는 "판단들 일반"이다. 그래서 원칙들에 관한 절은 초월적 판단력에 대한 해설로부터 시작된다. 무릇 판단력이란 개별 사례를 그것의 보편적 원리 아래 올바르게 포섭하는 능력을 말한다. 순수 지성개념들의 도식기능에 관한 장에서 하나의 특수한 대상을 "하나의 보편적인 개념 아래" 포섭시키는 문제가 해설된다. 예컨대 경험적 대상인 접시가 원이라고 하는 보편적이고, 순수한 기하학적 개념 아래 포섭된다면, 이것을 초월철학적으로는 어떻게 이해해야 할까?

11. 판단력과 도식기능: 초월 운동

이로써 원리적으로 보아 범주의 현상에 대한 "적용" 가능성의 물
음이 제기된다. 이 물음도 초월(적) 운동 원리를 통해 대답될 수 있
146 다. 만약 예컨대 원이라는 개념이 내가 이 도형을 그림으로써 성립된
다면, 그때 결국 보편적 개념에 대한 하나의 특수한 도상[圖像]이 생
긴 것이다.[182] 도상과 순수 개념 사이에는 기술[記述] 작용 내지 구성
작용의 운동이 있다. 이 운동은 하나의 수행 방식의 규칙을 따르는
데, 이를 칸트는 초월적 도식[圖式]이라고 한다. 도식이란 하나의 보
편적 규칙에 따라 하나의 특수한 도상을 산출하는 "수행 방식"이다.
그러니까 예컨대 '삼각형' 개념은 보편적인 것이어서, 어떤 삼각형의
개개의 도상도 이 개념에 딱 맞을 수는 없다. 그러나 개념 안에는 삼
각형의 개개 도상을 그리기 위한 운동지침이 함유되어 있고, 개념은
개개의 삼각형이 그에 따라 그려질 수 있는 규칙을 제공하는 "도식"
을 함유하고 있기 때문에, 그렇게 해서 생기는 도형을 삼각형 일반의
도식이라고 지칭할 수 있는 것이다. 순수 지성 안에서 "도식기능"이
전개된다. 지성은 자신이 상상력으로 변환됨으로써 개념에다가 그것

---

182) Kaulbach, *Philosophie der Beschreibung*(Köln · Graz 1968), S. 289 이하 참조. 여기에서는 기술하는 운동의 "성격"이라는 개념도 상세히 다루어진다. 이 개념은 F. Kambartel, *Erfahrung und Struktur*, Frankfurt 1968, S. 113 이하에서 생산적으로 더욱 발전된다.

의 도상을 만들어주는, 규칙에 따른 기술 운동을 실행한다. 도식을 통해 기초-개념인 범주도 대상적 의미를 얻는다. 즉 범주가 동시에 직관에 대해서도 생산성이 있는 것으로 만들어진다. 도식은 말하자면 순수 지성 내지 선험적인 순수 상상력의 필사본의 성격이다. 그래서 칸트는 이를 생산적 상상력의 "약자[略字]"라고 말하기도 한다.

이제 기초-개념인 범주와 가령 원"의" 개념과 같은 특수한 개념
들은 서로 구별되지 않으면 안 된다. 범주의 도식은 예컨대 원 개념
의 도식보다 더 보편적이다. 순수한 범주의 도식은 개별 개념의, 가
령 원 개념의 도식처럼 하나의 도상에 침전되지 않고, 범주에게 그 147
운동 성격에 기초해서 다시금 비로소 원이나 삼각형과 같은 도상 기
술들이 가능하게 되는, 그런 운동 성격을 부여한다. 양 범주의 순수
도식은 수라고 하는 "것" 일반이다. 이것은 하나의 특수한 수 개념인
경우에 하나의 연이은 덧붙임을 가능하게 하는 보편적 운동을 위한
표상이다. 그런데 예컨대 수 5는 그것의 도식이 예컨대 점 다섯 개
의 도상 즉 ·····을 만들어내는 하나의 특수한 개념이다. 범주인 실체
는, 사람들이 그것의 도식을 표시함에 있어서 시간적 운동규정으로
이해한다면, "시간상에서 실재적인 것의 고정불변성이다. … 다른
모든 것이 바뀌어도 여전히 지속하는"[183] 것이 된다. 이런 식으로 모
든 범주가 도식화된다. 다시 말해 그것들은 모두 시간적인 운동규정
들로 지시되는데, 주목해봐야 할 것은, "고정불변"(실체)의 규정도 시
간적 본성을 갖는다는 점이다. 범주들은 이런 식으로 동시에 자신을
가능한 경험의 대상들에 국한시킨다. 여기서 선험적 종합 원칙들이

183) KrV, B183: 전집, III, 137.

등장한다. 선험적 종합 원칙들의 체계가 가능한 경험의 영역에 그것의 보편적 기본구조를 부여하는데, 그렇기에 이 최고 보편적인 원칙들 아래에 포섭될 수 없는 것은 아무것도 우리 인식의 가능한 대상이 될 수 없는 것이다.

하나의 종합 판단을 산출하기 위해, 주어진 개념을 넘어서서 그 개념에다 지금까지 낯설던 내용을 덧붙일 수 있으려면, "제3의 것"이 필수적이다. 칸트는 그것을 모든 종합 판단들의 "매체"라고 말하면서, 내감을 그런 것으로 정한다. 이 내감의 선험적 형식이 시간이다. 종합을 운동으로 파악한다면, 이것은 놀라운 것이 아니다. 무릇
148 순수한 자기의식으로서 나는 종합 수행의 경우에 한 개념에서 다른 개념으로의 이행 운동을 의식하니 말이다. 이런 선험적 종합 운동들로부터, 칸트가 (『형이상학 서설』에서) "판단들 일반"이라고 명명하기도 하는, 근원적으로 초월적인 원칙들이 결과한다. 한 개별 판단이 실제적 경험의 지위를 얻을 수 있으려면, 그 안에 이 판단작용의 초월적인 견본적 형식들의 체계가 현재해야만 한다. 그러나 수학의 선험적인 종합 명제들 또한 그러한 종합적 원칙들을 전제한다. 사고하는 자아[나]는 이 원칙들의 체계의 도움으로 경험 일반이 가능하게 되는 영역을 기획한다. 그러므로 개별적인 경험이 순수 지성과 순수 상상력에 의해 기획된 기본구조에 합당하지 않으면, 그것은 실제적인 것이 될 수 없다. 모든 가능한 대상은 "가능한 경험에서의 직관의 잡다의 종합적 통일"[184]의 필연적 조건들에 종속한다. 범주가 직관과 함께 "상상력" 안으로 들어가, 도식기능의 규칙에 따라 공간과 시

---

184) KrV, B197: 전집, III, 145.

간의 (인과적 사건의) 형상들을 산출하는 역할을 맡는 것에 기초해서, 범주는 운동으로 전개된다. 그때 운동 원리의 두 측면에 주목해야 한다. 한편에서 운동은 객관적으로 파악 가능하고 표상 가능하다. 예컨대 수들의 증가처럼 말이다. 1과는 다른 각각의 수는 여러 개의 1들의 합성의 산물인 한에서, 선험적 종합에 의해 생긴 것이다. 그래서 수에서는 상승하는 운동이 일련의 증가하는 양으로 표상될 수 있다. 이에 상응해서 예컨대 원과 같은 도형의 발생 운동도 객관적으로 표상될 수 있다. 칸트는 여기서 "형상적 종합"을 말하는데, 이를 통해 표상에서 구성의 실행 중에 형상[도형]이 생겨난다. 원인으로부 149
터의 결과의 인과적 "유래"도 운동이다. 다른 한편은 주관적 운동의 측면이다. 그것은 직관된 잡다를 객관적 형성물로 선험적으로 통일(종합)하는 수행으로 일어난다.[184a)] 그것은 "초월적 운동"이라고 이름붙일 수도 있다. "나는 나의 초월적 상상력을 작동시킨다."라는 운동 말이다. 이에 의해 선험적인 방식으로 대상들의 객관적 통일이 산출된다. 이것이 바로 "상상력의 초월적 활동"인데, 의식의 운동인 이 활동을 통해 시간적-공간적 직관내용들은 수, 공간의 형상, 물리적 사건과 같은 유의 대상적 구조들의 성격을 얻는다. 여기서 칸트는 의식의 종합 운동을 공간의 "기술[記述]/그리기"라고 말하는데, 이때 그는 주로 기하학에서의 구성작업[作圖]을 염두에 두고 있다. 그래서 언급되고 있는 "주관의 활동으로서의 운동"과 "한 대상의 규정"은 구별되어야 한다. "공간에서의 한 객관"의 운동은 순수 학문에 속하지

184a) Kaulbach, *Der philosophische Begriff der Bewegung*(Köln · Graz 1965), S. 140 이하 · 152 이하 참조.

않는다. 무엇인가가 운동한다는 것은 경험을 통해서만 인식될 수 있는 것이니 말이다. "그러나 공간을 그리는 운동은 생산적 생산력에 의한 외적 직관 일반의 잡다를 순차적으로 종합하는 순수 활동이고, 그러니까 그것은 기하학에 속할 뿐만 아니라, 초월철학에도 속한다."(KrV, B154, 주)

150 선험적 직관의 형식적 조건들, 종합 운동을 하는 순수 상상력, 그리고 최고 통일의 기능을 하는 초월적 통각의 합작이 가능한 경험의 구조적 영역을 낳는다. 애당초부터 이 영역을 지배하는 법칙들 아래에 서 있지 않는 대상은 문젯거리가 아니므로, 모든 종합 판단들의 최상의 원칙은 다음과 같이 정식화될 수 있다: 경험 일반을 가능하게 하는 조건들이 동시에 경험의 대상들을 가능하게 한다. 의식의 주관적 운동이 동시에 사태들의 객관적 출현이다.

12. 종합적 원칙들의 체계: 초월적 유명론

범주들의 분류에 상응해서 네 가지의 종합적 원칙들이 있는데, 처음 두 ("수학적") 원칙들은 수학의 원리들을 표명하고, 반면에 "역학적"이라 하는 나중의 두 원칙들은 자연과학의 원칙들을 정초한다. "직관의 공리들"과 "지각의 예취들"은 전자에 속하고, "경험의 유추들"과 "경험적 사고 일반의 요청들"은 두 번째 부류를 이룬다.

첫째 원칙은 연장적 크기[延長量]와 관계가 있다. 이 원칙은, 대상에 관한 모든 개별적 종합 명제는, 선험적인 것이든 후험적인 것이든 간에, 양적인 도량[度量] 내지 수의 보편적인 법칙에 종속되어 있음을 언표한다. 따라서 이 원리에 의거해 경험적 자연 대상들에 대해서는, 측량될 수 없는 것은 그 무엇도 도대체가 가능한 대상으로 거론될 수 없다고 말할 수 있다. 이 원칙인즉, "**모든 직관들은 연장적 크기들이다.**"[185]라는 것이다.

칸트는 각 원칙을 "증명"한다. 그때 증명이란, 각 원칙에서 표명 151
된 원리가 종합 운동을 통해 대상을 산출한다는 뜻으로, 초월철학적으로 각 원칙을 정당화[각 원칙의 초월적 권리를 입증]하는 일이다. 첫째 원칙과 관련해서 그 "증명"에서 제시되는 바는, 연장적 크기가 요소적인 부분들로써 하나의 전체를 합성하는 원리의 영역에 속한다는 것이다. 한 단위요소가 "근원적" 종합 운동에 의해 다른 요소들에 덧붙여짐으로써 하나의 전체가 생긴다. "제아무리 짧은 선분이라도 그것을 생각 속에서 그어보지 않고서는, 다시 말해 한 점으로부터 모든 부분들을 잇따라 산출해내고, 그렇게 함으로써 비로소 이 직관을 그려냄 없이는, 나는 어떠한 선분도 표상할 수가 없다."[186]

이 원칙은 바로 그에 의해 기하학—물론 유클리드 기하학—의 공리들을 이야기할 수 있는 보편적 원리를 제공한다. 이러한 공리들은 선험적 종합 판단들로서, 연장적 크기의 원리가 이것들의 구조를 결정하는 데 작용하고 있다. '5 + 7 = 12'와 같은 산술의 명제들도 이 연장적 크기의 원리에 종속한다. 여기서도 요소적인 단위들을 더 복합적인 수 단위들로 합성하는 일이 문제이기 때문이다. 수학적 판단들이 선험적 종합의 성격을 갖는다 함이 현대의 수학철학에서는 논란

185) KrV, B202: 전집, III, 148.
186) KrV, B203: 전집, III, 149.

거리이다. 만약 사람들이 프레게 이래의 현대 수리논리학에서처럼, 직관에게 아무런 지위를 부여하지 않는 논리적 실증주의의 생각을 받아들인다면, 이런 유의 판단들은 의문시될 것이다. 또한 이런 경우에는 "공리"의 개념에 대한 견해도 흔들리게 된다. 곧 공리들이 직관
152 적인 관계들에 관하여 아무런 언표도 하지 않는다면, 사람들은 공리들 안에서 순수한 논리적 정립들만을 보지 않을 수 없다. 그러나 그럴 경우에는 물론 수학의 현실에 대한 "적용"이 어떻게 가능한지에 대한 칸트의 문제는 대답되지 않은 채 계속 남아 있게 된다.

도식기능 이론에 의해, 형태들을 단위들로 산출해내는 종합 활동도 이 형태들에 관한 판단 수행과 일치하게 된다. 즉 판단함과 구성에 의한 형태들의 산출은 동일한 것으로 인식될 수 있다. 이성은 형태들을 선험적으로 그려내[기술하]면서, 이를테면 일종의 자기대화 중에서 자기 자신의 이 그려내는 운동을, 그려내는 주관인 '나'에 의해 수행된 것으로 간주한다. 구성하는 그려냄[기술]은 언제나 동시에 그때그때 나에 의해 수행된 것으로 간주되고 판정된다. 판단과 구성은 서로 분리될 수 없다. 구성이란 한 개념을 직관 중에 "현시"하는 것으로 파악될 수 있다.

둘째 원칙 즉 "지각의 예취들"의 원칙에는 그에 따라 지각 중에서 예취될 수 있는 것이 현시되는 원리가 정식화되어 있다. 이 원리에 의해, 모든 가능한 지각에 대해서, 설령 그것이 현실에서는 눈에 띄지 않더라도, 지각이 가능한 경험의 대상으로서 문젯거리가 되려면, "밀도적 크기"로 파악될 수 있어야 한다는 한 가지를 선취적이고 선험적으로 말할 수 있는 근거가 마련된다. "모든 현상들에서 실재적인 것, 즉 감각의 대상인 것은 밀도적 크기, 다시 말해 도[度]를 갖는

다."[187)]

이 원칙은 가능한 경험의 대상이 온도, 강도[强度], 명도[明度] 등등 153
으로 측정될 수 있는 것임을 규정한다. 이런 방식으로 감각들이 객관화될 수 있다.

"증명"에서 분명해지는 바는, 밀도적 크기는 합성에 의해 생기는 것이 아니라, 연속적인 증가와 감소의 운동에 종속해 있는 하나[단일성]라는 것이다. 예컨대 따뜻한 느낌[溫感]은 하나인 것으로 이해되지, 수 5가 다섯 개의 1들에 의한 것처럼, 요소들이 합성된 것일 수는 없다. 그것은 "도[度]"로서 파악될 수밖에 없다. 즉 이 원칙은 이런 감각을 대상적인 내용으로 규정하되, 그 감각의 도를 0에서부터 시작하여 밀도적 크기의 끊임없는 연속적인 증가를 통해 산출한다. 이로써 공간은 수학적인 연속성 표상들이 가능하도록 만들어지고, 이 바탕 위에 다시금 미분법과 적분법이 구축된다.

밀도적 크기들을 "흐르는" 것이라고도 부를 수 있다. 왜냐하면 생산적 상상력에 의한 이것들의 산출 운동은 "시간상에서의 진행인데, 그 시간의 연속성을 우리는 특히 '흐른다'('흘러간다')는 표현을 써서 나타내고는 하니 말이다."[188)]

다음에 "경험의 유추들"이라고 이름 붙여진 3개의 원칙들이 한 묶음으로 뒤따른다. 이것들은 "관계" 부류의 범주들에 상응하는 것이다. 그래서 이것들의 일반 원리는 "경험은 오직 지각들을 필연적으

---

187) KrV, B207: 전집, III, 151.
188) KrV, B211 이하: 전집, III, 154.

로 연결시키는 표상에 의해서만 가능하다."[189)]라는 것이다.

먼저 이것들 가운데 첫 번째 원칙, 즉 실체의 원칙을 살펴보자. 우리가 자연과학에서 어떤 힘의 태세에 관해 언표하려면, 반드시 그리고 선험적으로 취할 수밖에 없는 보편적 원칙이 있다. 즉 언표
154 란 "무엇인가"에 관한 것이지 않으면, 도대체가 불가능하다는 것이다. 사람들은 이 무엇인가를 실체라고 부른다. 또한 모든 가능한 대상은 실체로서 언표될 수 있어야 한다. 그러나 그것은 현상하는, 공간-시간적인 실체여야 한다. 실체 고정불변성의 원칙인즉, "현상들의 모든 바뀜[變轉]에서도" 실체와 그것의 양은 "자연에서 증가하지도 감소하지도 않는다."[190)]라는 것이다. 이 원칙에서는 실체적인 무엇과 그것의 시간적인 상태들의 "관계"가 이야기되고 있는데, 상태들의 바뀜 내지 잇따름은 그것들이 불변적인 실체라는 고정점에서 기술되기 때문에, 확립될 수 있는 것이다. "무[無]에서는 무[無]가 생긴다."라는 그 오래된 명제도 이 실체 고정성의 원칙에서 나오는 것이다. 실체의 상태들은 존재론에서는 "우유성[偶有性]"이라고 명명되었다. 이 원칙과 관련해서 철학적 개념 "변화"도 조명받는다. 실체는 예컨대 그것의 상태들이 "바뀌"면 변화한다. 미국의 대통령 자리는, 대통령들이 "바뀌기" 때문에, 변화하는 것이다. 대통령들 자신은 "바뀌"지만, 그 때문에 "변화하"는 것은 아니다.

제2 유추에서 말하는 보편적 종합 명제는 "모든 변화들은 원인과

---

189) KrV, B218: 전집, III, 158.
190) KrV, B224: 전집, III, 162.

결과의 결합 법칙에 따라 일어난다."[191]라는 것(인과성의 법칙에 따른 시간계기의 원칙)이다. 이 원칙에서 언명되는 바는, 그것의 실재성이 어떤 다른 것의 원인이나 결과로 파악될 수 없는 것은 그 무엇도 우리에 대해 대상일 수가 없다는 것이다. 원인-결과-관계는 사태 B의 현존이 사태 A의 현존에서 시간상 뒤따라 나온다는 의미로 이해된다. 한 대상의 대상성[대상임]은 지성이 이 대상에게 인과 관계의 155
한 항의 역할을 할당해줌으로써 지성에 의해 만들어진다. 이 원칙을 통해, 인과성은 흄이 가정했던 것처럼 한갓된 주관적 연상의 결과물이 아니라, 원인과 결과 사이의 객관적 관계임이 보증된다. 이 보편적인 초월적 원칙은 대상의 대상성 일반이 만들어질 때, 함께 현실화한다. 그래서 이 원칙은 물리학적인 인과 법칙과는 구별되어야 한다. 물리학적 인과 법칙은 이미 대상들로 자리 잡은 객관들에 관해 여러 가지 방식으로 정식화될 수 있다. 뒤의 성찰과 관련해서 중요한 것은, 칸트가 여기서 인과성 개념을 "활동"과 "힘" 개념을 위한 출발점으로 삼고 있다는 점이다.[192] 이 인과성의 종합적 원칙에 의해, 사고가 사태 A의 현존에서 다른 사태 B의 현존으로 넘어가는 운동을 하는 보편적 규칙이 제시된다. 그러나 이것으로는 전체의 한 "면"만이 표현된 것이니, 또 다른 면은 객관들 자체에 관한 것이다. 즉 이 원칙은 동시에, 하나의 대상 A로부터 또 하나의 다른 대상 B의 존재가 인과적으로 나온다는 것을 정초하고 있다. 이렇게 해서

---

191) KrV, B232: 전집, III, 166.
192) KrV, B249: 전집, III, 176.

"경험"은 "지각들의 순전한 집합"과는 달리 연관으로 정초된다. 왜냐하면 그것의 객관들이 인과적으로 결합되니 말이다.[193)]

156 "상호작용 또는 상호성의 법칙에 따른 동시에 있음[동시성]"의 원칙인 제3 유추는, 모든 실체들이 "공간상에서 동시에 지각될 수 있는 한에서 일관된 상호작용 속에" 있음을 다룬다. 여기서 칸트는 뉴턴 물리학의 공리인 작용=반작용을 염두에 두고 있는 듯하다. 여기서 중요하게 생각해야 할 것은, 사물들의 동시성도 하나의 시간규정이라는 점이다. 무릇 주관적 지각에서는 대개 한 사물이 다른 사물에 뒤이어 지각된다. (이것을 포착이라 한다.) 그래서 객관적으로 보면 동시에 현존하는 사물들이 주관적으로는 잇따라 있는 것처럼 보이는 가상이 생길 수도 있다. 지각된 사물들이 상호 의존되어 있고, 상호 영향 아래에 있다고 규정함으로써 동시성에 객관적 근거를 마련해주는 상호작용의 원칙이 이러한 가상을 방지해준다. 홀로 격리되어 있고, 다른 사태들과 어떠한 상호 관계에도 있지 않은 그런 사태는 도대체가 가능한 경험의 대상일 수가 없다. 그런 사태는 연관성과 통일성의 초월적 기초원리를 결여하는 셈이니 말이다.[194)]

---

193) Prol, §26, A93 이하: 전집, IV, 308 이하 참조. 도식화된 형식에서의 인과성은, 경험적 현실이 정확히 고정되고 임의대로 정확하게 제시될 수 있는, 공간-시간 점들 사이의 관계맺음의 체계로 파악될 수 있음을 함의한다. 즉 공간-시간 점들은 인과 관계에서 정립되는 것이다. 이러한 정확성이 현상에서 이루어질 수 없는 곳, 양자물리학 같은 데서는, 인과성의 원칙도 무제한적인 고전적인 의미에서 표준이 되지는 못한다. 그러나 인과성은 변양된 형식에서 언제 어디서나 물리적 대상들의 객관적 기본 구조의 형성 요소이다.

194) 동시성의 철학적 의미는, 아인슈타인의 일반 상대성 이론 같은 데서 물리학자가 이 말에 부여하는 의미와는 아무런 관계가 없다.

실체, 인과성, 상호성의 종합적 원칙들에서는 “관계”의 초월적 원리가 결정적이다. 이러한 관점에서 이 원칙들은, 그에 따라 그때그때 이것들 안에서 표명된 초월적 관계에 맞춰 경험과학의 실제 진전 중에 경험적 관계들을 찾아낼 수 있는 보편적 규칙들로 파악될 157
수 있다. 도대체가 실체라는 것이 있기 때문에, 예컨대 한 조각의 유황[硫黃]을 실체적인 것으로 지칭하고 취급할 수 있다. 인과성이라는 초월적 관계가 대상을 정초하기 때문에, 예컨대 번개를 천둥의 원인이라고 간주할 수 있는 것이다. 경험적인 관계들은 초월적인 관계들에 “유추해서” 형성된다. 그래서 칸트는 이러한 원칙들과 관련하여 “경험의 유추들”을 이야기한다.

마지막으로 종합적 원칙들의 틀에서, 이성이 경험인식들을 얻고자 할 때에 자기 자신에게 내세우는 요청들이 뒤따른다. 이것들에 대응하는 양태의 범주들이 그러하듯이, 이 요청들은 가능한 경험의 객관들에 관한 어떠한 내용적인 것도 언표하지 않고, 주관이 자기의 대상들에 대해 가질 수 있는 여러 가지 “관계[태도]”를 지시한다. 그러므로 이 “관계”는 앞서의 원칙들의 경우처럼 객관들 사이의 관계라는 의미에서와 같은 “객관적”인 것이 아니다.

대상을 단지 형식의 면에서 고찰하는 이는 단지 그것의 가능성만을, 반면에 동시에 감각도 관여시키는 이는 그것의 현실성을 포착한다. 그래서 요청들은 다음과 같다: “1. 경험의 형식적 조건들과(직관과 개념들의 면에서) 합치하는 것은 **있을 수** 있다[가능적으로 실존한다]. 2. 경험의 질료적 조건(즉 감각)과 관련되어 있는 것은 **실제로** 있다[현실적으로 실존한다]. 3. 그것의 현실적인 것과의 관련이 경험의 보편적인 조건들에 따라 규정되는 것은 **반드시**[필연적으로] 있다(실존한다)."[195]

요약해서 종합적 원칙들에 관해 말할 수 있는바, 이 원칙들에서
158 가령 수학, 물리학 또는 경험 심리학에 대한 언표는 하나도 도출할 수 없다. 이 종합적 원칙들은 단지 대상성 일반 내지는 가능한 대상들의 기본성격들을 규정하며, 그래서 존재론을 비판적 초월철학의 의미로 이해하는 한에서의 "존재론적" 역할을 한다. 이 원칙들은 어떠한 원리들에 근거해서 과학의 대상들 일반이 "~이다/있다"라고 지칭될 수 있는지를 규정한다. 이 '~임/있음'의 정초는 주관이 "자기의" 객관들에 대하여 실행하는 선험적 운동 중에서 결정되어 있다. 존재론적 발상의 이러한 표현 형태는 가히 혁명적이다. 이미 경험주의 철학도 근대 자연과학의 유명론적 사고에다, 보편-타당한 인식 개념들을 주관적 결합들의 결과물로 설명함으로써, 철학적 공식성을 부여하였다. 그러나 칸트의 발상은 훨씬 더 근본적이다. 그것은, 주관이 그 안에서, 선험적인 이론적 인식의 대상들에게 존재[~임/있음] 성격을 수여하는 보편적 기본구조를 위해 법칙-수립자의 역할을 하는 한에서, 초월적 유명론이라고 규정할 수 있다.

종합적 원칙들의 표는 "순수 자연학적 표"라고 지칭된다. 여기서 자연[본성](自然[本性]) 개념은 여러 가지 의미를 갖는다. 첫 번째 의미는 "비판적 방법에 따라서 **지성 자신의 본성으로부터** 끌어낸 원칙들의 표"[196]라는 표현에서 드러난다. 다른 한편으로는 객관들의 자연 내지는 객관적 자연을 지칭할 때이다. 이 원칙들의 체계는 순수

195) KrV, B265 이하: 전집, III, 185 이하.
196) Prol, §26, A93: 전집, IV, 308.

지성이 자연이라고 일컫는 자신의 지역에 수립하는 기본구조(정치적
으로 말하면, 기본법/헌법)를 현시한다. 이 영토가 동시에 갖는 명칭이
"가능한 경험의 영역"이다. 개별적인 이론들의 분야로서 각각의 실 159
제 자연과학은 그것이 과학이고 자연의 객관들에 관해 언표할 권리
주장을 이행하고자 한다면, 이 기본법에 자신을 맞춰야 한다. 이 원칙들로써 칸트는 자연에 대한 실제 과학들을 가능하게 하는 틀을 제공하는 철학적 "일반" 순수 자연과학을 정초한다. 이때 모든 종합 판단들의 최상 원칙에 의거한 종합 원칙들은 자연과학에 대해서뿐만 아니라 자연의 객관, 자연 일반에 대해서도 정초적이다. "그러므로 경험 일반을 가능하게 하는 것은 동시에 자연의 보편적 법칙이고, 전자의 원칙들 자신이 후자의 법칙들이다."[197] 이것이 칸트에서, 지성이 자기의 (선험적인) 법칙들을 자연에서 퍼내는 것이 아니라, 이것들을 자연에게 지정하는 것임을 뜻한다면, 그때 염두에 둔 법칙들이란 개별 과학에서 공식화된 "특수한" 법칙들이 아니라, 자연 일반의 "보편적" 법칙들이다.

현실성[현존]의 원칙에 대한 해설에 뒤이어『순수이성비판』의 제2판에는 중요한 대목이 추가되었다. 거기에서는 무엇보다도 데카르트적 발상과의 대결이 벌어지고 있다. 데카르트는 사고하는 "자아존재"(사고하는 것)와 물체(연장적인 것)들의 세계를 격리시켰고, 이로써 그는 그가 오직 사고하는 것의 표상들을 거쳐서만 접근한다고 가정할 수 있었던 세계(즉 "외적-세계")의 실재를 추가적으로 실재하는 것이라고 증명해야만 할 인위적인 상황에 놓이게 되었다. 그러나 칸

197) Prol, §36, A111: 전집, IV, 319.

트의 발상은 다르다. 그는 주관을 세계에서 격리된, 사고하는 실체
의 처지에 빠뜨리지 않는다. 칸트의 발상에 따르면 자아 자신은 세
160 계와의 매개를 통해, 다시 말해 그로 인해 경험이 생기는, 현상들을
종합하는 작업을 통해 자신을 현실화한다. 그래서 칸트에 따르면 먼
저 의심받았던 외적 세계를 추가적으로 부활시켜내야 할 필요가 없
다. 칸트에 따르면 자아와 세계의 활줄은 끊어진 적이 없기 때문이
다. 자신의 감각들 내지 현상들을 철자화하고, 그것들을 경험으로
판독하는 주관은 세계 안에서의 자기 자신의 상황을 동시에 이 세계
자체의 실재에 대한 의심할 여지없는 징후로 이해한다.

보편적 자연의 법칙적인 기본구조가 확정되면, 이 영역을 둘러치는 한계선도 선명해진다. 사물들 자체, 예지체와는 구별되어야 하는, 현상체 즉 "우리들에 대한" 대상들의 영역이 있는 것이다.[198)]

13. 현상세계에서 예지세계로의 이행

"우리는 이제 순수 지성의 땅을 두루 여행하면서, 각 지역을 주의깊게 시찰하였을 뿐만 아니라, 또한 이 땅을 측량하여 각 사물들에게 그것의 위치를 지정해주었다."[199)] 이 "지역"은 본래, 영역이 아니

198) 본질[본체] 내지는 "사물들 자체"를 다루었던 옛 존재론은 칸트에서는 단지 현상들의 대상적 존재만을 취급하는 존재이론에 자리를 내주어야 한다. 그리고 "사물들 일반에 대한 선험적인 종합적 인식들(예컨대, 인과성의 원칙)을 체계적 교설로 제공한다고 과시하는 존재론이라는 의기양양한 명칭은 순수 지성의 순전한 분석학이라는 겸손한 명칭으로 대치되어야 한다."(KrV, B303: 전집, III, 207)

199) KrV, B294: 전집, III, 202.

라 활동 내지 기능인 지성 자신을 뜻하는 것이 아니다. 그것은 순수
지성이 그것의 기본구조[헌법]를 지정해주는 영토를 뜻한다. 이 지역
은 하나의 섬으로서, "자연 자신에 의해 불변의 경계로 둘러싸여 있
다." 그것은 동시에 진리의 육지로, 광활하고 파도 출렁이는 대양 가
운데 있거니와, 그 대양에서는 지금까지 형이상학의 모험이 전개되 161
었다. 여기서는 기만적인 가상에 오도된 많은 배가 난파당했다. 여
기는 "짙은 안개와 이내 녹아버리는 많은 빙산들이 새로운 땅인 양
속이는, 가상의 본래 자리로서, 그것은 발견을 위해 열심히 돌아다
니는 항해자로 하여금 부단히 헛된 희망을 가지도록 기만하고, 중간
에 그만둘 수도 없고, 그렇다고 끝까지 해낼 수도 없는 수많은 모험
에 얽어 넣는다."[200] 그러나 칸트는 이성의 형이상학적 모험을 용기
있게 존속시키려 하고 있으므로, 그가 해야 할 일은 형이상학이라는
배에, "항해술의 확실한 원리들"을 터득하고, 완벽한 바다지도[海圖]
와 나침반을 갖추고, 배를 자신이 생각하는 방향으로 안전하게 운항
할 수 있는 선장을 보내주는 일이다.[201] 초월적 분석학이 가르쳐준
바, 범주들은 가능한 경험의 영역에서만 "의의와 의미"를 갖는데, 그
것은 여기서만 감성적 직관이 "주어진 것"을 마련해놓고 있기 때문
이다. 그래서 예컨대 "어떤 것"이라는 개념은, 만약 거기서 사람들이
시간상에서 고정불변적이면서 그 안에서 변화하는 것, 즉 가능한 경
험의 하나의 직관 가능한 사태(실체)를 표상할 수 없다면, 전적으로
공허하고 아무런 의의도 의미도 없는 것일 터이다. 칸트는 오로지

200) KrV, B295: 전집, III, 202.
201) Prol, A17: 전집, IV, 262.

허용되는 것은 지성의 "경험적 사용"이라고 말한다. 형이상학이 도저히 이겨내지 못한 가상과 기만의 위험은, 지성에게 "초월[초험]적"인 사용, 다시 말해 지성이 직관과 경험을 고려하지 않고 진행시킨 그러한 사용이 열려 있음으로써 생긴 것이다. 지성은 순전히 개념의 논리적 가능성들을 노리고, 거기서 모순이 보이지 않는 경우 자기의
162 사태-인식의 확장도 해냈다고 믿는다. 그로 인해 환영[幻影]들과 사취("詐取")들이 생겨난다.

그러나 다른 한편 철학적 사유가 오로지 경험을 돌보는 것만으로 만족할 수는 없다. 이미 현상이라는 개념이 현상하는 "무엇인가"를 생각하도록 요구한다. 이 '무엇인가'는 감성에 독립적인 대상, "객관 일반" 내지는 "초월적" 객관이지 않을 수 없다. 내가 이 '무엇인가'에 대해 아무것도 알 수 없다 해도, 그것은 열려 있는 사고 가능성들의 '곳[장소]'으로 납득할 수밖에 없다. 여기서 순전히 사고 속에서 "납득된 것", 즉 예지체[叡智體]가 문젯거리가 된다. 이 어휘는 현상체들의 영역과는 구별되면서, 현상체들의 인식 불가능한 근거들을 유숙시키는, 어떤 영역을 고지한다. 그래서 예지체는 언제나 단지 소극적으로 사용될 수 있을 뿐이다. 즉 사람들은 그것에 대해, 그것은 무엇 무엇이 아니라고 말할 수 있을 뿐이다. 이것이 갖는 중요한 의의는, 그것이 가능한 경험이라는 섬을 둘러싸고 있는 순전한 "**한계개념**"[202]이라는 점에 있다. 이 예지체 개념은 단지 허용될 뿐만 아니라, 현상이라는 개념의 사례가 보여주듯이, 경험의 정초를 위해 필수적인 것이기도 하다.

---

202) KrV, B311: 전집, III, 211.

14. 반성개념들의 모호성과 초월적 위치론

이로부터 서로 다른 두 가지 입지점, 즉 현상적 입지점과 예지적
입지점이 결과한다. 각 입지점에서 각기 고유한 조망이 펼쳐진다.
그것은 예컨대 "반성개념들의 모호성"에 관한 절에서 분명해진다.
여기서 문제가 되는 것은, 한편으로는 현상개념들로, 다른 한편으로 163
는 예지적 개념들로 이해됨으로써 생기는 개념들의 양면성 이론이
다. 그러한 반성개념들이 1. 일양성[一樣性]과 상이성, 2. 일치와 상충,
3. 내적인 것과 외적인 것, 그리고 4. 질료와 형식이다. 이것들의 이런
명칭은 이 개념들을 통해 여타의 서로 비교되는 개념들에 관한 반성
이 일어난다는 사정에서 비롯한 것이다. 여기서 칸트는 라이프니츠
와 대결을 벌이고 있다. 칸트는 라이프니츠가 그 자신 무반성적인,
예지적 사고의 입지점을 가진 반면에, 자기 자신은 현상적 사고와 예
지적 사고를 구별할 줄 아는 비판의 입지점에서 말한다고 생각한다.
그래서 라이프니츠는 예컨대 "내적인 것"으로 자기와는 다른 어떤
것과의 모든 관계를 배제하는 사물 자체의 규정(단자들의 창문 없음)을
뜻한다.[203] 그럼에도 현상적 사고와 발언의 입지점에서 보면 하나의
현상하는 실체의 내적 규정들은 관계들이다. 즉 실체 자신이 다른 실
체들과의 관계들의 총괄로 간주된다. 이 관계들이 가령 당기고 밀치
고 하는 힘들의 작용 형식을 취하고 있는 것이다.

조망과 입지점의 표시로 칸트는 초월적 위치론, 다시 말해 그 안에서 한 대상이 나타나는 초월적 장소 내지는 초월적 조망에 대한

---

203) Leibniz, *Monadologie*, 7 참조.

이론의 계획표에 대해 말한다.[204] 사람들이 현상들의 입지점을 넘어서 예지적 사고의 입지점으로 나가면, 한낱 사념된 그리고 생각 가능한 사태들에 어떤 내용을 부여하는 새로운 정립의[적극적인] 가능성이 생긴다. 그러나 물론 언제나 이 내용이 인식이라고 주장될 수
164 는 없고, 오해된 것이라는 전제에서 그러하다. 예컨대 최고의, 포괄적인 하나[一者]의 사념에 관해 말할 것 같으면, 이것을 인식적으로 충전된 개념(객관적 실재성)으로 오해해서는 결코 안 된다. 즉 그것은 기껏해야 경험적 사고를 위한 지침으로서, 모든 경험적인 개별인식을 포괄하는 하나라는 사념에 따라 정위시키는, 경험적 사고의 규제적 원리로 타당할 수 있을 뿐이다. 전체와 무조건자(절대자)에 따른 이러한 정위는 지성이 성취하는 것의 보완 작업이다. 이러한 보완은 "이성"의 소관사이다. "우리의 모든 인식은 감관에서 시작해서, 거기에서부터 지성으로 나아가고, 이성에서 끝이 나는데, 직관의 재료를 가공하여 사고의 최고 통일로 보내는 일을 하는 것으로 우리 안에서 마주치는 것에 이성 이상의 것은 없다."[205] 또한 이 "보완"은 동시에 비판의 기능을 갖는데, 왜냐하면 그것은 인식하는 지성의 가능성들의 한계를 뚜렷하게 해주기 때문이다.

---

204) KrV, B324: 전집, III, 219.
205) KrV, B355: 전집, III, 237.

15. 순수 이성의 변증학과 초월적 가상

판단 형식들을 "지성"에 의해 실행되는 통일형성들의 여러 가지 방식으로 해석했듯이, 칸트는 이제 볼프처럼 "이성"의 개념을 추론의 수행과 연관시킨다. 하나의 추론에서 여러 개의 판단들과 이것들에 투입된 통일형성들이 하나의 더 고차의 통일로 통합된다는 것이다.[206] 이성은 "추리작용에서 매우 잡다한 지성 인식들을 최소수의 원리들(보편적 조건들)로 개괄하고, 그렇게 함으로써 그것들의 최고의 165
통일성을 성취하고자"[207] 추구한다. 예컨대 물리학자가 지성인식의 분야에서 다수의 개별적인 자연법칙들을 발견하면, 이성 쪽으로부터 지성으로 하여금 그의 개별적인 법칙들을 하나의 포괄적이고 보편적인 통일법칙에 종속시키고, 각기 그 개별적인 법칙들에 유효한 많은 특수한 조건들을 오직 하나의 최고 조건 아래 수렴시키도록 유도하는 규칙이 등장한다. 그렇게 해서 예컨대 자연과학적 이론들은 새롭게 성찰된 입지점으로의 과학의 진보에서 더 보편적인 법칙들의 특수 사례들로 해석될 수 있다. 그때 포괄적이고 보편적인 관점들이 또한 특수한 이론들의 타당성을 위한 조건들을 뚜렷하게 해준다. 지성은 점차 상위의 조건으로 전진해가도록 요구받으면서도 최종의 절대적 조건을 얻을 수 없는 반면, 이성은 지성의 모든 개별적이고 유한한 조건들을 그 아래에 포섭하는 "무조건자의 이념"을 파

---

206) 칸트가 "지성"과 "이성"을 구별하지만, 이 구별을 용어상으로 일관되게 견지하지는 않는다는 점을 지적해두지 않을 수 없다. 예컨대『윤리형이상학 정초』에서는 "이성세계"를 기대하는 대목에 "지성[오성]세계"라는 명칭이 등장한다.

207) KrV, B361: 전집, III, 241.

악한다. 예컨대 물리학적 지성이 "세계공식[公式]"에서 얻고자 애를 쓰는 것 같은, 최고의 포괄적인 세계통일성이 무조건적인 것이겠다. 그런데 세계가 그러한 통일체라는 명제를 교조적-이론적 언표로 타당하게 만들려 하면, 그것은 세계통일성이라는 이념을 오해한 탓이겠다. 이 경우 사람들은 이 명제에 함유된 인식주장을 "사취"한 것일 터이다. 칸트는 모든 현상들의 절대적 통일이니 전체니 하는 따위의 이성개념들을 "이념들"이라고 일컫는다. 세계 전체와 같은 "이념"에는 그에 대응하는 아무런 대상도 직관적으로 제시될 수 없다. 그럼
166 에도 그러한 이념들은 자의적으로 지어내진 것이 아니라, "이성 자체의 본성에 의해 부과된 것으로, 따라서 필연적으로 전 지성 사용과 관계 맺는다."[208] 이러한 이념들은 "단지" 규제적인 기능을 가질 뿐으로, 최고의 통일성에 정향하는 지성의 수행 방식을 위한 규칙들을 표명한다. 그러나 그것들에는 아무런 "사태"도 대응하지 않으므로, 그것들을 객관적인 인식들로 오해해서는 안 된다. 그것들은 "단지" 사유 운동들, 즉 "도식들"("수행 방식")일 따름이다.

모든 초월적 이념들은 세 부류로 나뉜다. 이로써 재래의 특수 형이상학의 세 영역이 초월론적으로 정당화된다. 즉 이성적 영혼론[심리학], 이성적 우주론, 이성적 신학이 그것들이다. 첫째 구역의 문제들은 사고하는 주체의 절대적 통일의 이념에 기인하고, 둘째 구역의 문제들은 현상의 조건들의 계열의 절대적 통일 이념에, 셋째 구역의 물음들은 사고 일반의 모든 대상들의 조건의 절대적 통일 이념에 관계되어 있다.

---

208) KrV, B384: 전집, III, 254.

이 세 구역에서 전통적인 형이상학적 이성은 그 역사에서, 사취와 환상과 "궤변"으로 판명되는 주장들을 내세우고 증명하였다. 이에 대해서 칸트는, 이것이 철학자들의 그릇된 사고가 아니라, 이성 자신의 "변증적" 본성 탓이라고 강조한다. 만인 중 가장 현명한 사람조차 이것에서 벗어나지는 못할 것이고, "많은 노력 끝에 어쩌면 착오는 방지할지는 몰라도, 그를 끊임없이 성가시게 하는 가상을 온전히 소멸시킬 수는 없을 것"[209]이라 한다. 칸트는 순수 이성의 변증성을 세 부류의 제목 아래서 논한다. 그는 1. 순수 이성의 오류추리들에 대하여
(영혼론), 2. 순수 이성의 대립 정립에 대하여(우주론, 즉 이율배반론), 3. 167
순수 이성의 이상에 대하여(신학) 논구하고 있다.

칸트는 초월적 변증학에서 실제로 발설된 명제들과 대결하고자 하는 것이 아니라, 환상을 세우고 형이상학적 사이비 이론에 기우는 인간 이성의 성벽을 꿰뚫어보고, 형이상학적 사유의 오도를 이끄는 기제를 폭로하고자 한다. 그는 이러한 형이상학적 상황을 시각적 가상에 빠지는 시각작용에 비유한다. 지성은 시각의 착각들을 일찍이 밝혀냈건만, 눈은 여전히 착각을 일으키는 실정 말이다.

16. 이성적 영혼론 비판(오류추리론)

오류추리란 논리학에서 형식상 그릇된 이성 추리를 말한다. 인간 이성의 본성 중에는, 이성 추리에서 그러한 형식적인 잘못을 유발

---

209) KrV, B397: 전집, III, 261.

하고, "해결할 수 없는 것은 아니지만 불가피한 환상을 동반"[210]하는 초월적 근거들이 있다. 이런 것들 중에는 전통적 영혼 형이상학의 정리[定理]들이 있는데, 이를 칸트는 그의 범주들을 실마리로 해서 다음의 명제들로 요약한다: 1. 영혼은 **실체**이고, 2. 질적으로 **단순**하며, 3. 그것이 현존하는 여러 시간상에서도 수적으로 동일하고, 즉 (다수가 아니라) **하나**이며, 4. 공간상의 **가능한** 대상들과 관계 맺고 있다. 1. 비물질성, 2. 불후[不朽]성, 3. 인격성(이 1~3의 통합이 낳는 정신성)과 4. 물체들과의 관계, 즉 생명의 근거로서의 영혼이라는 술어들
168 은 이에 근거하고 있다. 이 논의의 핵심은 "나는 사고한다[사고하는 나/생각하는 자아]"에 대한 전통적 형이상학적 해석에 대한 비판이다. 전통적인 형이상학이 주장하는 바는, 순수한, 즉 경험의 영역을 초월하는 사고를 통해 "나"에 관해서 언표할 수 있고, (플라톤 이래의 영혼이론의 전통과 일치되게) 데카르트처럼 사고하는 실체에 대해 이야기할 수 있다는 것이다. 그리고 형이상학은 이러한 영혼 실체에 관해, 그것은 발생하지도 소멸하지도 않는다고 언표한다. 그러나 비판적으로 말할 수밖에 없는 것은, "나는 사고한다[생각하는 자아]"를 이 '나'가 자기의 객관들로 만든 사태들과 한 선상에 나란히 놓는다는 것이 될 수 없는 일이라는 점이다. '사고하는 나'가 무엇이며, 어떤 속성들을 갖는지 등등은 언표될 수 없는 것이다. 즉 나는 나를 단지, 내가 경험한계 내에서 인식할 수 있는 객관들을 규정함에서 수행하는 운동의 원리로서 경험할 뿐이다. 사고가 그것을 가지고 자기의 경험적 대상들을 규정하는 실체와 우유성 범주가 거꾸로 사고 자

---

210) KrV, B399: 전집, III, 262.

신에게 다시 적용될 수는 없는 것이다.

"나는 사고한다"는 이성적 영혼론이 그에 관해 여러 가지 변주곡을 엮어낸 주제이다. '나'라는 말은 "단지" 객관화할 수 없는 무엇인가를 지시할 따름이며, 그것은 객관화할 수 없고, 그래서 규정될 수 없는 "대상"으로 남는, 모든 규정하는 사고 수행의 밑바탕에 놓인 운동의 표시이다.[211] 내가 인식한다고 지칭하는 대상들은 "규정된 것"의 역할을 한다. '나'라는 이성이 규정된 객관을 지칭하듯이, 이성적 영혼론이 규정하는 운동 자신에 관해 객관적 언표를 할 수 있고, 그런 방식으로 그것을 지칭할 수 있다고 믿는다면, 이성적 영혼론은 착각에 빠진 것이다. 영혼의 불사성에 대한 전통적 증명에서 논거로 쓰이는 그 유명한 영혼의 단순성 입론(제2 오류추리)은 마치 "나"라는 말 169
이 우리 앎의 객관적 확립과 확장들을 위한 표시인 듯한 가상에 사로잡혀 나온 것이다. 활동적 원리로서의 '나'가 단순한 실행이라는 언표는 옳다. 그러나 이 언표는 단지 자기지[自己知]의 "직접적인 표현"으로 평가되어야지, 객관적 인식으로 평가되어서는 안 된다. 이 언표는 "나"가 현상사물이 아니라는 소극적 의미를 갖는 것이다. 오직 이러한 비판적 유보에서만 나는 주관적 작용자로서 단순 실체라고 말하는 것이 허용된다. 나는 운동("수레")이지 객관적 사물이 아니다. 이 명제는 단지 "우리 인식의 조건"에 대하여 타당할 뿐, "지정될 어떤 대상"에 대해서 타당한 것이 아니다.[212] 인격의 동일성을 다룬 제3 오류추리와 관련해서는 다음과 같은 결론이 나온다: 내가 나의 자

211) Kaulbach, *Der philosophische Begriff der Bewegung*(Köln · Graz 1965) 참조.
212) KrV, A356: 전집, IV, 224.

아를 흡사 자서전 작가처럼 순수 통각을 근거로 해서 의식하듯이, 인격의 동일성이 의식된다는 것이다. 현안은, 동시에 그때 경과하는 역사적 시간의 전체인, 이성활동들의 하나의 역사를 실행한 자인 나에 대한 비감성적 의식이다. 나 자신은 나를 이 시간의 전체로서 비감성적으로 아는 데 반해, 나 밖의 다른 관찰자는 나를 이 시간**상에서** 나타나는 개별 대상으로 포착한다. 그러나 그때 그 관찰자는 나의 자아의 객관적 고정불변성을 추리하지는 못할 것이다. 무릇 그에게 나의 자아는 사물 자체로 머물 것이므로, 그에게는 그로부터 아무것도 현상하지 않을 것이니 말이다. 그러나 내가 내적인 자기-의식을 근거로 해서 나를 동일성으로 해석한다면, 이때 이 언표는 아무런 객관적인 인식 주장을 할 수 없다. 이 언표는 시간**상에** 있는 나에 대한 것이 아니라, 예지적인 나와 이 나와 동일한 그의 역사 전체에 대해 말하는 것이니 말이다. 여기서 동일성이란 단지 시간적으로-현상하는 무상한 것의 영역에서 예외라고 하는 소극적 의미를 가질 수
170 있을 뿐이다. —제4의 오류추리에서는 칸트가 사고하는 나와 사물들의 세계 사이의 잘못된 데카르트적 이원론을 어떻게 비판하는지가 분명하게 드러난다. 칸트에게는 작용하는 "사고하는 나"로부터 외적 세계의 사물들에 이르기까지 연속적으로 부단히 뻗어 있는 초월적 이음줄[붙임줄]이 있다. 그렇기 때문에 외적 세계가, 데카르트에서처럼, 회의적-관념론적으로 가상이라 치부될 필요가 없다. 오히려 내가 나 자신의 감각들을 진지하게 받아들이듯이, "외적 세계"의 사물들의 직접적인 실재성 의식도 진지하게 받아들여야 한다.

전반적으로 오류추리 주제에 관해 말할 수 있는 것은, 칸트는 학문임을 주장하면서 등장한 영혼론으로는 오직 경험적 심리학만을

인정한다는 사실이다. 그리고 그때 경험적 심리학이란 무엇보다도 “내감”과 “내적 경험”을 다루는 경험과학을 말한다.

“나는 사고한다”는 명제 자체는 경험적 명제이다. 비록 이 ‘나’라는 말로 표시된 이성의 자기의식적 활동은 경험적인 것이 아니라 초월적인 것임에도 불구하고 말이다. 무릇 나는, 이 경험 세계에 대한 사고 작업을 해나가는 과정에서 경험 세계와의 이음줄[붙임줄]이 실현되었을 때만, “나는 사고한다”는 명제를 비로소 발설할 수 있기 때문이다.[213] 오류추리 가운데 마지막 것은 범주들의 체계에서 양태 범주가 그러하듯이, 다른 것들에 비해 특수한 위치를 차지한다. 여기서는 전적으로 보편적으로, 주관이 세계의 대상들에 대해 갖는 관계의 주요한 초월철학적 주제가 다루어지고 있기 때문이다. 이 오류추리에 담긴 이성적 영혼론의 잘못은, 세계 맞은편에 격리되어 있는 171
주관의 위치에 관해 무엇인가를 언표할 수 있을 것 같다는 가상을 불러일으키는 데에 있다. 그러나 실상은 순수한 자기의식도, 순수한 나가 세계에 이르는 초월적 이음줄 위에서 경험의 대상들과 마주쳤을 때만 작동할 수 있는 것이다.

---

213) “다만 사고작용에 재료를 제공하는 어떤 경험적인 표상이 없이는 ‘나는 사고한다’라는 작용도 일어나지 않을 것이다. 경험적인 것은 단지 순수 지성적인 능력[기능]의 적용 내지 사용의 조건일 따름이다.”(KrV, B423, 주)

17. 우주론 영역에서의 이성의 변증성(이율배반론)

칸트는 형이상학적 이성의 변증적 가상을 해소하는 문제를 다루는 초월적 변증학에서 특수 형이상학의 전통적인 구성요소들을 재정리한다. 그는 거기서 역사적으로 실제로 이룩된 형이상학적 이론들을 빈번하게 말하고 있다. 그러나 원칙적으로 그의 문제는, 그 시대까지 전래되어온 철학의 역사가 이성의 환상적인 가능성들의 체계적인 전개라는 것을 현시하는 일이다. 우주론에서의 이야기거리는 주관이 아니라, 현상들의 연관과 세계의 전체성이다. 여기서도 이성은 절대적 통일성에 이르려 하는데, 순전히 주관적 이념인 이 통일성을 흡사 객관적인 것처럼 여기는 유혹에 빠진다. "세계"라는 명칭은 모든 현상들 전체의 무조건적 전체성이라는 이념을 의미하는 것으로, 이 전체 자체가 다시금 가능한 경험의 입지점에서 현상들의 종합으로 해석되어야 하는 것이다. 세계의 절대적(무조건적) 통일의 이념은 이제, 다시 범주들의 실마리에 따라 전개되어, 서로 다른 네 가지 주제로 나뉘는데, 그 각각에 대한 역사적 대변자가 있다. 첫째 주제는 세계의 완벽성 내지 절대적 전체이고, 둘째는 주어
172 진 전체의 분할, 셋째는 현상 일반의 발생의 절대적 완벽성이며, 넷째는 현상 중에서 변화하는 것의 현존의 의존성의 절대적 완벽성이다.[214] 이 각각의 영역에서, 형이상학적 이성이 초월적 가상에 자신을 내맡기면, 그 이성은 이율배반에 빠진다. 다시 말해, 각 주제마다 정립과 반정립이 있고, 양쪽이 모두 정확하게 증명될 수 있다. 그래

214) KrV, B443: 전집, III, 287.

서 앞서 언급한 형이상학적 세계 이론의 네 가지 주제에 상응한 네 개의 "이율배반"이 등장한다.(a~d)

a) 유한성과 무한성. "모든 현상들 전체" 내지 세계 합성에서의 절대적 완벽성 주제에는 다음의 이율배반(상충)이 있다. 즉 정립은, 세계가 시간상 시초를 가지며, 공간적으로도 한계에 둘러싸여 있다는 것이다. 이에 대한 반정립은, 세계가 시초를 갖지 않으며, 공간상의 한계가 없고, 시간적으로나 공간적으로 무한하다고 주장한다. 이 정립과 반정립 그리고 이것들의 증명을 초월철학적 비판에 부치면, 다음과 같은 결과가 나온다. — 두 경우 모두 절대적 전체성 이념(세계 이념)을 한 명제의 주어로 삼는데, 그 명제는 그 술어에 의해 이 이념을 경험적 포착의 조건들 아래에 놓는다. 형이상학적 이성은, 마치 세계 이념이 객관적으로 실재화한 것 같은 모습을 보이고 싶기 때문에, 그렇게 수행한다. 형이상학적 이성은 이런 식으로 해서 가짜명제들을 내놓는바, 그것들의 가상성은 그것들이 상호 모순됨으로써 폭로된다. 비판이 들춰낸 바는, 이성은 이 경우 예컨대 경험이 그에 따라 정향해야 할 궁극적인 규제 원리로서의 자기 자신의 세계 이념을 이 경험 자신의 언어로 전화시킴으로써, 자기 자신을 오해했다는 173
사실이다. 객관적으로 정당한 권리를 가지고서 이야기할 수 있는 하나의 전체는 조건적이고 유한한 것일 수밖에 없을 것이다. 그러니까 그것은 가능한 경험의 영역 내에 있고, 그 영역 내에서 제시되어야만 할 것이다. 그런데 그것이 절대적 전체일 것 같으면, 순차적인 종합의 결실인 경험의 형태로 분해될 수 있는 것이 아니라, 모든 그와 같은 경험적 종합들을 위한 궁극의 규칙[규제]이어야만 한다. 절대적 전체란 포괄적이고 무조건적인 통일의 원리에 정향되어야 하는 것이다. 이 규칙[규제]은 항상 경험이 방향을 잡는 실마리로 머물러야지, 경험의 대상들이 위치하고 있는 선상까지 확장 사용되려 해서는 안 된다. 그렇지 않으면 지성은, 경험적 사고에 의해 그어졌음에도, 그가 가능한 경험의 한계를 넘어서 무한정 연장했던 선상에 있는 "초험적" 명제들을 만들어냄으로써, "초월적으로 사용"되는 잘못을 범하게 된다. 이 경우 형이상학적 이성은 자기 자신의 이념을 그릇되게 해석하는 잘못을 범한 것이다.

b) 가분성과 불가분성. 제2 이율배반에 대해 적절히 말한다면, 그것은 형이상학적 원자론의 영역에서 일어난 것이다. 정립에 의하면, 세계 내의 모든 합성된 실체는 단순한 부분들로 이루어져 있으며, "어디서나 단순한 것 외에는 아무것도" 실존하지 않는다, 내지는 이 단순한 것으로 합성된 것 외에는 실존하지 않는다. 그러나 반정립에 따르면, 세계 내의 어떠한 합성된 사물도 단순한 부분들의 결과물이 아니다. 세계 내에 도대체가 단순한 것이란 실존하지 않는다. 기하학의 입장에서는 반정립의 취지에서 공간의 무한한 가분성이 주장될 수밖에 없고, 반면에 형이상학적 이성은 예로부터 정립의 취지에서 단순한 것의 원리에 관심을 기울여왔다. 칸트는 "초월적 원자론"
174 에 대해 이야기한다. 그는 여기서 무엇보다도 라이프니츠의 단자론을 시야에 두고 있다. 이 둘째 이율배반의 정립과 반정립에서도 세계 자체에 대한 언표들이 객관적인 의미로 추구된다. 정립에서는, 경험적인 분할을 통해 그에 관해 실재적 언표들을 할 수 있는 절대적으로 단순한 것을 마치 얻을 수 있는 것인 양 말하고 있고, 반면에

반정립에서는, 경험 조건들은 고려하지 않는 채 절대적이고 무한한 가분성이 주장되고 있다. 여기서도 이야기 방식의 뒤섞임이 가상을 야기하고 있다. 절대적으로 단순한 것은 경험적 분할 과정을 연장해서 얻을 수 있는 것이 아니라, 그 자신이 규제적 이념으로 올바로 이해되어야 하는 것이다. 절대적으로 단순한 것이란 하나의 이념으로서 실로, 지성에게 무한히 분할 작업을 해나가면 단순한 것에 이를 수 있다는 사고상의 방향성을 제시해주고, 그렇게 해서 예컨대 마치 세계는 합성되어 있는 것이 아니라 단순한 것인 것처럼 판정하도록 하는 의미를 갖는 것이다. 이 이념은 나중에 유기체의 이념으로의 이행을 이끈다. 무한 분할의 이념으로 말할 것 같으면, 그것은 "연장적인 것의 분해에 있어서 경험적 배진을 이 현상의 본성에 맞춰, 결코 단적으로 완결되어 있는 것으로 여기지 않는"[215] 이성의 규칙을 함유한다.

c) 자유와 필연성. 이제까지 다룬 두 "수학적" 이율배반의 영역에서는 정립과 반정립이 모두 가상으로 밝혀진 반면에, "역학적"이라 불리는 다른 두 이율배반에서는 사정이 좀 다르다. 먼저 다룰 문제는 자유와 필연성의 화합 가능성, 예컨대 인간 주체의 실존의 영역에서의 이 양자의 화합 가능성의 물음이다. 정립에 의하면, 자연법칙들에 따르는 인과성이 이 세계에서의 현상들을 생성되게 하는 유일한 인과성은 아니다. 자유에 의한 인과성도 있다는 것이다. 이 175
에 대해서 반정립은 자유라는 것은 없으며, 세계 내의 모든 것은 오

215) KrV, B555: 전집, III, 360.

로지 자연의 법칙들에 따라서만 생성된다고 말한다. 이 정립과 반정립은 둘 다 계열 유형을 기본 표상으로 해서, 그 계열 내에서 조건과 조건 지어진 것, 즉 원인과 결과가 구별되어야 한다고 생각하고 있다. 그리고 물론 이때 그 조건이라는 것 자체도 가능한 경험의 테두리 내에서 다시금 더 상위에 있는 조건에 매여 있다고 본다. 자유가 주장되고 있는 정립에서는 동시에 연쇄계열이, 그것 내에 무조건적인 하나의 항, 즉 자유의 원인성이 제시됨으로써 전체적 완벽성을 얻는다. 이 연관에서 자유는 "원인들의 **절대적 자발성**"을 의미하니, 이에 의해 그것에 달려 있는 자연법칙적 현상들의 계열의 제1의 시초가 생긴다. 이 시초는 오로지 원인으로, 무엇의 결과가 아니다. 즉 그것은 무-조건적인 것, 즉 초월적 자유이다. 절대적 시초로서 그것은 그 자신 현상일 수가 없고, 오히려 예지적인 것이다. 전체성과 완벽성에 대한 이성의 관심으로 인하여 이 초월적 자유의 이념은 진지하게 받아들여지지 않을 수 없다. 이것은 실천이성의 필요요구는 그만 두고라도, "사변적인" 이론이성의 입장에서도 벌써 그러하다. 반정립에서는, 이 같은 자유 원인은 원인 계열의 필연적 연관을 중단시킬 것이므로, 가능하지 않다고 주장된다.

비판은, 이성이 단지 정립과 반정립을 올바르게 해석만 한다면, 이러한 자기의 이율배반을 해소할 수 있음을 보여준다. 여기서 이 같은 "가상"이 생기는 것은 사람들이, 서로 모순되어 보이는 주장들이 각기 서로 다른 지평과 조망에 관련지어지면, 근본적으로는 아무런
176 상충이 있을 수 없다는 것을 통찰하지 못할 때뿐이다. 내가 자유를 주장하느냐, 아니면 단적으로 자연필연성만을 주장하느냐는 "입장"과 조망의 문제이다. 이런 이중조망을 전제로 하면 자유와 필연성을

진정한 선언[選言]적 물음으로 놓을 필요가 없다. 이 양자는 "동일한 사건에서 서로 다른 관계에서 동시에 생길 수 있는"[216] 것이기 때문이다. 자연이 하나의 일관된 인과 연관이며, 그 안에는 어떤 예외도 따라서 자유도 없다는 것은 흔들릴 수 없는 사실이다. 즉 이 인과 연관은 지성이 가능한 경험과 현상들의 영역에 부여했던 기본구조에 함께 속하는 것이다. 그럼에도 이 명제는 **단지** 현상세계와 관련해서만 타당하다. 이 명제의 타당성이 마치 사물들 자체에까지도 미치는 것인 양 이 명제를 그렇게 오해해서는 안 된다. 만약 현상들이 동시에 사물들 자체라면, 자유는 구출될 수 없을 터이다.[217] 그럴 경우 자연은 그 자체가 절대적 실재일 터이다. 그러나 그렇지가 않고 자연은 자유로운 지성이 기본구조를 미리 정해준 영역이다. 그래서 현상들은 그 자신이 "현상들이 아닌 근거들을 가지지" 않을 수 없는 것이다. 이렇게 해서 자유에 의한 일종의 예지적인 원인이 적어도 사고 가능한 것으로 시야에 들어온다. 자유와 자연필연성은 내가 한편으로는 예지적 세계의 입장에서, 다른 편에서는 감성적 세계의 입장에서 판단하는 한, 얼마든지 공존할 수 있다. 이로써 자유의 이율배반은 해소된다. 그러나 서로 다른 두 세계의 개념이 역할을 하는 것을 허용하지 않을 때는 이 이율배반은 남는다. 정립은 예지세계의 입장에서 말하고, 반정립은 감성세계의 입장에서 판단하는 상태로 말이다.

바꿔 말해, 내가 경험적 주관으로서 실행하는 원인성의 "성격"은 177

216) KrV, B564: 전집, III, 365.
217) KrV, B564: 전집, III, 365.

자연필연성의 테두리 내에서 규정되고 서술될 수 있다.(그것은 "경험적 성격"이다.) 그 반면에 표상들과 이념들을 근거로 해서 현상계열의 최초의 자유로운 원인일 수 있는 자유로운 주체로서의 나의 성격은 자연필연성의 언어로는 기술될 수 없다. 그것은 "예지적 성격"[218]인 것이다.

경험적 사고의 입장이 예지적인 성격을 경험적인 성격과 똑같이 객관적으로 인식할 수 있도록 자유 역시 자기의 조망 아래로 끌어들이려고 한다면, 그때 자연필연성을 내세우는 주장은 그릇되고 가상에 사로잡힌다. 경험적인 성격은 필연적인 자연법칙들에 따라서 처신하고, 그래서 그것의 반응은 미리 계산 가능하다. 그러나 순수 이성은 "순전히 예지적 능력으로서, 시간 형식에, 그러니까 또한 시간 계기의 조건들에 종속하지 않는다. 예지적 성격에서의 이성의 원인성은 **발생하지 않는다**. 바꿔 말해, 한 작용결과를 낳기 위해 가령 어느 시점에서 개시하지 않는다."[219] 그럼에도 이성은 현상세계의 영역에서 행위들의 자유로운 원인이다. 물론 이 행위들이 이 세계에 끼어드는 한, 그것들은 자연법칙적인 측면을 갖는다. 행위하는 이성은 자기의 자유 원인성 사고의 연관에 자연법칙적 성찰들을 "맞춰" 넣는 것이다. 자유 원인성은 그 원천을 이성 자체 안에 가지므로, 사유가 어떤 행위를 위한 원인이 되는 한, 이로부터 따라 나오는 조건적인 현상들의 연쇄의 조건 자신은 무조건적이다. 그런 한에서 예지
178 적 성격의 입장에서 본 인간은 무조건적인 자유로운 존재자이다. 그

218) KrV, B567: 전집, III, 367.
219) KrV, B579: 전집, III, 373 이하.

럼에도 "다른 관계"에서는 인간 역시 현상들의 계열에 속한다. 경험적 성격의 입장에서 보면 인간의 행위들도 미리 계산 가능하고, 그래서 예컨대 행동주의 같은 것이 용도가 있다.

이 문제 연관에서 지금의 과제는 단지, 자유의 "가능성"과 자유가 모순 없이 자연필연성과 공존할 수 있음을 해설하는 일이다. 그러나 자유의 "현실성"은 또 다른 연관, 즉 실천이성의 연관에서 논구될 것이다. 그러나 어느 정도까지 예지적 성격의 모습이 경험적 개인의 이런저런 성격에 영향을 미치는가 하는 물음은 전혀 대답될 수 없다. 칸트의 전제 아래에서 이 물음이 대답될 수 없는 것은 필연적인데, 그것은 예지적 성격이 가능한 경험의 대상이 아니기 때문이다.

d) 세계의 의존성과 독립성. 비판은 환상을 형성하는 이성의 기제를 설명한다. 비판은 이성이 서로 다른 두 입장의 조망들을 뒤섞음으로써 초월적 가상이 성립한다는 것을 인식한다. 처음에는 현상들의 분야가 이성의 조망 안으로 들어온다. 여기서 이성은 경험적으로 조건 지어진 것들의 끝없는 계열과 마주치는데, 이 계열 내에서는 각 조건 자신이 다시금 그에 선행하는 조건에 의존되어 있다. 이성은 이 계열을 완벽하게 만들려 하고, "보완"하고자 한다. 그래서 이성은 현상 개념에 속하면서 이 개념을 보완하는, 현상하는 사태 자체라는 사유물을 생각한다. 즉 이성은 조건적인 것에 무조건적인 것을, 경험적으로 주어진 것들의 상대적 통일에 현상계열의 절대적 전체성을, 우연적인 것에 절대적으로 필연적인 것을 덧붙여 생각한다. 이성은 자기 자신을 확인하기 위해 이 보완을 필요로 하는 것이다. 179
왜냐하면 우연적이고, 조건적이고, 한낱 상대적인 어떤 것이 해소되지 않고 해결되지 않은 채 그대로 남아 있으면, 그때 이성은 해직당한 것이나 마찬가지일 것이기 때문이다. 그래서 이성은 경험적으로 완벽하지 못한 것을 전체적으로 완벽하게 하고 완전하게 하는 데 "관심"을 갖는다. 그리하여 이성은 절대적 필연성과 절대적 전체성 같은 이념을 불러낸다. 이런 이념들은 "이성의 본성"에 속한다. 이것들은 이성의 자기 자신에 대한 "요청들"로 이해될 수도 있을 것이다. 그러나 만약 이성이 이것들을 실재적인 대상들의 개념들로 해석한다면, 이성은 자기 자신의 이념들을 오해하는 잘못을 스스로 범하는 것이다. 왜냐하면, 실재적인 대상은 객관적인 실재로서 오직 가능한 경험의 영역에서만 규정 가능한 것이므로, 그때 이성은 이 이념들을 현상대상들의 영역에 함께 집어넣거나, 아니면 이 이념 아래에 온전히 공허하고 무규정적인 객관을 밀어 넣기 위해 대상성의 순수 형식을 이용하는 것이기 때문이다. 이렇게 해서 정립은, 세계에는 그것의 원인으로서이거나 아니면 적어도 그것의 부분으로서 하나의 무조건적인 필연적인 존재자인 무엇인가가 속한다고 주장한다. 이에 반해 반정립은, 도대체가 세계 안에도 세계 밖에도 그것의 원인으로서 어떠한 무조건적으로 필연적인 존재자가 없다고 말한다.

이성이 두 입장, 즉 경험적 개념들의 입장과 이념들의 입장을 서로 구별하지 않고, 무비판적으로 두 조망 사이를 오락가락 뛰어다니게 되면, 이성은 언제나 자신을 오해하기 마련이다. 그리고 그때 사고는 이념들에서 잘못된 형식을 취한다. 그래서 절대적으로 필연적인 현존재를 다루는 이 이율배반의 해소도, 두 입장을 구별하고, 자연필연성에 대해 이야기하는 것과 현상들의 무조건적인 조건들에 대해 이야기하는 것은 입장의 차이에 속하는 문제임을 밝히는 데에

있다. 이성이 두 입장과 그것들의 조망을 서로 구별함으로써 자신을 180
이해하게 되면, 정립과 반정립은 서로 잘 공존할 수 있다. 왜냐하면 이것들은 각기 다른 세계와 관계 맺고 있기 때문이다. 이 경우 같은 입장 내에서 다른 입장의 언어와 사고로 무단히 거칠게 뛰어넘어 가고, 그로 인해 그 조망이 그릇되고 왜곡되는 대신에, 한 입장과 그것의 조망에서 다른 입장과 조망으로 정당하고 통제된 도약이 일어난다. 정립과 반정립의 "두 추리 방식은 보통의 인간 이성에도 잘 부합한다. 보통의 인간 이성은 입장에 따라서 자기 대상을 서로 다른 관점에서 고찰함으로써 자주 자기 자신과 불화를 일으키는 일에 빠진다."[220] 이 상황은 유명한 두 천문학자들의 다툼에 대한 이야기와도 비슷하다. 한 사람이 달은 지구에 언제나 같은 쪽으로 향해 있으니 이는 달이 자기의 축을 중심으로 회전함을 의미한다고 주장하자, 다른 사람은 달이 지구에 언제나 같은 쪽으로 향해 있다는 것은 바로 달은 자기의 축을 중심으로 해서 회전하는 것이 아님을 의미한다고 논변했다는 이야기 말이다. 양자는 "각자 어떤 입장을 취해 달의 운동을 관찰하고자 하느냐에 따라서" 모두 그 나름으로 정당했던 것이다.

비판이 초월적 가상을 해소한 경우에도 착각은 여전히 일어난다. 그래서 이 변증적 상황은 시각의 착각 현상과 비견할 만하다. 이런 이유는 우리 인간 이성의 고유한 상황에서 찾을 수밖에 없다. 인간 이성은 자신의 이념들을 비당파적으로 세우지 못하고, 사변적인 그

220) KrV, B489: 전집, III, 319.

리고 동시에 실천적인 **관심**과 결합시키니 말이다.[221] 결국 실천적 181 관심은, 어쨌든 "도덕과 종교"의 존립은 "정립"의 주장들에 의존되어 있다는 것에 귀착한다. 그러나 사변적 관심은, 그 자체로만 보면 우연적이고, 지주가 없고, 완벽하지 못한 현상들의 계열에 "무조건적인 지주와 버팀목"을 주는 것을 노리고 있다. 이성이 현상들의 분야에서의 우연을 절대적 통일과 필연성의 이념으로 끌어들인다면, 그것은 결국 이성의 자기보존 추동이기도 하다. 비판은 이런 이념 자체가 대상화되거나, 실재화되거나, "실체화"되는 것을 금지하고 있지만, 이 이념은, 그것에 따라서 경험적 사고가 자연을 "마치" 개별적 자연현상들이 절대적 통일성과 필연성의 연관 속에 받아들여질 수 있는 것처럼 고찰해야 할 규칙을 표현한다.

네 개의 우주론적 이율배반들 가운데서 마지막 것은 절대적으로 필연적인 존재자의 이념을 다루었다. 여기서부터 칸트가 특수 형이상학의 제3 부문이라고 부르는 "**초월적 신학**"으로의 길은 그다지 멀지 않다.

18. 초월적 신학의 변증성과 신학적 가상의 해소: 초월적 이상

이율배반들을 비판적으로 해소하는 입장에서 칸트는 스스로 "초월적 관념론"을 내세운다. 이 관념론이 주장하는 바는, 이념들은 "순

221) 『시령자의 꿈』에서의 지성과 저울의 비유 참조(앞의 원서 81면 이하).

전한" 이념들일 뿐이며, 이성에 의해서도 언제나 그러한 것으로 이
해되어야 한다는 것이다. 즉 이념들은 규제적 기능을 갖는 주관적
원리들로 파악되어야만 하는 것이다. 이 말은, 이념들은 단지 초월
적 관념성을 주장할 수 있을 뿐, 결코 초월적 실재성을 주장해서는
안 된다는 것을 뜻한다. 칸트 자신이 초기에는 이성적 신학의 원리 182
들을 전개했지만, 이제 그는 비판의 입장에서 그 안에서의 옳은 것
과 옳지 않은 것을 구별할 수 있다. 그 당시 『유일 가능한 신의 현존
증명근거』(1763)에서 칸트가 문제삼았던 것은, 사물들의 가능성들 전
체를 포섭하는 그러한 존재자로서 신의 실존 증명이었다. 즉 이러한
존재자에게는 어떠한 부정도, 어떠한 제한도 없다. 그것은 모든 실
재성의 합, 즉 최고 실질실재 존재자이며, 그래서 동시에 모든 완전
성의 합이다. 칸트는 이제 이성 비판에서 "초월적 이상"에 대해 이야
기한다. 즉 모든 완전성과 긍정성을 포괄하는 하나의 존재자라는 이
상[理想] 표상을 문제삼고 있는 것이다. 그리고 비판이 내린 결론은,
이러한 이념은 그 자체로 증명 가능하지 않은, 필연적인 것이되, 이
이념이 하나의 대상, 즉 모든 존재자들의 존재자로 실체화되는 순
간, 초월적 가상이 등장한다는 것이다. 이러한 결론은 이미 이상이
라는 개념에서 나오는 것이다. 예컨대 어떤 소설 작가가 자기 주인
공을 비현실적이고 비인간적인 이상적 표상의 구현체로 묘사해놓는
다면, 그것은 "부적당한" 일이고, 게다가 "그 자체로 이치에 어긋
나고 별로 교화적이지도 못한 것이다. 이념상의 완벽성을 계속적으
로 손상시키는 자연적인 한계들은 그러한 시도 중의 모든 환상을 불
가능한 것으로 만들고, 그럼으로써 이념 중에 있는 선[善] 자신을 의
심스러운 것으로 만들며, 순전히 지어낸 것과 유사한 것으로 만들기

때문이다."[222]

초월적 이상에 관한 절에서는 칸트가 자기 자신의 사고에 가하는 비판 속에서 그의 초기(1763년의 『유일 가능한 신의 현존 증명근거』에서)의 성찰들을 마주친다. 그가 이렇게 비판을 가함으로써, 그 자신의 초기의 단초들이 납득되고, 정당화된 초월론적 언어로 표현된다. 그
183 가 사물들의 논리적 가능성과 초월적 가능성을 구별할 때, 그것은 초기의 사유에 합치하는 것이다. 아무런 모순이 없으면 논리적 가능성이 주어진다. 논리적 가능성은 사고의 형식적 정확성에서 나오는 결과이다. 그러나 "초월적" 가능성은 실재적인 내용과 관련되어 있다. 즉 이 같은 가능성에 의거해서 한 사물은 여타 모든 사물들의 전체로부터 특수 경우로 파악되는 것이다. 이 가능성에 따라서는 술어들이 단지 상호 간 논리적으로 비교될 뿐만 아니라, "사물 자신이 모든 가능한 술어들의 총괄과 초월적으로 비교된다."[223] 초월적 가능성이란 대상 가능성을 의미한다. 칸트는 모든 가능성을 위한 "질료"를 그 총체성과 전체성에서 이야기함으로써, 그의 초기의 초월적 신학의 수행 방식을 시사하고 있다.[224] 질료는 선험적으로 사물 각각의 특수한 가능성을 위한 "자료"를 함유한다는 것이다. 그러니까 초월적 이상 개념은 그에 가능한 세계 사물들의 모든 실재적 규정이 의거하는 근거를 뜻한다. 그것은 실존하는 모든 사태들의 가능성의 최상의 그리고 "완벽한 질료적 조건"을 정초한다. "그러나 그것

222) KrV, B598: 전집, III, 384.
223) KrV, B601: 전집, III, 386.
224) 앞의 원서 61면 이하 참조.

은 또한 인간 이성의 능력이 미치는 유일한 본래적인 이상이다. 왜냐하면, 이 유일한 경우에만 그 자체로 보편적인 개념으로서 한 사물이 자기 자신을 통해 일관적으로 규정되고, 한 개체의 표상으로서 인식되기 때문이다."[225] 따라서 개별 사물이라는 개념은 이 초월적 이상, 즉 모든 실재성의 합을 위한 근거의 하나의 제한[分殊]이다. 마치 낱낱의 도형이 그것들 모두를 포섭하는 공간의 제한들일 뿐이듯이 말이다. 학교철학의 어법에서는 "가능성"이라는 말 대신에 "본질"이라는 명칭도 쓰였다. 그래서 모든 실존하는 사물들의 가능성의 근거는
동시에 "모든 존재자들의 존재자[본질](ens entium)"라고 표현되기도 한 184
다. 우리 인간의 주관성은 자신의 감성을 가지고서 이 본질에 대한 사고를 제한하는 것이라고 표현될 수도 있을 터이다. 이렇게 칸트는 지금의 비판적인 입장에서는 "초월적 신학"이라고 명명하는 그의 초기 신학 내에서 논변한다. 왜냐하면 여기서는 신이 모든 가능한 사물들의 근거로 간주되고 있으니 말이다. 가능성에 대해서도 실재성이라는 명칭이 쓰일 수 있는 한에서, 가능성의 최상의 근거에 "최고 실재 존재자(ens realissimum)"라는 명칭이 부여된다. 이러한 명명을 통해 이미 하나의 변증성이 예고되는데, 그것은 모든 것을 포섭하는 전체성과 같은 이념이 "단지" 경험적 사고를 위한 규제나 단서로서가 아니라, "존재자"로서 실체화되기 때문이다. 사실 경험을 통해 그와 같은 것으로 확인될 수 있는 그런 실재적인 것은 없다. 그래서 초월적 신학에서는 가능성의 질료라고 지칭된 것이 경험적으로는 "감각"으로 제시된다. 절대적 의미에서의 전체성 내지 모든 규정들의 절대적 완벽성

225) KrV, B604: 전집, III, 388.

은 경험 자체의 최종적 통일성과 완전성이 될 수 있을 뿐, 이것에 결코 도달하지는 못한다. 이것은 단지 경험을 이런 "하나의" 연관성의 이념에 정향시키고, 사람이 절대적 종점에 도달했다는 억견에서 어떤 지점에 멈춰 서지 않게끔 하는 요청으로 파악될 수 있을 뿐이다.

형이상학적 이성이 초월적 신학에서 닦은 샛길은 이렇다: 그것은 맨 처음에 어떤 필연적인 존재자의 현존을 생각해낸다. 그리고 이것이 무조건적으로 실존한다고 말한다. 그다음에 이 규정을 초월적 이상에 대한 생각에서 얻어낸 또 다른 술어와 결합한다. 즉 모든 실재
185 성을 정초하고, 따라서 그 자신이 모든 긍정적인 술어들 전체와 완벽성을 현시하는 그런 근거를 생각해낸다. 이 "아무런 제한 없는 모든 것" 자신이 절대적 통일성[하나]이며, 유일한 최고의 존재자 개념을 함의한다. 이렇게 해서 이르는 최종 결론은, 모든 사물의 원근거로서 최고 존재자는 무조건적으로 필연적인 실존을 갖는다는 것이다. 이 하나의 규정으로부터 다른 규정으로의 이행, 즉 필연적 실존으로부터 모든 실재성들(가능성들)의 전체와 절대적 통일성으로의 이행과 전자의 규정으로부터 후자의 규정으로의 환원은 각기 서로 다른 방식으로 모든 신 증명들의 세 가지 주요 형식에서 표준적인 역할을 한다. 이제 문제의 중심은 신의 현존에 대한 존재론적 증명과 우주론적 증명, 그리고 자연-신학적 증명에 놓인다.

존재론적 증명은 오로지 하나의 최고로 완전한 그리고 모든 실재적 술어들을 내포하는 존재자라는 개념을 붙잡음으로써 이 증명방식이 "초월적"임을 숨기지 않는다. 이 증명이 논변하는 바는, 이 완전성에는 실존도 속하지 않을 수 없으므로 가장 완전한 존재자라는 개념은 동시에 또한 필연적으로 실존을 내포하는 유일한 개념이라

는 것이다. 이 증명방식을 비판함에 있어서 칸트는 그 자신의 초기
의 비판적 논변을 부분적으로 다시 채택한다. 초기에 그가 논변했던
바는, 실존은 본질적인, 실재성에 속하는 술어들 중 하나가 아니라,
"절대적 설정"이라는 것이다.[226] 이제 칸트는 이 사상을 그가 새로이
얻은 수단, 즉 "신이 실존한다."와 같은 실존명제는 분석적인 것일
수 없고, 종합적이어야만 한다는 통찰과 연결시켜 발전시킨다. 실
로 칸트는 실존(현존)이 가능한 경험의 대상들에 적용됨으로써만 의
의와 의미를 얻는 범주라고 말했다. 순수한 범주만으로는 실존을 순 186
전한 가능성과 구별 짓는 징표가 주어질 수 없다. 그런데 그러한 초
월적 개념에서는 경험이 나설 자리가 없으므로, 존재론적 논변의 길
위에서 하나의 실존 언표를 만들고자 하는 것은 가망없는 짓이다.
어떤 경우에도 최고의, 제한 없는 실재성의 개념이 자기 안에서, 과
연 그런 대상이 도대체가 실존하는지 그렇지 않은지를 결정할 수 없
다. 이 결정은, "완전한 존재자"라는 대상이 나의 인식하고 사고하는
주관과 하나의 "관계"(실존의 양태)에 놓인다는 데에 의존해 있다. 이
것은 이런 객관에 대한 인식도 후험적으로 가능하다는 것을 의미하
겠다.[227] "**이다/있다**"는 "실재적" 술어가 아니다. 다시 말해 "사물의
개념에다 보탤 수 있는 어떤 것의 개념이 아니다. 그것은 한낱 사물
또는 어떤 규정들 그 자체의 설정이다."[228] 나는 한갓된 이념으로부
터는 실존을 얻을 수 없다. 실존 언표는 언제나 내가 내 개념을 넘어

226) 앞의 원서 61면 참조.
227) KrV, B628: 전집, III, 402.
228) KrV, B626: 전집, III, 401.

서 경험 가능한 세계로 "나아감"을 전제하기 때문이다. 한갓된 이념에 의해 통찰을 더 풍요롭게 하려는 것은 자기가 얻은 이익금 액수에다가 상상을 통해 몇 개의 0을 추가함으로써 자기 재산 상태를 개선하고자 하는 상인의 시도에 비견할 수 있다. 실존이라는 술어가 개념 내용 자체에는 속하지 않는다는 것을 칸트는, 매우 잘 알려진 그리고 종종 (예컨대 헤겔에 의해) 비난받고 있는 사례, 즉 금전 액수(가령 100 탈러)의 개념은 내가 그것을 내 주머니에 갖고 있는지 없는지에 대해 아무것도 말해주지 않는다는 사례를 가지고서도 해명한다.

우주론적 증명은 존재론적 증명과는 달리 자연의 경험 가능한 현
187 실과의 연결점을 얻으려 애쓴다. 이 증명은 전체성의 이념에서 무조건적인 실존재를 추론하는 것이 아니라, 거꾸로 어떤 존재자의 주어진 무조건적 필연성에서 이 존재자의 무제한적인 실재성으로 나아간다. 이 증명은 우주의 연관성들에 대한 경험에서 시작해서 최고 실재 존재자라는 선험적 개념으로 이행해가는 것이다. 물론 이렇게 함으로써 이 증명은 하나의 비약을 하고 있고, 이 점에 비판이 가해질 수밖에 없는 것이다. 갑자기 경험의 길들을 벗어나 "초월적" 지반으로 비약하는 이 증명 방식을 무엇이 정당화해줄까? 사람들은 경험적 논변들만으로는 충분하지 못함을 알아채고, 갑자기 "순수 이성이라는 증인"을 끌어들이는데, 그러나 이 증인은 제2의 증인, 즉 경험적 증인인 것처럼 보이기 위해서 위장하고, "옷과 목소리"를 바꿀 수밖에는 없는 것에 지나지 않는다. 이 대목에서 칸트는 사변 이성의 "술책"에 대해 이야기한다.[229] 결국 이 우주론적 증명에서도 주

229) KrV, B634: 전집, III, 405.

도적인 논변은 초월적 성질을 가진 것이며, 그리하여 이 사유 과정도 마지막에는 존재론적 증명의 길로 달려나가게 된다는 사실이 밝혀진다.

칸트가 우리 이성에게 불가결하고 불가피한 무조건적 필연성 이념을 "인간 이성에게는 진짜 심연"이라고 설명할 때,[230] 우리는 그의 입에서 거의 (현대적 의미에서의) 실존철학적인 말을 듣는다. 영원에 대한 사상조차도 바로 이 무조건적 필연성이라는 이념처럼 우리 마음에 "현기증 나는 인상"을 주지는 못한다. 왜냐하면 이 이념의 대상이 맡은 과제는, 모든 존재자의 존립을 "담지하고", 모든 존재자에게 지주("밑받침")를 제공하는 일이기 때문이다. "우리가 모든 가능한 것 가운데서도 최고의 것이라고 표상하는 존재자도 이를테면 자기 자신에게 말한다. 나는 영원에서부터 영원까지 있으며, 나의 밖에는 188
순전히 나의 의지에 의한 어떤 것 외에는 아무것도 없다. **그러나 나는 도대체 어디서 온 것인가?** 사람들은 이런 생각이 나는 것을 막을 수도 없고, 그렇다고 그것을 견뎌낼 수도 없다. 여기서 모든 것은 우리 아래로 가라앉는다. 최대 완전성도 최소 완전성과 마찬가지로 아무런 밑받침 없이 한낱 사변 이성 앞에서 흔들리지만, 사변 이성은 아무 일도 하지 못한 채 최대 완전성도 최소 완전성도 최소한의 장애도 없이 소멸되도록 내버려둔다."[231] 여기서 사변 이성이란 곧 가능한 경험의 입장을 넘어서는 견지에서 판단하고 사고하는 이성을

230) KrV, B641: 전집, III, 409.
231) KrV, B641: 전집, III, 409.

말한다.[232)]

초월적 신학이 걷는 샛길에서 거듭 분명하게 드러나는 바는, 이성의 살림을 꾸려가는 데 필수적 이념들인 전체성이나 무조건적 실존은 단지 "이성의 주관적 원리들로서"만 타당성을 주장할 수 있다는 비판이 유지될 수밖에 없다는 사실이다. 그것들은 단지 경험적 연구를 위한 발견법적 의미를 가질 뿐이며, 오로지 경험적 사고를 필연적인 제1의 근거와 절대적 전체성 및 통일성의 이념들에 정향[定向]시키려는 이성의 형식적이고 체계적인 관심을 배려하고 있을 따름이다. 그러나 이 정향은, 어떤 경험적 연구의 현황도 최종적인 것으로 보아서는 안 된다는 것, 점점 인식을 확장해나가는 길은 열어 놓고 있어야 한다는 것을 함의한다. 인식의 대상은 하나의 "끝없는 과제"이다. 그러나 이 과제가 무한정하다는 것은 아니며, 절대적이고 포괄적인 통일성을 내용으로 갖는다. 물론 이 통일성이 경험인식이라는 푼돈을 치르고 얻을 수 있는 것은 결코 아니다.

189 자연-신학적 증명은 자연의 경이로운 조화와 합목적적인 설비 정돈에 대한 경험들에서 출발한다. 그 추론은 단순하다. 사람들이 어디서 예술성 높은 형상물을 보게 되면, 이를 만들어낸 예술가를 추론하듯이, 또한 유추적으로 사람들은 자연의 합목적성이란 무한한 지성과 온갖 능력을 완전한 능숙함과 함께 갖춘 예술가를 지시하는 것으로 파악할 수 있다는 것이다. 칸트는 일찍부터 이 증명방식을 다른 것에 비해 좋게 보았는데, 그것은 신의 자연과의 관계맺음을

232) "이론적 인식은 사람들이 어떤 경험에서도 그에 도달할 수 없는 대상, 또는 그런 대상에 대한 개념들과 관계할 때는 **사변적**인 것이다."(KrV, B662 이하)

고려하면서도, 자연에 대한 시선을 열어 놓고 있기 때문이다. 그럼에도 칸트는 이미 초기에 이 증명에 대해, 이 증명이, 신을 오직 자연 안에 있는 우연적인 예술성이 풍부한 특수한 것들의 창시자로서만 파악하므로, 자연의 법칙적인 기본구조를 주목하고 있지 못하다는 이의를 제기했다. 당시에 칸트는 자기의 존재-신학적 신 증명을 정당화했고, 그에 따라서 신을 이토록 완전하게 사려된 세계의 창조자이자 안출자라고 내세우고, 법칙적인 기본구조에 기초한 독자적인 자유로운 조각들로 이루어진 이 세계가 신의 의도들을 실현하고 있다고 논변했다. 그는 이성비판의 입장에서 자기 자신의 옛적 입론을 정비하지 않을 수 없음에도 불구하고, 이 입론으로부터, 자연-신학적 증명도 결국은 선험적인, 존재론적인 사유의 길에서 끝난다는 결론이 나오는 한에서, 이 입론에 대해 정당성을 인정하고 있다. 자연-신학적 증명에서도 수용할 만한 부분은 그것의 선험적인, 존재론적 핵심이며, 따라서 신은 현실적인 존재자들의 주[主]가 아니라, "가능성들"의 원리로서 도입된 것이다. 이러한 정황에서 자연-신학적 논증은 존재론적 논증이 받는 것과 똑같은 비판을 감수하지 않을 수 없다.

전체적으로 보아 초월적 신학에 대해 말할 수 있는 것은, 만약 초
월적 신학이 절대적으로 필연적인 실존과 모든 실재성의 전체라는
이념에 각기 하나의 대상을 슬쩍 집어넣으려 시도한다면, 이는 비판 190
을 자초할 것이라는 점이다. 이 대상이란 언제나 우리에 대한 대상
일 수 있어야 하고, 가능한 경험의 영역에 속해야만 할 터이니 말이
다. 그러나 이 신학은 적극적인 인식 증대로서는 정당함을 갖지 못
해도, 경험적인 사고 영역에서 유래한 모든 것을 하나의 필연적이고

최고로 실재적인 존재자라는 이념과 격리시킴으로써, "우리 이성의 고정적인 검열관"[233] 역할을 한다는 데 여전한 의미를 갖는다. 후에 실천이성과의 연관성에서 이 이념이 이론적인 면에서가 아니라, 실천적인 면에서 실재화될 수 있음이 밝혀질 것이다. 도덕철학이 이론철학으로서는 어쩔 수 없이 남겨 놓는 공백을 메울 것이다.

이성이 그의 이념들을 가지고서는 결코 스스로 새로운 통찰이나 사실적 인식을 얻을 수 없고, 단지 인식하는 지성이 절대적인 통일성과 필연성에 궁극적으로 정향되도록 할 수 있을 뿐임을 유념한다면, 이성이 인식의 "체계적" 성격을 돌보지 않을 수 없는 것임은 분명해진다. "체계"가 인식을 실재화하는 이성의 성격을 반영하는 한에서, 인식은 하나의 전체, 곧 하나의 체계여야 한다.

19. 이념들의 초월적 연역과 객관적 실재성과의 관계

이상에서 확인된바, 이념들은 단지 이론이성의 사용을 위한 규칙
[규제]들일 뿐으로, 한 인식 가능한 대상을 위한 명칭을 주는 것으로
주장해서는 안 된다. 칸트는 이를, 이념들은 단지 "가설적"인 사용
을 위해서 도입할 수 있는 것이지, 결코 "명증적"인 사용을 위해 도
191 입해서는 안 되는 것이라고 표현하기도 한다. 그러니까 예컨대 절대
적 세계통일성 이념은, 그에 따라 경험적 사유 계열의 방향을 잡고,
특수한 자연법칙들이 마치 모두 유일한, 절대적으로 포괄적인 세계

---

233) KrV, B668: 전집, III, 425.

법칙 아래 수렴되는 것처럼 간주하기 위해서, 가설적으로 "채택"되어야만 하는 것이다. 이성의 기능은, 개별 경험들을 하나의 포괄적인 전체 경험으로 묶어 생각하는 짐을 자기 자신에게 지우는 데에 있다. 이성은 인식들의 한갓된 "집합"을 성립시키는 데에 만족하지 않고, "학문"이라고 일컬어지는 체계적 전체를 이룩해내려고 한다. 그러나 이 전체라는 이념으로 말하자면 그것은 감각경험, 다시 말해 우연도 개입되어 있는 개별인식들의 소재로 짜여질 수밖에 없는 것이다. 이념들이 경험에 기초하고 있지 않다 하더라도, 그럼에도 이념들의 규제적 의미는 경험을 향해 그리고 경험을 위해 있는 것이다. 우리는 자연에 대해 개별 인식을 수행하면서도, 이론적인 결과들이 과연 체계적 전체의 테두리 안에 어울릴 수 있는지를 묻는다. 자연의 경험에 종사하는 지성과의 이러한 관계를 칸트는, 이념들이 자연과학의 진로와 "상관적"이라는 말로써 표현하기도 한다. 지성은 자연의 사실들을 원인과 결과와 같은 계열들로 정돈한다. 그런데 가능한 경험의 영역 내에서는 이 계열들 중 어느 하나도 완성이 가능하지 않다. 다시 말해 최종적인 원인이나 최종적인 결과는 없다. 그 안에 도대체가 "무조건적인 것"이란 없다. 그러나 조건적인 것의 모든 통찰에는 이념들이 지성의 결실들에 짜 넣는 무조건적인 것도 동시에 현재한다. 이성은 유한한 결실들이라도 체계의 대변자들로 해석하는 자기의 준칙을 가지고서 발언한다. 체계는 완결적이지만, 경직되고 무생명적인 것이 아니다. 오히려 칸트는 체계를 유기체의 모 192
범에 따라 파악한다. 체계 내에서는 합목적성이 지배한다. 다시 말해 각각의 부분은 전체를 위해서 그리고 동시에 다른 부분을 위해서 거기에 있는 것이다. 인식은 한갓되이 덧붙이는 식으로 늘어가기만

하는 것이 아니고, 각각의 새로운 인식은 생명체의 성장 과정에 비유될 수 있다. 유기체의 성장이란 새롭게 추가되는 부분들이 기존의 전체 모습을 변화시키고 변형시킴을 의미하는 것으로 그렇게 이해되어야 하는 것이다.

이념들의 기능은 이렇듯이 양면적이고 중의적이다. 한편으로 이념들은 이성이 경험인식의 열려 있는 미완성의 계열들을 절대적인 통일성과 전체성으로 완성하여, 자연을 체계적인 통일[하나]로 읽는 데 기여한다. 다른 한편으로 이념들은, 자연객관들 자체 내에 자의적이고 강제 없이 체계적이고 전체성적인 성격이 현재함을 말해준다. 전체로의 완성과 통합은 한낱 이성 쪽에서만 일어나는 것이 아니라, 객관들 자체에서도 동시에 표출된다. 이런 뜻에서 칸트는 이성이 단지 "이기적[자기-추구적]"으로 수행하는 것이 아니라, 자기 자신을 체계적인 통일[하나]로 드러내는 자연으로 하여금 자유롭게 이야기하도록 내버려두는 것이라고 말할 수 있는 것이다. 물론 이 체계적 통일[하나]은 규정된 대상성의 방식으로는 증명될 수가 없고, 경험적 사고의 언어로는 언제나 무규정적인 채로 남는다. 그럼에도 체계적 통일성[하나]은 자연의 모든 경험 가능한 객관에 현재하며, 선험적으로 필연적인 것으로 받아들여져야만 한다.[234] 그러므로 체계적 통일은 단지 "논리적" 의미만을 갖는 것도, 방법의 지시명령인 것만도 아니다. 오히려 그것은 동시에 초월적 의미를 갖는다. 왜냐하면 그것은 모든 객관에 현재하기 때문이다. 이 현재함은 체계적
193 통일성이 "도식"으로서, 다시 말해 개별적인 자연법칙들을 보편화하

234) KrV, B678 이하: 전집, III, 431 이하.

는 방식을 규정하는 규칙으로서 기능하는 방식으로 실현된다. 칸트는 그러한 경우들 중 가장 먼저, 케플러의 제1법칙과 갈릴레이의 자유낙하법칙과 같은 개별 법칙들을 자기의 중력이론의 징표로 보고, 이것들을 하나로 연관시킨 뉴턴의 업적을 염두에 두고 있다.

실증주의가 주장하는 사고의 경제 원리(즉 사고는 가능한 한 "단순한" 기술을 택해야 한다)의 견지에서는 다음과 같은 것을 염두에 두지 않을 수 없다. 즉 비록 칸트가 자연의 절대적 통일성을 이성의 요청으로 보고 있기는 하지만, 그럼에도 그는 조금 더 또는 조금 덜 단순한 지성의 가설들 중에서 임의로 하나를 선택할 수 있다는 실증주의에 동조하지 않을 것이다. "우리의" 이성의 대상들에 대한 지위는 자연이 스스로 단 하나의 체계로 자신을 우리에게 보이도록 조건 지우는 것이다. 물론 그때 이 통일성이 대상적으로 직접적 형식에서 인식 가능한 것은 아니다. 그러므로 체계적 통일성이 단지 "이성의 경제적인 취급법"[235]이어서는 안 되고, 동시에 객관들 자체 안에 현재하는 것으로 파악되어야만 한다. 오직 이런 전제 아래서만 이념들은 자연과학적 사고의 진로를 "위해" 의미 있는 것으로 정당화된다. 이 정당화가 "이념들의 초월적 연역"의 내용이다. 이념들은 한낱 "이기적[자기추구적]인 의도"에서만 기능하는 것이 아니다. 오히려 이성 통일은 "자연 자신과 부합"한다. 여기서 이성은 비록 궁극적인 통일성의 한계를 객관적으로 규정할 수는 없어도, 그것을 "구걸"하지는 않고, 자연이 자유로이 다가옴을 경험한다.[236]

235) KrV, B681: 전집, III, 433.
236) KrV, B681: 전집, III, 433.

그러므로 이념이 경험적 사고에게 그에 알맞은 길들에서 점점 더
194 큰 통일성을 찾는 일을 위임한다면, 그때 이념이 이런 유의 통일성을 선험적으로 지정할 수는 없다. 이념은 단지 하나의 방향성을 제시할 뿐이다. 즉 칸트는 이념이 "그것에서부터 유일하게 사람들이 이성에게는 그렇게나 본질적이고, 지성에게는 그렇게나 유익한, 저 통일성을 확산시킬 수 있는 관점"[237]이라고도 말한다. 이 관점에는 그것에 알맞은 사고와 어법이 있으니, 그것은 경험적 사고와 개별 과학적 수행의 언어와 뒤섞여서는 안 된다. 이런 입장의 해석학에 "마치 ~처럼"이 속한다. 즉 우리는 경험 계열들을, 마치 그것들이 하나의 지성적인, 그것들을 합목적적으로 질서 짓는 이성존재자 안에 그것들의 근거를 가지고 있는 것처럼 생각하지 않을 수 없다. 이런 의미로 이해할 때 체계적인 세계 전체와 그것의 창시자라는 이념에 일종의 객관적 실재성이 응당 주어진다. 그러나 이 객관적 실재성이라는 것이 개별 과학적인 지성에 알맞은 것 같은 그런 "단적인" 객관적 타당성으로 개주[改鑄]되어서는 안 된다.[238]

만약 사람들이 사변적인, 높여진 입장에서 생기는 사고와 어법의 비판적 해석학을 다룰 줄만 안다면, 그런 경우에 그리고 오직 그런 경우에만, 자연-신학적 신 증명의 영역에서 거짓되고 교조적인 의도로 일어나는 것처럼, 무한히 현명하고 항상 현재하는 세계 창시자에 대해 의인[擬人]적으로 이야기하는 것이 신학에 허용된다. 칸트는 이와 비슷한 이야기를 『형이상학 서설』에서도 하고 있다. 우리가 신에 대해

237) KrV, B709: 전집, III, 449.
238) KrV, B726: 전집, III, 458.

무한하고 전능한 지적 존재자라고 언표한다면, 그때 우리는 신에 관해 단지 우리에게 알려져 있는 존재자들을 "유추해서" 판단할 수 있을 뿐이라는 것이다. 그리고 이러한 의인화된 언표는 "실재적"인 인식가치는 없고, 단지 "상징적" 가치를 가질 뿐이라는 것이다. 통상적 195
인 자연-신학의 잘못은, 경험적 자연 연구로 하여금 자연의 절대적 통일성과 실재하는 모든 것의 인식에, 그것을 최종적으로 실재화하려 하지 않고서, 접근해가기 위해, 그 자신의 사고와 어법으로 진척시켜나가도록 자극하는 대신에, 억지로 돌연의 신(Deus ex machina)을 끌어들여 자연 연구를 중단시키는 데에 있다. 자연-신학적 논변은 놀라운 자연현상들을 보편적 자연법칙들에 기초해서 설명하고, 자연에게 자연의 사태들과 사건들을 스스로 그 자신의 법칙들에 따라 산출하는 자유를 주는 대신에, 자연 안에서 일어나는 모든 일을 우연적인 신의 의사결정에 맡기고, 그리하여 이제는 더 이상 설명할 것이 없다면서, 게으른 이성에게 들판을 넘겨주는 잘못을 범한다.

칸트는 이념들과 그 기능들에게 한편의 순전히 논리적-방법론적 의미와 다른 편의 존재론적-초월적 권리주장 사이의 중간 위치를 준다. 이념들은 이성의 준칙들이다. 그러나 그것들은 동시에 또한 우리가 자연 자체 안에서 마주치는 원리들을 표현하고 있다. 이렇게 칸트는 예컨대 라이프니츠에서는 형이상학적 원리들의 지위에 있던, 자연에 관한 일반 명제들을 초월철학적-비판적 의미에서 해석한다. 칸트는 첫째로 잡다한 것들의 동종[同種]성과 상위의 유[類]들의 원리를, 둘째로는 "동종적인 다양성과 하위 종[種]들"의 원칙을, 셋째로는 모든 개념들의 근친성의 법칙을 이야기한다. (즉 형식들의 동질성, 특수화, 연속성에 대해 논한다.) 자연의 체계이자 이성의 체계인듯이 보이는 원리들을 문제삼고 있는 것이다. 이들 세 논리적 원리들의 체계적 통일성은 다음과 같이 명료화할 수 있을 것이다. 즉 각각의 개념은 "관찰자의 입각점으로서, 그것의 지평을 갖는" 하나의
196 점이라고 볼 수 있겠다. 개념 안에는 그 개념을 통해 조망될 수 있는 다수 사물들이 함유되어 있다. 그러나 이 지평 내에서도 그 자신 다시금 포괄적인 입각점과 그 지평에서 규정되는 입각점들과 그 지평들이 제시될 수 있는 것 또한 당연하다. 이 이차적인 점들 각각은 그마다의 좁은 시야를 갖고, 이에 상응해서 각각의 종은 특수화의 원리에 따라 하위 종들을 내보인다. 논리적 지평은 좀 더 작은 지평들로 이루어져 있는 것일 뿐, 결코 범위[외연/연장성] 없는 점들로 이루어져 있는 것이 아니다. 이런 점들은 개체들이겠다. 사람들은 종속되어 있는 입각점들과 그것들의 지평들의 체계를 하나의 최고의, 종속되어 있는 그 모든 것들을 조망하고 포괄하는 입각점과 그 보편적인 지평 아래 통일되어 있는 것이라고 생각할 수 있다. 동질성의 원리가 이 포괄적인 입각점과 그 지평으로 이끌며, 특수화의 법칙은 개별적인 종속된 범위들로 이끈다. 여기서 포괄적인 지평에 빈 자리는 없으며, 모든 자리가 채워져 있다는 성찰이 덧붙여지면, 사람들은 연속성의 법칙에 이른다. 이것이 라이프니츠에 의해 "자연은 비약을 만들지 않는다(natura non facit saltus)."라는 그 유명한 공식이 된다. 비판적 전제 아래서 사람들이 두말할 것 없이 이 명제를 그리고 이에 속하는 앞의 두 명제들을 자연에 관한 교조적인 객관적 언표로 파악해서는 안 된다. 이것들은 다만 자연을 한 입각점에서 고찰함으로써 자연에게 체계적 통일의 모습과 최고로 통일적이면서도 최대로 풍부한 것의 모습을 부여하려는 이성의 체계의지의 표현이기 때문이다.

20. 초월적 방법론

논리학 교과서의 전형에 따라 칸트는 그의 이성 비판을 두 부문, 즉 요소론과 방법론으로 나누었다. 요소론에서 내용적 구조가 다루 197
어졌다면, 초월적 방법론에서는 "순수 이성의 완벽한 체계를 위한 형식적 조건들"[239]의 규정이 주제가 된다. 여기서는 체계원리[240]에 책무가 있는 주제들인 "순수 이성의 훈육", "규준", "건축술" 그리고 "역사"가 논의된다.

교조적으로 사용되는 순수 이성의 훈육에 관해 말할 것 같으면, 그것은 무엇보다도 철학이 부적절한 방법을 사용하는 것을 막는 소극적 기능을 한다. 철학은 이성의 학문으로서 수학과 근친적이기 때문에, 적어도 방법적 견지에서 수학에 예속될 위험에 빠진다. 이성주의 사상가들이 이러한 위험을 이겨내지 못했다.

철학적 개념들과 수학적 개념들 사이의 본질적 차이를 칸트는, 수학적 개념들이 형상[도형]들을 산출하기 위한 구성규칙들로 파악될 수 있으므로, 직관 중에서 현시될 수 있다는 점에서 본다. 이는 기하학에서뿐만 아니라, 대수학에서도 그러하다. 대수학에서도 연산[演算]이 형상적인 기호들과 이것들의 활용을 통해 상징화되니 말이다. 수학에서는 선험적으로 주어지는 요소[인자]들이, 예컨대 하나의 도

---

239) KrV, B735 이하: 전집, III, 465.

240) 칸트가 "체계"의 사상에서 "방법"을 파악한다는 점이 그를 당시의 논리학 교과서 저자들과 구별시켜주며, 그의 방법 개념에 형이상학적-내용적인 의미를 준다. 또 『실천이성비판』(A269=V151) 참조. 여기서 방법이란 "그에 의해서만 잡다한 인식들이 하나의 **체계**를 이룰 수 있는, 이성의 **원리들**"에 따르는 수행 절차라고 규정된다.

형 전체를 위해 짜 맞춰진다(구성된다). 삼각형이라는 기하학의 개념은 이러한 도형의 선험적 기술[記述]을 의미한다. 그러나 예컨대 수
198 [數]나 양[量]과 같은 철학적 개념 일반은 직관적인 형태로 실현되지 않는다. 철학적 개념 또한 선험적 종합에 의거한다. 그러나 그것은 "선험적으로 주어지지 않는 가능한 직관들"의 종합이고, "이런 경우에는 사람들은 비록 그 개념을 통해 종합적으로 그리고 선험적으로 판단할 수 있기는 하지만, 단지 논변적으로 개념들에 의해 하는 것이며, 그리고 결코 개념의 구성에 의해 직관적으로 하는 것은 아니다."[241] 예컨대 내가 철학적 입장에서 양에 관하여, 그것은 수학적 사고에 의해 구성되어야 한다고 언표한다면, 그것은 양에 관한 하나의 선험적 종합 명제이다. 그러나 이 명제 자신은, 그것이 한낱 가능한 구성들에 관한 하나의 언표인 한에서, 어떠한 구성에도 대응하지 않는다. 철학적 사고는 선험적으로 유래하는 것이든 후험적으로 유래하는 것이든 사물들 일반에 대한 가능한 직관의 내용 없는 형식들만을 취급한다. 가능한 현상들의, 내지는 현상들의 형식의 경험적 내용을 선험적으로 언어화하는 하나의 철학적 개념이 있으니, 그것이 바로 "사물 일반"이라는 개념이다. 칸트는 사물들 일반에 관한 종합적 명제들을 "초월적"이라고 부른다. 이러한 명제들은 "선험적으로 직관적으로 표상될 수 없는 것(즉 지각들)에 대한 일정한 종합적 통일이 그것을 좇아 경험적으로 구해야 하는 규칙만을"[242] 함유한다. 이런 종류의 것으로는 현상들의 연장 양과 밀도 양, 실체, 인과

241) KrV, B747 이하: 전집, III, 473.
242) KrV, B748 이하: 전집, III, 473.

성과 상호작용, 그리고 가능성, 현실성과 필연성에 관한 종합적 원칙들이 있다. 자연과학은 자기가 공간 시간상에 구성한 결과물인 자기의 대상들을 해석해야만 하는 것이고, 이렇게 해서 "자연을 다루는 대가"가 되지 않을 수 없다. 구성을 할 수 없는 순수 철학에게 자 199
연에서 한갓된 정의들과 논변적인 개념들을 가지고서 "서투르게 손을 대는 일"은 허용되지 않는다.

이로부터 나오는 결론은, 수학의 기초원리들인 정의, 공리, 증명 등은 철학에서는 그 역할이 다르다는 것이다.

정의[定義]로 말할 것 같으면, 그것은 수학적 사고의 영역에서는 맨 처음에 놓이는데, 왜냐하면 여기에서 그것은 구성의 지침으로 해석되어야 하기 때문이다. 그러나 구성을 통해 직관적으로 실현되는 것이 없는 철학 개념의 경우가 주어진다면, 정의의 역할도 변한다.[243)] 그래서 철학에서는 정의들이 맨 처음이 아니라, 오히려 맨 끝에 오도록 하는 것이 좋을 것이다. 사고 진행이 공허한 개념들에 매달리는 위험이 없도록 하기 위해서 말이다. "공리"에 대해 말할 것 같으면, 공리들(즉 직관의 공리들)을 다루는 원칙이 있기는 하지만, 이 원칙은 그 자신이 공리는 아니고, 단지 가능한 공리들의 획득에 관해 무엇인가를 말하고 있을 뿐이다. 철학적 인식은 보편적인 것을 언제나 추상적으로, 그러므로 개념들을 통해서 고찰하는 반면에, 수학적 인식은 보편적인 것을 구체적으로, 다시 말해 개별적인 직관들 중에서 찾는다. 그래서 철학자는 칸트가 "입증"이라고 명명한, 수학

243) 초기 논문 「자연신학과 도덕학의 원칙들의 분명성에 관한 연구」의 서술 참조. 원서 앞의 99면 참조.

자의 직관적 증명방식도 흉내 내려 할 수 없다.

순수 이성의 논쟁적 사용도 있다. 여기서 비판에 의해 지정된 순수 이성의 훈육은, 순수 이성의 관심을 지키려고 절대적으로 필연적인 존재자의 실존을 주장하는 사람이 이를 부정하는 그의 적대자와
200 유치한 다툼에 빠져들지 않도록 영향을 미친다. 훈육된 사람은 증명 가능한 것의 한계 일반을 유의하고, 동시에 주장들에 대한 검열관으로 등장하는 순수 이성의 법정을 표준척도로 경청함으로써, 자신이 훈육되어 있음을 드러낸다. 이데올로기에 조정당하는 정치권력들이 어떤 이익을 추구함에 있어 "칼을 휘두르고", 이성 대신에 공포를 불러일으키는 일이란 결코 허용되지 않는다. 이성 자신은 자기비판으로의 자기 자신의 역사를 통해 성숙해지지 않을 수 없다. "우리는 순수 이성 비판을 순수 이성의 모든 다툼들을 위한 진정한 법정이라 볼 수 있다. 왜냐하면, 이 비판은 객관들과 직접적으로 관계가 있는 다툼들에는 얽혀들지 않는 반면에 이성 일반이 가진 권리들을 그 자신이 최초에 설정한 원칙들에 따라 규정하고 평가하도록 정해져 있으니 말이다."[244] 이 비판이 없이는 이성은 전쟁 상태인 자연상태에 머무른다. 비판을 통해 이성은 비로소 자신에게 시민적 기본체제[헌법]를 주고, 이를 통해 그의 입지점과 이 입지점의 정당한 권한이 규정된다.

이성이 자기 자신의 기본체제를 역사를 진행시킨 자연에 의해 지정받는 대신에 스스로 세우는 것에 의혹을 품게 되면, 이성은 자신의 이제까지 역사에서의 사실들을 회의적으로 보게 될 것이다. 칸트

---

244) KrV, B779: 전집, III, 491.

의 생각에 회의주의는 인간 이성에게는 "휴식처"이다. 여기서 인간
이성은 "자기의 교조적인 편력을 성찰하고, 보다 더 안전하게 앞으
로의 길을 선택할 수 있도록 자기가 현재 놓여 있는 지역의 약도를
만들 수 있다. 그러나 그것은 영구히 체류할 거처는 아니다."[245] 회
의는 철학의 역사에서 이제까지 실제로 화제가 되었던 이론들에 대 201
해 검열을 한다. 그러나 아직 제3의 발걸음이 가능하고 필요하니, 그
것은 오로지 "성숙하고 담대한 판단력"에 알맞은 것으로, 곧 이성 비
판의 발걸음이다. 이성 비판은 역사적 사실들을 취급하는 것이 아니
라, 이성 자신의 본질을 취급하며, 이성이 하는 일들과 할 수 있는
일들을 이성의 사고와 언어의 여러 차원과 입장에서 탐구한다. 이
이성은 "사람들이 그것의 제한이 있기는 하다는 정도로만 아는", 확
정될 수 없을 만큼의 광대한 평면이 아니라, 전체가 조망될 수 있는,
그 표면이 가능한 대상들 일반이 있는 영역을 현시하고 있는 하나의
구[球]에 비유되어야 한다. 이런 사유가 "이성의 역사"의 목차를 가
리킨다. 칸트는 여기서 "게쉬히테[역사]"라는 명칭을 학문적-체계적
으로 파악하기 위한 길을 열어놓는데, 그 반면에 "히스토리슈[역사
적/史實的]"라는 말은 옛 이성주의적 습식대로 "경험적"과 동의어로
사용한다.

철학에서의 "가설"의 역할에 대해서도 말하지 않을 수 없는데, 이성의 이념들이 자연과학적 가설들을 위해 어떤 계기를 제공해서는 안 된다. 그래서 예컨대 초월적 자유가 통찰될 수 있는 입각점과 이 입각점에서의 이야기거리나 사고가 현상들이 등장하는 조망에서의

---

245) KrV, B789: 전집, III, 497.

그것들과 혼동되어서는 안 된다. 철학에서 가설이란 사람들이 논쟁적인 사용에서 형이상학적 명제들을 방어하고자 작정할 때만 허용된다는 것이 칸트의 생각이다. 그때의 관심사는 순전히 "우리에 의해 주장되는 명제에 해를 입히는 적대자의 사이비 통찰들을 무효화시킴"[246)]이다. 그러나 그 적대자는 다른 곳이 아닌 우리 자신 안에서
202 찾아야 할 것이니, 사변 이성은 그 자신의 초월적 사용에서 그 자체로 변증적이기 때문이다. 철학에서 가설은 대화법적 기능을 갖는다. 즉 사람들은 대화 상대자의 가설에 대해 반대가설로 응답할 수 있고, 그렇게 해서 그를 그의 교조적 확신에서 끌어낸다. 사람들은 여기서 "적대자의 교조적 자만을 쳐부수자마자"[247)] 그 가설을 잊어버린다.

순수 이성의 훈육을 "그것의 증명들과 관련하여" 보자면, 순수 이성의 증명은 다수의 근거에 의해서가 아니라, 언제나 오직 "유일 가능한 증명근거"에 의해서 제공될 수 있다는 점을 생각하지 않을 수 없다. 이 점에서 철학에서의 경우는 한 주장을 위해 여러 가지 증명들이 가능한 수학에서의 경우와는 다른 것이다.

"순수 이성의 규준"이란 순수 이성의 올바른 사용에 관한 선험적 원칙들의 총괄이라 해야 할 것이다. 그런데 사변적인 분야에서 순수 이성의 사용은 있지 않으므로, 규준이 있다면 그것은 실천적 이성 사용에 관여된 것일 수밖에 없겠다. 실천이성의 영역에서 문제가 되는 것은 있는 것이 아니라, 마땅히 있어야만 할 것이다. 무릇 당위

---

246) KrV, B804: 전집, III, 506.
247) KrV, B809: 전집, III, 508.

[마땅히 있어야 할 것]란 자유가 있는 곳에만 있다. 그래서 자유의사와 연관되어 있는 모든 것을 칸트는 “실천적”이라고 부르고자 한다.[248)]

실천적 자유와 초월적 자유는 구별되어야 한다. 전자는 “경험을
통해 증명될 수 있는” 것이다. 실천적 자유는, 우리 인간이 예컨대
우리의 본능들이나 욕구들을 떨쳐버릴 힘을 가지고 있고, 그래서 예
컨대 미래에서 기대되는 충족을 위해 목전의 추동의 충족을 포기할
힘이 있는 한에서 드러나는 것이다. 그러나 초월적 자유란 모든 욕 203
구와 “감성세계”를 규정하는 모든 원인으로부터의 이성 자신의 독립
이다. 그러니까 그것은 이론적 이념이다.

내 이성의 관심 방향들은 다음 세 주제의 물음으로 집약될 수 있다: 1. 나는 무엇을 알 수 있는가? 2. 나는 무엇을 행해야만 하는가? 3. 나는 무엇을 희망해도 좋은가? 첫째 물음이 『순수이성비판』의 요소론에서 다루어지고 있음을 보았다. 나머지 두 물음은 실천이성의 관할 영역에 속한다. 여기서 자연세계(감성세계)와 구별되는 “도덕 세계”가 분명하게 드러난다. 이 도덕의 세계도 법칙들에 의해 규정된다. 그러나 그것은 자유의 법칙들로서, 그 행위들이 자연 원인들의 결과가 아닌 존재자들만이 이를 인지한다. 예지적 세계와 그것의 구조에 관해서는 사변적-이론적 이성은 아무런 적극적인 언표도 할 수 없다. 그러나 아마도 그것에 관해 “실천적 의도”에서 실재적 언표를 하는 것은 가능할 것이다. 그것은 도덕법칙에 복종하는 이성적 존재자들의 신비체(神秘體: Corpus mysticum)로 이해된다. 이 법칙이 인간의 언어로, 다시 말해 본성상 감성적 규정근거들에 대해서도 영

248) KrV, B830: 전집, III, 521.

향을 받는 그런 존재자의 언어로 표현되면, 그것은 당위 즉 명령의 형식을 취한다. 우리가 현존재라는 바로 그 이유로 우리는 행위하도록 짐 지어져 있다. 다시 말해 감성세계에서 일어나는 작용결과들의 원인이도록 짐 지어져 있다. 그때 문제가 되는 것은 오로지, 여느 현상이 아니라, 우리 자신 안의 이성이 원인이 되는 데에서 성립하는 자유에 의한 원인성[인과성]이다.

이 영역에서는 사변적-이론적 이성의 역할은 끝났으므로, 아무런 "앎[지식]"이 없다. 그러나 도덕적 "믿음[신앙]"이 있다. 이것은 객관적이지는 않으나, 필연적인 주관적 확신이다. 이 도덕적 믿음은 예컨대 의사가 환자의 병을 인식하지 못한 채이지만 무엇인가 조치를
204 취해야만 할 때의 실용적 믿음과는 다른 것이다. 그는 다른 이가 그 자신보다 더 좋은 치료방법을 알 것이라는 가능성을 열어놓을 수밖에는 없지만, 그럼에도 그는 어찌 됐든 자기의 처치가 옳다는 주관적 확신을 갖고 있다. 이에 반해 도덕적 믿음은 다른 어떤 결과에 의해 능가될 수 있는 것이 아니다. 이 믿음은 윤리적, 도덕적-실천적 이성의 결과로서 취해진 것이기 때문에, 필연적이다. 그것은 윤리적으로 행위하는 존재자로서의 나를 위한 방향을 제공하고, 나에게 최고의 절대적 선에 대한 시선을 열어준다. 그래서 그것은, 실용적 믿음의 경우에 일어날 수 있는 것과 같이, 있음 직한 좀 더 좋은 믿음으로 능가할 수 있는 것이 아니다. 실용적 믿음이란 예컨대 그것이 어떤 내기에 부쳐지면 언제라도 흔들릴 수 있다. 예컨대 내가 만약 실용적 믿음에서 열망하는 좋은 것을 위해 내 생의 행운을 어떤 내기 놀이에 걸어야 할 처지에 놓이면, 나는 의심이 생겨 가능한 좀 더 좋은 목표를 찾아볼 것이다.

순수 이성의 **건축술**이란 체계의 기술을 뜻한다. 여기서는 유기체
의 유형이 표준척도가 된다. 형식상으로 보아 철학 또한 체계적 성
격을 갖지 않을 수 없다. 다시 말해, 그 언표 하나하나는 전체와의
관계에서 의미를 얻고 그 위치가 정당성을 얻을 수밖에 없다. 이렇
게 주장하는 입장에서 보면 철학은 실제로는 아직까지 등장한 바 없
는, 가능한 하나의 학문의 순전한 이념이다. 칸트의 견해는, 이러한
원형의 이제까지 실제로 이루어진 모상들을 인간에게 가능한 방식
으로 그 원형에 가장 근접한 어떤 것으로써 대체할 수 있다는 것이
다. 이런 일이 이루어질 때까지는, "사람들은 철학을 배울 수 없다.
도대체, 어디에 철학이 있는가, 누가 철학을 소유하고 있는가, 무엇
에서 철학이 인식될 수 있는가?"[249] 사람들은 단지 철학함을 배울
수 있을 뿐, 철학을 배울 수는 없다고 하는 자주 인용되는 칸트의 말 205
은 철학적 체계성의 이상적 원형의 대표할 만한 모상이 아직 나타나
지 않은, 철학의 잠정적인 역사적 상태와 관련한 것이다. 이런 상태
에서 눈앞에 주어진 어떤 한 철학 체계를 배운다고 나설 수는 없는
것이다. 각자는 자신 안에 있는 철학적 이성을 가동시키고, 자기의
"생산적 능력"을 발동시켜, 이상을 최대로 본뜰 수 있는 길로 매진해
야 한다. 철학의 이 국면에서 철학의 학교개념이 결정적 역할을 하
거니와, 이에서 중요시되는 것은 "이 앎[지식]의 체계적 통일, 그러니
까 인식의 **논리적** 완전성 이상의 어떤 것을 목적으로 갖지 않는, 단
지 학문으로 추구되는"[250] 인식의 체계이다. 그러나 완성된 국면에

249) KrV, B866: 전집, III, 542.
250) KrV, B866: 전집, III, 542.

서는 철학의 "세계개념"이 다가온다. 세계개념에 따르면 철학은 "모든 인식의 인간 이성의 본질적 목적들과의 관계에 대한" 학문이다. 철학의 이 개념은 "이성 기술자"가 아니라, "인간 이성의 법칙수립자"로서의 철학자를 전제한다. 그리하여 철학자는 모든 선험적 능력들에 대한 한 체계적 학문에서 그것들의 한계들과 가능성들을 측정해 알고 있는, "이상 속의 교사"가 된다. 세계개념으로서의 철학의 언설과 사고에서 표준척도가 되는 것은 "목적들의 관점"인 것이다.

마지막의 매우 짧은, 그러나 역시 뜻깊은, 순수 이성의 역사에 관
206 한 절에서 칸트의 주 관심사는, 실제로 이루어졌던 철학적 이론들의 기술이라는 의미에서의 철학사보다는, 인간 이성의 법칙들로부터의 철학적 사고의 한 전형적인 발전 형태를 제시하는 일이다. 철학의 대상과 관련해서는 자연주의적 사고와 관념론적 사고(즉 감각주의 철학과 지성주의 철학)가 가능하다. 에피쿠로스가 전자의 대변자로, 플라톤이 후자의 대표자로 명명된다. 또 다른 관점인 우리의 순수 이성인식들의 근원과 관련해서는, "경험주의자들"과 "이성주의자들"이 대별된다. 또 철학의 방법과 관련해서 칸트는 자연주의 노선과 과학주의 노선을 구별한다. "순수 이성의 자연주의자"는 과학 없이 "건전한 이성"의 길을 걸으면서 철학에서 무엇인가를 해내려고 고집한다.[251] 과학주의적 방법의 대표자들은 교조적이거나 회의적으로 일을 수행해갈 수 있는데, 어느 경우든 체계의 이념에 매여 있다. 칸트

251) 칸트 당대에 학교철학적인 체계주의 노선을 벗어나 계몽의 기치 아래 생[활] 철학을 세우려고 했던 대중 철학자들을 지칭한다.(예컨대, Eberhard, Engel, Feder, Garve 등등)

는 첫 번째 노선의 대변자로 볼프를, 두 번째 노선의 대변자로는 흄을 지목한다. "**비판적** 길만이 아직 열려 있다." 그 길은 칸트가 순수 이성의 수많은 시도들을 거친 그의 역사적 발전 중에 얻는 철학적 반성의 입각점에서 분명해진다. 이제 이 길은 이론 철학의 한계를 넘어서서 실천이성의 사고로 더욱 뻗어가며, 이 실천이성의 사고는 형이상학적 이념들에 객관적 실재성을 부여할 수 있다.

207 # B. 실천 철학

1. 실천이성 비판으로의 길

1765/1766 겨울학기 강의 개설 “공고”[252]문에서 칸트는, 실천 철학 영역에서 한편으로 한결같은 “인간의 자연본성”에 대해 기술하면서, 이 본성의 “창조에서의 특유한 위치”에 대해 논할 것을 천명하고 있다. 그러나 그는 이러한 “역사적[史實的]” 과제와 “철학적” 과제를 구별한다. 철학적 과제는 “응당 일어나야 할” 것을 서술하는 데 있다. 칸트는 다른 자리에서[253] 실천 철학의 주관적 부문과 객관적 부

252) 앞의 원서 33면 참조.

253) H. D. Irmscher(편), *Immanuel Kant, aus den Vorlesungen der Jahre 1762/1764, auf Grund der Nachschriften Johann Gottfried Herders*(Köln 1964), S. 89 이하 참조. 또 J. Schmucker, *Die Ursprünge der Ethik Kants*(Meisenheim 1961) 참조. 칸트는 실천 철학을 A. Baumgarten의 *Initia philosophiae practicae primae*(Halle 1760)에 의거해서 강의했다. 또한 그는 F. Hutcheson의 *An Inquiry Concerning Moral Good and Evil*(London 1725)을 기초 교재로 삼았다.

문의 차이에 대해 이야기하는데, 전자는 “도덕 자연학”이라 명명되는 것으로, 이는 인간의 도덕적 자연을 주제로 다룬다. 그러나 객관적 부문은 당위의 형식을 취하는 법칙을 논한다. 칸트는 도덕의 “근간법칙”을 말하면서, 그것을 “너의 도덕적 자연본성에 따라 행위하라.”라는 정식[定式]으로 표현한다.

훗날의 숙성된 윤리학의 “정언명령”에서도 “보편적인 자연본성”이라는 개념은 중요한 역할을 하므로, 여기서 자연본성이라는 말이 이미 만났던 자연철학적이고 형이상학적인 성찰들과의 연관 속에서 파악되어야 함에 주의를 기울일 가치가 있다. 인간 주체[주관]의 “자연본성”의 도덕적 역할을 포착하는 데 있어서는 칸트 초기의 신 · 인간 · 세계 사이의 상호 관계에 대한 성찰들이 결정적으로 중요하다. 칸트는 예컨대 『유일 가능한 신의 현존 증명근거』에서, 철학적 이성이 “필연적 존재자(ens necessarium)” 개념을 세계 내의 우연적인 것 208
들에 기초하게 해서는 안 된다는 점을 역설하였다. 신은 전제자나 전횡의 신으로서가 아니라, 자연 안에 있는 필연적 존재자들의 주[主]로서 파악되어야 한다는 것이다. 자연은 신에 의해 “보편적 법칙들”에 따라서 그 기본틀이 갖춰졌으며, 이 보편적 법칙들이 자연에게 일정한 독립성을 부여한다는 것이다. 그 자연 독립성의 본질이 법칙적인 것이기 때문에, 그 안에서 대상들과 사건들은 자의적으로, 그리고 단지 개별적인 사례에서가 아니라 보편적으로 신의 질서를 충족시킨다. 칸트의 초기 실천 철학에도 인간의 자연본성에 대한 이야기가 있다고 한다면, 그때 이 말은 신에 의해 인간에게 부여된 내적 도덕법칙에 대한 지시를 함축하고 있다. 이 법칙은 원리적 기본체제의 표현으로서, 이 체제에 기초해서 인간의 자연본성은 자유 중에서 도덕적 선량의 규칙들에 따라서 바른 자세를 취할 수 있는 것이다. 여기서 언급되고 있는 "법칙"은 칸트 사유의 이 초기 국면에서는 그의 훗날의 도덕철학에서와는 다르게 이해되지 않으면 안 된다. 초기에 "도덕의 근간법칙"이 언급될 때의 그것은 사물들의 "본질"이니 "자연본성"이니 하는 것을 신이 사물들에 그러니까 또한 인간 주관[주체]에 새겨 넣은 것이라고 보는 사상과 연관되어 있다. 그래서 초기에는 윤리법칙의 자율성에 대해서나 이것의 근원이 "이성존재자"의 이성에 있다는 언급은 아직 없다.

객관의 편에 법칙이 서 있다. 주관의 편에는 인간의 자연본성이 있고, 이것은 "역사적[史實的]" 방식으로 기술될 수 있다. 오로지 도덕 자연학에만 사로잡혀 있는 이들은 객관적으로 "일어나야만 할" 것에 대한 시선을 아직 갖지 못한다. 그럼에도 실천 철학을 위해서
209 는 인간의 자연본성에 사로잡혀 있는 이가 부딪치는, 인간에서 볼 수 있는 어떤 속성이 큰 의미를 갖는다. 그것이 도덕 "감정"이다.

'감정'이라는 명칭은 주관성의 철학에 속한다. 인간의 주관은 그가 마주치고 "감각하는" 대상들 편으로부터의 외적 상들의 인상을 경험한다. 인간의 주관은 상호 윤리적으로 결합되어 있는 이성적 존재자들의 하나의 나라에 소속되어 있는 개별 주관으로서 자기의 처지에서, 인간의 "자연본성"을 규정하고 있는 도덕법칙을 인식한다. 중요한 것은, "언제나 한결같은" 인간의 **자연본성**과 "창조에서의 이것의 특유한 위치"를 인식하고, 이것을 인간에게 그의 "우연적인 상태가 각인시키는" 인습적인 변화들 및 왜곡들과 구별하는 것을 배우는 일이다. 여기서 아마도 칸트는 루소적 사상계에서 유래한, 인간의 자연본성과, 사회적 인습이 만들어낸 일그러진 모습 사이의 차이를 생

각한 것 같다. 사회적인 인습 가운데서 인간은 자신을 분장하고, 자기 자신의 자연본성에서가 아니라 남들의 의식에서 생을 영위해가는 척도들을 만들어내도록 유혹받는다는 것이다. 그래서 칸트는, "자연 그대로의 소박한 상태에서의 그리고 천진한 상태에서의" 인간에게 "알맞은 완전성"이 무엇인지를, 그 반면에 "인간이 저 두 가지 경계들을 벗어나서, 다소간에 이 상태와는 거리가 있는 최고 수
준[254)]의 자연적 혹은 도덕적 탁월성을 얻으려고 애를 쓸 때, 인간의 210
태도의 규정"[255)]이 무엇인지를 분명하게 해주는 실천 철학을 제시할 것을 천명한다.

새프츠베리, 허치슨 등의 영국 도덕철학자들을 좇아 칸트는 윤리적 인식의 기관으로서 "도덕 감정"에 대해서 이야기한다. 이 도덕 감정에서 인간의 자연본성은, 신이 자연에 불어넣은 자연법칙을 통해 외적 자연이 그러하듯이, 유사한 방식으로 도덕법칙을 통해 자유롭게 기본 구조되어 있음이 드러난다. 자연철학에 의해서와 마찬가지로 도덕철학에서도 전제적 전횡의 신은 이성에게 납득될 수 없음이 밝혀진다. 자연에도 그러하듯이, 인간 주관에도 도덕적인 기본체제가 갖추어져 있어서, 그에 기초해서 인간은 스스로 자기 자신의 필

---

254) Refl. 6583: 전집, XIX, 94. ―"법의 규칙에 따른 인간들의 최선의 상태는 사회이며, 안전성의 면에서 사회적 인간들의 최선의 상태는 인간을 이 법의 규칙에 따라 처신하도록 강요하는 저항할 수 없는 권력이다. 학문과 예술들은 인간이 더욱 적게 저항하도록 만든다. 이를 통해 인간은 개선되는 것이 아니라, 더욱더 길들여진다. 사람들은 인간을 그의 쾌락을 약간 방해하거나 명예심을 부추김으로써 쉽게 끌어당길 수 있다. 모든 필요욕구는 인간을 법칙들에―이 법칙이라는 것이 설령 자의적인 것일지라도―얽어매는 끈이기 때문에, 인간은 본래 더욱 약해져간다."

255) NEV: 전집, II, 312.

연적인 내적 자연본성에 따라 하나의 보편적 도덕법칙을 표출하며, 감정을 통해 그것을 의식하게 된다. 즉 자유로운 행위는 그 처신이 내적 법칙과 합치하는 데서 성립하는 것이다. 이것은 "나의 의사(意思)와 신의 의사가 합치[동일]"한다는 사상의 표명이다.[256] 우리 안에서 지각된 법칙이 우리에게 책무를 지운다. 우리는 오직 우리 자연본성을 규정하는 법칙으로서의 이 법칙에 구속되어 있으므로, 이 법칙이 자유의 기반을 마련한다. 그것은 하나의 "내적" 법칙이며, 여기이 연관에서 "내적"이라는 말은, 문제가 되고 있는 것이 우리의 독립적인 본질을 담지하는 법칙임을 뜻한다. 이 자리에서 훗날 하게 되는 적법성[합법성]과 도덕성의 구별 또한 마주친다. 나의 행위가 하나의 내적 법칙에 기초해서가 아니라, 어떤 "외적" 법칙, 다시 말해 타자 측에서 주어지는 법칙에 기초해서 일어나면, 그때 나는 한낱 나의 "채무"를 이행하는 것일 뿐이다. 그러나 나는 "책무"는 잊고 있는 것이다. 그렇기에 교육에서 사람들은 모름지기 먼저 내적 법칙을
211 열어주는 도덕 감정을 일깨워야 하고, 그러고 나서 비로소 신의 의사와 관계를 맺어야, 종교가 어떤 "선입견"이나 "겉보기 신앙심"에 귀착하지 않게 된다. 도덕 감정의 문화가 복종의 문화에 선행해야 한다는 것이 칸트의 생각이다.

초기 칸트는 허치슨을 좇아 인간에게는 이기적 감정 외에도 "비이기적 감정"이 있음을 지적한다. 이러한 비이기적 감정은 어떠한 궤변에 의해서도 반박되지 않으며, 이기의 목소리 옆에서 항상 자기의 목소리를 낸다는 것이다. 궤변적인 논증이 비이기적인 감정도 궁극

256) 앞의 각주 253에서 인용한 H. D. Irmscher(편), 강의록, 96면 참조.

적으로는 이기주의에 소급되는 것이라고 논변했을 때, 칸트는 우리 모두 안에 있는 보편적인 내적 척도를 상기시킨다. 도덕 감정이 행위와 마음씨를 우리로 하여금 이기주의에서 벗어나게 해주는 공공성의 원리에 맞게 정향되도록 한다는 것이다. 우리의 자연적 주관적 시각은 사사로운 목적들과 목표들을 향해 있다. 그러나 우리가 우리 자신을 공공의 윤리적 척도의 입장에 세울 수 있는 한에서, 도덕적 영역에서의 반성 또한 있다.

초기 칸트에 의해 주장된 도덕 감정 이론은 실천 철학의 더 앞으로의 전개를 요구하는 난제들을 포함하고 있다. 그래서 원칙적인 것에 대한 사유가 "실천이성"을 위하여 도덕 감정을 평가 절하하는 쪽으로 나간다. 윤리적 처신이 굳건하고, 신뢰성 있고, 확고한 성격을 가지려면, 그것은 감정이 아니라 "이성"의 사고에 부합하는 원칙들에 정향되어야만 하는 것이다. 감정이 주관적이고 우연적인 기분이나 일시적인 변덕들에 휩싸이는 것인 반면에, 이성의 사고는 이런 주관적인 영역을 뛰어넘어 보편적이고 공동의 법칙에 의거해 있다. 그러므로 이성만이 보편적인 "당위"를 나에게 책무 지울 수 있는 것 212
이다.

2. 순수 실천이성으로의 이행

이론 철학에서와 마찬가지로 실천 철학에서도 코페르니쿠스적 전환은 이성으로 하여금 자신을 법칙수립자[입법자]로 파악하게 한다. 실천이성이 윤리적 삶을 위한 표준척도적인 원칙들을 낳는 법칙을 수립한다면, 윤리적 인식의 기관으로서의 도덕 감정의 역할은 끝난 것이다. 그때는 인간 주관에게 도덕법칙을 제시하고, 동시에 인간 주관이 그것을 각성하도록 하기 위해, 실천이성이 소집되지 않을 수 없다. 감정은 주관적인 지평에 국한되고, 반면에 이성은 공공의 것, 객관적인 것으로 시선을 넓힌다. 이성은 우연적인 특수성에서 독립하여, 자유와 자립성, 즉 자율의 들판을 표시한다. 그리하여 이성적 주관적 존재자인 인간은 오로지 자기가 수립한 법칙에서 오는 책무만을 인정할 수 있다.

감정에서 실천이성으로의 이 전환은 칸트의 한 조각글에 표명되어 있는데, 그에 의하면 도덕 감정은 "근원적" 감정이 아니라는 것이다. 우리의 사적인 것들 저편에 있는 보편적인 입장에서 우리 자신의 상황을 고찰하고 감지하는 일을 우리의 의무로 만들어주는 일은 하나의 "필연적인 내적 법칙"으로부터 도출되어야만 한다는 것이다. "이를테면 이성의 인격성에서 말이다. 거기서 사람들은 자신을 보편 중에서 느끼며, 자기 개인을 한 우연적인 주체로, 보편적인 것의 우유성 같은 것으로 본다."[257] 실천이성은 동시에 다음과 같은 기능들
213 을 떠맡는다. 즉 실천이성은 도덕법칙을 수립하고, 또한 도덕 주체를 이 법칙을 인식하고 이 법칙에 대해 그가 책무 있음을 경험할 자리에 세우는 일 말이다. 『실천이성비판』[258]의 주요 과제는, 실천이성이 자기 자신의 법칙 수립을 올바르게 판정하고 이해하는 것을 배우는 일이다. 실천이성은 무엇보다도 먼저 윤리법칙이 갖는 "순수한",

257) Refl 6598(1768~1770년 사이의 조각글): 전집, XIX, 103.
258) *Kritik der praktischen Vernunft*[KpV](1788): 전집, V, 1~163.

경험에서 독립적인 성격을 선험적 이론을 통해 부각시켜야 한다. 칸트는 예비적 저술인『윤리형이상학 정초』에서 분석적인 방법을 통해, 일상적이고 일반적인 "윤리적 이성인식"이나 통속적인 도덕철학에 흔히 뒤섞여 있는 경험적 혼합물들을 윤리법칙의 순수 내용에서 벗겨내고자 한다. 칸트가 때마다 화학자들의 분해방식과도 비유하는 이 분해과정의 결과가 순수 윤리법칙 개념이며, 또 이것과 불가분리적으로 결합되어 있는 초월적 자유 개념이다.[259)]

3. 도덕적 주체성과 순수 실천이성의 징표에서의 그에 맞는 객관성

순수 이론이성은 법칙수립을 통해 가능한 경험의 영역에 기본체제를 세운다. 즉 이 영역 내에서 순수 이론이성은 선험적 종합들에 기초해서 경험에서 마주치는 대상들에게 그것들의 대상임[대상성]의 형식을 준다. 그에 반해 실천이성은 행위를 통해 세계를 변화시키는 일에 관여한다. 실천이성은 이성적 존재자가 그에 따라서 행위하면서 세계에 개입해야 하는 법칙들을 수립한다. 행위하는 존재자가 이성 외부에서, 그러니까 예컨대 경험적인 자연제약 쪽으로부터의 충 214
동에 규정받지 않고, 그 자신에 의해 수립된 법칙의 표상만이 행위의 규정근거인 한에서, 실천이성은 "순수"함이 입증된다. 이성적 존재자가 실천이성의 순수한 법칙 수립의 징표에서 행위한다면, 그때

---

259) *Grundlegung zur Metaphysik der Sitten*[GMS](1785): 전집, IV, 385~463.

이성적 존재자는 자연의 필연적인 연관에서 독립적임이 입증된다. 즉 이성적 존재자는 "자유"의 징표에서 행위한다. 그의 의도는 순수 실천이성에게 낯선, 자연에 의해 지정되어 있는 그러한 목적들의 실현을 향해 있지 않다. 즉 자유의 목적들은 오히려 순수 실천이성의 법칙(윤리법칙)에 의해 규정되어 있다. 칸트는 행위 개념을 인과 유형에 따라 파악한다. 즉 행위자는 자연현상들의 영역에 영향을 미치고, 이렇게 해서 자연현상들 안에 변화들을 일으킨다는 것이다. 그 자신이 그의 실천이성의 힘으로 이 변화들의 원인이다. 그러나 이 원인은 그 자체가 자연현상도 아니고, 그에 선행하는 앞선 원인의 결과도 아니며, 오히려 순수 실천이성으로서 직접적으로 작용하므로, 칸트는 이것을 "자유에 의한 원인성[인과성]"이라고 말한다. 그러니까 실천이성은 첫째로는 행위의 법칙을 제시하고, 둘째로는 현상들의 영역에 속하지는 않으면서도 실천적-현실적 원인으로서 행위자 안에서 작용한다. 즉 이 원인은 예지적[叡智的]인 것이다.

이론이성뿐만 아니라 실천이성도 "인식"을 수행한다. 다만 실천 영역에서 문제가 되는 것은 있는 것에 대한 확인이 아니라, 행해야만 할 것에 대한 인식이다. 실천 인식도 그의 특별한 방식으로 객관적 실재성을 요구주장한다. 다음에 실천이성의 인식작용과 이론이성의 인식작용 차이의 근친성과 차이성이 대략 드러날 것인데, 거기
215 에서 동시에 주관성[주체성]과 실천이성의 징표에서의 객관성의 관계가 분명해져야 할 것이다.

이론 철학은, 인식 주관이 어떻게 감성적 직관을 통해, 선험적 종합에 의해 객관화하는 내용들이 "주어"지도록 하는가 하는 점에서 인식 주관을 관찰하였다. 실천 철학도 "주어진 것"을 지적할 수 있

다. 윤리법칙 말이다. 그러나 이 주어진 것의 특징은, 이것이 이성 자신에 의해 제시된 것, 즉 "만들어진" 것이라는 점에 있다. 그래서 칸트는 윤리법칙이라는 "사실[事實]"을 말한다. 이 사실의 바탕 위에서 실천이성의 사고는 실현되어야 할 도덕적 목적들의 나라를 펼쳐 나간다. 또 이 바탕 위에서 실천적 "이론"이 전개되며, 이 이론에서 신과 자유와 영혼의 불사성에 관한 적극적인 언표들이 순수하게 "실천적 의도"에서 가능하게 된다.

실천이성에 의해 수립된 법칙은 모든 법칙적인 것들 일반의 "범형"을 보여준다. 즉 그것은 어떤 예외도 인정하지 않고, 이성적 주체[주관]들이 어떤 특권을 갖는 것도 허용하지 않는다. 자연법칙 앞에서뿐만 아니라 윤리법칙 앞에서도 모든 이성적 주체들은 동등하다. 그래서 이 법칙은 개개 주체의 인격 안에 있는 "인간성"을 대변한다. 이 법칙은, 개인이 자기의 개인적 구역의 사적인 것들로 들어가, 공적이고 만인에게 타당한 표준척도에 대한 책임을 회피하는 경우를 배제한다. 이 법칙에는 직접적 객관성이라는 특성이 있다. 즉 이 법칙이 객관성을 갖는 것은 감각적으로 주어지는 내용이 그것을 "매개"해주기 때문이 아니다. 이로써 이론 철학의 상황과는 다른 출발점이 주어진다. 즉 실천적 인식과 사고를 위한 바탕이 감성적 직관을 통해서가 아니라, 이성 자신에 의해서 마련되는 것이다.

이런 까닭에 윤리학은 인간의 자연소질에 대한 이론이 아니다. 윤 216
리학은 인간의 자연본성에서 발견되는 존재[임/있음]를 기술하는 것이 아니라, 현상세계의 저편에 고향을 둔, 모든 이성적 존재자에게 타당한 예지적 법칙을 주시한다. 이 영역에서는 신적 실천이성과의 소통도 일어날 수 있어야만 하는데, 신적인 실천이성도 모든 이성적 존재자 일반의 실천적 사고와 같이 동일한 윤리적 표준척도 아래 서 있는 것이다. 이 연관에서, 현상들과 관계 맺고 있는 자연법칙과는 본질적으로 차이가 있음이 드러난다. 자연법칙이 시원적 조건들에서 생겨나는 결과들을 규정하는 반면에, 윤리법칙은 무조건적으로 타당하다. 그것은 모든 이성적 존재자에게 타당하며, 그것의 주어져 있음 자체를 근거로 해서 볼 때 윤리법칙은 일종의 예지적 현실이다.

현상들의 영역에서 작동하는 자연인과성이 그의 특수한 법칙을 갖듯이, 자유에 의한 인과성도 현상세계와는 다른, 예지세계를 정초하는 하나의 "법칙"에 종속한다. 무법칙적인 행위란 우연에 내맡겨져 있는 것으로, 이성 일반의 성격과 상충하는 것일 터이다. 그러므로 실천이성이 행위의 법칙을 제시한다면, 그것은 바로 그것의 실현을 무조건적으로 요구하는 것이다. 즉 법칙은 행위로부터 유래하는 결과들을 고려하지 않은 채 실현되고자 한다. 동시에 이 법칙은 보편타당성의 특성도 갖는다. 즉 모든 이성적 존재자들은 그를 이행해야 할 의무가 있으며, 그래서 어떤 개인도 이 공동체에서 격리된, 사적인 이해 구역을 떼어내어 가질 권리가 없다. 그래서 이제 감정은 표준척도적인 역할을 상실했다. 감정은 사적 주관성의 표현으로서 공유될 수 없는 것이기 때문이다.

217 도덕 인식은 "우리 인격 내의 인간성"의 힘으로 실천이성에 의해 제시된 법칙을 우리에게 명료하게 해준다. 그래서 누구라도, 곧 이론적으로 전혀 교육받지 못한 사람도 도덕 인식에는 이를 수 있는 것이다. 도덕 인식은 이성적 존재자들의 나라의 성원으로서의 그의 역할에 필수적인 것이기 때문이다. 도덕 인식은 세련된 이론이성이 필요하지 않다. "평범한 사람의 눈"도 윤리적 처신과 이기적 처

신의 차이를 곧바로 분명하게 인식할 수 있다.[260] 칸트가 보기에, 무엇이 의무인지는 모든 사람의 윤리적 의식에 언제나 생생하게 인지되어 있다. 그에 반해 우리의 이익과 우리의 필요욕구를 가장 잘 충족시키는 것이 무엇인지에 대한 인식은 포괄적인 세계경험과 세상사에 대한 지혜의 문제로서, 이에는 명민한 지성이 필수적이다. 그런데 도덕 인식은 세계경험이나 인간의 자연본성에 대한 경험적 지식에 의존하지 않는다. 모든 경험인식은 단지 조건적 타당성을 가질 수 있을 뿐이다. 오른손과 왼손의 차이가 우리 모두에게 분명하듯이, 건전한 윤리 의식은 직접적으로 그리고 선험적으로 선과 악을 구별할 줄 안다.[261]

당위적인 것에 대한 인식뿐만 아니라, 윤리 원리이론도 선험적 인식의 성질을 갖는다. 도덕철학자는 그 자신이 인격으로서 그에 복속되어 있는, 실천이성에 의해 수립된 법칙에 아무것도 덧붙일 것이 없다. 칸트는 자기가 어떤 새로운 윤리를 주창하려는 것이 아니라, 이미 언제나 현재하고 있는 윤리의식에 단지 하나의 정식[定式]을 제공하고자 하는 것뿐이라고 설명한다. 윤리학자의 과제란, 윤리법칙을 그 순수성에서, 경험과 뒤섞거나 의존시키지 않고서 명료하게 부각시키는 일이다. 또한 윤리 이론의 과제는, 윤리적 이성이 자기 자 218
신을 오해하고 오독하지 않도록 보호하고, 내 위의 별이 빛나는 하늘과 내 안의 도덕법칙이 불러일으키는 경탄과 외경을 열광과 광신

260) KpV: 전집, V, 36.

261) [※ Kaulbach 개정판에는 이 각주가 누락되어 있다. 이는 인쇄 착오로 보인다. 제1판에 있는 해당 각주를 이 자리에 옮겨놓는다.] H. Lübbe, "Dezisionismus in der Moral-Theorie Kants", in: *Epirrhosis*(Berlin 1968) 참조.

으로 타락시키지 않도록 방지하면서, "지혜론"의 길로 들어서도록 하는 것이다. 윤리학의 또 하나의 기능은, [교묘한 수사적인 언사를 동원하여 이것저것 따지는] 궤변적인 분해분석의 시도들에 대항해서 건전한 윤리 의식을 방호하고 공고히 하는 일이다.

4. 실천이성 영역에서의 주관성과 객관성

이론 철학이 인간 주관의 지위의 성격을, 신체를 가지고서 감성적으로 직관하는 존재자로서 인식하고, 이로부터 나오는 객관성에 이르는 길을 밝히고자 하는 것으로 보고 있는 반면에, 실천 철학은 이성적인 객관적 윤리법칙에서 시작한다. 실천 철학은 윤리법칙의 표준척도적인 지위를 확립한 다음에, 이 법칙의 인간 주관성과의 관계맺음의 문제로 나아간다. 인간은 신체적으로 실존하기 때문에, 인간 주관은 자연적 경향성들의 충동들과 욕구들 그리고 필요요구들에 예속되어 있다. 인간 주관이 공간 시간적 시각 아래서 신체적 세계-위상으로 있는 바처럼, 실천 철학은 인간 주관의 실용적 세계시각을 규정하고, 그로 하여금 신체성의 이해 관계에 매이게 만드는 자연적 조건들을 인간 주관에서 규명한다. 신성한 존재자인 신의 "본성"은 도덕법칙을 통해서만 규정되고, 그러니까 신은 윤리적으로밖에는 행위할 수 없는 반면에, 인간은 본성상 자기 자신의 실
219 천이성과 그에 의해 수립된 법칙에 거스르는 행위를 하려는 경향이 있다. 인간의 주관[주체]성은 법칙과 자연본성적 경향성 사이의 긴장의 들판에 놓여 있다. 그래서 우리가 법칙과 마주치고 법칙을 운위

하는 시야는 이 법칙에 저항하는 우리 주관성의 지위에 의해 규정된다. 법칙은 우리에게 일정한 "어떻게"의 형식으로 주어진다. 즉 법칙은 우리에게 "당위"로서, 무조건적인 책무로서, 다시 말해 의무로서 말을 건다. 신성한 존재자인 신에게는 의무란 없다. 무릇 "경향성"과 "의무" 사이에는 구별과 대립의 문제가 생긴다. 우리는 인간 본성에 대한 경험을 통해 우리의 경향성을 알게 된다. 즉 그것들은 우리에게 있는 속성들로 확인된다. 그러나 우리에게 부과되는 당위를 우리는 우리의 실천이성의 위치에서 인식한다. 경향성들이 "존재"의 속성이라면, 윤리법칙은 "당위"의 속성이다. 윤리적 삶에 유리한 그리고 또 불리한 경향성들을 탐구하는, 인간에 대한 학문은 도덕 인간학이라고 명명할 수 있다. 그러한 것은 하나의 경험 과학으로서, 선험적 지[知]로서의 윤리학과 엄격히 구별하지 않을 수 없다.

신체적-이성적 존재자로서의 인간은 그 본성상 자기의 필요욕
구, 경향성, 추동들의 충족을 자기 의지의 "규정근거"로 삼으려는 경
향이 있다. 주관의 자연적 상황의 대변인을 자처하는 에피쿠로스학
파 같은 유형의 윤리학은 "행복"을 얻으려 애쓰고 활동하는 것이 주
관[주체]의 과제라고 주장한다. 이에 대해 칸트는, 우리에게 행복과
현존에의 만족은 자연에 의해 보장되지 않으며, 그렇기 때문에 이
런 내용에서 우리 행위의 동기를 찾는 윤리학은 우리의 윤리적 가치
를 우연에 의존시키는 것이라고 반박한다. 이와는 달리 주체의 지 220
복[至福]/정복[淨福]의 상태는 그의 "독자적 자기충족[自足] 의식을 전
제"[262)]할 터이다. 또한 행복철학은, 게다가 무엇이 자연적 요구인가

262) KpV: 전집, V, 25.

를 과제로 제기하는 잘못을 범하고 있다. 행복함이란 그러한 주관[주체]에게는 그의 "욕구 능력을 불가피하게 규정하는 근거"이다. 이러한 자연적 경향성을 재료로 하나의 윤리학을 만들어내는 행복철학은 인간을 그에게 쾌감을 가져다주고, 불쾌감을 막아주는 것에 매이도록 잘못 놓는 것이다. 이런 철학에 따른다면 인간은 그의 우연적인 자연본성적 소질에 맞는, 그러니까 개인마다 서로 다른, 자기의 사적 "경향성들"을 만족시키는 의무를 가질 수밖에 없게 되겠다. 그리고 이것은 인간이 법칙의 필연성과 보편타당성을 팽개쳐버릴 수밖에 없음을 의미하겠다. 왜냐하면 인간의 경향성들은 실천이성의 원리들과는 충돌에 빠지지 않을 수 없는 것이기 때문이다.

도덕의 주체는 개인이다. 개인은 자기의 개별적 소질과 필요욕구와 경향성들, 그리고 개별적인 도덕적 가능성들을 가지고 있다. 그의 의무의 내용들은 이러한 개별적인 상황의 지평에서 생기는 것이다. 도덕 주체는 이성적 존재자이므로, 그는 행위함에 있어서 자신에게 순간의 우연적인 충동이나 기분에 휩싸인 흥분에 빠지지 말고, "원칙들"에 따라 시행하는 실천이성을 과제로 부과한다. 도덕 주체는 그의 개별적인 상황에 따라 또한 그에 맞는 원칙들을 가지고 있다. 이것을 칸트는 "준칙"이라 부른다. 이제 물음은, 이러한 주관적인 준칙들이 객관적인, 모든 이에게 타당한 윤리법칙과 어떤 관계에 있는가이다. 이 물음이 "정언적 명령" 개념으로 이끈다.

5. 법칙과 준칙: 정언명령 221

윤리법칙은 주관의 의식에 "명령"으로 들어선다. 명령은 "행위의 객관적 강제를 표현하는 당위에 의해 표시되는 규칙으로서, 만약 이성이 의지를 전적으로 규정한다면, 행위는 반드시 이 규칙에 따라서 일어날 것임을 의미한다." 객관적인 법칙은 명령으로서 주관에 대해 요구를 하는 것이다. 이 명령은 주관의 원칙인 준칙과는 구별된다. "그러므로 준칙들은 원칙들이기는 하지만 명령들은 아니다."[263)]

법칙은 그 행위의 동기가 실천이성에 어긋날 수도 있는 우리 인간들에게 "정언적"으로 지시되는 명령의 역할로 말을 건다. 실천이성은 이러한 존재자에게 "도덕적 강요"를 시행한다. 이러한 존재자는 자기의 자연적 경향성들이 제멋대로 펼쳐지도록 내버려 둘 수는 없으며, 오히려 일종의 "제한", 즉 "내적인, 그러나 지성적인 강제라고 부를 수 있는 실천이성의 저항"[264)]을 필요로 한다. 여기서 "정언적"이라는 형용사는 논리학(판단론)에서 유래한 것이다. 정언 판단이 'a는 b이다'라는 무조건적인 형식으로 무엇인가를 언표하듯이, 여기서는 무-조건적인 명령을 주제로 다룬다. 그에 뒤이어 ('a이면, b이다'라는) 가언 판단에 상응하는 조건들 아래서 지시하는 "가언 명령"에 대한 언급도 있다.

칸트는 『실천이성비판』에서 이 정언명령(즉 "순수 실천이성의 원칙")을 다음과 같은 형식으로 제시한다: "너의 의지의 준칙이 항상 동시

263) 『실천이성비판』[KpV](1788): 전집, V, 20.
264) KpV: 전집, V, 32.

222 에 보편적 법칙 수립의 원리로서 타당할 수 있도록, 그렇게 행위하라."[265](1)

정언명령의 형식은 "너는 해야 한다."라는 무조건적 명령이다. 누가 왜 해야만 하는지를 물으면, 실천이성은 그 해야 함[당위]이 곧 자기 목적이라고 대답한다. 너는 바로 해야만 하기 때문에, 해야 한다는 것이다. 이런 종류의 것이 "윤리성의 명령"이다. "너는 거짓으로 약속해서는 안 된다."라는 명령이 도덕적 타당성을 주장하는 것은 오직 이 명령이 명령의 위엄을 가지고 있기 때문이지, 그렇게 하지 않으면 앞으로 나의 신용이 떨어져 가령 내가 누구에게도 신임을 받지 못하게 될 것이기 때문이 아니다. 만약 어떤 목적이 실천이성이 아닌 다른 쪽에서 제시되고, 그 목적이 윤리적으로 아무래도 상관없거나 비윤리적인 것으로 간주될 수밖에 없다면, 그때 이 목적 실현을 위한 수단을 제시하는 명령은 가언적인 것이다. 예컨대 "너의 신용능력을 유지하고자 한다면, 계속 신뢰성을 보여라." 따위의 명령은 가언적인 것이겠다. 이 명령은 그 자체로 도달해야만 할 목적에 대한 어떤 지위를 갖지 못한다. 이 명령은 과연 신용능력이 실제로 애써 얻을 만한 목표인지 어떤지의 문제는 미결로 남겨놓고 있다. 가언 명령이 영리[현명]한 충고를 준다면, 정언명령은 "윤리성의 지시명령들(법칙들)"[266]을 발한다. 전자는 영리함의 명령이라고, 후자는 지혜의 명령이라고 이름 붙인다. 왜냐하면 영리한 자는 수단에 밝은 반면에, 지혜로운 자는 목적에 밝기 때문이다. 영리한 충고의

---

265) KpV: 전집, V, 30.
266) GMS: 전집, IV, 416. 또 KpV: 전집, V, 163.

경우 과연 "명령"이라는 명칭이 적합것인지조차 의문이다. 무릇 이와 같은 종류의 지시명령은 예를 들자면 다음과 같은 형식, 즉 "네가 장수하고자 한다면, 너는 자연법칙들에 기초해서 너의 건강을 유념**해야만 한다**."가 될 것이니 말이다.

칸트는 정언명령의 다른 정식[定式]들[267]도 제시하는데, 그 가운데 223
여기서는 다음의 세 가지를 인용하는 것이 좋겠다. 왜냐하면 이 셋은 앞에서 언급했던 첫째 정식의 해석을 위한 출발점들을 제공해줄 수 있기 때문이다. 하나의 정식은, "그 준칙이 보편적 법칙이 될 것을, 그 준칙을 통해 네가 동시에 의욕할 수 있는, 오직 그런 준칙에 따라서만 행위하라."(2)이다. 또 다른 정식은 "마치 너의 행위의 준칙이 너의 의지에 의해 **보편적 자연법칙**이 되어야 하는 것처럼, 그렇게 행위하라."(3)는 것이다. 마지막으로, "네가 너 자신의 인격에서나 다른 모든 사람의 인격에서 인간(성)을 항상 동시에 목적으로 대하고, 결코 한낱 수단으로 대하지 않도록, 그렇게 행위하라."(4)[268]는 칸트의 정식이 주목을 끈다.

정식 (1)[269]에서 주목해야 할 것은, 이것이 주관적인 준칙(**너의** 의지의 준칙)과 객관적인 보편적 법칙 수립을 연결시키고 있다는 점이다. 그러한 준칙에게만, 동시에 객관적 법칙으로서 보편적 법칙 수립의 테두리 안에서 타당성을 가질 만한 윤리적 지시규정의 역할이 인정될 수 있다. 준칙이 지시규정으로서 지금 나의 상황에서 나에게

267) 『윤리형이상학 정초』[GMS](1785): 전집, IV, 421.

268) GMS: 전집, IV, 429.

269) Kaulbach 원서 앞의 221면 이하 참조.

주관적으로 타당할 뿐만 아니라, 나의 행위에서 효력을 발한 이 준칙이 보편적인 법칙 수립을 위한 객관적 원리로서도 효력을 발한다고 내가 생각할 수 있고, 또 그러기를 내가 의욕할 수 있음이 사고실험에서 확증될 때, 그때에야 준칙은 윤리적이다. 그러므로 나는 나의 준칙을 객관적 세계연관 전체의 지평에서 검사해야만 한다. 이제 분명한 것은, 정언명령이 다음의 두 기능을 성취해야만 한다는 것이
224 다. 즉 한편으로 정언명령의 일은 실천적 사고로 하여금 객관적이고 보편적인 법칙의 이념에서 방향을 잡게 하여 올바른 준칙을 발견하도록 지도하는 것이다. 둘째로는 "… 하도록, 그렇게 행위하라."고 특정한 행위를 위한 책무나 의무 이행을 말하는 것이 정언명령의 일이다.

이 "보편적 법칙성"은 어느 정도까지 세계연관성을 갖는가? 정식 (3)에서 그것은 "보편적 자연법칙"으로 해석되고 있다. 여기서 이 말은 무슨 뜻을 지니는가? 그것은 『순수이성비판』의 보편적 자연법칙들의 총괄과 동일한 것인가? 여기서 고려해야 할 것은, 지금 우리는 실천이성의 땅 위에 있으며, 실천이성은 하나의 체계적인 체제를 갖춘, 지혜와 합목적성을 가지고 움직이는 자연의 이념을 아주 특별한 방식으로 파악하고 있다는 점이다. 이 자연 안에서 실천이성의 행위는 자신을 비추어 내보인다. 그래서 내가 나에게 물어야 할 바는, 과연 그때그때의 나의 준칙이 그러한 자연을 만들어내는 데 적당한 것으로 생각될 수 있으며, 그러한 것이라고 의욕할 수 있는가이다. 그렇다고 할 경우에만 나의 준칙은 하나의 명령이 되는 것이다.

6. 실천이성의 자연 개념

이론 철학의 "보편적 자연법칙들"이 현상들의 세계와 관계하고,
가능한 경험의 영역을 규정하며, 그러므로 "감성적 자연"과 관련이
있다면, 실천 철학에서는 "초감성적 자연"이 문제가 된다. 동시에 감
성세계와 예지세계에 속하는 존재자인 인간은 감성세계에, 다시 말
해 법칙들에 따르는 현상들의 총괄에 행위를 통해 윤리법칙을 끼워
넣어야 한다. 이것은 인간의 행위를 통해 "초감성적 자연"이 감성적
세계에서 현재화되어야 한다는 것을 의미한다. "예지적 자연[본성]"
은 현상의 현실이 아니고, 실천적 이념에 속하는 것이다. 감성적 자 225
연의 법칙성, 즉 기계성[기제]은 행위가 현상들의 영역에서 효력 있
는 것으로 수행된다 해도, 폐기되지 않는다. 그러나 초감성적 자연
은 이념으로서 실천이성에서 생겨나는 것이지, 현상들에게 법칙들
을 수립하고 경험을 가능하게 하는 지성에서 생겨나는 것이 아니다.
내가 나의 준칙을 초감성적 자연의 이념에 맞춰보는 모든 도덕적 상
황에서, 나는 행위함으로써 하나의 감성적으로 현상하는 사태를 만
드는데, 여기에서 실천적 세계이념의 기준에서 검사받은 나의 준칙
과 함께 동시에 전체 초감성적 자연이 현재화된다. 나의 행위를 통
해 나는 나의 유한한 가능성들의 테두리 내에서 현실의 감성적 자연
의 영역 안에 실천적 자연이념을 실현한다. 칸트는 초감성적 자연을
"원형 자연(natura archetypa)"이라 지칭하는데, 그것은 순수 실천이성
이 스스로 만들어낸 대상적인 모습이다. 그것은, 정언명령이 준칙에
게 이 초감성적 자연의 보편적 법칙에 맞출 것을 지시규정하는 한에
서, 정언명령이 그에 따라 방향을 잡는 실천적 이념으로 기능한다.

여기서 거론되는 것이 "순수한 실천이성의 자율 아래 있는 자연"[270]이다. 이 실천적 자연이념이 순수 실천이성에 의해 정초된 세계질서의 초감성적 현존을 대변한다. 그것은 행위자가 현실의 현상하는 자연 안에서 본떠서 처신할 모범들을 제공한다. 이 자연은 동시에 나의 자유의 모습이기도 하다. 왜냐하면 도덕법칙은 "이념에 따라서" 나를 그 이념의 질서 안에 "옮겨놓으니" 말이다. 그것은 예지적 질서이되, 그것의 원-모습이 실천이성에 의해 자연으로 직관된다.

226 이 대목에서 유의할 만한 것은, 칸트에서는 "예지적 자연[본성]"과 법칙들 아래에 있는 현상들의 총괄로서의 자연 사이에 또 하나의 의미 깊은 자연 개념이 있다는 사실이다. 그 자연 개념이 유기체의 철학과 역사철학에서 중요한 역할을 한다. 그것은 실제적인 현상체계로 납득된 합목적적으로 운행하는 자연인데, 이 자연은 우리 인간과 똑같이, 우리가 유[類]로서 우리 역사 속에서 완수하도록 강요받는 것이라는 의미에서의 지혜로운 의도들을 갖는다. 이 자연은 단지 우리의 자유목적들을 실현하기 위한 기계적 수단들의 영역으로뿐만 아니라 자신을 목적-활동적인 것으로 드러내므로, 이 대목에서 인간의 자유와 자연의 자유 사이의 변증법[변증성]이 등장한다. 이 변증법[변증성]은, 사람들이 이성 자신과, 그에서 이성이 객관화되고 반영되는 목적론적인 자연 상[像]을 구별함[271]으로써 해소되어야 할 것이다. 자기 자신의 이념에 따라 자연을 목적-활동적인 것이라고 판정하는 것은 이론이성 자신이다. 실천이성의 예지적 자연본성도 하나의 목적연관

270) KpV: 전집, V, 43.
271) KpV: 전집, V, 43.

을 현시한다. 그러나 이 목적연관은 이성에 의해 행위를 위한 모범이 되는 객관적으로 실재적인 이념으로 만들어진 것이다. 예지적 자연본성은 행위로 하여금 체계적인 세계연관을 전체적으로 비춰주는, 현상하는 현실을 낳도록 지도한다. 이로써 칸트는 인간의 행위를 신의 창조활동에 비견하며, 특히 창조된 세계를 늘 법칙적 기본체제의 징표에서 파악했다. 정언명령은 우리에게 우리 자신을 세계창조자(원형 자연)의 위치에 놓기를 촉구하며, 그 위치에서 우리의 준칙을 검사할 것을 촉구한다. 세계적인 자연연관을 전체적으로 비춰주는 그러한 준칙만이 도덕적으로 가치 있는 것으로 인정될 수 있다는 것이다.

개개의 가능한 행위는 실천적 판단력을 통해 하나의 보편적인 법 227
칙 아래에 수렴된다. 그러나 실천이성의 사고에 대해서는 현상하는 행위가 보편적 법칙적 세계연관을 반영한다. 그래서 행위에서 관건은 감성적 사실로서의 현상하는 사태가 아니라, 그 행위가 “법칙성”의 형식 일반 아래서 파악된다는 점이다. “따라서 윤리법칙은 지성—상상력이 아니다—이외에 윤리법칙의 자연 대상들에 대한 적용을 매개하는 다른 어떤 인식 능력도 갖지 않는다. 지성은 이성의 이념의 기초에 감성의 **도식**이 아니라, 법칙을, 그것도 감관의 대상들에서 구체적으로 그려낼 수 있는 그러한 법칙을, 그러니까 자연법칙을, 단지 그것의 형식의 면에서, 판단력을 위한 법칙으로서 근저에 놓을 수 있고, 그래서 우리는 이것을 윤리법칙의 **범형**[範型]이라고 부를 수 있다.”[271a)] 실천적 판단력의 규칙이란, 과연 내가 의도하

271a) KpV: 전집, V, 69. [※ Kaulbach 개정판 원서에는 이 각주가 없으나, 제1판에 따라 삽입한다.]

는 행위가 그 자연의 법칙의 가능성을 내가 나의 의지를 통해 정초한 것이라고 볼 수 있는 그 법칙에 따라서 일어나는지 어떤지를 나 자신에게 물어야 한다는 것이다. 이때 나 자신도 그 자연의 일부로 부속할 수밖에 없는 것일 터인데 말이다. "만약 행위의 준칙이 자연법칙 일반의 형식에서 검사받을 수 있는 그런 성질의 것이 아니라면, 준칙은 윤리적으로 불가능하다." 실천이성은 자연법칙을 법칙의 범형으로 보며, 따라서 그것이 자유의 법칙에도 맞는 그런 것으로 본다. 자유의 법칙이란 행위를 통해 실제로 현상하는 자연에서 실현되는 실천적 이념이다.

나의 준칙이 보편적 법칙의 이념을 기준으로 해서 어떻게 검사받는지는 칸트 자신이 택한 다음의 예를 통해 명료하게 될 수도 있겠
228 다. 어떤 사람이 궁핍한 상태에서, 약속을 지킬 방도를 전혀 모르면서도 갚겠다는 약속을 하고 금전을 빌리는 경우를 생각해보자. 이 경우 그 사람도, 그와 같은 처지에서 누구나 거짓 약속을 하고 금전을 빌릴 것을 지시규정하는 준칙을 그 자신이 의욕할 수 있는지 어떤지를 스스로 물을 정도의 양심과 이성은 가지고 있을 것이다. "갚을 가능성이 확실하게 없어 보여도, 돈이 궁하면 어쨌든 갚겠다고 약속하고 돈을 빌려라."라는 준칙이 보편적 자연법칙을 기준으로 하는 검사를 통과할 수 있겠는가? 그것이 이 검사를 통과하지 못한다는 것은 두말할 것도 없다. 무릇 만약 이 준칙을 내가 이 준칙에 따른 나의 행위를 통해 실현시켜야 할, 시험 삼아 해본 자연표상의 보편적 법칙으로 생각한다면, 그 결과 이러한 자연 안에서는 어느 누구도 약속을 믿지 않고, 금전을 빌려주지도 않을 것이다. 그래서 법칙으로 선언된 준칙은 자신을 불가능하게 만들 터이고, 이 준칙에

의해 만들어진 자연은 비합목적적일 것이다. 그래서 남몰래 사기를 친 사람은 누구나 자신의 처신이 그가 진실로 전제하고 있는 법칙에 대해 하나의 **예외**여야 함을 자각한다. 그래서 그는 결코 이 준칙을 그의 행위의 "규정근거"로 삼지 않을 것이다. 이 준칙은 보편적 법칙의 기준 심사를 통과하지 못하니 말이다.

7. 실천이성에서의 형식과 질료

나의 준칙은 법칙적인 자연연관의 형식에 전체적으로 맞을 수 있을 때만 도덕적인 것으로 여길 수 있다. 그래서 나의 준칙에서 지시명령되는 내용들이 등장하는 법칙의 형식-범형이 결정적으로 중요한 의미를 갖는다. 이 형식만이 나의 행위의 "규정근거"의 역할을 해
야 하는 것이다. 그러나 이것이 준칙의 내용은 무의미하다고 말하는 229
것일 수는 없다. 반대로 나는 실천이성의 검사하는 실험을 통해 내가 나의 개인적 상황에서 이러한 주체로서 내용상 "무엇"을 행해야만 하는지를 알고자 한다. 이 검사는 나에게 도덕적 법칙의 수준을 얻기 위해서, 형식 안에 그리고 보편적 예지적 자연법칙성의 언어로 담아낼 수 있어야만 하는 내용을, 즉 "질료적인 것"을 제공한다. 이로부터 밝혀지는 바는, 나는 보편적인 법칙성과의 대면에서 그것의 도덕성 시험에 합격한 준칙의 내용을 오직 그에서 그 내용이 나에게 주어진 법칙적인 형식 때문에 행위함으로써 실현해야 한다는 것이다. 바꿔 말하면, 나의 의욕과 행위의 정당화는 오직 내가 나의 준칙이 목표로 하고 있는 성과의 내용이나 그 표상 때문이 아니라, 단지

그런 내용이 담겨져 있는 법칙 형식 때문에 나를 규정하게 될 때에만 도덕성을 만족시킨다. 그런 내용들이 자연법칙성의 "범형"을 보여주는 것이다. 나의 처신의 도덕성에 대해 결정적인 것은, 과연 법칙 그 자체가 또는 그 법칙이 표출하는 내용들이 나의 행위와 의욕의 "규정근거"인지 아닌지이다. 법칙에 대한 주체[주관]의 자세가 그의 처신의 도덕적 가치에 결정적인 것이지, 눈에 보이고 외적으로 확인할 수 있는 행위형태나 그것의 성과가 결정적인 것은 아니다. 주체가 법칙 자체에 의해 규정받으면, 그는 도덕적으로 처신한 것이다. 그러나 만약 그가 결과적으로 생겨날 객관 때문에 행위하는 것이라면, 그는 도덕법칙의 수준에 제대로 이른 것이 아니다. 그러므로 행위의 도덕적 가치는 외적 행위로는 보이지 않는 그 질[質]에 있다. 칸트는 "마음씨"에 대해서 말하고 있는 것이다. 도덕적 마음씨는 주체가 법칙의 순수 형식 그 자체에 그의 행위와 의지의 규정근거의
230 역할을 맡기는, 주체의 윤리법칙에 대한 자세 안에 보인다. 오로지 이로 인하여 주체의 도덕성이 행위의 외적 성과의 우연성에서 벗어나고, 그 우연에 매이지 않게 된다.

이렇게 해서 칸트는 "선의지"만을 무조건적으로, 즉 아무런 제한 없이, 자연의 어떠한 우연적인 호의와도 무관하게 선하게 볼 수 있는 그러한 것이라고 말한다.[272)] 선의지가 있기 위해, 나는 자연이 나에게 제공하는 어떠한 이점도 필요하지 않다. 즉 그것은 오로지 나 자신에게 달린 문제이다. 이로써 한편으로는 행위의 결과에 대한 책임이 면제되지만, 다른 한편으로는 도덕적 처신의 윤리적 가치를 행

272) GMS: 전집, IV, 393.

위의 외면이나 성과에 전가시킬 수 없는 그러한 도덕적 실존에 대한
그만큼 더 높은 요구주장이 제시된다. "그 자체로 높이 평가해야 할,
더 이상의 의도가 없는 선의지"라는 이 개념은 이미 자연적인 건전
한 이성에 자리 잡고 있으며, 가르칠 필요는 없고, 오히려 단지 계몽
될 필요만 있는 것이다. 이런 내용이 어디에 있는지는 주관의 자기
의무에 대한 태도에서 해명될 수 있다. 한 행위가 "의무에 의해[의무
로부터/의무이기 때문에]" 일어날 때, "선의지"가 화제가 된다. 이런 경
우에는 의무 그 자체가 행위의 유일한 규정근거이다. 의무는 그것
이 의무이기 때문에 행해지는 것이지, 의무 이행의 결과로 편안함이
나 이익이 생기기 때문에 그렇게 하는 것이 아니다. 그래서 "의무에
맞는" 행위와 의무"에 의한[로부터의]" 행위는 구별되어야 한다. 전자
는 행위자의 "처신"의 면에서 평가할 때, 의무가 행위에 대해 지시
규정하는 형상을 만족시킬 수 있다. 그럼에도 그것은 본래적인 윤리
적 가치가 결여될 수 있는데, 그것은 이 처신의 내적 규정근거가 의
무 그 자체가 아니라, 어떤 내용적 목적이었을 수 있기 때문이다. 예 231
컨대 만약 상인이 경험 없는 고객에게 속임수를 쓰지 않는다면, 그
는 의무에 맞게 행위한 것이다. 그가 영리하다면, 그의 좋은 평판을
해치지 않기 위해서 정직하게 처신할 것이다. 그러나 이러한 처신이
그가 "정직의 의무와 원칙에 의해서" 그렇게 수행한 것이라고 받아
들일 수 있기에는 충분하지 않다. 오히려 그의 정직한 처신은 의무
에 의해서가 아니라, 이해타산에서 나왔을 수 있고, 실상 대개가 그
러하다. 그래서 한편에는 의무에 의한 선의지의 오로지 도덕적인 동
기가 있고, 다른 편에는 성공의 동기가 있다. 이밖에 또 다른, 제3
의 가능한 동기도 있다. 예컨대 상인은 자기 고객에 대한 순수한 사

량으로 가능한 한 정의롭게 그리고 제값에 판매할 수도 있을 것이다. 이런 경우에는 하나의 "경향성"이 그의 행위의 규정근거이겠다. 이런 경향성은 실천이성의 소재로 짠 것이 아니고, 우리 자신의 공적이 아닌, 호의나 선량함 같은 자연성품으로 우리에게 주어져 있는 것이다. 그러나 선의지와 도덕적 마음씨는 자기규정에 의거한다. 의무란 "법칙에 대한 존경에서 나오는 행위의 필연성[필연적 행위]"인 반면에, 경향성은 우연적인 것이다. 그래서 의무는 "책무[구속성]"의 성격을 갖는다. "책무에 의한 행위의 객관적 필연성[객관적으로 필연적인 행위]을 **의무**라 일컫는다."[273] 그래서 선의지는 무조건적이고 항상적인 반면에, 경향성에 의해 규정되는 의지는 기분에 따라 달라지고 변덕스러움을 보이는 일이 일어난다. 순수하게 주는 기쁨만으로 자기 재물을 나누어주던 사람이, 병으로 인해 어쩌면 생에 염증을 느끼는 순간에 오히려 인색해지는 위험에 빠지게도 되는 것이다.

232 행위의 도덕적 질은 행위자의 의지가 오로지 법칙의 "범형" 자체에 의해서만, 따라서 법칙의 "형식"에 의해서만 규정된다는 점에 달려 있다. 물론 거기에는 그 형식 안에 들어가 있는 질료(내용)도 속해 있지만, 이것이 결코 의지의 "규정근거"가 되어서는 안 된다. 왜냐하면 "욕구 능력의 **객관**(질료)을 의지의 규정근거로 전제하는 모든 실천 원리들은 모두가 경험적인 것이며, 어떠한 실천 법칙도 제공할 수가 없"[274]기 때문이다. 질료적 실천 원리들은 그 자체로 "모두 동

273) GMS: 전집, IV, 439.

274) KpV: 전집, V, 21. Kaulbach, *Das Prinzip Handlung in der Philosophie Kants* (Berlin · New York 1980) 참조.

일한 종류의 것"이며, 모두가 "자기사랑과 자기 행복이라는 보편적 원리에" 속한다.[275)]

무엇을 행해야 하는지를 규정하기 위해 객관(즉 법칙의 질료적인 것 내지 내용)이 선행하는 것이 아니라, 법칙적인 당위가 먼저 기초에 놓여 있어서, 무엇이 행위의 객관이어야 하는지를 규정하는 것이다. 자유의 법칙은 그 자체로서 직접적으로 실천적인 작용결과를 얻고자 한다. 표상된 명령으로서 자유의 법칙은 행위하는 주체를 통해 현상현실에 영향을 끼친다. 이 법칙의 보편성은 그 법칙이 실현하라고 지시명령하는 개개의 객관들을 통해 모두 다 길어낼 수는 없다. 특정한 객관에 의해 행위하도록 유발되는 주체는 자기 활동을 세계 전체의 이념에 정향시키는 대신에, 개별적이고 우연적인 것들 속에서 자기를 잃어버릴 터이다. 내용들을 도덕적으로 인정할 수 있는 233
의지의 규정근거로 여길 수는 없으므로, 주체에게는 자기의 개별적인 내용들에 대한 자유가 있다. 즉 어떤 객관적인 내용 그 자체가 아니라, 오직 보편적인 법칙만이 책무적인[구속력 있는] 것으로 나타난다. 이로부터 놀랍게도, 나에게 행위의 개성[개별성]을 가능하게 하는 것은 바로 "보편적 법칙"이라는 사실이 밝혀진다.

---

275) KpV: 전집, V, 22. 칸트의 이러한 입론에는 실천이성의 모든 질료적인 것은 필경 사물적인 것이며, 그에는 감성적 관심이 개입되어 있다는 견해가 함축되어 있는데, 이러한 견해는 일방적이며 잘못된 것이라는 헤겔의 정당한 비판이 있다. 이 대신에, 도덕적인 처신 방식으로 현실화되는 그런 내용들도 고려될 수 있다. 그러한 내용들은 공통적인 실천이성의 현실에 기초하고 있는 것으로, 예컨대 한 공동체에서 실현된 [윤리적] "관습"의 형식을 취할 수 있다. "목적들의 나라", "모든 이의 합일된 의지"와 같은 칸트의 개념들은 공통의 도덕적 이성 개념으로 가는 도중에 있는 정거장들이다.

의무에 의해[의무로부터/의무이기 때문에] 행위하는 이는 법칙의 위치에 서서 이 법칙을 자기 행위의 규정근거로 삼는다. 이로써 그는 "경향성"이 의사결정의 동기가 될 수도 있는 그의 직접적인 자연적 실존 상태를 넘어선다. 의무의 입각점이란 도덕적 "마음씨"를 의미한다. 사람들은 외적 현상인 행위만 보고서는, 그것이 어떤 마음씨에서 일어난 것인지, 즉 그것이 의무에서 나온 것인지 아니면 경향성에서 나온 것인지를 알 수 없다.

여기서 만약 사람들이 칸트가, 도덕성에 자리를 내주기 위해서 어떠한 정황에서도 경향성은 추방되어야 한다는 견해를 가지고 있는 것이라고 본다면, 그것은 오해라 할 것이다. 그와 반대로 칸트에서는 자기의 의무를 기꺼이, 다시 말해 경향성으로 행하는 것이, 단지 그 경향성에 "의해" 일어난 것만이 아니라면, 비윤리적인 것이 아니라고 말할 수 있다. 다시 말해 경향성은 나의 결정에 수반할 수 있는 것이지만, 규정근거의 역할을 해서는 안 되는 것이다. 실러의 유명한 시구: "나는 기꺼이 친구들을 접대하네. 그러나 나는 유감스럽게도 경향성으로 그렇게 하네. 그래서 나는 유덕하지 못하니, 그것이 얼마나 자주 나를 화나게 하는지."[275a]가 문자 그대로 맞다면, 이에는 칸트에 대한 반론이 들어 있지 않다. 무릇 칸트는 경향성을 수반하는 요인으로는 인정한다. 여기서 "경향성으로"가 "경향성에서[경향
234 성에 의해]"를 뜻한다면, 그때 이 구절은 칸트 이론의 엄정한 의미에 대한 반대 주장을 표하는 것이겠다.

275a) 《실러전집(*Schillers sämtliche Werke*)》, 백주년기념판(Säkularausg.), 제1권, 268면.

칸트 윤리학이 "단지" 형식주의적이라는 셸러[276)]의 유명한 반론은 그다지 정곡을 찌른 것이 못된다. 칸트 자신이, 모든 준칙은 행위로써 실현시킬 것을 지시명령하는 내용을 가져야 함을 강조하고 있다. 다만 이 내용이 행위의 동기여서는 안 되고, 그 내용이 언표되고 있는 법칙적 형식만이 규정근거로서 작동해야 한다는 것이다. 왜냐하면 객관 그 자체가 주체의 의욕과 행위를 규정하는 경우에는 순수실천이성의 바탕이 유기되고 경향성이 주도권을 잡을 것이기 때문이다. 이렇게 되면 보편적인 선험적 법칙을 말하는 것이 더 이상 가능하지 않다. 무릇 개개인이 자기의 경향성을 충족시키는 객관들의 경험을 통해 자기의 준칙을 얻을 것이니 말이다.

또 때때로 제기되는 칸트에 대한 비난, 즉 칸트가, 준칙이란 보편적 법칙 수립의 원리로서 생각되고 의욕되어야 하는 것이라고 요구함으로써, 행위하는 주체의 개(별)성을 제대로 고려하지 못하고 있다는 비난 역시 빗나간 것이다. 이러한 비난과는 반대로 한 준칙의 개별적인 내용들은, 그 내용들을 윤리법칙에 묶어주는 끈이 순전히 형식적인 성질의 것일 때, 그만큼 더 풍부하고 자유롭게 유효할 수 있는 것이다. 법칙의 내용들이 규정근거의 역할을 하려고 나서는 바로 그런 경우에 개성의 억압이 발생한다. 가령 셸러와 하르트만 같은 이들이 대변하는 질료적 가치윤리학이라는 것이 그런 경우이다. 사람들이 칸트 윤리학의 단초에 대해 여전히 어떤 반론을 제기할 수 있다 해도, 칸트 윤리학의 단초는 여느 질료적 가치윤리학

276) Max Scheller, *Der Formalismus in der Ethik und die materiale Wertethik*, 제1부(1913), 제2부(1916).

235 의 단초보다 무조건적으로 우월하다. 왜냐하면 이런 가치윤리학은 이상적인, 더구나 추상적이기도 한 가치 내용을 다양성이라는 징표를 가지고서 윤리적 삶을 원자화하고 있으니 말이다. 그에 반해 칸트 윤리학의 단초는, 그 기초 위에서 헤아릴 수 없을 만큼 많은 상황과 과제를 안은 도덕적 삶이 세계통일성에 언제나 새롭게 정향함으로써 그때그때 자기의 개별적 역사적 연관을 얻는 그런 원리를 가리키고 있다.

8. 자율

윤리법칙의 형식이 아니라 질료가 의지와 행위를 규정하게 된다면, 실천이성이 아니라 경향성이 주도권을 잡는다. 그런 경우 행위자는 어떤 내용을 향한 경향성에 의해 움직인다. 이 경우에 나의 행위와 의욕에 대해 표준척도가 되는 것은 실천이성에 의해 내 안에 수립된 법칙 자체가 아니라, 그 법칙 건너 바깥에 있는 내 안의 자연본성이다. 그때 나는 나에게 분배된 일정한 경향성들의 형태로 나의 자연본성이 의욕하는 것에 매번 매이게 된다. 이런 경우 나의 의지는 나 자신의 실천이성에 의해 수립된 법칙에 복종하지 않는다. 그때 나의 의지는 외부 규정에 의존해 있으며, 그러니까 "자율적"이지 못하고, "타율적"인 것이다. "의지의 **자율**은 모든 도덕법칙들과 그에 따르는 의무들의 유일한 원리이다. 이에 반해 의사의 모든 **타율**은 전혀 책무를 정초하지 못할 뿐만 아니라, 오히려 책무 및 의지의 윤리성의 원리에 맞서 있다."[277] 윤리성의 유일한 원리는 법칙의 모든 질료로부터, 그러므로 욕구되는 객관으로부터 독립해 있다. 또한 이에서 자유 개념이 결과하는바, 우선은 소극적인 의미에서 그렇다. 236
자유의 이 소극적 개념에까지 이르렀던 것은 이론 철학이다. 그러나 실천이성은 더 나아가 자유를 적극적인 관점에서 파악할 수 있거니와, 자율 사상과 연관해서 그러하다. 자유는 실천이성에 의해 적극적으로 "준칙이 그리할 수 있어야 하는 순전히 보편적인 법칙 수립적 형식에 의한 의사의 규정"이라고 파악된다. "그러므로 도덕법칙은 다름 아니라 순수 실천이성의, 다시 말해 자유의 **자율**을 표현한다. 그리고 이 자유는 그 자체가, 그 아래에서만 준칙들이 최상의 실천 법칙에 부합할 수 있는, 모든 준칙들의 형식적 조건이다."[278] 자율의 원리는, 도덕 주체가 오직 그 자신이 세계연관에 정향[定向]하여 수립한 법칙에만 복종한다는 것을 함축한다. 칸트 생각에, 윤리성의 원리를 얻으려는 이제까지의 모든 노력이 수포로 돌아갔다 해도 그것은 놀라운 일이 아니다. 무릇 사람들은 법칙과 의무에 대해 이야기하면서도, 문제의 핵심이 자기가 수립한 법칙에 있다는 것을 통찰하지 못했으니 말이다. 타율은 언제나 지시명령된 내용에 대한 모종의 관심을 포함하고, 이 관심을 행위와 의욕의 동기로 만든다. 타율의 명령은 언제나 조건부이며, 그래서 "도덕적 지시명령으로는 전혀 쓸모가 없"다.[279] 모든 인간의 인격의 인격성은 자기

277) KpV: 전집, V, 33.
278) KpV: 전집, V, 33.
279) GMS: 전집, IV, 433.

수립적이면서도 보편적인 법칙 수립에 복종하는 데서 성립하므로, 한 인격은 다른 인격과 공동의 윤리법칙의 대변자로서 만난다. 이렇게 해서 모든 이성적 존재자의 도덕적 공동체, 즉 "목적들의 나
237 라"[280]가 생긴다. 여기서 '나라'란 "공동의 법칙들에 의한 서로 다른 이성적 존재자들의 체계적 결합"이라고 이해되어야 할 것이다. 이 나라에서는 각각의 인격이 단지 수단이 아니라, 동시에 언제나 또한 자기 목적이다. 이 나라의 각 성원은 자기의 실천이성의 힘으로 보편적으로 법칙수립을 하며, 동시에 그 자신의 법칙들에 복종한다. 이러한 전제들 아래 위에서 인용했던 정언명령의 정식 (4)[281]의 의미가 선명해진다. 사람들은 그 자신의 인격에서나 다른 모든 사람의 인격에서 인간(성)을 항상 동시에 목적으로 대하고, 결코 한낱 수단으로 대하지 않도록, 그렇게 행위해야 하는 것이다. 이 정식에서 칸트는 또한 인격의 개(별)성을 올바르게 평가하고 있다. 무릇 그 자신이 수립한 보편적 윤리법칙을 누구도 대신할 수 없게 대변하는 인격은 선택된 목적들의 수단으로 사용되는 데 그 실천적 본질이 있는 물건들과는 구별된다. 그래서 물건들은 사고 팔 수도 있고, 임의적으로 더 좋은 것과 교환될 수도 있다. 인격이 "존엄성"(내적 가치)을 지닌다면, 물건은 한낱 상대적 가치, 다시 말해 "가격"을 갖는 것이다. 그래서 인격은 대체될 수가 없다. "가격을 갖는 것은 **같은 가격을 갖는**[同價의] 다른 것으로도 대치될 수가 있다. 이에 반해 모든 가격을 뛰어넘는, 그러니까 같은 가격을 갖는 것을 허용하지 않는

280) GMS: 전집, IV, 433.
281) Kaulbach 원서 앞의 223면 참조.

것은 존엄성을 갖는다."[281a)]

도덕성만이 그 아래서 이성적 존재자가 목적들의 나라에서 자기 목적이고 법칙수립적 성원일 수 있는 조건이다. "노동에서 숙련과 근면은 시장가격을 갖는다. … 그에 반해 약속에서의 신용이나, (본능에서가 아니라) 원칙에서의 호의는 내적 가치를 갖는다. 이런 신용이나 호의가 결여돼 있을 때, 자연과 기예[예술]는 그를 대치할 수 있 238
는 아무런 것도 함유하고 있지 않다."

법칙이 행위의 동기로서, 경향성이나 유용성의 대상에 매개됨 없이, 의지를 규정한다면, 이 법칙의 작용은 "직접적"인 것이다. 법칙이 의지에 직접적으로 영향을 미치는 경우에만 도덕적 마음씨가 성립한다. 그러나 예컨대 좋은 인상을 심기 위해서라거나, 벌을 피하고 또는 상을 받기 위해서, 법칙에 의해 지정된 행위 형상을 나타내 보이려는 동기에 의해 의지와 행위가 이끌린다면, 그것은 처신의 "적법성"의 문제일 따름이다. 행위에 대한 법학적 판정은 단지 적법성에 따라 방향이 정해질 뿐이다. 설령 도덕적 마음씨가 사건에 대한 법학적 판정에서도 중요하다고 하더라도, 재판관이 그러한 것을 요구할 수는 없다. 칸트는 도덕성과 적법성을 구별함으로써 법사상에서 도덕적 관점을 배제하지는 않았다. 실증적이면서도 동시에 자연법적인 법법칙이고자 하는 것은 내용적으로 도덕법칙의 테두리 안에 맞아야 한다. 그러나 그러한 법법칙도 의지에 대해 "직접적인", 즉 상과 벌에 대한 모든 고려를 배제한 영향력을 행사하라고 요구

281a) GMS: 전집, IV, 434. [※ Kaulbach 개정판 원서에는 이 각주가 없으나, 제1판에 따라 삽입한다.]

하지는 않는다는 점에서 도덕성과는 다르다. 법법칙은 “매개적”인, “외적”인 동기를 허용한다. 이 대목에서, 윤리학적 원리이론에 직접적으로 속하는 것은 아니지만, 정치적 이성의 비판에 대한 성찰들을 끼워넣는 것이 좋을 것 같다. 그런데 이 성찰들이 영리함과 지혜의 변증법적 관계에 대한 해명을 이끌어주고, 거기서 적법성이 도덕적 원리에 뿌리를 박고 있는 것이기 때문에 영리함보다는 지혜의 편에 서게 된다는 사실이 밝혀진다. 실천 철학의 정초를 위한 성찰들
239 을 더 이어 나가기에 앞서, 정치학과 윤리학 그리고 법이론 사이의 관계에 대한 칸트의 사유 과정을 보론[補論]적으로 다루어보자. 그것을 우리는 칸트의『영원한 평화』[282)]에서 볼 수 있다.

9. 정치 이성 비판

이 사유 과정은 역사철학적, 정치-실용적, 법학적, 도덕적 동기들이 만나는 한 영역에서 전개된다. 이미 암시했듯이 관건은 정치와 법이념(적법성) 사이의 관계 문제인데, 법이념은 궁극적으로는 도덕에 기초해 있는 것이다. 목적들에, 예컨대 국가이성에 정향된 정치적 실천이 법적-도덕적 이성의 요구주장과 화합할 수 있는가? 그래서 사유 과정은 정치적-실천적 이성의 변증법으로 나아간다. 정치와 도덕 내지 법 사이에는 일종의 이율배반이 있는데, “실천 철학이 일관성을 갖기” 위해서는 이를 해소하지 않으면 안 된다. 영리함과

---

282) *Zum ewigen Frieden*[ZeF], 제1판(1795): 전집, VIII, 341~386.

지혜 사이의 올바른 관계를 찾아야만 하는 것이다. 실천이성은 '영리하라'는 자기의 실용적 격언을 올바로 해석하고, 이를 도덕적-법적 준칙들과 바른 관계에 놓을 줄 앎으로써, 자기 자신과 화해한다.

아리스토텔레스적-학교철학적 전통에 따르면 정치[학]와 도덕[학]은 실천 철학에서 구별되어야 할 두 가지이며, 이것들을 서로 합치시키는 것이 철학적 체계론의 과제이다.[283]

정치적 사고는 성과의 실용적 목적들을 앞에 놓고 있다. 이기적인 240
목적들이 결정적인 경우가 아니라면, 그 목적들은 국가 내지 국가시민들의 복지와 행복이라 할 것이다. 칸트는 도덕철학의 성찰들과 일치되게 여기서도 이런 목적들의 실현을 위해서는 세상사에 대한 영리함이나 인간 본성과 세상이 돌아가는 양태에 대한 풍부한 경험이 필요하다는 점을 유념한다. "정치는 '뱀처럼 영리하라'고 말하고, 도덕은 이에 (이 말을 제한하는 조건으로) '그리고 비둘기처럼 순박하라'고 덧붙인다."[284] "실천가"이고자 무엇인가 좋은 것을 행하고, 도덕을

---

283) 예컨대, Crusius, *Anweisung vernünftig zu leben* … (Leipzig 1744), §205 참조. 여기서 도덕철학은 두 부문으로 나뉘는데, 한 부문은 "의무이론 내지 덕이론"으로 동시에 자연법 이론이라고도 지칭되는 것이며, 다른 한 부문은 "영리의 이론"이다. 공
동체의 합목적적 설립에 대한 지식이자 영리함을 다스리는 이론 등이기도 한 정치 240
학은 후자에 속하는 것으로 생각되었다. 이런 생각은 아리스토텔레스에서 유래한 전통으로 학교철학에서 다시금 유통되었고, 특히 칸트를 지나 헤겔에서도 받아들여졌다. 그런데 아리스토텔레스에서는 도덕적인 것과 정치적인 것 사이의 대립이란 생각할 수 없는 것이다. 아리스토텔레스에 의하면 인간은 오직 정치사회의 삶에서만 그의 윤리적 완성을 이룰 수 있으니 말이다. 헤겔은 하나의 새로운, 칸트를 전제로 하는 반성 단계에서, 주관적인 내면성과 "외적"-정치적 현실을 매개함으로써 도덕[학]과 정치[학]의 매개를 관철시킨다. 이와 유비해서 헤겔에서는 또한 도덕성과 적법성이 "윤리성"으로 지양됨으로써 그 매개가 이루어진다.

284) ZeF: 전집, VIII, 370.

한갓된 "이론"이라 치부하는 정치가는 오로지 영리함의 기반 위에
선다. 곧 그는 도덕적인 요구를 진지하게 받아들이지 않는다. 그는
인간을 단지 자연본성의 면에서만 살펴 판정하고, 그래서 인간은 자
연본성상 도덕적 요구에 거역하는 경향이 있다는, 그 자체로는 올바
른 이 인식을 인간에 대한 최종적인 평가어로 여긴다. 법적인 상태
를 만들 것을 요구하는, 가령 영원한 평화와 같은 도덕적 이념의 실
현을 위해서 처음에는 권력이나 강제가 필요하다는 말은 물론 옳다.
자유의 원리들에 따른 법칙적 기본체제가 개인들의 개인주의적 의욕
의 결과는 아니다. 오히려 그것은 특수한 이해관심이나 개인적인 의
241 식에 싸여 있는 머리들 저 너머에 있는, 공공의 실체이다. 이것을 칸
트는 "합일된 의지의 **집합적** 통일"이라고 지칭한다. 이러한 통일은
물론 시간이 경과하면서 일정한 과정을 거쳐 형성되는바, 그 형성
과정의 초기에 권력이나 강제가 들어선다. 바로 이때 정치적 사고
는 그 권력이나 강제를 인간 위에 절대적으로 군림하게 하고, 자연
의 기제와 결부시켜 그것을 "인간을 통치하는 데 이용"하려는 경향
성이 있기 때문에, 정치와 도덕법칙 사이에 하나의 이율배반이 생긴
다. "전체의 실천적 지혜와 법개념"이 "내실 없는 사념"이 아니려면,
이 이율배반이 해소되어야 한다.[285] 정치적 사고는 영리의 기준에 정
향된 행위를 진정한 실천으로 제시하려는 경향이 있는데, 이에 대해
도덕적 이념들은 얼핏 순전한 이론으로 끝나는 것처럼 보인다. 그러
나 도덕적 이념들의 실천적 현실연관성을 인정하지 않고, 실용적 영
리함만을 그리고 궁극적으로는 권력만을 진지하게 취함은 정치적 행

285) ZeF: 전집, VIII, 372.

위의 참된 척도들을 전도시켜, 궤변적인 해석과 준칙들을 낳게 된
다. 특히 국제법 영역에서는 그런 것이 두드러지게 나타나, 겉보기
에는 사람들이 법의 원리에 온갖 경의를 표하는 것 같지만, 실상은
"교활한 권력"이 횡행한다. 그래서 "정치적 도덕가"가 말하는 가상
과 허상의 가면을 벗기는 일이 필요하다. 여기서 "도덕적 정치가"라
는 표어가 제시된다. 사람들이, 뒤에서[286] 서술할 실천이성의 초월적
변증학을 유추해서, 형식적 원리가 모든 질료적 원리들에, 그러므로
정치적 목적내용들에 선행하여, 모든 내용적 목적들에게 정당성을 242
부여해야 함을 고수할 때에만, 실천 철학은 자기 자신과 화해할 수
있고, 그 이율배반을 해소할 수 있다. 영원한 평화와 같은 목적 내용
도, 그것이 '너의 준칙이 보편적 법칙이 될 수 있기를 네가 의욕할 수
있게끔, 그렇게 행위하라.'라는 보편적 법칙의 형식 안에서 등장함으
로써만, 의무의 성격을 얻을 수 있다. 도덕과 정치적 목적들 사이의
이율배반의 해소를 가져올 참된 질서는 다음의 준칙에서 표현된다:
"우선 순수 실천이성의 나라와 그 나라의 **정의**를 위해 힘써라. 그러
면 너희의 목적(영원한 평화의 은혜)이 저절로 다가올 것이다."

이제 도덕 이론과 정치적 실천 사이에는 더 이상 아무런 어긋남[相違]이 없다. 무릇 도덕적 이념은 비로소 "적용"되어야 하는 것이 아니라, 그 자체로 이미 행위이기 때문이다. 도덕적 이념의 현실성은 한 국민 중에 또는 서로 다른 여러 국민들 상호 관계 중에 선험적으로 주어져 있는 보편적 의지의 현실성이다. "그러나 이러한 만인의 의지의 통합[합일]은 그 실행에서 일관성 있게 밟아질 때에만", 자연

286) Kaulbach 본서 아래 251면 이하.

의 기제에 따라서도, 동시에 "목표한 결과를 만들어내고, 법개념에 효력을 마련해주는" 원인이 될 수 있다.[287] 정치적 준칙들이 일차적으로 각국의 기대되는 안녕과 행복, 그러니까 언제나 경험적인, 내용적 목적에 정향되지 않고, 선험적인 법의무의 순수한 개념에 의해 정초된다면, 그때에 도덕과 정치 사이에, 이 양자의 이율배반의 해소 또한 포함하고 있는 참된 관계가 생긴다. "그러므로 참된 정치는
243 먼저 도덕에게 경의를 표하지 않고서는 한 걸음도 내딛을 수가 없다."[288] 칸트는 도덕의 정언명령을 유추해서 "공법의 초월적 정식[定式]"을 말하는데, 그것의 적극적인 형태는 다음과 같다: "(그 목적을 놓치지 않기 위해서) 공개성을 **필요로 하는** 모든 준칙들은 법 및 정치와 합일되어[하나가 되어] 합치한다."[289] 준칙으로서의 공개성은 그것을 준수하는 사람이 만인의 합일된 공동의 의지에 준거해서 타당성을 갖는 법칙에서 예외가 아니라는 담보이다. 정치적-법적 이율배반을 해소하려는 기도는 마침내, 자연현상들의 현실개념과는 다른 하나의 현실개념을 인정하게 되는 결과에 이른다. 즉 정치적 행위에 대한 철학은 도덕적-법적 이념이 "단지" 표상된 이념이 아니라, 만인의 근원적인 "합일된" 의지 안에 그 현실성을 가지고 있음을 통찰해야 하는 것이다. 이 현실성은 정치적-역사적 행위에 실제로 "작용"하는, 그것의 원리이다.

이러한 이론의 응용 영역과 관련한 보론은 이 정도로 해두고, 중

287) ZeF: 전집, VIII, 378.
288) ZeF: 전집, VIII, 380.
289) ZeF: 전집, VIII, 386.

단했던 칸트의 실천 원리 이론에 대한 사고 과정을 다시 뒤좇아 보기로 하자. 이제 문제로 다가오는 것은, 도덕적 "동기"에 대한 사념들을 순수 실천이성의 의미에서 파악하는 일이다.

10. 행위의 동기로서의 존경, 도덕 감정

자연본성에서 볼 때 "우리의" 주관[성]은 경향성과 추동들의 지배
아래 놓여 있다. 이에 의해 주어진 실천적 시각은 우리로 하여금 가
령 인식에 대한 추구, 인정받는 기쁨 따위의 순화된 형식들의 필요 244
욕구의 충족을 표준적인 좋은 것으로 나타내게끔 한다. 그래서 그것
들은 현실적인 동기들로 기능하고, 이때 '현실적'이라는 말은 현상
현실의 의미로 이해된다. 그러나 주관[주체]이 실천이성의 지위 내지
실천이성의 법칙 수립의 지위에 서기 위해, 그의 자연적인 시각의
지평을 넘어가면, 그때는 무게 중심이 이동한다. 여기서는 새로운
척도가 통용되므로, 가치의 재평가가 일어난다. 즉 주관의 도덕적
상황에 하나의 새로운, 예지적 현실이 형성된다. 이제까지 강력한
동기로서 효력을 발휘했던 자연추동들은 평가절하되고, 권능이 박
탈되어 내몰린다. 그것들은 "제한"과 "강요"를 겪는다. 도덕법칙이
사애[私愛]와 자만으로의 성벽과 같은 그러한 경향성들을 "타파"하
고, "진압한다." 이러한 굴복에 결합되어 있는, 적극적인 이면이 판
정의 진정한 척도, 곧 윤리법칙에 대한 "존경"이다. 실천이성의 지위
에 알맞은 이성적 시각이 주관의 내적 동인관계들 안에 하나의 새로
운 현실을 창조한다. 즉 존경이 도덕적 동기로서 형성되는 것이다.

이 존경은 실천이성의 지위로의 이행을 통해 그리고 그렇게 해서 만들어진 새로운 시각과 이제까지의 가치들에 대한 재평가를 통해 불러일으켜지므로, 그것은 감정이기는 하지만, 실천이성 자신에 의해 “일으켜진” 그런 종류의 감정이다. 그래서 존경은 우리가 선험적으로 인식할 수 있고, 그것의 필연성을 통찰할 수 있는 유일한 감정이다. 여타의 자연적 감정들과는 달리 존경은 자기의 대상, 즉 윤리법칙에 앞서 가며, 오히려 실천이성의 지위로의 이행을 수행하면서 비로소 자신의 모습을 드러낸다. 그래서 그것은 획득된 도덕적 지위,
245 즉 도덕적 “마음씨”의 표현이다. 그 때문에 칸트는, 법칙에 대한 존경이 윤리성을 “위한” 동기가 아니라, 윤리성 자체이며, “주관적으로 동기로 간주되는 것”[290]이라고 말할 수 있는 것이다.

존경을 요구할 수 있는 것은 인격들뿐으로, 결코 사물들은 그런 것을 요구할 수 없다. “내가 나 자신에게서 의식하는 것보다도 높은 정도의 방정한 품성을 지체 낮은 보통 시민에게서 감지하게 될 때 그 앞에 **내 정신은 굽힌다**.”[291]고 칸트는 말한다. 그의 사례가 그 안에서 그리고 그를 통해 현상하는 현실이 된 법칙을 나에게 생생하게 보여준다.

인간의 인격은 순수한 이성성과 현상하는 자연의 혼합이다. “이성적인 자연[본성]” 가운데서 실천이성은 법칙수립자로서 활동한다. 그것이 “인격성” 내지는 인격에서의 “인간성”을 형성한다. 이 인격성이라는 성격이 인격을 “목적 그 자체”로서 실존하도록 조건 짓는다.

290) KpV: 전집, V, 76.『실천이성비판』, ‘순수 실천이성의 동기들에 대하여’ 참조.
291) KpV: 전집, V, 77.

나의 존경은 타인 안에 있는 실천적-이성적 주무기관으로서의 인격성을 향해 있다. 또한 이것이 정언명령의 정식 (4)의 동기가 된다: "네가 너 자신의 인격에서나 다른 모든 사람의 인격에서 인간(성)을 항상 동시에 목적으로 대하고, 결코 한낱 수단으로 대하지 않도록, 그렇게 행위하라."[292)]

11. 도덕적 관심과 마음씨의 현실성

동기라는 개념과 관심이라는 개념은 밀접하게 결합되어 있다. 나
는 관심으로 인해 실천이성의 법칙 수립으로 옮겨간다. 관심은 "동
기가 **이성을 통해 표상되는** 한에서" 의지의 동기를 의미한다. 나의 246
관심에 기초해서 나는 "준칙"을 취한다. 준칙의 도덕적 순정성은 준칙이 순전히 법칙 그 자체에 대한 관심에 기초하고 있다는 점에 있다. 동기 · 관심 · 준칙, 이 세 개념은 오직 인간의 주관성의 영역에서만 그 기반을 발견한다. 주관성은 그 "의사"가 실천이성의 객관적 법칙 수립과 "저절로는 합치하지 않"는 그런 성질의 것이니 말이다. 그래서 여기서 필요한 것은 도덕법칙에 의해 규정된 방향에서의 제한과 동인이다.[293)]

"존경"에 대한 성찰들이 명확하게 한 바는, 실천이성의 영역 안에, 현상으로서 등장하지 않는, 예지적 자연본성을 가진 하나의 "현

---

292) GMS: 전집, IV, 429 참조.
293) KpV: 전집, V, 79. 『실천이성비판』, '순수 실천이성의 동기들에 대하여' 참조.

실성"을 생각해야 한다는 것이다. 실천적 법칙 수립의 지위로의 의
식의 이행은 단지 사고적인 표상작용이 아니라, 정신적인 (예지적)
현실이다. 이 현실을 다루는 선험적인 실천 개념은 의미를 얻기 위
해서 "직관들"을 기다릴 필요가 없다. "그것들은 관계 맺을 현실(즉
의지의 마음씨)을 스스로 산출해내기" 때문이다. 실천적 법칙 수립의
지위에 자리 잡은 사고는 행위를 통해 외적인 자연현실로 옮겨질 내
적 현실을 만들어낸다. 또한 이 내적 현실은 양심으로 통한다. 나쁜
양심의 경우 법칙을 놓친 자는 사유 속에서, 그의 욕망과 경향성들
의 질서와는 "전적으로 다른 사물들의 질서"로 옮겨갈 것이다. 그는
"오성세계의 성원의 입장으로 옮겨감"[294] 으로써, 좀 더 좋은 인격의
247 상태에서 자기 자신에 관해 판단할 것이다. 이 양심 상태의 현실성
이 이제 자유로 파악될 수 있다.

12. 실천적 현실성으로서의 자유

『순수이성비판』에서 초월적 자유는 생각 가능하고 자연의 필연성과 양립 가능한 것으로 입증되었다. 자유를 한 계열의 무조건적인 시초로 생각할 수 있기 위해서 물론 자유의 이율배반의 해소는 이론적 사고가 이미 자유의 "입장"에 서 있어야만 한다는 것을 전제했다. 그러니까 자유는 자유로운 지위를 취하는 것으로 수행됨으로써만 생각 가능하다는 것이 밝혀진 것이다. 실천이성의 사고는 이론이성

294) GMS: 전집, IV, 454 이하 참조.

에 의해 생각된 가능한 자유라는 내용 없는 형식을 객관적 실재성으
로 채우는 것이다. 즉 자유는 실천적 입장에서는 현실성으로 파악된
다. 실천이성의 입장은 비로소 자유의 "이론적" 사고에서 실제로 무
엇이 일어나는지를 파악할 수 있다.

실천이성의 사고는 자유를 적극적인 의미에서 파악할 수 있는데,
그것이 그 기초 위에서 적극적 자유가 실현되는 예지세계와 그 법칙
성을 실천적 견지에서 "인식"할 수 있기 때문이다. 여기서 중요한 것
은 도덕법칙이거니와, 이것은 법칙수립자인 "실천이성"에 의해 언명
되어, 이 법칙에 복속할 수 있는 이성적 주체의 의지를 자유롭게 한
다. 법칙은 부자유를 의미할 터인 우연으로부터 주체를 구출한다.
스스로 수립한 법칙의 무조건적인 필연성은, 나의 행위가 자신의 실 248
천이성의 수중에 들도록, 그리고 예지적 자연세계의 체계적 전체 연
관에 정향되도록 배려한다. 나의 의욕과 행위는 이 체계화의 입각점
에서 일어나며, 그에 따라 나는 자유롭게 자유의 역할을 떠맡는다.
그래서 나는 자유의 "이념 아래서" 행위하며, 그로써 내 자신이 실
제로 자유로움을 입증한다. 자유란 자유의 기반 위에 지위를 취함이
다. 한 존재자가 "자유의 이념 아래서"밖에는 행위할 수 없다면, 그
는 "바로 그렇기 때문에, 실천적인 견지에서, 실제로 자유롭다. 다시
말해, 자유와 불가분리적으로 결합되어 있는 모든 법칙들은 그에게
타당하다. 마치 그런 존재자의 의지는 그 자체로도, 그리고 이론 철
학에서도 타당하게, 자유롭다고 선언되는 것이나 마찬가지로 말이
다."[295] 실천이성의 사고는, 실천이성이 행위하고 의욕하는 의식의

295) GMS: 전집, IV, 448.

정위[定位]를 통해 예지세계의 지평 안에서 자유를 실제로 수행한다는 것을 통찰할 때, 자유의 현실성을 인식한다.

자유의 지위는 서로 조화하는 양편의 상응을 전제한다. 하나는 객관적 법칙의 편으로, 이것은 무조건적 필연성과 함께 지시명령되고, 그렇기 때문에 단적으로 자기의 보편적 형식에 따라 규정근거이기를 주장한다. 다른 하나는 주체의 편으로, 이것의 실천이성 자신이 법칙수립자이다. 자유가 동시에 존경을 우리 안의 동기로서 불러일으키고, 그리하여 우리는 우리 자신에 의해 수립된 보편적 법칙에 그에 대한 존경으로 말미암아 자유롭게 복속한다. 자유에는 자율이 속하는 것이다. 만약 우리가 경향성들에 의해 우리 원칙들을 규정하게끔 된다면, 우리는 타율적으로 처신하는 것이 될 터이다. 감성적 자연본성이 우리의 지배자가 될 것이니 말이다. 그럴 경우 우리는
249 우리의 행위들에 의해 작동된 인과 연쇄의 자유로운 최초의 능동적 원인이 아니라, 그 자신 다른 현상들로 인해 생긴 현상들로, 그러므로 "정념적으로" 처신하는 것이다.

13. 행위의 이론

또한 행위의 가능성을 설명할 수 있기 위해서는, 자유는 한낱 표상된 것이나 생각된 것이 아니라, 현실성이라는 것이 증명되어야 한다. 현실적, 예지적 원인으로서의 주체는 자유의 위치에서 행위함으로써 감성세계에서 작용결과들을 일으킬 수 있다. 자유로운 실천이성의 현실성이라는 사상은 예지적 자연 개념과 그로부터 우리의 감

성적 자연에 대한 도덕적 강요가 나오는, 우리 안에서 효력이 있는 존경이라는 동기 개념에 도움을 받고 있다. 칸트가 “자유의 이념”은 “사실들” 가운데 있으며, 그것의 실재성은 경험에서, “이론적으로 고찰하면 그 개념이 초절적”일 것인 특수한 종류의 인과성[원인성]으로 실천적인, 순수한 이성법칙들의 테두리 안에서 행위들의 현실성으로서 드러난다고 말한다[296]면, 그것은 실천적 현실성의 의미로 이해되어야 한다. 실천적 의미로 생각되어야 할 자유의 현실성이라는 사상과 함께 칸트는 행위들 중에서 자신을 표출하는 것이 정신의 본질이라고 하는[297] 정신철학의 길에, 그리하여 헤겔 이론의 길에 들어선다. 칸트의 이론은 실천적 “도식”으로부터 이 방향으로 나아간다.
법칙이 “실천적”, 다시 말해 행위의 원천이고자 한다면, 그 법칙을 250
실현하는 의지가 법칙의 지시규정에 따라 시행하고, 감성세계 안에서 작용결과가 계속되는 운동임이 입증되어야 한다. 그때 전제는 의지 자체가 이미 실천적 “현실성”이라는 것이다.[298] [여기서 우리는] 실천적 현실성과 같은 의미의 “성격”이라는 개념을 만난다. 칸트는 이 개념을 원칙들에 따라 실천적으로 사고하고 의욕하는, 일관되게 신용할 만한 형상으로 파악한다.[299] 실천이성이 고유의, 자연 현실성에 대해 자립적인 방식의 현실성으로 파악된다면, 그것의 작품들,

---

296) 『판단력비판(*Kritik der Urteilskraft*)』[KU], 수록: V, 165~485. 표준 본문은 제1판(1790)이 아니라 제2판(1793)이다. 인용 대목은 468면 참조.

297) 자신을 표현하는 주무기관으로서의 정신은 천재론 분야에서 등장한다. KU: 전집, V, 307 이하 · 313 이하 참조.

298) KpV: 전집, V, 69 참조.

299) H. Heimsoeht, “Freiheit und Charakter”, in: *Tradition und Kritik*(Stuttgart 1967), S. 123 참조.

즉 제도와 기관들의 실재도 이 현실성 영역에 속한다. 그 때문에 그것들은 내적인 도덕적인 생활과 행위에 낯선 것일 수 없고, 오히려 그것의 언어일 수 있는, 형식들로서 파악될 수 있는 것이다.

법칙의 형식이 규정근거가 되면, 그것은 행위의 원천이 된다. 그 때 그것은 운동의 성격임이 입증되는 것이다. 그 법칙은 가능한 다수의 내용을 도덕적 행위의 대상(객관)들로 인가할 수는 있지만, 이런 내용 중 어느 하나에도 동화하지는 않는다. 그래서 만약 법칙의 살아 있는 형식 자체가 아니라 어떤 개별적인 객관이 규정근거의 역할을 맡는다면, 그것은 윤리법칙의 "정신"에 반하는 것이겠다. 우리의 주관적 실천적 의식은 질서를 전도시키고, 법칙의 살아 있는 형식 대신에 객관에게 동기의 위엄을 넘기려는 경향이 있다. 이러한 성벽[性癖]에 상응하는 것이 우리의 자연적인 시각이며, 이러한 시각으로 인해 우리는 늘 객관에 시선을 빼앗기고, 비로소 나중에 가서야 법칙을 떠올리거니와, 이 법칙이야말로 그 형식에 따라 우리의
251 실천 의식이 실행되고, 객관 중에 함께 현재하고 있는 것이다. 이러한 사정으로 말미암아 실천이성이 자기 자신을 오해할 수도 있는 경우가 생기는데, 그것은 실천이성이 거짓된 규정근거를 참된 규정근거와 슬쩍 바꿔치려 할 때에 그러하다. 이 대목에서 칸트가 말하는 바가 실천이성의 "변증학"이다.

14. 순수 실청이성의 변증학[변증성]

도덕법칙이 실현하라고 지시명령하는 목적이 실천이성의 "대상"

이다. 법칙 자체가 아니라 이 대상이 행위의 규정근거가 된다면, 그
것은 도덕적 마음씨와 합일될 수 없을 터이다. 순수한 의지의 초월
적 운동 자체가 한 특정한 대상과 교환된다는 것은 가당치 않다. 이
런 일이 일어난다면, 그때 실천이성의 변증학이 성립한다. 이러한
변증학[변증성]의 싹은 에피쿠로스처럼 행복을 도덕적 행위의 동기
라고 설명하는 이들의 실천적 사고에 있다. 행복은 우리의 실천 의
지의 대상으로서 무제한적으로 타당할 수가 없다. 우리는 모든 것이
반드시 최선으로 우리를 위해 봉사하도록, 세상 돌아가는 일을 손아
귀에 넣을 수는 없으니 말이다. 우리의 도덕적 의지와 행위의 무조
건적 대상은 기껏해야 "행복할 만함[행복을 누릴 품격을 갖춤]"일 뿐이
다. 그러나 우리는 그 실현을 기대하기 때문에, 우리에게는 뒤따르
는 변증성을 포함하는 도덕적 사고의 시각[視角]이 쉽게 생긴다. 즉
우리는 이러한 우리의 목표와 얻으려 애썼던 도덕적 상태에 대해 흡
족함을 가지고 있기 때문에, 우리에게 "시각[視覺]적 착각"이 일어나
는 것이다. 본래의 규정근거인 법칙은 우리의 지평에서 사라진다.
그 대신에 "대상", 즉 행복할 만함 자체가 동기일 권리를 요구하고, 252
그렇게 해서 실천적 사고는 "사취[詐取]의 오류"를 저지른다. 실천이
성의 변증성에 대한 이 기술이 『순수이성비판』에서의 변증학의 말에
상응함을 알 수 있다. 실천이성의 영역에서도 우리는 우리의 자연본
성적인 도덕적 시각[視覺]에 따라, 거짓되게 의식에 나타난 객관을
위해 본래 객관화할 수 없는 이성 운동에게나 걸맞은 역할을 사취하
는 실책으로 오도된다.[300]

300) KpV, "최고선의 개념 규정에서 순수 이성의 변증학[성]에 대하여": 전집, V, 110 이

이런 오시각[誤視角]을 비판적으로 바로잡으면, 그때야 비로소 아무런 염려 없이, 최고선으로서의 행복이 순수 실천이성의 대상이라고 말할 수 있다. 윤리적 의지와 결합되어 있는 사고는 실제로, 도덕적 처신이 마침내는 성공과 행복으로 이끈다는 기대를 할 수 있어야만 한다. 물론 그와 같은 것은 우리의 지배력 안에 있지 않고, 그래서 "우리의 무능력을 보완"하기 위해 실천이성 및 그 주장들의 자기정당화의 의미에서 신과 우리 영혼의 불사성의 요청이 필요하게 된다. 이 점이 이론이성의 영역에서는 단지 소극적으로만 대답될 수 있었으나, 지금은 적극적인 의미에서 다루어야만 할 형이상학적 물음들로 이끈다.

15. 실천이성의 지평에서의 형이상학

행위를 지향하는 실천이성은 윤리법칙에 기초하고 있는 도덕적 사고의 체계적 보완을 위하여 "사변 이성의 모든 가능한 통찰"을 벗
253 어나 있는 "이론적" 정립[설정]들을 필요로 한다.[301] 물론 실천이성의 지반 위에서 오직 실천적 사고의 해석학에서만 이해될 수 있는 정리[定理]들이 필요하다. 이 정리들은 사변 이성의 입장에서는 그 사실적 의미가 채워질 수 없었다. 그러나 이 정리들은 "순수 이성의 **실천적 관심에 불가분리적으로**" 속한다. 순수 이성의 영역에서 비판적

하, 특히 116 참조.

301) KpV: 전집, V, 120.

방법을 잘 다룰 줄 아는 이들에게는 이 정리들이 사변 이성의 언표들의 확장으로 받아들여질 수 있다. 사람들이 순수 이성과 사변 이성의 사고지평을 올바르게 구분해서 생각하고, 다시 그것들을 통일적으로 생각한다면, 실천이성의 선험적 정리들이 이론이성의 그것들보다 "**우위**"성을 가질 것이다. "모든 관심은 궁극적으로는 실천적인 것이고, 사변 이성의 관심조차도 단지 조건적인 것으로 실천적 사용에서만 완벽한 것이니 말이다."[302)]

이 정리들은 "순수 실천이성의 요청들"이라는 옷을 입고 등장한다. 여기서 관건이 되는 것은, 도덕법칙에 연관되어 있는 사유에 필연적으로 뒤따라 나타나는, 그래서 학문적으로 "증명할 수"는 없는 이론적 명제들 즉 요청들이다. 이 요청들은 특수 형이상학의 그 주제들을 다룬다. 학교철학의 전통에서 이러한 철학 분야에 속하는 것이 우주론, 영혼론, 신학의 이론들이며, 그때 이 구역들은 경험적으로가 아니라 "이성적"인 방식으로 다루어진다. "우주론"에 표준척도적인 주제인 자유는 칸트 실천 이론의 첫 문장들에서부터 이미 결정
적 역할을 하고 있다. 이제 영혼론과 신학의 주제들인 영혼의 불사 254
성과 신의 실존에 대해 몇 마디 언급하기로 하자.

a) 순수 실천이성의 요청으로서의 영혼 불사성. 실천적 사고의 지반 위에서 자유, 불사성, 신에 관한 형이상학적 사고의 노선은 이론적 사고로는 넘을 수 없던 한계에서부터 더 뻗어나갈 수 있는 것이다.

---

302) KpV: 전집, V, 121.

영혼의 불사성에 관해 말하자면, 그것은 실천이성의 이론적 요청으로서, 마음씨를 도덕적 완전성에 점점 더 근접시키라는 주관에 대한 지시명령에서 나온 것이다. 또한 우리의 주관적 상황의 기초에서 언제나 악이 우리에게 영향을 미치므로, 도덕적 완전성으로의 이 접근은 이생을 넘어서까지도 무한히 이루어가야 할 과정으로 요구된다. 이것은 영혼의 불사성이 요청되어야만 함을 의미한다. 칸트의 결론이 당연히 자주 비판받고 있다. 칸트에 대한 가장 엄중한 반박은 칸트가 영혼의 불사성 이념과 끝-없는 존속의 개념을 동일시했다는 비판일 것이다.

b) 신의 현존에 대한 요청. 최고선 즉 행복을 촉진하는 것이 의무이면서도, 그러나 다른 한편, 칸트의 전제에 따르면 **우리에게는** 선의지와 "자연적"인 성공 사이에 끝끝내 건널 수 없는 계곡이 있어서, 상응하는 의지의 **필연적**인 성공이 우리 수중에 있지 않으면, 이성으로서는 다음과 같은 것을 요청하지 않을 수 없다. 즉 한편으로는 완전히 선하고 정의로우면서(즉 신성하면서), 다른 한편으로는 도덕적 마음씨와 자연의 진행 사이에 마침내 필연적 조화를 이룩할 수 있는 지배력을 가진 존재자가 있어야만 하는 것이다. 세계에서의 최고선
255 은 "도덕적 마음씨에 적합한 원인성"을 갖는 "최상의 자연"이 가정될 때만, 오직 가능하다. 이 존재자는 예지와 의지를 가져야만 한다. 그런 존재자가 신이다.

칸트는 자기가 신의 실존에 대한 이론적 "증명"을 제공했노라고 주장하지는 않는다. 오히려 그는 사람들이 보통 이론적인 "증명들"이 진행되는 언어에서의 이러한 실존 정립을 "가설"이라고 칭해야

한다고 본다.[303] 실천이성의 언어에서 신의 실존 주장은 "신앙[믿음]"이라고 표현되어야 한다. 여기서 도덕법칙의 사실로부터의 "이론적" 귀결에서 나올 수밖에 없는 순수한 이성신앙이 문제가 된다. 이 신앙의 확실성은 객관적으로 증명 가능한 언표 영역에 있는 "지식"의 확실성과는 달리 단지 주관적인 것이다. 그럼에도 신의 실존에 대한 명제와 같은 신앙명제가 자의적인 것은 아니다. 왜냐하면 그것은 도덕법칙의 전제에서 나온 실천이성의 필연적 귀결이기 때문이다. 게다가 이 명제는 하나의 선험적 종합이다. 왜냐하면 그것은 "**지성 안에** 있는 이 개념에 **지성 밖에** 있는 한 대상이 대응해 놓이는 것"[304]을 표명하고 있기 때문이다.

실천이성의 철학 영역에서도 비판에 뒤이어 방법론이 있는데, 이것은 윤리 이론이 도덕 원리에 알맞게 도덕의식으로 진입하기 위한 실마리를 제공하는 과제를 맡는다. 여기서 중요한 것은 특별히 공적이 있는 덕들에 대한 "드높이 나는" 칭송이 아니라, 분별 있고 진지한 "의무의 표상"이다. "내 위의 별이 빛나는 하늘과 내 안의 도덕법칙"이 "경탄과 외경"을 불러일으킨다면, 이 감정들은, 광신이나 "천재의 범람"으로 퇴락하지 않고, 이성이 이러한 자기 자신의 감정들
의 근원을 올바로 해석할 수 있기 위해서, 비판적 학문의 좁은 문을 256
통과해야만 한다.

실천이성의 테두리 안에 "최고선"으로서의 행복에 대한 요청이 있다. 이것의 실현이 신의 나라의 구현을 이끈다. 최고선의 표상은 우

303) KpV: 전집, V, 126.
304) KpV: 전집, V, 139.

리를 장래에 대한 기대로 채우며, 그것은 "희망"의 대상이다. 그래서 도덕법칙에 기초하는 최고선 개념은 도덕철학을 넘어서 종교에 이른다. 종교적인 이는 도덕적 의무들에서 신의 지시명령[계명]들을 본다. 신과 자연의 관계에서와 같이, 신과 인간의 인격성과의 관계에서도 신의 자의[恣意]나 "재가"(우연적 처분)가 척도가 될 수 없다. 오히려 신의 지시명령들은 "모든 자유로운 의지 자체의 본질적 법칙들"로 여겨져야 하며, 우리는 이것들을 이성적으로 믿음으로써 마침내 신의 지시명령[계명]들로 해석한다.

16. 나는 무엇을 희망해도 좋은가? – 종교철학

칸트는 서로 연관되어 있는 네 편의 논고에서 그의 종교철학을 서술하였다. 처음에는 "네 편"의 논고 중 첫 논문만이 발간이 허락되었다.[305] 두 번째 논고에 대해서는 베를린의 뵐너 검열당국의 인쇄 허가가 이미 거절되었다. 그 때문에 칸트는 네 편의 논고들을 한 권으로 묶어 그의 대학의 신학부에 판정해 달라고 넘겼다. 이런 절차는 칸트에게 모든 일이 그러했듯이, 원칙적인 고려에서 밟아진 것이다.
257 칸트의 생각에는, 학문의 주무기관만이 학문적인 주장들에 관해 판단할 권리를 가져야 하는 것이 마땅했다.[306] 신학부의 긍정적인 평

305) 제1 논고는 1792년 《베를린 월보(*Berlinische Monatschrift*)》(편집인 J. E. Biester)에 「인간 자연본성에서의 근본악에 관하여」라는 제목으로 발표되었다.

306) 이에 대한 원리적인 해설은 『학부들의 다툼(*Streit der Fakultäten*)』[SF](수록: 전집, VII, 19 이하) 참조.

가서에 의거해서 1793년 봄 네 편의 논고의 합본이 『순전한 이성의 한계들 안에서의 종교』라는 제목으로 출판되었다.[307]

도덕은 "순수 실천이성의 힘" 그 자체만으로써 충분하기 때문에, 종교를 필요로 하지 않는다. 그럼에도 도덕의식은 신앙 개념들의 한 체계를 포함하는데, 이를 통해 내가 도덕적으로 행위하는 존재자로서 그 안에 서 있는 세계연관이 표상된다. 최고선이라는 목적과 같은 최종적인 목적의 표상도 이에 속한다. 이 이념은 도덕에 의거하지만, 도덕의 토대는 아니다. 종교적 사고의 표상들은 이성적 신앙에서 발생하며, 그 근거인 실천이성을 부인할 수 없는 형상들과 개념들로 이루어진다. "왜냐하면 이성에 대해 주저하지 않고 선전포고하는 종교는 지속적으로 이성에 대항하여 견뎌내지는 못할 것이기 때문이다." 칸트가 좇고자 생각해낸 방법은 언제나 "역사적 체계"인 계시종교와 선험적인 원칙들에 따라서 나온 이성종교 사이의 가능한 타협을 전제하고서 출발한다. 칸트는 과연 "순수 이성 체계의 종교" 언어로 말할 수 있는 계시종교가 있는지를 들여다보고자 한다.

제1 "논고"에서는 우리 안에 "근본적으로 악한" 원리가 선한 원리와 동거한다는 그 유명한 논제가 전개된다. 이 논제에서 제기되는 물음은, "자연본성상" 우리는 오로지 선한가 아니면 오로지 악한가 하는 것이다. 우리는 양쪽 다이다. 즉 "자연본성상"이라는 어구에는,
우리가 선사 시대의, 태고적의 본질적으로 자유로운 결정에서 악하 258
거나 선한 행위를 결심했는데, 이 결심이 우리의 자연본성에 흘러들

307) *Die Religion innerhalb der Grenzen der bloßen Vernunft*[RGV], 수록: 전집, VI, 1~202.

어와 있다는 의미가 들어 있다. 이런 의미에서 그리고 오직 이런 의미에서만 선과 악은 인간 유[類]에 "선천적"이다.

인간의 도덕적 주관의 상황은 그가 자연본성상 선으로의 성벽과 마찬가지로 악으로의 "성벽[性癖]"을 가지고 있다는 것으로 특징지어진다. 성벽이란 모든 경험적인 행실에 선행하는 의사의 주관적인 "규정근거"를 말한다. 세간의 도덕의 모든 역사에 앞서 자유로운 주체를 위한 "최초의 근거"는, 선한 준칙뿐만 아니라 악한, 다시 말해 법칙에 어긋나는 준칙들도 승인하도록 한 것이다. 그래서 주관은 역사가 시작되기 전에 자유롭게, "악으로의 성벽"도 뿌리내릴 수 있는 (근본적인) 자리를 갖는 상황을 스스로 선택했다. 악으로의 성벽은 자연소질이 아니라, 본성화한 악한 행실로서, 이것은 "인간에게 귀책될 수 있다." 선사 시대에 일어난 행실로 인해 근본적으로 세간적인 인간의 현존재가, 그러므로 인간에서 경험할 수 있는 자연본성이 규정된다. 근본악은 자체로는 도덕적으로 무차별적인 감성이나 자연적 경향성들에서 연유될 수 있는 것이 아니라, 법칙을 거부하는, 자유롭게 채택된 준칙에 의거해 있다. 악으로의 성벽이 실제로 실존한다는 사실은 인간의 처신에 대한 경험을 통해 입증될 수 있는 바이다.

악한 준칙은, 감성적 동기를 법칙에 대한 존경에 복속시키라는 실천이성이 지시한 명령을 원칙적으로 그리고 원리적으로 전도시키고, 그리하여 이기적인 동기가 "도덕법칙 준수의 조건"이 되는 데서
259 자신을 드러낸다. 이러한 악은 "**근본적**인 것이다. 왜냐하면 그것은 모든 준칙들의 근거를 부패시키기 때문이다." 악으로의 성벽은 윤리적 법칙에 대한 반항을 노골화하는 본성화한 원칙이다. 그것은 "종속적인 동기들을 최상의 것으로 자기의 준칙들 안에 채용하는 방식

과 관련한 우리 의사의 엇나감"이다. 또한 그것은 "인간의 마음씨 안의 혁명"을 통해 맞이해야 할 도덕적 시각의 전도를 의미한다. 그 때문에 도덕법칙에 대한 무조건적인 존경을 통해 "동기들 가운데에서 근원적인 윤리적 질서"를 그 "순수성"에서 새롭게 얻기 위해서는, 올바른 도덕적 지배 관계를 만들어야 한다.

이렇게 해서 "인간에 대한 지배를 둘러싼 선한 원리의 악한 원리와의 투쟁"에 이르게 되는데, 이에 관해 칸트는 두 번째 "논고"에서 성찰하고 있다. 도덕법칙은 우리가 그에 맞게 처신할 것을 요구한다. 그래서 우리는 또한 그렇게 할 수 있어야만 한다. 그때 우리에게는 "도덕적인 전체적 완전성[전적으로 완전함]에서의 인간성"으로서의 선한 원리의 인격화한 이념이 본보기가 되고 모범이 된다. 이러한 사상 위에 칸트의 기독론은 기초하고 있다. 물론 선을 위한 이 싸움의 도덕적 결말이 혁명적인 역사에서 본래 악한 원리의 온전한 궤멸과 정복은 아니다. 단지 그것의 지배력이 무너질 뿐이다.

이 종교서의 세 번째 논고의 제목은 "악한 원리에 대한 선한 원리의 승리, 그리고 지상에 신의 나라 건설"이다. "선한 원리의 승리"라는 철학적 "표상"에서도 유념해야 할 것은, 한 정치적 공동체 안에서 어떤 시민에게도 그의 마음씨에 대한 강제가 행사될 수도 되어서도 안 된다는 점이다. 그래서 칸트는 "그러나 윤리적 목적들을 지향한 기본체제를 강제에 의하여 이루려고 하는 법칙수립자에게는 고통이 260
있을진저!"[308]라고 말한다. 그럼에도 윤리적 "공동체"의 일원이 되기 위해 자연상태에서 벗어나려 애쓰는 것은 모든 이 각자의 도덕적 의

308) RGV: 전집, VI, 96.

무이다. 윤리적 공동체는 단지 법률적 기본체제의 징표에서 성립해 있는 것이 아닌 한에서, 윤리법칙들 아래에 있는 사람들을 지상에 있는 신의 국민이라고 불릴 수 있게 해주는 것이다.

한낱 "제정법적" 법칙들과 "도덕적"인 법칙들은 구별되는 것이 마땅하다. 전자는 역사적인 사실들이다. 계시가 그것들을 알려준다. 그러나 순수한 도덕적 법칙수립이 모든 참된 종교의 제일의 근거이다. 무릇 이를 통해 "신의 의지가 근원적으로 우리의 심정 속에 써" 지니 말이다. 이 두 법칙수립은 각각 "역사적" 신앙과 "이성적" 신앙에 대응한다.[309] 이에 상응해서 "이성신앙"과 역사적 "성서학식"이 구별된다. 이것들의 대변자들은 성서 원전의 참으로 적격의 "해석가이자 보관자"라 할 수 있다. 이 영역에서는 국가가 참견할 일이 아무것도 없다. 국가의 권한은 "교회조직체 전체를 관리"할 인사들의 양성을 위한 기관들을 유지하는 것으로 족하다. 신의 나라가 가까이 오고 있음은, 한갓된 교회신앙이 점차로 순수한 이성적인 종교신앙으로 변환됨을 통해 알려진다.

신앙의 두 형식 간의 차이는 기독론에도 반영되어 나타난다. 신에게 흡족한 인간성의 원형인 그리스도는 합리적(이성적)인 신앙의 입장에서는 도덕적 이성 이념의 대상이므로 "그 자체"가 가시화된다. 반면에 "현상에서의" 이 원형에 대한 신앙은 경험적인 내지는 역사적인 종류의 것이다. 그래서 양편으로부터 우리의 품행의 표준척도
261 를 제시하는 주장이 제기되고, 그런 한에서 하나의 이율배반처럼 보이는 것이 생긴다. 진실로는 동일한 실천적 이념의 서로 다른 시각

309) RGV: 전집, VI, 104.

의 문제일 뿐으로,[310] 동일한 실천적 이념이 한편에서는 한갓된 예지적 현실로, 다른 편에서는 현상에서도 나타나는 현실로 인식될 수 있는 것이다. 칸트는 스스로의 힘에 의해 이루어진 윤리적 입장과 그 자유를, 은총의 작용에 대한 사변을 통해 자유가 불순하게 되는 것을 방지하지 위해, 순수하게 세움으로써, 일종의 종교적인 의식의 비판을 수행한다.

개개의 종교적 의식이 아니라, 교회신앙의 역사의 징표에서 칸트는 "제례적[신에게 봉사하는]" 종교신앙과 "도덕적" 종교신앙 사이의 끊임없는 투쟁이 중심을 이루는 인류의 역사에 관한 보편사적 개관을 제공하고자 한다. 성서는 이 세계의 종말과 신의 나라의 건립을 말하고 있다. 이러한 표상을 칸트는 "아름다운 이상"이라고 지칭한다. 우리는 이러한 세계의 완성이 경험적으로 일어날 것이라 기대할 수는 없고, 그것을 단지 "지상에서 가능한 최고선—이 안에는 신비한 것은 아무것도 없고, 모든 것이 도덕적인 방식으로 자연적으로 되어간다—으로의 연속적인 진보와 접근에서 **내다볼**" 수 있을 따름이다.[311] 결국 가시적인 형태로 어떤 외적인 나라를 건설하는 일이 문제일 수는 없다.

"선한 원리의 지배 아래서의 봉사와 거짓봉사에 대하여 또는 종교와 승직제도에 대하여" 논하고 있는, 마지막 제4 논고에서의 결정적
인 기본명제는, 인간이 "신에게 흡족하게 되기 위해서", 또 무엇인가 262
를 행할 수 있다고 믿는 모든 것은 선한 품행 이외에는 "순전한 종교

310) RGV: 전집, VI, 119.

311) RGV: 전집, VI, 136.

망상이고 신에 대한 거짓봉사"라는 것이다. 종교적-기회주의적 의도에서 도덕적 마음씨 대신에 "제정법적 법칙들"을 엄수하고자 한 자는 "신에 대한 봉사를 한갓된 **주물숭배**로 변환시키고, 참된 종교를 위한 모든 수고를 무효로 만드는 거짓봉사를 행하는 것이다."[312] 따라서 신에 의해 개개의 소망이 성취되기를 구하는 기도 역시 미신적인 망상(주물숭배)으로 간주될 수밖에 없다. 왜냐하면 그렇게 해서 신이 숭배되는 것이 아니니 말이다. 우리의 행동거지에 신이 흡족하기를, 우리의 행위들이 신의 숭배에서 일어난 것으로 포착되도록 해주는 그런 마음씨가 우리의 행위들에 수반하기를 바라는 진심어린 소망만이 기도의 참된 정신으로 여겨질 수 있는 것이다.

칸트는 그의 종교철학에서 현대 신학을 위해서도 결정적인 주제 한 가지를 다루기 시작한다. 그는 실천이성의 기초 위에서 얻은 "심정"의 도덕적인 기본체제로서의 "종교신앙"과 이 신앙이 표상적으로 객관화하는, 객관적이고 형상적인 내용들을 구별한다. 이 내용들이란 지성적인 형성의 역사적 상태에 맞춰져 있는 것이며, "교회신앙"에 속하는 것으로 가변적인 것이다. 그 반면에 도덕성은 불변적인 것이다. 칸트에 따르면 현대 신학과는 달리 종교적 실존 의식에서는 객관적인 시접이 필수적이다. 그러나 실천이성 자체에서 발생한 객관적인 표상들과 이념들, 예컨대 신의 실존이나 [영혼의] 불사성 같은 것은 교회신앙에 제정법규로 내놓으면서 구속력을 갖도록 추구
263 하는 그러한 표상이나 이념들과는 구별되어야 한다. 관련 저술인 『학부들의 다툼』(1798)의 종교철학적인 대목에서 칸트는 종교적 이성

312) RGV: 전집, VI, 179.

의 필연적이고 객관적인 표상들과, 단지 "역사적인 신앙"에 속할 뿐이며, "종교신앙의 관점에서 볼 때는 한갓된 감각적인 운반체로서 (이 사람이나 저 사람, 이 시대나 저 시대에) 쓸모가 있을 수 있기는 하지만", 종교신앙에 필수적이지는 않은 표상들을 서로 구별한다. 성서-신학 학부는 이러한 부수적인 객관적 내용들도 신적인 경험으로 인정할 것을 요구하는 반면에, 철학은 오로지 종교적 이성이 그것의 진리성을 인식하는 내용들만을 필연적인 것으로 파악하고 정당화함으로써, 필연적으로 객관화된 것과 부수적으로 객관화된 것을 뒤섞는 일을 비판한다.[313] 성서 해석과 관련한 칸트의 해석학적-비판적 구호는 이 문제와 연관되어 있다. 도덕적 실천이성의 입장에서의 성서 비판의 한 방식은 성서의 언표들을 도덕적 명제들의 의미로 해석하라는 구호를 결과로 갖는다. 가령 사도 바울의 "표상 방식"이 "그가 교육받았던 종파개념들의 징표를 자체로 지니고 있"[314]었다면, 그의 언어는 실천이성의 해석학의 지도 아래서 도덕성의 언어로 번역되어야 한다.

요컨대, 실천이성의 사고는 철학이, 순수한 "실천적 의도"에서 자유의 현실성과 영혼과 신에 관해 적극적인 언표를 하는 것을 가능하게 한다. 이제 시선을 순수 이성 비판의 체계 성찰로 되돌려, 현상들의 현실에서도 엄밀한 자연과학의 영역에서 볼 수 있듯이, 이성으 264
로 하여금 더 고차적인 체계 구축작업을 도전하게 하는 그런 사실들이 없는지를 물어야 한다. 그런 종류의 현상들은 한편에서는 (자연미

---

313) *Streit der Fakultäten*[SF]: 전집, VII, 37.
314) SF: 전집, VII, 40.

적인 것이든 예술미적인 것이든) 미[학/감]적인 대상으로, 다른 한편에서는 유기체적 생명 형태로 있다. 이 두 경우에 이성은 현상하는 형태들 중에서 체계를 정초하는 원리로서 자신을 반영한다. 다시 말해 "미[학/감]적" 대상에서도 유기체에서도 이성은 그때그때의 형태의 부분들을, 이 부분들이 상호적으로 성립 조건이 되는 하나의 전체로 결합한다. 형태들에서의 체계적 연관을 특징짓는 표준적인 모습은 한 점에서 시작하여 직선 방향으로 끝없이 뻗어가는 인과적 의존관계의 잇따름이 아니라, 그 진행에서 각 점이 시작점이자 종점이 되는 그렇게 자기 자신으로 복귀하는 선형이다. 이렇게 자기 안에서 진행하면서 전체성의 성격을 정초하는 모습을 특징으로 갖는 사상적 운동들을 수행하는 것은 법칙수립적 지성이 아니라, 체계형성적인 이성이다.

이 길을 가는 중에 자연과 현상 현실에 대한 하나의 개념이 시선에 들어올 것인데, 이 개념은 그 나름으로 하나의 역사 철학, 즉 자연이 인간을 위해 예정해놓은 완전성으로 인간이 발전해감에 대한 철학을 위한 토대를 제공할 것이다. 이와 연관해서 『실용적 관점에서의 인간학』도 자기 자리를 찾을 것이다. 이 저술에서 칸트는 인간세계와 자연세계 안에서 인간의 지위를 기술하고, 그것의 "문화/교화"가 역사적으로-실재하는 인간이라는 유[類]로 하여금 인간성의 이념이 요구하는 그러한 기본틀을 갖출 수 있도록 해주는, 인간 안에 있는 그러한 자연 소질을 가시화한다.

III

초월적 체계사유의 확장 및 자유와 현상의 매개

A. 취미판단 이론의 관점에서의 미학 정초 265

1. 체계와 반성적 판단력

칸트철학을 서술함에 있어서, 인접해 있기도 한 것이지만, 보통은 3대 비판서, 즉『순수이성비판』(제1판, 1781),『실천이성비판』(1788),『판단력비판』(1790)을 하나로 묶어서 다룬다. 이러한 취급 방식은 "비판 작업"을 마친 후에 형이상학으로 나아갈 것을 선언한 데서 표출된 칸트의 자기이해와도 부합한다. 그러나 이 책에서는 좀 색다른 길을 걸어야 할 것 같다. 방금 제2부에서 한편으로는 이론이성과, 다른 편으로는 실천이성과 관련된 비판적 저작들의 사유 과정에 대한 주로 구조 분석적인 서술을 하였는데, 이제 부를 바꾸어 새로운 문제를 하나 끌어내어 분명하게 부각시켜야겠다. 이 문제는 자연 내지는 현상에 대한 새로운 개념으로의 길을 지시하고, 철학적 사고를 한 방향으로 향하게 하는데, 그 길을 곧장 따라가면 형이상학 정초에, 그리고 마침내〔유작〕의 사유 과정들에 이르게 된다. 여기서 중심 위치에 들어서는 것이 체계의 원리이다. 이 체계 원리의 징표 아래서 칸트의 미학적 성찰들도 비중 있게 다루어질 수 있을 것이다.
266 이성 비판의 초월적 방법론의 성찰들에서 드러나는바, 이성이 "바깥의" 대상들을 인식하기 위해 나서지만, 접어든 길이 결국은 그 자신의 위치에 대한 인식으로 되돌아오는 한에서, 이성 자신이 "체계적"인 것으로 밝혀진다. 자기 자신에게로 복귀하는 곡선형의 이런 사유 운동은 이성을 "대상들" 자체에서도 들추어내고자 하거니와, 이는 대상들 안에 어떤 것도 "열린" 채로, 즉 닫혀지지 않은 채로, 그러니까 통괄되지 않은 채로 남아 있지 않도록 하기 위해 이 대상들을 인식해야만 하는 것이다. 아래에서 밝혀지듯이, 여기서 중요한 역할을 하는 것이 성찰된, 즉 이성 자신으로부터 수행된 통일을 통한 우연의 극복이다. 체계 개념은 칸트 초월철학의 전제들에 따르면 정태적인 것이 아니라, 일상적 언어사용의 의미에서 "역동적"인 것이다. 칸트 자신은 체계 개념의 의미를 유기체의 유형을 놓고서 잡고 있다. 유기체에서는 어떤 외부적인 덧붙임 없이, 그때그때의 성장이 동시에 전체 구조의 변형을 의미한다. 안과 밖 사이에 어떤 종류의 소재 교환이 일어나면, 일단 완성된 전체에 대해서는 아무것도 문제될 것 없이, 추가(종합)로 인해 지속적인 변형이 실행된다. 앞서 "초월적 운동"의 원리로 지칭되었던[314a] 바로 그 원리가 체계 개념의 추적에서도 계속 작동한다. 이성이 본성상 체계적이라 함은, 이성은 자기의 통일성과 연관성을 초월철학에 의해 인식된 한계에까지 만들어간다는 뜻이다. 이 한계에 이르러 이성은 이제까

314a) Kaulbach 원서 앞의 142면 이하 참조.

지 제시된 통일성의 방식으로는 통괄할 수 없는 새로운 것 앞에 자신이 직면해 있음을 발견한다. 이것은 이성에게 통일 작업을 위한 267
새로운 수단의 제시를 촉구함을 의미한다. 이제 서술이 이르는 이 대목에서, 여태까지는 가능하지 않던 새로운 통일 작업을 수행하기 위해 반성적 판단력이 실행된다. 그래서 이성은 체계를 향한 체계적 길을 가기 위해서, 한계들을 훨씬 넘어서 지속적인 종합화 운동을 수행한다.

철학적 이성의 체계 의지는 예컨대 "미학"이라 일컫는 철학적 분야에서 사람들이 하는 작업 가운데서도 체계 원리가 실행되고 있음을 보고자 한다. 그것은 이성을 통해 현상을 통일적으로 관통하려는 관심에서 이성이 이성 비판에서도 다리를 놓을 수 없는 것으로 보인 현상과 이념 사이의 간극을 극복하고자 하는 한에서 그러하다. "현상에서의 자유"와 같은 문구가 여기서 문제가 되는 사태를 잘 표현해주고 있다. 칸트에서 미학에 대한 관심은 그 동기가 일차적으로, 인간의 실존이 궁색해진 세상으로부터 탈출함에 있어 예술을 필요로 한다는 데에 있지 않다. 오히려 철학적 이성의 관심은 "미학"에서, 이성에서 태어나 이성을 대변하는 "이념"이 현상들을 관통할 수 있다는 사실을 파악하기 위해 작용한다. 이러한 기획은 학교철학과 학교철학적 미학에서 칸트의 초월철학적 단초들로 이행해가는 데서 뚜렷한 모습을 드러냈다. 무릇 칸트는 현상들에 대한 "미학적[미감적]"인, 즉 감성에 귀속하는 포착을, 바움가르텐도 여전히 그리했던 것처럼, 지성적 인식 방식에 비해 저급한 인식 형식이라고 파악하지 않는다. 오히려 칸트는 감성적 포착을 인간의 인식 상황과 그에 상응하는 세계 시각[視角]의 특성이라고 본다. 칸트 사유의 단초

268 에서 감성적 직관은 지성이나 이성과 나란히 동등한 권리를 갖는 인식 원천의 지위에 있다. 감성적 직관은 저급한 사고로서 지성에 비해 빈약한 인식작업들만을 수행할 수 있는 그런 것이 아니다. 단지 지성의 결여가 아니라, 지성 맞은편의 독자적인 주무기관을 의미하는, 미감적[감성적] 인식 원천의 바로 이러한 독자적인 의미로 인해, 칸트는 그의 초월철학에서 이성(내지는 지성)과 감성, 논리학과 감성학[미감학/미학]의 체계적 통일성을 입증하기 위해 특별한 철학적 노력을 기울일 수밖에 없는 것이다. 이러한 통일성으로 가는 길을 제일 먼저 미감적 취미와 예술적 생산의 이론 영역에서 추적해보는 것이 마땅하겠다.

『순수이성비판』에서 지적되었던바, 철학적 개념의 체계적 통일을 만들어내려는 철학적 기획 역시 "판단력"이라는 이름과 함께 등장할 수밖에 없는데, 이 판단력은 특수한 것을 보편적인 것 아래에 포섭하고, 다수의 실제적인 것을 하나의 개념으로 수렴하는 일을 과제로 갖는다. 이렇게 이성 비판에서 논의된 것은 "규정적" 판단력이다. 이 규정적 판단력에 의해 법칙수립적인 지성은, 보편적인 것을 예컨대 보편적 자연법칙들의 형식에서 생각하고, 그에 의해 특수한 것 즉 경험적인 것을 "규정"할 능력을 가진 것으로 입증된다. 지성은 자연의 현상들을 그의 법칙수립의 형식 아래에 포섭함으로써 자연을 "규정한다." 그러나 이성은 이런 길을 걸어서는 그가 의도한 체계에 이를 수 없다는 것을 경험하지 않을 수 없다. 왜냐하면 이성으로서는 우연을 근본적으로 뛰어넘어 절대적 필연성과 통일성을 만들어내는 일에 성공하지 못하기 때문이다. 강제된([법칙이라는] 사슬에 묶
269 인) 자연의 테두리 안에서도 우연과 마주친다. 보편적인 자연법칙들

이 가능한 경험의 필연적 통일을 위해 선험적으로 결속된 하나의 체계인데도 말이다. 그러나 "현실의" 경험 영역을 채우고 있는 자연의 "특수한" 법칙들은 보다 포괄적인 통일들을 위해 필연적으로 접합되어 있는 것이 아니라, 우연히 그렇게 되어 있는 것이다. 예컨대 행성의 운동들이 타원의 궤도를 그린다고 주장하는 케플러의 제1법칙이, 갈릴레이의 낙하하는 돌 또한 그에 종속하는, 더 보편적인 중력의 법칙 아래서 파악된다는 것은 우연이며, 결코 지성에 의해 보증될 수 있는 필연이 아니다. 이런 사정에서의 경험의 체계적 통일성의 성립은 우연적인 것으로 간주되지 않을 수 없다. 그래서 경험의 "집합"이 아니라 체계적인 "전체"가 중심 문제가 되면, 이성은 하나의 주관적 원리를 가동시키지 않을 수 없다. 즉 이성은 "마치" 자연이 스스로 자발적으로 우리 사고의 체계 요구에 부응해 있는 것"처럼" 자연을 판정하는 판단력의 준칙을 좇는다. 다시 말하면, 판단력은 잡다를 보편적 법칙들 아래서 규정하고 포섭하는 자기의 역량을 벗어나서, 자연을 일관된 합목적성의 원리에 따라 판정하고, 자연을 그 자신이 자발적으로 이성의 대상적 체계적 반영물임을 보여주는 영역으로 수용하는 준칙을 만든다. 이렇게 해서 "반성적" 판단력을 위한 통일 과제가 생긴다. 이 반성적 판단력은, "규정적" 판단력이 보편적인 것을 미리-지정해놓고서, 그에 대한 특수한 것을 찾는 데 반해, 오히려 특수한 것에서 반성을 통해 보편적인 것을 찾고자 하며, 그 점에서 양자는 구별된다. "자연의 우리 인식능력에 대한 적합성의 원리에 따라서 … 일을 수행하라는 것이 우리 판단력의 분부"[315]이다.

일차로 놓이는 것이 "취미"에 의한 판정의 대상들이다. 우리 인식 270

능력들의 협연인 취미판단에서 우리는 예컨대 미적 기예[예술]의 형상들을 적합하게 판정할 수 있다. 이 일을 맡아 하는 것이 "형식적 합목적성 — 보통은 또한 주관적 합목적성이라고도 불리는바 — 을 쾌 또는 불쾌의 감정에 의해서 판정하는 능력"인 "미감적[미적/미학적]" 판단력이다. 이것과 구별되어야 하는 것이, 자연 중의 객관적 "실재적" 합목적성을 지성과 이성에 의해 판정해야 하는 "목적론적" 판단력이다. 우리 인식능력의 관점에서 "취미"에 의한 현상들의 미감적 판정은, 과연 주관적 합목적성이 수정[水晶]과 같은 자연 사건들이나 기예의 어느 형상에 있는가 하는 문제를 열어놓는다. 그러나 목적론적으로 사용된 판단력은, 목적과 무관한 기계적 자연의 연관들을 넘어서서, 그에 따라 자연의 형상들을 합목적적이라고 판정할 수 있는 지성규칙을 자각한다. 여기서 "합목적성"이 역할을 하는 것은, 자연의 통일성이나 자연의 형상들의 통일성은 그것들이 부분들의 합성들이 아니라 전체라고 판정받으면 체계적인 것으로 보일 수 있다는 데에 근거하고 있다. 무릇 전체에서 한 부분은 다른 부분을 위하여 기능하며, 그리하여 그것의 기능은 흡사 원환적-목적론적으로 다시금 자기 자신을 지시한다.

---

315) *Kritik der Urteilskraft*[KU]: 전집, V, 188.

2. 미의 분석학

질, 양, 관계, 양태 범주를 실마리로 해서 전개되는 "미의 분석학"[316]에서는 "미[아름다운 것]"에 대한 네 가지 "설명들"이 제시된다. 질의 징표에서 고찰하면, "대상 또는 표상 방식을 **일체의 관심 없이** 271
흡족이나 부적의[不適意]함에 의해 판정하는 능력"으로서의 취미를 표준척도적인 것으로 보아야 한다. 그러한 흡족의 대상을 아름답다[미적이다]고 일컫는다.[317] 흡족의 무관심성으로 인해 취미판단은 "쾌적한" 것을 대상으로 갖는 판단이나 도덕적으로 선한 것에 대한 판단과 구별된다. 쾌적한 것은 "즐거움[쾌락]"을 주는 것이고, 아름다운 것은 순전히 "적의한" 것이며, 선한 것은 "존중" 내지는 시인되는 것이다. 취미의 흡족은 아무런 이해관심이 없는 것으로서 그야말로 "자유로운" 흡족이다. 이 흡족에서 표준척도적인 것은, 쾌적한 것의 경우에서처럼 경향성이나, 도덕의 경우에처럼 존경이 아니라, 오직 "호의"이다. 이런 이해에서 자유는 무관심성에서 비롯하는 것이며, 모든 관심은 필요욕구를 전제하거나 산출하는 한에서, "찬동의 규정근거"로서 대상에 관한 판단을 더 이상 자유롭게 놓아두지 않는다.

취미판단을 양의 면에서 고찰하면, 미의 두 번째 정의가 나온다: "개념 없이 보편적으로 적의한 것은 **아름답다**."[318] 대상들의 미에 대한 보편적인 기준들이 있다. 이것이 가능한 근거는, 아름다운 대상

316) KU, 제1편, 제1절, 제1권: 전집, V, 203 이하.
317) KU: 전집, V, 209 이하.
318) KU: 전집, V, 219.

은 우리를 "인식능력의 자유로운 유희"의 상태에 들게 한다는 데 있다. 만약 우리가 예컨대 어떤 집이 잘 균형 잡혀 있음을 이미 직관을 통해 "볼" 수 있다면, 그것은 우리가 지성을 통해서는 각종의 작업을 거쳐서나 파악할 수 있을 관계들을 직관적으로 포착한 것이다. 거꾸로 만약 우리의 사고작용이 현상하는 형태에 대한 직관으로 곧바로
272 넘어간다면, 우리는 보편적이고 공통적인 규칙들을 따르는 인식능력의 자유로운 유희의 상태에 있는 것이다. 그래서 취미판단은 설령 개념들을 가지고서는 증명할 수 없다 해도 보편적으로 전달[공유]할 수 있다. 왜냐하면 그것은 객관적 표상은 아니되, 한 순전한 상태의 표현이기 때문이다. 이 자유로운 유희에서 경험된 쾌감은 우리 인식능력들의 자유로운 조화에서 생긴 것이다. 우리는 예컨대 어떤 대상의 미에 관한 판단도 "마치" 그것이 개념적 영역에서 증명될 수 있는 것"처럼" 타인에게 기대한다. 그럼에도 여기서는 개념적-이론적 객관화가 아무것도 추구해서는 안 된다. 그리고 또 하나의 구별이 고려되어야 하니, 우리는 자유로운 미와 한낱 "부수적인 미"를 구별하지 않으면 안 된다. 예컨대 꽃들은 자유로운 자연미이다. 그 아름다움에 관한 판단은 생물 과학의 개념들에 의해 확립될 수도 반박될 수도 없다. 부수적인, 그러니까 자유롭지 않은 미는 어떤 목적에 쓰이는 조형물들(교회당, 궁전, 병기고, 정자) 같은 것에서 보인다. 칸트는 여기에, 아름다운 사람이 특히 인간성의 절대적 목적의 현시라는 점에서, 사람의 아름다움[인간미]을 추가한다.

관계의 범주는 미에 대한 세 번째 설명을 낳는다. 그에 따르면 미는 대상의 합목적성의 형식으로, 이 합목적성은 어떤 목적의 표상 없이도 대상에서 지각된다.

미에서는 감각된 내용이 아니라, 내용의 형식과 비례 관계가 관건임이 미에 대한 이 설명에서 분명해진다. 그에 따르면 미란 어떤 대상의 합목적성의 **형식**이다. 한 예술작품에서 모든 개별적인 요소들은, 미학적 입각점에서 어떤 특별한 목적도 내용적으로 파악할 수 없는데도, 합목적적으로 융합되어 전체를 이룬다. 이에 부응하는 것이 "목적 없는 합목적성"이라는 공식적 문구이다. 이에 대응하는 것
이 앞서 언급한 인식능력들의 자유로운 유희로, 이것이 미감적 쾌의 273
상태를 정초한다. 어떤 색상이나 바이올린의 음향을 단지 감각 내용만으로 문제삼는다면, 아름다운 것으로 여길 수 없다. 오히려 아름다움을 주는 것은 언제나 그 형식이다.

마지막으로 양태는 미에 대한 다음의 규정을 낳는다: "개념 없이 **필연적인** 흡족의 대상으로서 인식되는 것은 **아름답다**."[319)]

미학[미감]적인 영역에서의 상상력은 개념들에 의해 규정되지 않으면서도, 스스로 자유로이 지성의 규칙들에 따라 작동하므로, "법칙 없는 합법칙성"이 생긴다. 그래서 "객관적 합치가 없는, 상상력의 지성과의 주관적 합치"[320)]가 성립한다. 객관적으로 의도되지 않았다 해도, 아름다운 조형물들에서는 합법칙성과 통일성 그리고 통람[通覽]이 생긴다.

---

319) KU: 전집, V, 240.
320) KU: 전집, V, 241.

3. 숭고

칸트는 미적인 것과 숭고한 것을 구별하며, 숭고한 것을 다시 수학적으로-숭고한 것과 역학적으로-숭고한 것으로 나눈다. 미적인 것에서는 통람성(通覽性), 완결성, 균비성(均比性) 등이 척도 역할을 하지만, 숭고한 것은 일체의 척도를 뛰어넘는다. 수학적 의미에서 숭고한 것이란, 예컨대 그것과 비교하면 다른 모든 것이 작은 그런 것, 그리고 "**그것을 단지 생각할 수 있다는 것만으로도 감관의 모든 자**[척도]**를 뛰어넘는 마음의 능력을 증명하는**"[321] 그런 것이다. 이렇게 해서 "무한자"가 역할을 하게 된다. 미적인 것의 판정에서는 상상력이 "지성"과 관계를 맺는다면, 숭고한 것의 영역에서는 이성이 그
274 의 이념들과 함께 결정적인 역할을 하는바, 이념들에서는 무조건성과 무한성이 중심을 차지하고 있으니 말이다. 이에 맞추어 역학적으로-숭고한 것도 모든 통상적인 유한한 척도를 넘어간다. 그런 것을 우리는 예컨대 막강한 자연의 위력들의 형식에서 마주친다. 숭고한 것은 우리로 하여금 우리에게 익숙해진 척도를 뛰어넘는 (가령 별들이 총총한 하늘과 같은) 자연의 크기를 이념들의 현시로 생각하게끔 한다.

또한 칸트는 미감[미학]적 판단들의 정당화, 다시 말해 일종의 연역을 수행한다. 취미판단의 첫째 특유성은 그것이 "마치 객관적인 것처럼",[322] 모든 사람의 동의를 요구주장하는 점에서 마주친다. 그

---

321) KU, 제1편, 제1절, 제2권: 전집, V, 250.
322) KU: 전집, V, 281.

럼에도 취미판단은 "마치 한낱 **주관적**인 것처럼"[323] 증명에 의해 정초될 수 없다는 두 번째 특유성을 갖는다. 객관적인 척도의 징표 아래서 어떤 예술작품의 판정에서의 합치는, 가령 수학적 증명 결과에 대한 합의에서처럼, 개념적으로 필연적인 도출의 길에서 이를 수 있는 것이 아니라, 주관들의 자유로운 합치에 힘입은 것이다.

4. 예술과 천재에 대한 이론

행함이 작동 내지 작용 일반과 구별되듯이, 기예는 자연과 구별되며, 기예의 산물은 "작품"으로서, 자연에 의해 산출된 것, 즉 "작용결과"와는 구별된다.[324] 미적인 것은 두 영역에서 다 만난다. 아름다운 형상들은 그것들에서 아무런 개념적인 목적내용을 인식할 필요 없이 주관적으로-합목적적이므로, 미적 기예[예술]의 산물은 그것이 마치
자유로운 자연의 결실인 것 같은 가상을 일으킨다. 자연 또한 "그것 275
이 동시에 예술인 것처럼 보였을 때"[325] 아름다웠듯이 말이다.

취미판단이 표상된 규칙들에 따라 진행되는 것이 아니듯이, 미적 형상들을 생산하는 주관도 어떤 개념 규칙에 따라 작업하지 않는다. 예술적으로 생산하는 힘은 표상된 규칙들의 실마리에 따라서 움직이지 않고, 자신을 스스로 자유롭게 자연의 합법칙성을 만족시키는

---

323) KU: 전집, V, 284.
324) KU: 전집, V, 303.
325) KU: 전집, V, 306.

현실태로 드러낸다. 그때 자유로운 자연의 역할을 스스로 대신하는 "천재"가 등장한다. 천재란 "그 자신이 자연에 속하는" 기예가[예술가]의 선천적인 생산적 능력이다. 그러니까 천재란 "선천적인 마음의 소질(才質)로서, **그것을 통해** 자연은 기예에게 규칙을 준다."[326] 천재의 활동은 모방 중에도 있을 수 없고, 자연의 작용 중에도 있을 수 없다. 무릇 천재가 거기에서 "모방적인" 행함을 위한 규칙들을 취해야 할 본보기적인 형상들을 생산해내는 것이니 말이다. 이렇게 해서 취미형성과 유형형성이 설명된다.

외적인 생산물들에서 자기의 "표현"을 보는, 미적 작품들을 산출하는 이성의 현실태로서 천재가 마주치는, 바로 이 연관에서 '정신'이라는 말을 만난다.(『판단력비판』, §49) 천재는 상상력과 지성을 함유하되, 이 양자는 하나의 생산적 현실태로 합일되어 있다. 즉 천재는 단지 이론이성이 아니라, "정신"으로 자신을 드러낸다. 여기서 정신이란 말, 익살, 그림, 음악 등에서 표현력을 자유자재로 구사할 수 있는 자유로운 자연현실태의 한 방식으로 이해된다. 칸트에서 "자연 속의 정신"이라는 훗날의 낭만주의적인 언사의 단초가 이로부터 생긴다. 천재의 마지막 속성은 형식 형성적으로 그리고 규칙을 준수하면서 작용하는 "취미"이다.

276 여기서 '정신'이란 칸트가 『시령자의 꿈』에서 그 실재적 의미를 부정했던 '영[靈]/정령[精靈]'과 같은 말이니, 이 말의 미학적 해설에 다시 한 번 시선을 돌리는 것이 좋겠다. 칸트는 이 말을 일단 일상적인 용어법대로 등장시키면서도, 이 말의 철학적 의미를 고수하려 한

---

326) KU: 전집, V, 307.

다. 사람들은 간결한 언사로 풍부한 의미를 표현할 수 있는 인사에 대해 그이는 "정신이 살아 있다"고 말한다. 다른 한편으로는 예컨대 어떤 시에 대해서, 그 시는 깔끔하고 멋지기는 하지만, "정신이 죽어 있다"고 일컫는다. 어떤 축하 연설은 기본도 잘 갖추고 동시에 엄숙한데도, "정신을 결여"하는 수가 있다. 정신이라는 말을 미학적으로 사용하는 한, 이 말은 "마음에서 생기를 일으키는 원리"를 지칭한다. 정신이 풍부한 연설에 의해 마음은 "스스로 유지해가며 또 그러한 힘들을 스스로 증강해가는"[327] 유희를 하게끔 된다는 것이다. 여기서 중요한 것은 미[감]적 이념들을 현시하는 능력이다. 하나의 미[감]적 이념은 어떤 일정한 제한된 개념 내지 유한한 사념에 의해서는 생각될 수도 끌어내질 수도 없는 그런 종류의 표상이다. 그래서 칸트에 따르면, 천재란 자기의 일정한 개념들을 가진 지성으로부터는 끌어내질 수 없는 미[감]적 이념들을 현시하는 능력이다. 그것은 지성처럼 한낱 표상해-내는 기능이 아니라, 지성의 규제된 개념들과의 관계에서 산출해내는 무한한 힘이다. 천재는 주관 속에 있는 자유로운 자연[본성]이며, 동시에 이념정초적인 이성이다. 천재의 힘은 자기 자신 안에 소질로 있는 체계적 통일성이 그에 의해 생산되는 작품들 안에 표현되도록 한다. 천재는 그 안에서 자연과 이념-이
성이 합일되어 있는 현실태이므로, "정신"으로 나타난다. 정신은 말, 277
익살, 그림, 음악 등에서 자신을 표현하는, 예술[기예]가적으로 생산하는 주관의 이성 속에 있는 자유로운 자연현실태의 한 방식으로 이해된다.

327) KU: 전집, V, 313.

미감적 판단력의 변증학에서 하나의 이율배반을 마주친다. 정립은 '취미판단은 개념들에 기초하지 않는다. 왜냐하면 사람들이 이 영역에서는 증명을 통해 결정할 수 없기 때문이다.'라는 것이다. 이에 대해 반정립은 '취미판단은 바로 개념들에 기초한다. 왜냐하면 그렇지 않을 경우 이에 관해서는 결코 논쟁을 할 수 없을 것이기 때문이다.'라고 말한다.[328] 이 이율배반의 해소에서 이 각각의 주장이 서로 다른 종류의 개념들을 생각하고 있었다는 사실이 밝혀진다. 두말할 것도 없이 이 영역에서는 어떤 증명을 정초할 수 있는 이론적 개념이 문젯거리가 될 수는 없다. 그러나 여기서도 순수 이성개념은 역할을 하며,[329] 이의 표현이 아름다운 대상의 현상이다.

그래서 또한 지성의 도식에 의거하는 구성과 이성 이념의 상징적 현시는 구별된다. 삼각형이라는 지성개념은 그 개념 안에 함유되어 있는 구성 규칙의 실마리에 따라 직관 중에 현시됨으로써 현실화한다. 그러나 [이성 이념의] 상징적 현시는 단지 반성적 판단력의 수행절차를 위한 지시일 뿐이다. 즉 판단력은 유비적으로 수행한다. 판단력은 유비적으로, 예컨대 전제적으로 통치되는 국가를 "손절구"[330]같다고 판정하기도 하고, 그 반면에 자유로운 공동체의 상징적 현시로는 "영혼이 있는 신체"라는 비유를 택하기도 하는 것이다.

---

328) KU, 제1편, 제2절: 전집, V, 338 이하.

329) KU: 전집, V, 340.

330) KU: 전집, V, 352.

5. 목적론적 판단력 비판[331] 278

자연에서 우리는 "아름다운 형식들"을 만난다. 다시 말해 자연은 "그 특수한 법칙들 안에서" 우리의 판단력에 파악 가능한 것으로 자신을 드러낸다. 자연은 주관적으로 합목적적인 것으로 보여서, 그것의 "아름다운" 형상들에서 그것이 "마치" 우리의 인식능력들을 위해 마련된 것"처럼" 그런 성질을 가진 것인 양하다. 합목적적인 전체로서 하나의 아름다운 자연형태는 자연의 특수한 현상들이 총합되어 있는 하나의 완결된 체계를 연출한다.

그러나 반성적 판단력은 자연에서 **객관적** 합목적성이라는 사념도 생각할 수 있다. 목적이란 그것을 지향해서 정리되어 있는 잡다한 수단들의 통일 원리이다. 거기에 하나의 밀집한, 우연의 틈새를 메우는 통일성이 성립하는데, 그것은 지성이 기계적인 자연에서 만들어내는 법칙적인 결합이다. 그래서 목적과 체계는 서로 짝을 이루어 하나의 전체를 만든다. 반성적 판단력은 자연이 "마치" 기술적으로 아주 잘 질서 지어진 것으로 판정하면서, 자연을 체계적으로 구조지어진 것이라 생각한다. 그러나 합목적성의 이념은 단지 판단력을 위한 규칙으로서만 타당할 수 있는 것으로, 이성은 이에 따라 그 자신의 통일성 관리의 징표에서, "마치" 자연이 완벽한 체계적 통일체인 것"처럼" 그렇게 자연을 판정하는 것이다. 생산작업이 산출자와 생산물이 하나의 단일한 전체를 이루는 통일 운동인 한에서, 체계성은 오직 생산이라는 이념의 징표에서만 전개될 수 있다.

---

331) KU, 제2편: 전집, V, 357 이하.

그러나 한 형상이 체계 성격을 대변할 수 있기 위해서는, 그것이 단지 상대적인 외적 합목적성만을 띠어서는 안 된다. 다시 말해 그것은 그것과는 다른 어떤 목적을 위한 수단으로 등장해서는 안 된다. 오히려 그것은 "내적인" 합목적성으로, 즉 그것에 따라 한 형상
279 안의 모든 것이 수단이면서 동시에 목적인 그러한 것으로 실존해야만 한다. 이로부터 또한 "기관[機關: Organ]/유기조직"의 원리가 결과한다. 무릇 "자연의 그러한 산물에서 각 부분은, 그 부분이 오로지 여타 모든 부분들에 **의해서**만 현존하는 것과 똑같이, **다른 부분을 위해서** 그리고 **전체를 위해서** 실존하는 것으로, 다시 말해 도구(기관/유기조직)로서 생각"[332]되기 때문이다. 그러나 여기서 자연의 형상이 관건임을 아주 분명하게 하기 위해서는, 각 기관/유기조직이 다른 부분들을 **산출하는 기관/유기조직**(생산)으로 파악되어야 한다는 사실이 덧붙여지지 않으면 안 된다. 그러한 산물은 언필칭, 유기[기관]화된 존재자이자 동시에 자기 자신을 유기[기관]화하는 존재자이므로, 자연목적이라고 지칭할 수 있다. 생산 개념이 체계 및 기관화/유기조직화의 밀접한 유대 속에서 등장한다는 사실을 주의 깊게 확인할 필요가 있다. 무릇 생산이란 한 체계의 테두리 안에서 한 부분을 다른 부분을 통해 산출함이고, 체계란 이런 식으로 전체 자체로서 생산되는 것이다. 하나의 유기[기관]화 존재자는 오로지 운동하는 힘만을 가진 한낱 기계가 아니라, 오히려 자기 안에 "형성하는" 힘을 소유하니, 이 형성하는 힘이 아직 그를 갖지 못한 질료들[물질]에게 전달[공유]된다.(이것이 곧 유기[기관]화이다.) 유기[기관]화하는, 형성

332) KU: 전집, V, 373.

하는 힘들은 운동하는 힘들과는 달리 질료를 뚫고 들어가고, 이 뚫
고 들어간 것을 그때그때 하나의 형태로 통일시킨다. 이성이 자신에
게 부과하는, 유기[기관]화한 존재자의 내적 합목적성을 판정하는 준
칙이 갖는 내용은, 자연의 유기[기관]화한 산물은 그 안에서 모든 것
이 목적이면서 교호적으로 또한 수단인 것으로 판정되어야만 한다
는 것이다. 이성이 자연을 판정함에 있어 스스로 부과한 이 원칙을
통해 자연 안에서 체계적 필연성을 생각하는 것이 가능하다. 따라서
자연 안에서는 아무것도 쓸데없는 것은 없으며, 아무것도 우연히 일
어나지 않는다. 이것이 바로 표상의 "절대적 통일성"[333]을 말하는 것 280
이다. 여기서 또 체계적 전체라는 개념도 마주친다. 즉 체계적 전체
는 자기로 복귀한 사념적인 형태에 상응하는 것이다. 예컨대 나무가
나뭇잎들을 산출하고, 이것들이 다시금 기관들이 되어 나무를 재생
하고 존속시키는 기능을 한다. 거기서 표준적인 과정의 형태는 자기
로 복귀하는 곡선의 형태이다. 그것은 사뭇 인공두뇌의 조정 과정에
관한 현대적 성찰을 환기시킨다. 생명체는 이성으로부터 반성적 판
단력에게 위임되고, 형성, 기관[유기조직]화, 체계와 생산의 징표에서
생각되지 않을 수 없다. 반성적 판단력은 한낱 주관적 원리로서, "인
식능력들의 합목적적 사용을 위한, 곧 어떤 종류의 대상들을 반성하
는"[334] 데에 쓰여야만 하는 것이다.

목적론적 판단력의 "변증학"이 지향하는 바는, 반성적 판단력의 이념들이 그 올바른 의미로 이해되는 일이다. 다시 말해 이 이념들

333) KU: 전집, V, 377.
334) KU: 전집, V, 385.

은 규제적인 원칙들일 뿐, 구성적 원칙들로 등장할 수는 없다는 점이다. 예컨대 내가 만약, 물질적 사물들과 그것들의 형식의 모든 산출은 순전히 기계적인 법칙들에 따라 가능한 것으로 판정되어야 한다는 언표와, 그에 대한 반정립인, 물질적 자연의 몇몇 산물들은 한낱 기계적인 법칙들에 따른 것이라고 판정할 수 없다는 언표를 규정적 구성적 판단력의 의미로 이해한다면, 그때는 하나의 모순이 생긴다. 그러나 나의 언설이 반성적 판단력의 올바른 해석학을 좇는다면, 이 모순은 제거된다. 자연의 산물들이 그 가능성의 면에서 목적론적으로 판정되어야만 한다는 언표는 그것들이 오직 목적론적인 것으로서만 가능"하다"라는 언표와는 다르다. 내가 자연의 기계적
281 기본구조를 주장한다면, 그때 그것이 몇몇 자연형식들에서는 기계성이 아니라 목적인의 이념에 귀속하는 하나의 원리를 판정의 실마리로 택할 수 있다는 언표와 반드시 모순되는 것은 아니다. 내가 나중의 언표를 단지 판정의 의미로만, 즉 '~이다/하다'의 정언적 명제의 의미가 아닌 것으로만 파악한다면, 모순을 피할 수 있다. 목적인에 따른 자연의 기술이라는 개념은 교조적으로 논구될 수 없다. 사람들은 이 개념에 관해서 '~이다/하다'의 언표 형식으로 이야기할 수는 없고, 오히려 이러한 언설의 해석학은 "마치 ~처럼"의 징표로 이루어진다. 그래서 학문으로서 목적론은 "교설"에 속하지는 않고, 오직 "비판"에, 그것도 판단력의 비판에 속한다.[335] 그러니까 그것은 비판적-초월적 입지-점 성찰의 징표 아래 있어야 하는 것이다.

생산, 내적 합목적성, 절대적 통일성의 개념들 분야에서 또한 "개

335) KU: 전집, V, 417.

체"[336] 개념과 마주친다. 개체의 특징은, 그것이 취하는 재료를 자기 자신의 통일성으로써 뚫고 들어가, 그것을 자기 자신의 것으로 만든다는 점이며, 그래서 그것은 각각의 부분에서 전체로서 현재하는 식으로 "나누어질 수 없는" 것(라틴어 문자 그대로 in-dividuum: 그리스어로 ἄτομον)으로 보아야만 한다. 그것은 자기 자신의 산물이다. 동시에 그것은 자립성과 타자로부터 독립성을 보이며, 일회적인 것으로 나타난다. 그것은 자기 자신을 낳는 원리를 현시하므로, 그 자신의 "원본성[독창성]"을 주장할 수 있는 것이다.

6. 자연의 궁극목적 개념: 역사철학

동시에 자기 목적이기도 한 자연산물을 자연의 "궁극목적"으로 보
지 않을 수 없다. 왜냐하면 그것은 수단으로서만 실존하는 일련의 282
존재자들에게 하나의 목표를 놓기 때문이다. 인간이 자연 안에서 궁극목적의 이 지위를 차지한다. 이와 연관해서 그의 역사철학이 전개될 범주적 테두리를 그린다. 자연은 인간에게 행복을 성취하고 그의 소질들을 "문화"화하는 일을 과제와 목표로 만들어주었다. 문화란 "이성적 존재자의 임의적인 목적들 일반에 대한 (따라서 그의 자유에 있어서의) 유능성을 산출하는 것"[337]이다. 인간 안에 있는 도덕적 목표들을 위해 유능한 자연소질들이 문화적 개작으로 "형성/도야/교

336) KU: 전집, V, 371.
337) KU: 전집, V, 431.

양"된다. 이러한 성찰들 가운데에 역사철학이 자리 잡고 있는데, 그것은 목적론적 판단력의 확장으로 볼 수 있다. 오직 시민사회에서만 "자연소질들의 최대의 발전"이 일어날 수 있다. 그런데 이 시민사회 자체가 "**세계시민적** 전체가, 다시 말해 서로 해를 끼치는 작용을 할 위험 속에 있는 모든 국가들의 한 체계"를 필요로 한다. 이 목표에 이르지 못하는 이상, 전쟁은 피할 수가 없다.

궁극목적은 그것의 가능성의 조건으로서 아무런 다른 목적도 필요로 하지 않는 한에서, 무조건적인 것이다.[338] 그것은 자연목적들의 단계에서 마지막 위치를 차지한다. 그것은 궁극목적이 자연의 외부에 스스로 서 있는 절대적 원리, 즉 자유의 원리에 근거하고 있는 한에서만 가능한 일이다. 그것은 자연형성물들의 내부에 있는 목적이 아니라, 오히려 "한 세계의 현존", 다시 말해 창조 자체의 현존을 감싸고 있다. 자연 내부의 개별적인 목적들과 자연 전체에서의 궁극목적은 구별할 필요가 있다. 개별적인 목적들에 대한 사상에서 세
283 계창시자에 대한 사상으로 넘어가면, "물리신학"의 영역에 들어서는 것이다. 그에 반해 "윤리신학"[339]의 현안은, 세계 전체의 창조 개념과 한편으로 자유의 이념에 의거하는 그 궁극목적 개념의 징표에서 자연의 기본구조와 창조자의 속성을 해설하는 일이다. 이 영역에서 자연은 "그 안의 어떤 존재자들"의 도덕적 목적 규정의 징표에서 고찰된다. 그렇게 해서 주의의 시선이 자연의 목적들과 그 형식들의 배후에 숨겨져 있는 파악할 수 없을 만큼 위대한 기예로 돌려져, "순

338) KU: 전집, V, 434.
339) KU: 전집, V, 442 이하.

수 실천이성이 제시하는 이념들을 자연목적들에 비추어 부수적으로 확증을 한다."[340] 이성은, 창조의 궁극목적이 자유의 도덕법칙들 아래에 있는 인간이라는 점에서, 창조를 한낱 보편적 자연법칙성의 관점에서뿐만 아니라, 도덕법칙성의 관점에서도 판정하는 것이 이러한 실천적 이념들에 의해 규정된 반성적 판단력의 원칙임을 선험적으로 인정한다. 자유는 인간의 실존에서 자연의 외부에 있는 원리로서 유효하다.[341] 이 생각이 신의 실존에 대한 도덕론적 증명과 합류한다. 즉 도덕적 궁극목적과 자연이라는 그토록이나 이질적인 법칙수립과 원리들을 서로 결합하고, 도덕적 목적들의 실현의 자연적 가능성 사상을 정초하기 위해 필수적인 주무기관으로 신이 등장한다.

자연 내부의 목적이라는 사상과 자연 일반을 감싸는 궁극목적이 284
라는 사상은 상호 간의 변증법적 긴장 속에서 등장한다. 그 긴장은 생산하는 자연의 자유와 이성적 존재자인 인간의 자유 사이의 긴장으로도 해석될 수 있다. 이 긴장 속에 칸트는 방법적으로 그리고 내용적으로 그의 역사철학적 성찰들을 세운다. 그의 최초의 역사철학 논문에서 칸트는 역사의 진행 과정을 먼저 "자연적 관계들의 실마리"를 따라 기술한다. 여기서는 "의도들"이 실현되는 터전으로서의 자연이 화제이다.[342] 여기서 이성은 반성적 판단력의 형태로, 계

340) KU: 전집, V, 445.

341) 이로 인해 목적론적인 자연의 자유에 인간의 역사가 진행되는 데 결정적인 것으로 보이는 몇 가지 제한들이 놓인다. 인간의 "이성적" 자유에서는 자연의 자유에 맞서 자기의 절대적 성격으로 말미암아 그것을 능가하는 주무기관이 등장한다. 이로 인해 칸트의 역사철학적 단초의 자연주의는 제한된다.

342) Kaulbach, "Der Zusammenhang zwischen Naturphilosophie und Geschichtsphilosophie bei Kant", 수록: *Kant-Studien*, 56(1966), 430 이하 참조.

획적이고 의도적이며 연관 짓는 것이라고 판정될 수 있는 자연의 진행 과정에 인간의 행동거지를 집어넣는 처지에 있는 것으로 자신을 드러낸다. 이러한 시각에서 보자면 자연은 자유의지적인 질서와 목적 통일성의 영역인 이성적 주체와 마주친다. 우리는 인간과 인간의 유희[활동]에서 전반적으로 아무런 이성적인 **자신의 의도**를 전제할 수 없으므로, 이성은 자기가 "이 자가당착적인 인간사의 진행과정에서 어떤 **자연의도**를 발견할 수"[343] 없을까 하고 시도해보지 않을 수 없는 것이다. 이렇게 해서 역사철학적 사고는 기계적인, 사슬에 묶여 있는 자연으로부터 자유의지적인 목적질서의 자연으로 이행하도록 유도된다. 칸트가 역사 안에서 그 피조물들이 완성되어가고 목적에 맞게 배치되어 가야 하는 소질들을 갖추고 있는 그런 종류의 "자연"을 볼 때, 그는 자유로운 자연의 언어로 말하고 있다. 이러한 언
285 어 사용에서 인간은 이성을 가진 동물이라고 지칭된다. 한 피조물의 모든 자연소질은 **"언젠가는 완벽하게 그리고 합목적적으로 펼쳐지게끔"**[344] 정해져 있는 것이다. 자연소질로서의 이성 또한 인간의 유[類]에 의해 완벽하게 완성되며, 전통과 소통을 포괄하는 발전사에서 세대와 세대를 넘어 "개발/배양"된다는 것이다. 이성은 자립화이며, 그래서 자신에게 여타 자연의 형상들과는 구별되는 발전을 부여하거니와, 그것은 시도들과 연습 그리고 교도[敎導]를 통해, 즉 언어와 소통을 통해 "한 단계의 통찰로부터 다음 단계의 통찰로 점차적

---

343) 「보편사의 이념(Idee zu einer allgemeinen Geschichte in weltbürgerlicher Absicht)」[IaG]: 전집, VIII, 15~31. 인용문은 18면.
344) IaG: 전집, VIII, 18.

으로 전진해"갈 수 있다. 자연 자체의 의도에는, 인간은 자연에서 마
지막으로 해방되어, 자기의 "동물적 현존"의 기계적 안배를 넘어서
는 모든 것을 극복하게 되어 있다. 그것은 인간 "그 자신이 본능에서
벗어나 자신의 이성을 통해 마련해 가진 것 이외의 행복이나 완전성
을 분유[分有]하지 않"도록 하기 위한 것이다.[345] 힘들의 적대 관계
를 통해 자연은 인간을 일종의 사회적인 통합으로 이끌고, 이 사회
에서 진보하도록 만든다. 그러나 인간은 자연이 인간에게 제공하는
단계를 거쳐 하나의 다른, 이성적인 위치로 올라가고, "**정념적**으로-
압박되어 하나의 사회로 합치된 것을 마침내 하나의 **도덕적**인 전체"
로 변환시킬 수 있다. 자연을 극복해가는 인간의 역사를 발동시키는
것이 자연의 의도이다. 그리고 그 끝에 위치하는 것이 "보편적으로
법을 시행하는 시민사회"[346]이다. 완전히 정의롭게 진행되는 역사적
현실을 만들어내는 것이 자연에 의해 우리에게 "부과된" 일이자, 그
러나 동시에 윤리법칙에 의해 "요구되는" 일이다. 후자의 경우에 우
리 인간의 자유가 소환된다. 자연은 실천이성과 조화하는 동시에 경 286
합하면서 등장한 것으로, 거기서 실천이성은 전혀 다른, 곧 도덕적
인 동기에서 우리에게 동일한 목표를 "부과한다." 칸트는 논고「보편
사의 이념」의 끝 무렵에 "자연의 **정당화**, 아니 더 적절하게 말해, **섭
리**의 정당화"에 대해 이야기한다. 그것은 자연과 이성의 조화가 비
록 증명되지는 않았지만, 반성적 판단력의 일종의 요청으로서 제시
됨으로써 일어나는 것이다.

345) IaG: 전집, VIII, 19.
346) IaG: 전집, VIII, 22.

7. 영원한 평화

칸트 역사철학의 큰 주제들은 실천이성에 맞는 목표들을 향한 역사 진행의 진보에 대한 사상에 의해서, 그리고 역사적 진보의 예견 가능성의 문제에 의해 정해진다. 인간 문화의 그런 한 주제는 영원한 평화이다. "영원한"이라는 형용사는 여기서 기초에 놓여 있는 것이 실천적, 선험적 이념임을 지시한다. 칸트가 그의 저술『영원한 평화』(1795)에서 강조하고 있듯이, 이 이념은 "공허한" 것이 아니라, 역사 가운데서 실현 가능한 도덕적 과제이다.

일단 성취되면 신뢰성 있게 존속할 영원한 평화의 상태를 역사가 맞을 수 있는 하나의 보증이 있다. 이 보증은 "그것의 기계적 운행에 … 합목적성이 명백히 나타나 있는 … 위대한 기예가[예술가]인 **자연**"을 통해 주어진다." 여기서 다시 반성적 판단력의 입각점에서 "기예가[예술가]"로 지칭된 자연에 대한 역사철학적 개념을 만난다. 이 역할 중에서 자연은 그 자신의 목적들을 추구하고, 우리의 역사 가운데서도 위력 넘치는 주무관청으로서 자신을 드러낸다. 이것을 우
287 리는 "숙명"이라고 지칭하거나, 또는 세계 진행이 지혜롭게 인도되고 있다는 생각을 표현하고 싶으면 "섭리"라고도 지칭한다. 그러나 그것의 가장 소박한 이름은 "자연"[347]이다. 우리가 자연을 인간의 기예가적인 태도방식에 유비해서 판정한다면, 자연은 실천이성이 우리에게 직접적으로 지시규정하는 목적들과 조화하고 있다고 보는 것이 가능하다. 이 조화란 물론 **이론적** 관점에서는 초절적인[과도한]

---

347)『영원한 평화(*Zum ewigen Frieden*)』[ZeF]: 전집, VIII, 361.

것이지만, 실천적인 관점에서는, 예컨대 **영원한 평화**라는 의무 개념과 관련해서는, "교조적[신념적]이며 그 실재성의 면에서 충분한 근거가 있는" "이념"이다.[348] 기계적 법칙들을 이용하는, 목적 활동적이라고 판정되는 자연이 전제되면, 자연 행정[行程]은 어느 곳 어느 순간에도 우연이나 "기적"과 같은 것이 자리를 차지할 수 있는 그런 허약한 점을 보이지 않는다.[349]

영원한 평화는 역사형성적인 자연의 의도들에도 있다. 칸트는 자
연이 이 목표에 도달하기 위해 배려한 기술적 조치들 세 가지를 열거
한다. 즉 1. 자연은 인간이 지상의 어느 지역에서도 살 수 있도록 만
들어놓았다. 2. 자연은 여러 족속들을 전쟁을 통해 모든 지역에 흩어
지게 만들고, 아주 황량한 변두리 지역에까지도 터 잡고 살게 하였
다. 3. 또한 자연은 똑같은 수단을 통해 여러 족속들로 하여금 많든
적든 간에 상호 법적 관계에 들어서도록 강요하였다. 즉 전쟁은 예컨
대 족속들로 하여금 국가를 세우고, 법으로써 토지재산을 확보하도
록 하여, 그로써 토지 경작의 전제로 삼게 하였다. 그리고 거기서 얻
은 산물들이 족속들 간의 통상 관계를 맺는 계기를 제공했고, 이를 288
통해 그들 간에 평화적인 관계 수립이 용이하게 되었다는 것이다.

그러나 만약 역사에서 자유로운 자연이 그 자신의 의도들에 따라 우리를 기계적으로 대하지 않고, 그럼으로써 자유롭지 못한 객체들

---

348) ZeF: 전집, VIII, 362.

349) ZeF: 전집, VIII, 362: "**자연**이라는 말을 사용하는 것이, 여기서처럼 (종교가 아니라) 한낱 이론이 문제가 될 때에는, 우리에게 인식될 수 없는 **섭리**라는 표현보다는 … (결과들과 그것의 원인들의 관계에 관해 가능한 경험의 한계 안에서 절도를 지켜야만 하는) 인간 이성의 경계[제한]를 위하여 더 적절하고 **겸허**하기도 하다."

로 만들지 않는다고 한다면, 우리 편에서 보아, 우리는 자연이 우리 머리를 넘어 실현하고자 하는 목적들을 우리의 실천이성에 근거해서 자유롭게 받아들이고 스스로 선택하는 것이 필요하다. 그때 우리는 우리의 실천이성의 목적들에 맞춰진 자연의 기제/기계성을 이용한다. 우리는 우리 자신이 현상세계에 속해 있다는 관점에서 볼 때는 자연필연성에 종속되어 있음에도 불구하고, 자연의 기계성 맞은편에서 자유롭게 행위하는 자로서 처신한다. 인간의 사회적 공동생활의 관점에서 보면 자연법칙성은 한 사람이 그의 이기적인 경향성으로 인해 타인을 파괴하고자 하는 양상으로 나타난다. 그러나 바로 이 개개인의 이기심이 그로 하여금 그 자신과 타인들을 보편적인 강제법칙들 아래에 세우도록 하는 것이다. 국가를 형성하는 이성은 이러한 기제를 이용하지 않을 수 없는데, 그것은 “한편이 파괴적으로 작용하는 다른 편의 힘을 억지하거나 이를 지양”[350)]하도록 개개인의 힘들이 서로 대항하게 하기 위해, 법적 기관들을 만들 수밖에 없는 것이다. 이렇게 해서 이러한 기본[헌정]체제에 강제적으로 들어선 인간은 비록 도덕적으로 좋게[선하게] 되지는 않을지라도, 적어도 “좋은[선한] 시민”이 된다. 여기서 문제가 되는 것은 합법적인 처신이지 도덕적인 처신이 아니니, 인간의 합법적인 외면적 처신에 이르기 위해서는, 자연의 기제를 활용하는 것만이 필요하다. “인간들의 비평화적인 마음씨들의 상충을 한 국민 안에서 조정하여, 그들 자신
289 이 강제법칙들 아래에 복속하도록 서로 강요하고, 그렇게 해서 법칙

350) ZeF: 전집, VIII, 366.

들이 효력을 갖는 평화상태를 초래하지 않을 수 없도록 하"[351)]기 위해서 그러한 것이다. **공화**[적 헌정]체제는 국가법들이 개개인의 자유에 합당하게끔 되는 유일한 체제이다. 그래서 "영원한 평화를 위한 제1 확정 조항"은 각 국가에서 시민적 [헌정]체제는 공화적이어야 한다[352)]는 것이다. 한 국가와 다른 국가 사이의 관계와 관련해서 영원한 평화를 위한 제2의 확정 조항은 "국제법은 자유로운 국가들의 **연방제**[연방주의]에 기초해 있어야만 한다."고 규정하고 있다. "세계시민법"과 관련해서 제3의 확정 조항은, 세계시민법이 보편적인 "우호"의 조건에 국한되어야 함을, 다시 말해 "지구 표면의 공동 점유"의 권리에 기초해서 모든 사람에게 타국의 영토를 방문하여 머물고, "교제를 청할" 수 있는 권리를 주어야 함을 규정하고 있다.[353)]

이 확정 조항들에 앞서 영원한 평화를 위한 "예비조항들"이 제시되어 있다: 1. 장래의 전쟁 소재를 의도적으로 위장해서 함유하고 있는 어떠한 조약도 평화조약으로 간주되어서는 안 된다. 2. 어떠한 독립국가도 어떤 다른 국가에 의해 상속, 교환, 매매 또는 증여를 통해 취득될 수 있어서는 안 된다. 3. 상비군은 점차 완전히 폐지되어야 한다. 4. 군비를 목적으로 하는 어떠한 국가부채도 져서는 안 된다. 5. 어떠한 국가도 다른 국가의 [헌정]체제와 통치[정부]에 폭력으로 간섭해서는 안 된다. 마지막으로 6. 전쟁 중에 있는 나라들은 장래의 평화를 위한 전제인 상호 신뢰를 잃지 않도록 행위해야 한다.(암살 290

351) ZeF: 전집, VIII, 366.
352) ZeF: 전집, VIII, 349.
353) ZeF: 전집, VIII, 358.

자, 독살자 따위를 침투시키는 일이 있어서는 안 된다.)

과연 인류 전체가 “개선을 향한 지속적인 전진” 중에 들어서 있는지 어떤지의 물음에 대해서는 “예언가”가 예측한 사건들을 스스로 불러일으킬 때에만 선험적인 답변을 줄 수 있다. 그러나 우리 인간에게는 인간의 모든 지혜를 뛰어넘는 “예견[섭리]의 입장”에 우리 자신을 놓는다는 것이 가능하지가 않다. 만약 누군가 인류가 개선된 도덕적인 기본체제를 향해 지속적으로 진보한다고 단지 예언이 아니라 학문적으로 정초된 언표를 하고자 한다면, 그는 어떻게든 “경험”에 기반해야만 한다. “놀이에서의 확률 계산”처럼 우리는 진행 과정을 대체적으로 예언할 수는 있을 것이다. 그러나 “과연 그것이 내 생애 중에 일어날 것인지, 저 예언을 확인해줄 경험을 내가 할 수 있을 것인지”[354)]에 대해서는 예언할 수 없다. 칸트는 그가 “예언적인 역사 징표”로 해석하는 하나의 경험적인 역사적 사건을 제시한다. 여기서 문제 삼는 것은 외적으로 가시적으로 일어난 일이 아니라, 내적으로 확인할 수 있는 인간의 “사유방식”이다. 그것은 프랑스 혁명을 계기로 해서 보편적으로 공공연하게 알려진 하나의 징후를 말한다. “우리가 우리 시대에 우리 앞에서 진행되고 있는 것을 보고 있는, 정신력 넘치는 민족[국민]”의 혁명에 “참여”하는 이 경험적 사실은 인류가 진보한다는 결론을 다음과 같은 점에서 정당화해줄 수 있겠다: 1. 그 자신에게 좋다고 생각되는 바대로 시민적 헌정체제를 수
291 립하는 한 민족[국민]은 다른 열강들에 의해 방해받아서는 안 된다[355)]

354) 『학부들의 다툼(*Streit der Fakultäten*)』[SF]: 전집, VII, 84.
355) SF: 전집, VII, 85.

는 법[권리]의식은 타당하다. 2. 그것의 본성상 침략전쟁이 원칙적으로 봉쇄된 민족[국민]의 헌정체제[헌법]만이 그 자체로 정당하고 도덕적으로 선하다는 의식이 강력해질 것이다. 적어도 이념의 면에서, 공화적 헌정체제 외에 어떠한 체제도 이러한 사정에 있지 않다.

칸트는 인류의 기본체제의 개선에 대한 그의 예언이 기반하고 있는 진정으로 역사적인 하나의 원리를 주장한다. 여기서 결정적인 것은, 역사에서 일어난 어떠한 발걸음도 되돌릴 수 없다는 사상이다. "무릇 그러한 현상은 인간의 역사에서 더 이상 잊혀지지 않을 것이니 말이다. 왜냐하면 그것은 인간의 본성 중에 있는 개선을 향한 소질과 능력을 발견해낸 것이었고, 그와 같은 것을 어떤 정치가도 사물의 이제까지의 행정[行程]에서 생각해내지 못한 것이었기 때문이다."[356)]

8. 학문과 사회 (내지 "국민")

이 역사철학적 지평에서 마주치는 것은 또한 학문 문화의 진보에 대한 물음이다. 순수 이론이성과 실천이성에 의한 비판의 원리가 가져오는 성과는, 모든 이성적 존재자는 그의 이성의 법칙수립자적 역할에 근거해서 이론적 또는 실천적 이념들의 타당성 주장에 관한 재판관이 될 수 있다는 것이다. 그러나 그에 의한 공개는, 판정의 올바른 척도를 효력 있게 하기 위해서 성숙한 이성 문화가 필요하다는

---

356) SF: 전집, VII, 88.

292 제약이 있다. 저술『학부들의 다툼』에서 모든 국가이성에 독립해 있는 이성의 관심사들을 대변하고, 다른 학부들의 영역에 등장하는 학문들에 대해 비판의 언어를 구사하는 것은 "하부" 학부인 철학부의 재량에 맡긴다.

대학에서 학문은 국가적으로 제도화한다. (신학부, 법학부, 의학부를 "상부" 학부로, 철학부를 "하부" 학부로 나눈) 학부들의 구분을 보면 그것이 연구 분담이라는 합리적인 동기 외에도 국가적인 이해관심에 영향받고 있음을 알 수 있다. 상부 학부에 속하는 것들은 정부가 관심을 갖는 것들이고, 반면에 "하부" 학부는 학문 자신의 관심을 대변한다. 정부는 주로 "그것을 통해 국민들에게 강력하고 지속적인 영향을 행사하게 되는" 것에 관심을 기울이며, "그와 같은 것이 바로 상부 학부의 대상들이다."[357] 그래서 정부는 상부 학부의 교육 내용에 대한 인가권을 보유하며, 곧 표준화된 성서 해석, 국법과 의료규정을 통해 그를 행사한다. 그 반면에 "하부" 학부는 자유로운 판정을 위한 이성의 초빙을 대표한다고 칸트는 본다. 하부 학부는 "이성이 공공연하게 말할 권리를 가지고 있는 곳에서" 학문적 관심사, 즉 진리의 관심사를 다루어야 한다는 것이다. "왜냐하면 그러한 이성 없이는 진리가 빛을 보지 못하고, ―그것은 정부 자신의 손실이 될 것이다― 또한 이성은 본성상 자유로운 것이어서 어떤 것을 진리로 간주하라는 명령을 받아들이지 않기 때문이다. (이성은 '믿어라'가 아니라, '나는 자유롭게 믿는다'만을 받아들인다.)"[358]

357) SF: 전집, VII, 19.
358) SF: 전집, VII, 20.

칸트의 성찰 중에는 두 종류의 학부와 정부 외에 제4의 협연자가
등장한다. 즉 "국민"(내지는 사회)이다. 국민은 이중 역할을 한다. 첫
째로 그것은 학부의 지식인들에 대해 비지식인의 역할을 한다. 비지 293
식인들로서의 국민은 세 상부 학부에 속해 있는 지식인들을 기꺼이 놀라운 인사들(예언자, 마법사)로 바라볼 용의가 있다. 철학은 이러한 숭배에 대항해서, "대중이 저들 및 저들과 결합되어 있는 계율들에 미신적으로 부여하는 마력적인 힘을 반박하기 위해"[359] 작업한다. 철학과 여타 학부들 사이의 다툼은 학문을 대변하는 자들에 국한해야 한다. 만약에 그 다툼이 "학식의 사안들에 아무런 판단도 내릴 수 없는", 그래서 재판관의 자격이 전혀 없는 국민들 앞에서 벌어진다면, 그것은 학술의 다툼이지 않을 것이며, 그 결과는 무법성과 무정부 사태일 것이다.

그리고 국민의 또 다른 역할도 생각해볼 수 있다. 국가와 그를 대신하는 학부는 "국민계몽" 즉 "국민에게 그들이 소속된 국가에 대해 갖는 의무와 권리들을 공적으로 가르칠"[360] 의무를 갖는다. 칸트는, 이성의 진보와 교화는 아래로부터 위로가 아니라, 위로부터 아래로, 그리고 가정교육에서의 젊은이의 교양에 대한 신뢰를 통해서가 아니라, 국가 기관들을 통해서 이루어질 수밖에 없다고 본다.[361] 모든 사람은 각자 자기의 이성 안에 자기의 의무와 권리에 관해 가르쳐주는 재판관을 갖고 있거니와, 국민들 중에 이것들을 "알려주고 해석

359) SF: 전집, VII, 31.
360) SF: 전집, VII, 89.
361) SF: 전집, VII, 92.

하는 자"는 국가에 의해 세워진 관료적인 법률가가 아니라, "자유로운" 법학자, 다시 말해 철학자들이다. 그들은 국민의 이름으로 국가에 대응하고, 그를 공개할 방도를 요구할 수밖에 없다. 그러니 그것을 금지하는 것은 한 국민의 좀 더 개선된 내적 외적 기본체제의 진보를 방해하는 것이나 다름없다 할 것이다.

294 9. 실용적 이성과 인간학

칸트는 교사이자 저술가로서, 체계적인 문제의 전통에 대한 사고나 언어에 속하지는 않지만, 이 지상에서 다른 사람들과 함께 살아가고 있는 우리와 밀접하게 관련되어 있는 문제들에도 관심을 기울였다. 이런 분야에 속하는 것이 『자연 지리학』[362)]과 『실용적 관점에서의 인간학』에 대한 성찰들이다. 또한 같은 연관 속에서 그의 『교육학』에 대한 주제들도 그 자리를 차지한다 하겠다.[363)]

사람들이 칸트가 직접적인 실생활과 그 문제 해결에 대해 사색하면서 묻고 대답한, 일종의 비공식적인 철학에 대해서도 이야기하는 것은 당연한 일이다. 이런 의미에서 칸트는 계몽적인 교화 내지는 교육 기획을 수행하며, 거기에서 그는 자신의 학생들과 독자들에게

---

362) 칸트의 『자연 지리학(*Physische Geographie*)』[PG]은 1802년 Rink에 의해 "저자의 요청에 따라 그의 육필 원고를 토대로 해서 부분적으로 가필하여" 편찬되었다.(수록: 전집, IX, 151~436) Rink는 1803년에 출간된 칸트의 『교육학(*Pädagogik*)』[Päd] 편찬도 맡아 했다.(수록: 전집, IX, 437~499)

363) W. Ritzel, "Kant und die Pädagogik", 수록: *Pädagogische Rundschau*, 18. Jg.(1964), H. 3 참조.

그 안에서 우리가 인간으로서 실현하고, 살아가며, 주장해야 할 세계에 관한 경험들을 열어준다. 여기서의 과제는 우리가 실용적인 면에서 알 수 있고 할 수 있는 것들을 지각하기 위해, 무엇보다도 세계와 인간에 대한 지식을 얻는 일이다. 그때 획득해야 할 "세계 지식"은 자연과 인간에 대한 경험들로써 이루어질 것으로서, 행위하는 내지는 실용적인 이성의 영역에 속하는 것이다.[364] 칸트의 체계적인 철학에 속하는 순수한 이성인식들이 이론이성이나 실천이성에 고향을 둔 것이라면, 실용적 이성은 더 많이 "경험"과 관련되어 있다. 이
경험을 "우리는 감각기관들을 통해 얻는다."[365] "그러나 무릇 우리의 295
감각기관은 이 세계를 넘어서지는 못하기 때문에, 우리의 경험인식들도 한낱 현재의 세계에 긍[亘]할 뿐이다." 이 세계는 외적 감각기관의 대상인 자연과 내적 감각기관의 대상인 "인간"의 "영혼"의 영역으로 나뉜다. 이 양자가 합쳐져서 "세계 지식"을 낳는다. 인간에 대한 지식은 인간학에서, 자연에 대한 지식은 자연 지리학 또는 "지리학"에서 이루어진다.

실용적 이성의 의미에서의 "세계 지식"과 그에 속하는 "경험"은 이론이성의 학문적-방법적 수행절차를 통해 얻는 것이 아니다. 오히려 그것에는 이미 "취득한 인식들을 응용하고, 그것을 그의 지성과 사람이 처해 있는 관계들에 알맞고 유용하게 사용하거나, 우리의 인식들에 **실천성**을 부여하는"[366] 기술이 속한다. 실용적 이성에게도

364) PG: 전집, IX, 157.
365) PG: 전집, IX, 156.
366) PG: 전집, IX, 157 이하.

체계와 더불어 하나의 전체가 문제가 된다. 무릇 여기서 전체란 세
계, 즉 "그 위에서 우리가 모든 경험을 해보게 되는 무대"이다. 우리
가 예컨대 인간의 본성에 관해서, 그것의 태도 방식, 약점과 강점,
적극적인 가능성과 소극적인 가능성 등을 알아내기 위해 하는 모든
개별적인 경험들은 그 안에 우리의 경험들을 모으는 집의 평면도를
의미하는, 미리 파악된 "세계 지식의 이념"의 징표 아래에 있다. 이
이념이 우리에게 실용적 관점에서 하나의 "건축술적 개념"을 준다.
296 세계 지식에 속하는 이런 종류의 경험의 원천은 사람들과의 교제나
여행에서 열린다.[367]

특히 칸트 자신이 편찬해낸『실용적 관점에서의 인간학』(1798)[368]에서는 목적론적 자연철학, 도덕철학, 역사철학, "문화" 철학의 사유의 발걸음이 교차하고 있다. 칸트는 세계 지식과 세계 정위[定位]를 위한 그의 노력에서 "세계를 위한 철학자"[369]와 같은 호칭으로 특징지어지는 계몽주의 운동에 한몫을 담당한다. 여기서는 동시에 괴테의『빌헬름 마이스터』에서 주제가 되었던 방랑의 동기가 감지되기도 한다. 우리가 사람들과의 교제에서 그리고 여행 중에 얻고, 또 동시에 사람들을 대하는 일에서나 우리 인생의 목표들을 달성하는 데에 도움이 되는 어떤 수단을 가져다주는, 그런 경험들을 가짐은 우리의 실용적 의식의 성숙 상태를 말하며, 이를 칸트는 "노련함[풍부한 경험

---

367) H. Heimsoeth, *Astronomisches und Theologisches in Kants Weltverständnis, Akademie-Abhandlung der Mainzer Akademie*(Wiesbaden 1963).

368) *Anthropologie in pragmatischer Hinsicht*[Anth]: 전집, VII, 117~333.

369) 이것은 계몽주의적 통속 철학자의 한 사람인 J. J. Engel의 저술의 제목이기도 하다. *Der Philosoph für die Welt*(Frankfurt und Leipzig 1803).

성]"이라고 지칭한다.[370] 만약 사람들이 인간과 세계에 관해서 단지 "개념을 농[弄]하지" 않고, "능숙한 이성"의 의미에서 이성적으로 생각하고 말하고자 한다면, 노련함의 경지에 이르는 길을 걸어야만 한다. 실용적 이성은 인생을 성찰적으로 판정하고 자신이 성공적임을 보여주기 위해서 이러한 노련함에 관심을 갖는다.

비록 인간이 지상 피조물의 일부를 이룰 뿐이라 하더라도, 만약
사람들이 인간을 "종적 성질상으로 이성을 갖춘 지상 존재자"로 인 297
식할 수 있다면, 그것이야말로 세계 지식이라고 불릴 만한 것이다. 인간이 **자연본성상** 무엇을 하는지를 인식하는 자연학적 인간인식과는 반대로 실용적 인간 지식의 관심사는, 인간 자신이 "자유롭게 행위하는 존재자로서 스스로 무엇을 하고, 또는 할 수 있으며 해야만 하는지"이다. 이러한 인간학은 우리로 하여금, 우리 인간의 자연본성에 대한 지식을 통해, 사람들과의 교제에서 고려해야만 하고, 또 인간 관계들의 현실을 개선하고자 할 때에 계산에 넣어야 할, 긍정적인 가능성들과 동시에 장애들을 인식할 위치에 서도록 하고자 한다.[371]

---

370) "1765/1766 겨울학기 강의 개설 공고": II, 303~313; Kaulbach, "Weltorientierung, Weltkenntnis und pragmatische Vernunft bei Kant", in: *Kritik und Metaphysik*, Heimsoeth zum 80. Geburtstag(Berlin 1966), S. 60 이하 참조.

371) Anth: 전집, VII, 120. "나라의 중심으로서 그곳에 그 나라 정부의 지방기관들이 있고, (학문들의 개화를 위한) 대학을 가지고 있으며, 게다가 해상무역을 위한 위치를 점하고 있어서, 강을 통해 내륙과도 그리고 인접해 있는 상이한 언어와 풍습을 가진 여러 지역들과도 교역하기에 유리한 하나의 큰 도시, ―가령 프레겔 강가의 **쾨니히스베르크**와 같은 도시는 이미 인간지뿐만 아니라 세계지를 확장하는 데 적합한 곳으로 간주될 수 있다. 이러한 곳에서는 여행을 하지 않고서도 그러한 지식을 얻을 수 있는 것이다."

제1편 "인간학적 교수론"[제1권]에서는 인간의 인식능력이 감각적 표상작용 및 직관작용, 상상력과 기억, 언어능력 및 기호화능력, 지성을 사용할 수 있는 역량 등등의 면에서 논구된다. 이러한 능력들은 자연이 우리에게 부여했고, 그로써 세계에 대한 우리의 지위를 결정해준 가능성들임이 경험적으로 서술된다. 이 편의 제2권은 쾌와 불쾌의 감정을 다루는데, 거기서 쾌적한 것에 대한 감정과 미에 대한 감정(취미)이 구별된다. 제3권에서 논구된 욕구능력에는 정동[情動], 열정 그리고 동시에 또한 인간의 도덕적 가능성들이 속한다. 제
298 2편 "인간학적 성격론"에서 칸트는 인[人], 성[性], 민족, 인종, 인류의 성격을 묘사한다. 실용적 이성의 입각점에서 볼 때 "타인들에 대해 일반적으로 영향을 미치는 능력으로의 경향성에 대한" 절과 같은 것이 중요한 의미를 갖는다.

인간의 자연본성을 소묘함에 있어서 칸트가, 인간이 자기 자신에 대한 지식을 통해 자기의 가능성들의 개발[교화]의 길을 찾는 것에 주목했다는 사실이 특히 "인류의 성격"에 관한 마지막 절에 표현되어 있다. 여기서 그는 "문화에 의한 문명화의, 특히 교제속성들의, 실용적 소질"에 대해 말하기에 이른다.[372)]인간은 "교도[教導]와 훈도(훈육)에서 교육될 수 있으며 교육이 필요하다." 칸트는 그의 역사철학적 주장과 일관되게, 동물들은 각 개체마다 그의 전체 규정에 이르지만, 인간에서는 오직 유[類]만이 이 목표에 이른다고 설명한다. 인류는 "헤아릴 수 없이 많은 세대들의 계열을 거쳐 진보함"으로써만 자기의 규정[사명]으로 향상할 수가 있다는 것이다. 이 전진은 저

---

372) Anth: 전집, VII, 323.

지될 수는 있으되, 결코 완전히 역행될 수는 없다는 것이다. 인간은 자기의 이성에 의해, 하나의 사회 안에서 다른 사람들과 함께하고, 그 사회 안에서 기예와 학문들을 통해 자신을 "교화하고, 문명화하고, 도덕화"하도록 정해져 있다는 것이다.

실용적 이성의 분야에서 인간은 인간학적 성찰들의 실마리에 따라, 자기를 실현하고 완성해가며 주장해야 하는 존재자로 파악된다.
여기에서 인간 안에는, 역사적인 진보와 그의 소질들의 개발이라는 299
목적들을 추구하는 자연본성이 있다는 것이 주장된다. 이 자연 개념은 이성 이념과 현상의 통일을 표현하고 있다. 이제 다시 발걸음을 이론이성으로, 즉 이 통일이 형이상학의 분야에서 순수 이론적인 언어로 일어나는 곳으로 되돌리지 않을 수 없다. 여기서 접어든 방향이 〔유작〕의 마지막 단초들에 이르기까지 추구된 것이라 하겠다.

Ⅳ

새로운 형이상학의 기획과 방법, 그리고 〚유작〛에서의 발전적 전개

1. 네 가지 형이상학적 단초

칸트는 형이상학이 순수한, 경험에 의해 흐려지지 않은, 이성에 의한 학문이라는 전통적인 개념을 받아들이고 있다. “비판 작업”을 마친 후에 그는 다시 형이상학적 과제들에 주의를 기울인다. 그렇게 해서 비판적 토대 위에서 하나의 새로운 형이상학이 성사된다.

사람들은 칸트에서의 형이상학의 단초들을 다음의 네 가지 개념틀로 공식화해볼 수 있을 것이다. 1. 칸트는 전통적 용어법으로는 “일반” 형이상학(존재론)이라고 부를 수 있는 것을 세우는데, 『순수이성비판』의 종합적 원칙들을 이 일반 형이상학의 원리들이라 볼 수 있고, 그것들이 하나의 보편적이고 순수한 자연과학에 존재 기초를 제공한다. 이 “존재론적” 원칙들의 특성은, 그것들이 경험대상들의 존재 구조뿐만 아니라 경험 자체의 가능성도 정초한다는 점에 있다. 2. 전통적인 용어법으로 “특수” 형이상학(즉 이성적 영혼론, 우주론, 신

300 학)이라고 할 수 있는 것이 소극적 의미에서의 예지체(이념)의 이론으로 등장한다. 여기서는 예컨대 자유의 이념이 이론이성의 법정에서 불가능한 것으로 판정받을 수밖에 없음이 증명된다.(이성 비판의 초월적 변증학) 3. 적극적 의미에서의 하나의 특수 형이상학이 실천이성의 기반 위에서 성취된다. 여기서는 예컨대 이론이성에 의해 단지 소극적으로 문제성 있는 것으로만 규정될 수 있었던 자유의 이념이 적극적인 실재성에서 파악된다. 4. 칸트는 "특수" 형이상학이라는 말에 새로운 의미를 부여하는데, 이것이 동시에 네 번째 단초로 넘어간다. 칸트는 여기서 자연 형이상학과 윤리 형이상학을 구별한다. 전자의 경우에 중심 문제는, 가능한 경험의 대상 일반을 정초하는 보편적 초월적 법칙들로부터 자연의 특수한 대상 형식들로의 이행이 그 안에서 일어나는 하나의 선험적 이론이다. 형이상학적 법이론과 형이상학적 덕이론으로 분화하는 윤리 형이상학에서 핵심 문제는, 선험성의 훼손 없이도 특수한 명제들로 내용을 풍부하게 채운 선험적 형이상학의 이론이다. 이 이론이 실천이성의 보편적 원리들로부터 특수한, 경험을 통해 통찰된 인간의 자연본성으로의 이행(즉 적용)을 가능하게 한다. 이제까지는 앞의 세 가지 단초들에 대해 언급했으므로, 이제는 네 번째 단초로 걸음을 옮겨야 하겠으며, 순서상 먼저 오는 것이 자연 형이상학이다.

2. 자연 형이상학

칸트는 특수 자연 형이상학의 수행 절차와 기획을 대충 다음과 같

이 성격 짓는다: 제1의 최상의 명제들로 표준이 되는 것은 초월적
원칙들이며, 이것들이 법칙들 아래에 있는 현상들의 연관으로 파악 301
되는 자연의 대상을 규정한다. 이 원칙들의 영역의 맞은편 다른 쪽
경험적 극점에 물리학의 경험과학적 명제들의 합이 있다. 이 두 극
점 사이에서 특수 자연 형이상학은 양자를 매개하는 것으로 전개되
어야 하는 것이다. 이를 위해서는 물리학의 개념 영역으로부터 모종
의 초월[론]적 이념화를 통해 이끌어냈던 개념들을 초월적 원칙들의
언어로 채택하는 것이 필요하다. 이에 속하는 것이 예컨대 물체 내
지 물질 개념 일반이다. 이러한 개념에는 그때그때의 인식목적에 따
라 선택된 속성들이 부여되고, 이에 기초해서 그 개념에 대한 더 상
세한 선험적 언표들이 이루어질 수 있다. 그렇게 해서 예컨대 형이
상학적 "운동학"은 물질을 "공간상에서 운동하는 것"으로 그 단초에
놓는다. 이로부터 물질에 관해서는 운동 개념에서 생기는 언표들만
이 결과한다. 여기에는 그에 상응하는 공간의 유형 또한 속하는데,
이 공간은 직관의 순수 형식이 아니라, 오히려 그 안에서 운동들이
일어나는 용기[容器]로 생각된다. 이 공간이 절대적으로 포용적이고,
따라서 그 자신은 정지해 있는 것으로 놓이면, "절대적" 공간이라 일
컬어지고, 반면에 움직이는 것으로 생각된 공간은 "상대적" 공간이
라고 지칭된다. 그것은 뉴턴적 용어법의 의미에서 그렇다.[373] 둘 이
상의 주어진 운동에서 단 하나의 운동이 "생기는" 것으로 선험적 직

373) 『자연과학의 형이상학적 기초원리(*Metaphysische Anfangsgründe der Naturwissenschaft*)』[MAN](1786), 수록: 전집, IV, 465~565: 480면 참조.

관에서 현시되면, 그것을 합성된 운동의 "구성"이라고 말한다.[374)]

302 양, 질, 관계, 양태 범주의 분류에 따라 칸트는 네 분과로 구성된 자연 형이상학을 제시하는데, 그 각각은 특별한 목표설정을 가지며, 그를 위해 물질에 속하는 술어들을 선택한다. 그래서 각각 운동학, 동력학, 기계학, 현상학의 형이상학적 정초가 중심 문제를 이룬다. 특수 형이상학에서의 칸트의 방법은 한편으로는 선험적 언어를 고수하는 성질을 띤다. 그럼에도 이것들과의 연관 중에 경험을 비추는 이념화된 개념들과 그 명칭들을 받아들이고 있다. 그러한 개념들에 대한 여러 선택 가능성들이 여러 가지 단초들을 이끈다. 단초로 채택되는 개념들이 빈약하고 추상적일수록 그 단초는 경험적 현실과 그만큼 더 멀리 떨어져 있는 것이다. 그러나 그 단초가 풍부하면 할수록, 거기에서 나오는 이론은 그만큼 더 현실에 근접해 있다. 그래서 경험요소에 대한 이론의 멀고 가까운 거리는 그러한 개념들을 빼내고 덧붙임으로써 규제될 수 있다. 즉 그때그때의 지배적인 인식관심에 따른 것이다. 운동학에서부터 기계학까지의 서술은 단계적으로 점차 구체화해가는 과정이다.

방금 시사한 운동학의 단초를 잇는 동력학의 형이상학에서 물질은 근원적인 힘들의 작용 결과로 파악된다. 운동학에서는 물질이 오로지 추상적인, 움직이는 점들의 잡다로 파악되는 데에 반해, 이제 그것은 단초에서 공간을 "채우는", 즉 연장적인 것으로 규정된다. 물질이 공간을 채우는 이 역량(불가투입성, 고체성)을 갖는 것은 함께 작
303 용하는 두 힘의 덕분이다. 즉 거기서 "인력"과 "척력"(끌어당김과 밀쳐

374) MAN: 전집, IV, 486.

냄 내지는 팽창)이 함께 작용하는 덕분이다. 만약 전자의 힘만이 작용한다면, 물질은 단 하나의 점에 몰릴 것이고, 반대로 오직 팽창만이 작동한다면, 물질은 무한히 흩어져버릴 것이다. 물질은 이러한 힘들을 "갖는" 것이 아니라, 이 두 힘이 함께 작용한 결과"인" 것이다.

"기계학"의 형이상학에는 이제까지 채택된 물질의 구성인자들, 즉 운동성과 공간충전[充塡]성에다가 물질이 "운동력[운동하는 힘]"을 갖는다는 또 하나의 규정이 추가된다. 물질은 그에게 특유한 운동을 다른 물질에게 "전달"할 수 있다는 것이다. 칸트가 기계학의 제1 법칙이라고 부르는 것에 의하면, 물체적 자연의 모든 변화에서도 물질의 양은 전체적으로 동일하다. 즉 증가하지도 감소하지도 않는다. 제2 법칙은, 물질의 모든 변화는 외적 원인을 가질 수밖에 없다는 것이다. 다시 말해, 이 변화는 그 자신에 의해 일어날 수 없다는 것이다. 물질은 어떠한 "단적인 내적 규정과 규정근거"도 갖지 않는다.[375] (이것이 갈릴레이가 정식화한 관성의 법칙이다.) 뉴턴의 작용=반작용의 법칙에 상응하는 것이 칸트가 말하는 제3의 기계적 법칙인데, 이에 따르면 운동의 모든 전달에서 작용과 반작용은 항상 서로 똑같다.

현상학의 형이상학은 경험 대상 일반으로서의 물질의 맞은편에 있는 주관의 위치를 반성한다. 그에 따르면 한 경험적인 공간상에서의 한 물질의 직선 운동은 이 공간의 물질에 대한 대립적인 운동과는 달리 한낱 "가능한" 술어(가능성)일 따름이다. 어떤 다른 물질 304

375) MAN: 전집, IV, 543. 그러므로 물질은 언제나 타율적이며, 결코 자율적이지 않다. "관성"이란 타율성의 표현이다.

과 아무런 관계도 갖지 않는 운동, 다시 말해 하나의 절대적 운동을 생각하는 일은 "불가능"하다. 직선 운동의 상대성과 원운동의 절대성에 대한 뉴턴의 주장에 동조해서 칸트는 후자를 움직여진 물질의 "현실적" 술어(현실성)라고 설명한다. 필연성에 관해 말할 것 같으면, 그것은 다른 물체에 대해 상대적임이 드러나는 한 물체의 모든 운동에서 이 다른 물체의 대립적인 똑같은 운동을 강요하는 것이다.

뉴턴의 "절대 공간"에 대한 주해에서는, 그것이 경험의 대상일 수는 없고, 모든 경험적인 대상들과 사건들을 포용하고 함유하는 것으로 표상되는 한에서, 절대 공간이란 순전한 "이념"으로 기능하는 것이라고 설명된다. 공허한 절대적 공간이란 이론이성으로서는 파악할 수 없는 것이다. 만약에 형이상학적 물체이론이 종국에 공허한 절대적 공간의 이념에 이른다면, 그것은 사물들의 제일 근거들의 원리들을 추궁하는 "이성의 여타의 모든 시도들과 똑같은 운명"을 가지게 될 것이다. 이러한 것을 추궁하는 길에 들어서면 이성은 조건적인 것들에 멈춰 서 있을 수 없으나, 그렇다고 그에게 무조건적인 것을 파악하는 것이 허용되지도 않는다. 그래도 만약 지식욕이 이성으로 하여금 모든 조건들의 절대적 전체를 파악하라고 촉구한다면, 이성에 남겨진 것은 "사물들의 최종 한계 대신에 그 자신의, 그 자신에게 맡겨진 능력의 최종 한계를 탐구하고 규정하기 위해서 대상들로부터 자기 자신에게로 되돌아가는 일" 외에는 없다.[375a)]

375a) MAN: 전집, IV, 565. [※ Kaulbach 원서에는 이 자리에 각주가 없고, 이 출처가 다음 각주 376)의 첫 머리에 놓여 있으나, 이는 착오라 하겠다.]

3. 윤리 형이상학 305

윤리 형이상학은 법의 형이상학과 도덕의 형이상학(형이상학적 덕 이론)으로 이루어진다.

윤리 형이상학[376]의 기획과 방법은 실천이성의 순수한 원칙들을 인간의 법적 내지 도덕적 자연본성에 대한 경험에서 나온 명제들과 매개하는 과제에 의해 정해진다. 순수한 실천이성의 양극과 실천생활의 경험요소를 매개하는 일이 "특수한" 윤리 형이상학의 과업이다. 이 매개 작업은 선험적인 길을 따르는데, 그때 물론 그것은 인간의 자연본성에 대한 경험에서 얻었고, 인간을 자연법적 관계들의 접점으로 파악할 수 있는 방식으로 이념적으로 정리한 인간 개념에서 출발한다. 자연 형이상학에서 예컨대 물질의 운동성, 연장성, 불가투입성이 거론되었듯이, 여기서는 인간 주체가 여러 면에서 무엇인가를 필요로 하는, 자연본성적인 이해관심에 매여 있는, 신체적이면서도 동시에 이성적인 것으로서 단초로 제시되어야만 한다.

---

376) 칸트의 특수법 형이상학의 기획을 방법적으로 계승한 것으로는 안셀름 포이어바흐(Anselm Feuerbach)의 성찰들을 예로 들 수 있다. 그의 란츠후트(Landshut) 대학 교수 취임 강연 "철학 및 실증 법학과의 관계에서의 경험(Philosophie und Empirie in ihrem Verhältnis zur positiven Rechtswissenschaft)"(재인쇄: C. J. A. Feuerbach, C. J. A. Mittermeyer, *Theorie der Erfahrung in der Rechtswissenschaft des 19. Jh.*, Frankfurt 1968)에서 포이어바흐는, 실증적 경험은 이성의 순수한 입법과 이성의 대변자인 철학과 결합되어야만 한다고 말한다. 이와 연관하여 최고 법원리의 실제 생활에 대한 "적용"에 관해서도 말하고 있다. 이성과 경험 사이에는 "다리들로" 보아야 할 헤아릴 수 없을 만큼 많은 "중간 단계들"이 있다는 것이다. 보편적인 이성법칙은 "인간이 그 아래서 경험하면서 실존하는 조건들에, 즉 그의 삶과 활동의 경험적 관계들에" 적용되지 않으면 안 된다는 것이다. 여기서 칸트가 "구성"이라고 말하는 것을, 포이어바흐는 순수한 이성법칙의 "현시"라고 말한다.(재인쇄 책 68면 참조)

현상세계에서의 사건들과 거기서 일어나는 "행위들"을 자연법칙의 유형으로 규칙들 아래에 수렴하는 대신에, 그 자체로서 "실천적"
306 이 되는 법칙들은 자유의 법칙들이며, 그것들을 자연법칙들과 구별하기 위해 "도덕적/도덕학적"이라고 일컫는다. 그 법칙들이 단지 외면적 행위형식들만을 지정한다면, 문제가 되는 것은 "법적/법학적/법리론적" 법칙들이 되겠다. 그러나 또한 법칙들 자체가 행위들의 내면적 규정근거들이어야 한다는 요구를 포함하는 경우에는 도덕적 법칙들이 문제가 되겠다. 칸트는 전자의 경우에는 행위의 합법성이, 후자의 경우에는 도덕성이 문젯거리임을 환기시킨다. 이에 상응하는 것이 "외적으로 사용되는" 자유와 이성법칙들에 의해 규정되는 의사의 외적 사용에서나 내적 사용에서나 드러나는 그러한 자유의 구별이다.[377] 그러니까 실천적-도덕적 자유는 외면적 의미에서의 자유도 포섭한다. 내적 직관 형식인 시간이 내감의 대상이나 외감의 대상들 모두를 포섭하는 것처럼 말이다.

다른 대목에서는 법칙-수립이 논의됨으로써, 객관적 법칙에 대한 주관의 지위에 대한 생각이 분명하게 표현된다. 법칙이 주관에게 법칙적 형식 자체를 위해 "너는 해야만 한다"를 요구할 때, 하나의 도덕적 의무가 생긴다. 반면에 의무의 이념 그 자체만이 동기일 수 있음이 법칙에 함께 주어져 있지 않으면, 법적 의무가 문젯거리인 것이다.

보편적 실천적 이성법칙에서 법적 공동생활로의 이행에 대한 형이상학적 방법은 예컨대 자유의 개념과 같은 보편적 개념들의 "구성"을 포함한다. 법의 보편적 원리는 "행위가 또는 그 행위의 준칙에

377) *Die Metaphysik der Sitten*[MS](1797), 수록: 전집, VI, 203~493. 특히 214면 참조.

따른 각자의 의사의 자유가 보편적 법칙에 따라 어느 누구의 자유
와도 공존할 수 있는 각 행위는 **법적이다/권리가 있다/정당하다/옳** 307
다."[378]라고 규정한다. 이 명제는 작용과 반작용의 동등성 법칙 아래에 있는 물체적 운동들의 자유 공간이라는 물리적 개념에 유비하여 자유를 구성한다.

아래에서 법철학의 몇몇 대표적인 주제들을 예로 들어 그 구성의 징표에서 살펴볼 수 있겠다. 여기에서 도덕으로부터 법으로의 "이행"이 어떻게 방법적으로 실현되는지가 선명해질 것이다. 이의 매개 기능은 자연법과 실제로 통용되는 실정법 사이의 대립을 극복함에서도 확증되어야 한다.

이와 관련해 시사하는 바가 많은 것이 점유 이론이다. 법에 대한 실천이성의 선험적 개념은 타인의 자유를 고려하여 나의 자유를 사용한다는 이념에 기초해 있다. 이 명제에서 구체적 법적 현실을 반영할 수 있는 "특수한" 형이상학의 명제들이 도출될 수 있기 위해서는, 이 명제가 인간의 실제 자연본성에서 생긴 개념들을 통해 내용이 풍부해져야 한다. 거기에 예컨대 인간은 신체적 자연본성을 가지고 있고, 물체적 대상들이 그의 "외부에"에 실존하며, 그는 그것들을 점유하여 "사용"할 수 있다는 등의 인간학적 규정들이 단초에서부터 세워져야 한다. 이렇게 확장된 개념의 바탕 위에서 감성적 점유와 예지적 점유, 내지는 "물리적" 점유와 "순전한 법적" 점유가 구별될 수 있다. 전자는 소지(所持)로서, 그것은 오직 경험적으로 기술될 수 있는 한 물건의 물리적 점령을 의미한다. 경험적 점유의 가능

378) MS: 전집, VI, 230.

308 성은 나의 물리적 힘과 나의 지배영역의 확장에 달려 있다. 나의 법학적 사고는 이런 경험적 법 시각을 넘어가는데, 그것은 자유의 법칙들에 따라 의사를 결정하는 실천이성의 입장을 받아들이기 위해서이다. 이 예지적 시각은 "외적인 나의 것과 너의 것 개념에 필수적인 것으로서의 소지 없이"도 하나의 점유를 확립하기 위해서, 한 인격의 권리를, "그 자체에 관련해", 다시 말해 그 인격의 주관적 신체상황의 관점을 넘어서 본다. "점유의 개념을 경험적 점유 너머로 **확장하기** 위해서는 경험적 점유를 정초한 직관의 모든 조건들이 **제거**(도외시)되어야만 한다. 그래야만 의사의 외적 대상은 내가 나의 지배력 안에 가지고 있으면 … 무엇이나 그것을 점유하지 않고 있어도 법적으로-나의 것으로 산입된다고 말할 수 있다."[379] 예지적 점유의 개념은, 법적 주체들은 그들이 사용 가능한 모든 사물들은 그들 중 누구의 것이라도 될 수 있다는 자세를 취하는 하나의 공동의 법칙 아래에 통합되어야 한다는, 순수 실천이성의 법적 요청에 기초한다. 이로써 동시에 예지적 소유 개념의 실천적 실재성이 입증(초월적 연역)된다. 순전한 법적인, 예지적 점유의 개념은 경험적 공간·시간 조건들과는 무관하지만, 실천적 실재성을 가지며, 경험의 대상들에 적용될 수 있어야만 한다. 이 예지적 점유의 이성개념이 비로소 직접적으로 점유 일반이라는 순수한 "지성개념"(즉 소유['갖는다'라는] 개념)을 규정한다. 이 지성개념은 경험적인 것과 이성 사이에 위치한다. 그럼에도 이 개념은 선험적이다. 예컨대 나는 내가 그 위에서 있지도 않고, 물리적 지배력으로 방어하지 않음에도 불구하고,

379) MS: 전집, VI, 252.

한 뙈기의 땅을 예지적 점유의 의미에서 점유하고 있다. 그렇게 해 309
서 한 대상이 하나의 자유의 법칙에 따라 나에게 보장되므로, 나는 그것을 예지적 의미에서 "나의 것"이라고 부를 수 있고, 그래서 만약 다른 누가 그것을 자기의 지배력 아래에 두고자 하면, 나는 손상을 입게 된다.

이러한 사유 과정은 순수 실천이성과, 나의 의사의 대상 각각을 객관적으로 가능한 나의 것 또는 너의 것으로 간주하고 취급한다는 순수 실천이성의 요청에서 출발한다.[380] 이 사유 과정은 법적 생활의 구체화의 방향에서 외적인 나의 것과 너의 것 같은 인간화하는 개념들에 이른다. 이 나의 것과 너의 것이라는 개념의 "해설"이 실체, 원인성, 상호성의 범주의 실마리를 따라 밝히는 바는 나의 의사의 외적 대상들로 다음과 같은 세 가지, 곧 "1) 나의 밖에 있는 (물체적) **물건**; 2) 특정한 행동(給付)을 하려는 타인의 **의사**; 3) 나와의 관계에서 타인의 **상태**"[381]가 있다는 것이다.

외적 "취득"의 이론에서는, 내가 어떤 공간 · 시간상에서 일어난 사건 중에 신체적 "점취[占取]"에 의해 성취한 최초의 내지는 근원적 취득을 먼저 이야기한다. 이에 뒤따르는 것이 어느 타인의 권리 없는 사용을 방지하기 위한 "표시[意思表示]"이고, 마지막으로 점유취득[占取]의 행위는 예지적인 사건(행위)인 "전유[專有]"에 의해서 완성된다. 이를 위해서는 이념상 "외적으로 보편적으로 법칙수립하는 의지"가 결정적이며, 이 의지를 통해 모든 법적 주체들은 선험적으로

380) MS: 전집, VI, 246.
381) MS: 전집, VI, 247.

합일되고, 그리하여 그 의지는 각자를 나의 의사와 합치하도록 의무지운다. 첫 번째 단계가 경험적 점유 개념 쪽에 서 있다면, 세 번째 단계는 예지적 점유의 영역에 속한다. 두 번째 단계, 즉 의사표시는
310 예지적 구역에서 경험적 구역으로의 이행[移行]을 수행한다. 그 전유된 대상이 아직 다른 누구의 점유 중에 있지 않다면, 근원적 취득이 생긴다. 그래서 근원적 취득은 오직 토지의 취득만이 가능하다. 모든 인간은 자연이 또는 우연이 그들의 의지와 상관없이 그들을 앉혀놓은 곳에서 존재할 권리를 갖는다. 대지는 이 행성상에 실존하는 모든 인간의 공동 점유물이다. 인간이 그러하도록 실천이성의 이념에 의해 선언되는 바이며, 그에 따라 인간은 구형으로 생겨 유한한 지구에서의 자리를 법법칙들에 따라 사용할 권한을 갖는다. 근원적 점유취득은 물론 일방적이다. 그것은 순전한 선점[先占]이다. 그러나 그것은 실천이성을 통해, 다시 말해 동시에 모든 법/권리주체들을 선험적으로 통일시키는 절대적으로 지시명령하는 의지를 통해 정당화될 수 있는 것이다. 이렇게 해서 일방성에서 전면성으로 그리고 공동의 합치로의 길이 표시된다. 이러한 보편적 의지 및 실천이성의 실현이 시민적 헌정체제의 설립인 것이며, 이것이 한갓된 자연상태를 해소한다. 자연상태가 단지 잠정적인 취득을 정초한다면, 헌정체제는 지속적인 취득을 이끈다. 시민상태에서는 “나의 것과 너의 것을 분배하는 법칙”[382]이 결정적인바, 이 법칙은 법주체들의 근원적이고 선험적으로-하나인 의지에 의해 수립되거니와, 이 의지는 모든 법적 행위들과 법칙수립들을 비로소 정초하며, 그래서 그 자신

382) MS: 전집, VI, 267.

은 그러한 행위에 의해 정초될 수 없는 것이다.

근원적 취득 개념의 실재성 또한 입증(연역)된다. 즉 그 실재성은, 물건들의 사용을 법적으로 배분하고, 비록 "그 대상…이 감관객체 311
임"[383)]에도 불구하고, 이런 식으로 그것들의 예지적 점유를 정초하는, 보편적으로 결합하며 합일된 의지에 대한 사상에서 생긴다. "소유"란 "실체적으로 누군가의 자기 것"인 외적 대상이라고 이해할 수 있는 것이므로, 여기서 문제가 되고 있는 것은 단지 물체적 물건이지 인격이 아니라는 결론이 나온다. 왜냐하면 인격은 자기 목적인 인간성을 표상하는 것으로서, 그것은 한낱 다른 목적들을 위한 수단으로 사용되어서는 안 되는 것이기 때문이다.

지금까지는 "물권"에 대해서 이야기했는데, "대인권[對人權]"에 관한 절에서는, 자유법칙에 따라 나에게 특정한 급부를 이행하는 타인의 "의사"를 대상으로 갖는 점유에 관해 논하고 있다. 여기서 표준척도가 되는 것은 "**계약**"인데, 계약이란 "그것에 의해 일반적으로 어떤 자의 자기 것이 타자에게 넘어가는, 두 인격의 합일된 의사"의 행위라고 규정된다.[384)] 계약에 의해 취득되는 "외적"인 것은 물건이 아니라, 타인이 우리에게 선험적으로 공통적인 실천 의지를 관철함에 있어서 자유로운 결정에 따라 나에 대해 그러한 행동을 하도록 의무지운 타인의 행동이다.

"대물 방식의 대인권"에 관한 절에서도 분명해지는 것은, 순수 실천이성의 원리들에 기초하는 법개념들은 현실의, 법주체들을 선험

---

383) MS: 전집, VI, 268.
384) MS: 전집, VI, 271.

적으로 합일시키는 의지의 이념과 연관해서 전개되어야 하며, 이 이
념으로부터 "실재적"인 것으로 입증되어야 한다는 것이다. 예컨대
혼인법에서 혼인계약을 정초하는 것은 두 배우자의 선험적으로 하
나인 합일하는 의지이다. 여기서 결정적인 개념들에 스며 있는 것은
인간 주체성의 성적 자연본성이다. 즉 인간 주체는 이성[異性]의 "사
312 용"을 필요로 한다. 그러나 타인의 인간성이 보호되고, 타인이 단지
욕구 충족의 수단이 되지 않기 위해서는, 배우자 상호 간에 어느 일
방의 개성이나 사적 성질을 넘어서서 실천이성의 공동성에 이르러
야 한다. 이 공동성의 실현이 혼인이다. 칸트에 의하면, 인간은 성행
위에서 스스로 물건이 된다. 이것은 자기 자신의 인격에서의 인간성
의 권리와 상충한다. 그러나 법법칙들은 혼인의 계약에서 한 인격이
다른 인격에 의해 "똑같이 물건으로 취득되"되, 이 취득된 인격이 타
방에서 보면 다시금 취득하는 자로 등장함으로써 인격을 얻게 하여
배우자 각각에서 인간성을 다시 세운다. 그렇게 해서 "이 인격은 다
시금 자기 자신을 얻고 자기의 인격성을 다시 세운다."[385)]

칸트는 국가[國家]를 "법법칙들 아래에서의 다수 인간들의 통일체 [하나됨]"라고 부른다. 실천이성은 그 법칙의 형식이 선험적이고 필연적인 것으로 통찰되는 "이념상의 국가"를 인지한다. 이념상의 국가는 모든 현실적인 국가에게 규범이 되는 순수한 법원리들을 표상한다. 국가는 세 가지 권력을 갖는다. 그것은 법칙수립자의 권력에서의 지배권, 통치자의 권력에서의 집행권, 그리고 재판관의 인격에서의 사법권이다.

385) MS: 전집, VI, 278.

법칙수립의 권력은 모든 "국가시민"의 합치되고 합일된 의지에 의거한다. 국가시민들의 "본질속성"은 법률적 자유, 시민적 평등, 그리고 시민적 독립성이다.[386)]

시민권에는 다음의 기본명제들이 타당하다: 1. 국가들이란, 그 상
호 간의 외적 관계를 살펴보자면, 본래 무법적인 상태에 있다. 2. 이 313
상태는 원리적으로 전쟁의 상태이다. 3. 지속적인 평화 달성을 위해서는 근원적인 사회계약 이념에 따른 국제연맹이 필수적이다. 4. 이 결합은 시시로 갱신되어야 한다. 국제법의 최종 목표는 영원한 평화이며, 그것은 결국은 순전히 규제적 이념으로 간주할 수밖에는 없지만, 그것에로의 계속적인 접근은 가능하다. 이에 기여할 정치적 원칙들은 실현 가능하다.[387)] 평화를 유지하는 데 기여할 몇몇 국가의 연합은 "**상설제국회의**[常設諸國會議]"라고 부를 수 있다.

자연이 인간을 제한된 토지 위에, 즉 둥근 지구의 표면에 세워놓은 사실을 숙고해본다면, 세계시민법 사상이 시야에 들어온다. 인간적-신체적 주체의 물리적 실존으로 말미암아 그에게 할당된 토지에 대한 근원적 권리가 있다. 모든 족속[국민]은 "근원적으로" 아직 아무런 점유의 법적 공동체도 아닌 땅의 한 공동체 안에 서 있다. 그 때문에 각 족속[국민]은 상대방으로부터 적으로 취급받음 없이 다른 족속[국민]과 가능한 교호작용(교제)에 들어설 권리를 가지고 있다. 이 같은 "가능한 교류의 일정한 보편적인 법칙의 관점에서 제 국민의

386) MS: 전집, VI, 313 이하. 또한 「그것이 이론에서는 옳을지 모르지만, 실천에 대해서는 쓸모가 없다는 속설에 관하여」/「이론과 실천」[TP](1793), 수록: 전집, VIII, 273~313, 특히 289~306 참조.

387) MS: 전집, VI, 350. 또한 『영원한 평화』[ZeF](1795), 수록: VIII, 341~386 참조.

가능한 통합체”를 지향하는 법을 “세계시민적” 법이라 부를 수 있을 것이다.[388)]

덕이론의 형이상학적 기초원리를 논구하는『윤리형이상학』의 제 2편에서도, 특수 형이상학의 기획이라는 의미에서 실천이성의 선험
314 적 원리들을, 인간 주체의 상황에서 생겨난 개념들 또한 나타나는, 그러면서도 여전히 선험적인 그런 언어로 표현하려고 꾀하고 있다. 그래서 이제 주체의 주관적인 도덕적 기본틀로서의 “덕”이 이야기된다. “**덕**은 인간의 의무 수행에서 그의 준칙의 강함이다. ―모든 강함은 오직 그것이 극복할 수 있는 장해들을 통해 인식된다. 그런데 덕의 경우에 이 장해들은 윤리적 결의와 충돌할 수 있게 되는 자연본성적 경향성들이다.”[389)] 형식적으로 보면 덕이란 확고한 마음씨에 기초해 있는, 의지의 의무와의 합치이다. 그래서 이러한 관점에서는 오직 단 하나의 의무가 있을 따름이다. 그러나 그 “목적” 내지는 내용(질료적인 것)을 들여다보면, 여러 가지의 덕들이 있다. 이 목적에게 지시규정하는 “준칙에 대한 책무”를 “덕의무”라고 일컫는다. 이 덕의무의 최상 원리는 “그러한 목적들을 갖는 것이 어느 누구에게도 보편적인 법칙일 수 있는 **목적들**의 준칙에 따라 행위하라.”[390)]는 것이다.

의무들은 자기 자신에 대한 것과 타인에 대한 것으로 나뉜다. 전자는 제한하는 것일 수도 확장하는 것(자기 자신에 대한 적극적 의무들)

---

388) MS: 전집, VI, 352.
389) MS: 전집, VI, 394.
390) MS: 전집, VI, 395.

일 수도 있다. 제한하는 의무는 인간의 자연본성의 목적에 어긋나게 행위하는 것의 금지를 말한다. 이에 반해 적극적인 덕의무들은 자기 고유의 재능과 자연소질들을 “개발[교화]”할 것을 지시명령한다. 이의 격언이 ‘순전한 자연이 너를 지어낸 것보다 너를 더 완전하게 만들라.’이다. 바꿔 말해, ‘너 자신의 자유로운 작품이 되어라.’라는 것이다. 의무들의 이 같은 객관적 구분과 병행해서 “주관적”인 구분도 있는데, 그것은 의무의 동물적[생명체적] 주체와 도덕적 주체를 구별 315
하는 데에 기초해 있다.

인간의 자기 자신에 대한 의무는, 자연적인 입장에서 보자면, 자신의 동물적 자연본성을 자기보존하는 데에 있다. 도덕적 존재자로서 보자면, 자기 자신에 대한 의무는 거짓말, 다라움, 거짓 겸양과 같은 부덕들의 배제이다. 인간은 자기의 행위에 관한 법정 또한 열어야 하는, 자기 자신의 실천이성의 법칙수립에 의무 지어져 있다. 즉 “양심”은 “인간 안의 **내부 법정**”[391]에 대한 경험 현장이다.

양심에서는 내가 서로 다른 입장에서 나 자신과 나누는 지속적인 내적 대화 운동이 나타난다. “자기 자신에 대한 모든 의무들의 **첫째 계명**”은, “**너 자신을 알라**(탐구하라, 천착하라).”[392]이다. 과연 너 자신의 심정이 선한지 악한지, 너의 행위들의 원천이 순정한지 불순한지, 너의 심정을 꿰뚫어보도록 하라는 것이다. “천착하기가 더 어려운 심정의 심층(심연)까지 파고들 것을 요구하는 도덕적 자기인식은

---

391) MS: 전집, VI, 438.
392) MS: 전집, VI, 441.

모든 인간 지혜의 시작이다."[393] 칸트가 "진실성"에 할당해주는 중요한 역할은 이것에 달려 있다.

인간의 객관적 목적과 관련한 자기 자신에 대한 의무들로는, 예컨대 자기의 정신력, 영혼력, 체력의 개발 의무가 있다. 이러한 의무들을 세세히 규정할 수는 없다. 즉 그래서 이런 것들은 불완전한 의무라고 일컬어진다.

타인에 대한 의무에 관해 말하자면, 여기서는 사랑의 의무와 존경의 의무의 구별이 기준이 된다. 사랑은 "감정", 다시 말해 타자에 대
316 한 미감적 흡족으로 이해되지 않고, 타인의 완전성에 대한 쾌감으로 이해된다. 사랑은 "친절"을 결과로 갖는 호의의 준칙으로 생각되어야 한다.[394] 사랑의 의무로는 자선, 감사, 동정의 의무가 있다. 다른 사람들에 대한 존경의 덕의무에는 거만, 비방, 우롱의 패악이 맞서 있다. 사랑과 존경의 내밀한 합일[하나됨]이 우애를 위한 토대이다. 신의와 사물들에 대한 합치하는 파악이 친구들로 하여금 확장된 삶의 자유를 향유하기 위하여, 서로 교제를 트고 고독의 감옥을 탈출할 수 있도록 해주는 것이다.

무엇보다도 칸트의 "특수" 형이상학에 관한 전반적인 개관은, 여기서 철학적 이성이 존재하는 것의 풍요로움을 철학적 개념들의 언어로 표현하고, 세계를 체계적 질서로 파악하는 일에 종사하고 있음을 분명하게 해준다. 이 자리에서 체계 사상이 하는 일은 순수 이성의 보편적 원리들에서 특수한 경험적 소여들로 건너가는 교량을 건

---

393) MS: 전집, VI, 441.
394) MS: 전집, VI, 449.

설하는 것이다. 체계 사상과 현상하는 현실을 철학적 개념들을 통해 통일적으로 꿰뚫어봄은 같은 것이다.

이 점을 고려한다면, 〔유작〕에서의 새로운 단초들은 형이상학의
체계기획의 계속적인 발전과 강화로서 뚜렷해진다. 유작들의 단편
들을 보면 초월철학의 한 체계가 칸트의 눈앞에 아른거린다. 거기서
주관의 순수 이성으로부터의 경험은 파편이나 군집으로서가 아니라
체계로서 실현된다. 자연 의식이 외적인 사물세계에 옮겨 넣는 "힘
들"이 진실로 주관의 내적 정신적 운동으로부터 생겨나오는 것으로 317
파악됨으로써 말이다. 이로써 칸트는 초월철학적-비판적 전제들 아
래에서 힘 개념을 다시 채택하는데, 그것은 "힘"을 결합하는 표상작
용의 능력으로 파악했던 라이프니츠에서 보았던 바와 같은 것이다.

4. 〔유작〕[395]에서의 새로운 단초들

이 관점에서 결정적인 기획을 칸트는 "이행"의 기획, 특히 형이상학에서 물리학으로의 이행 기획이라고 명명한다. 이 표현은 무슨 의미를 갖는 것일까?

여기서 이행이란 처음에는 조감할 수 없었던, 그래서 긁어모아져 단지 군집을 이룬 경험 영역이 그것을 통해 하나의 체계로, 즉 하나

395) Opus postumum[OP]: 이것은 칸트 말년(1796~1803)의 단편적인 유고들을 말한다. 이것들은 최초로 고문서학의 뒷받침을 받아 그 전체가 학술원판 전집 XXI(1936)과 XXII(1938)에 수록 출판되었다.(편찬자는 G. Lehmann이다.)

의 전체로 변환되는 것을 목표로 순수 이성과 경험 사이에 통합이 일어나는 철학적 사고 운동을 뜻한다.

이 유작들의 서로 다른 글 묶음들에 나타나 있는 많은, 부분적으로는 서로 이질적인 단초들에서 하나의 일관성 있는 구상을 판독해 내려는 시도를 여기서 해야 한다면, 무엇보다도 먼저 이행의 기획을 운동력[운동하는 힘]들의 체계화의 징표에서 고찰할 필요가 있겠다. 이때 표준이 되는 것은 다음과 같은 유형들이다: 1. 운동력들은 자연에서 무엇보다도 장소운동의 형식에서 결과들을 낳는 원인들로 이해된다. 예컨대 끌어당김[引]과 밀쳐냄[斥]도 이런 유의 것이다. 그런데
318 물리적 힘들은 자연인식의 대상의 위치에 놓일 뿐만 아니라, 관찰하는 주관의 감관들을 "촉발"하는 기능도 맡고 있다. 이 때문에 주관은 모종의 힘들의 영향 행사에 내맡겨져 있으며, 도대체가 경험을 얻기 위해서는 주관이 이 힘들에 의지해야 한다. 다른 한편 주관은 이 물리적 힘들을 마음대로 할 수는 없고, 이것들에 어느 정도 의존하고 있는 것이다. 어쨌든 이 힘들이 외적인 것으로 해석되는 한에서는 그렇다. 이렇게 해서 생긴 경험들은 이런 전제하에서 단지 군집적인 것일 따름으로, 체계의 지위를 얻을 수도 없다. 그래서 철학은 이행 기획을 완수함으로써 운동력들의 "체계" 사상을 현실화하도록 추구해야 한다. 그래서 제2의 글 묶음[396)]이 말하는 바는, 경험적 자연 연구의 영역에서는 제일 먼저, 사람들이 어떻게 그리고 어떤 원리에 따라 물질의 잡다한 운동력들을 탐구해야 하는지를 배우는 것이 필요하다는 점이다. 이 작업이 "물리학을 형이상학과 연결시키기 위

---

396) OP: 전집, XXI, 168.

위한” 물리학의 철학적 예비학의 기능을 갖는다 하는데, “이 예비학 없이는 하나의 체계가 되어야 할 물리학이 이러한 질을 결코 기대할 수가 없다.”는 것이다. 이에는 학문적 인식의 체계적 형식이 선험적으로 주어져야만 한다. 이것이 골조를 이루고, 이 골조는 자연 연구에 의해 제공되는 경험적 내용들로 원리에 따라 충실화되고, “그리하여 물리학은 하나의 체계의 가치를 주장할 수 있다.”[397] 칸트는 이 체계를 그의 범주들의 실마리에 따라 발전시키고자 시도하며, 이때 거기서 발견한 힘들이 무게와 압력(양의 면에서), 액체성과 고체성 및 탄력성(질의 면에서), 충돌 또는 압력(관계의 면에서), 그리고 다른 물체에 의한 한 물체의 압박(양태의 면에서) 같은 것들이다.

형이상학적 자연과학(즉 自然哲學)은 세계공간[우주]상의 물질의 운 319
동력들에 대한 체계적 학문이다. 체계는 오직 선험적인 개념들과 정리[定理]들에 의거할 수 있다. 그래서 그것을 자연 형이상학이라고 불러도 무방한 것이다. 그러나 그것이 동시에 경험원리들에도 기초해야만 하고, 이런 관점에서는 물리학이라고 지칭될 수도 있다. 다만 후자는 지각들의 군집을 이루어낼 뿐, 체계의 완벽성을 이룩할 수는 없다. 물리학 그 자체는 단편적인 것일 뿐, 체계적이지 못하다. 그 때문에 하나의 경험 체계가 성립하기 위해서는 형이상학에서 물리학으로의 이행이 일어나야만 한다. 이미 『자연과학의 형이상학적 기초원리』에서 시작되었던, 초월적-선험적 원칙들과 경험 영역 사이의 매개는 새로이 기도된 “이행”을 통해 더욱더 진척되어야 한다. 왜냐하면, 그렇지 않을 경우 체계를 “위태롭게 하는 비약이 철학의

397) OP: 전집, XXI, 169.

실마리를 절단해버리고, 철학의 명제들을 의견과 가설들의 유희에 넘겨버릴"[398] 위험이 있기 때문이다.

이제 주관이 체계 요청을 올바르게 평가할 수 있고, 자신이 우연히 외부에서 영향을 미쳐오는 힘들에 내맡겨져 있지 않다는 것을 경험하기 위해서는, 주관은 이 힘들을 생각하는 대로 처리하고, 체계의 형식에 맞도록 하기 위하여 이 힘들의 잡다성을 자기 안에 받아들여야 한다. 이로부터 "자기촉발" 이론을 취할 동기가 생긴다. 주관은 자기의 신체적 실존을 기초로 해서 이 운동력들의 한 체계를 서술하는 것이다. 자기 자신의 신체성의 사건들이 그에게는 외적 자연에서 일어난 일들을 대변하는 것이다.

320 〔유작〕의 성찰들이 『자연과학의 형이상학적 기초원리』의 사유경과를 선험성과 현실적 경험 사이의 도랑을 메꾸려는 방향으로 진전시킨 것임이 분명하다면, 바로 제기되는 물음은, 윤리 형이상학에서도 이에 상응하는 이행이 일어나야 하지 않는가 하는 것이다. 실제로 〔유작〕에는 칸트가 이러한 과제 제기를 시사하는 언급들이 있다. 과제의 중심은, 윤리 형이상학의 법철학적 내지 덕철학적 원칙들에서 인간의 도덕적 가능성들에 대한 경험 학문—가령 애덤 스미스의 『도덕감정론』에서 볼 수 있는 바와 같은 도덕적 인간학을 지칭할 수도 있겠다—으로의 이행을 수행하는 일이다. 예컨대 다음과 같은 문장은 이러한 방향을 가리키는 것으로 보인다: "도덕적-실천적 이성의 이념들은 인간의 자연본성에 대한 운동력들을 갖는다."[399]

---

398) OP: 전집, XXI, 177.
399) OP: 전집, XXII, 59.

아래에서 이 이행의 문제의식을 다시 한 번 다른 측면에서 서술해 보아도 좋겠는데, 응당 전제되어야 할 것은, 그때 추구해 들어가는 사유 과정은 자연 형이상학에 관해서와 똑같이 윤리 형이상학에 관해서도 타당하다는 점이다.

사람들은 칸트의 "초월(론)적 방법"에 대해서 이야기들을 했다. 이 방법을 대강 다음과 같이 특징지을 수 있다: 제일 먼저 칸트는 순수 이성을 서로 다른 두 쪽, 즉 이론이성과 실천이성으로 "격리[분리]" 시킨다. 그는 이성을 그 자신의 고유한 자발성의 위치에 놓고, 그것을 일체의 경험적인 요소와 섞이지 않도록 순수화한다. 가령 전통적인 "분석적 방법"에 상응하는 이 보행이 있은 다음에, 철학적 사고의 321
전환이 뒤따른다. 즉 순수 이성은 그의 길을 다시 지각과 감성적 직관의 감각의 직접성을 향해 되돌린다. 그것은 "종합적 방법"의 수행 절차와 유사하다. 이 도정에서 사유는 이성의 체계성을 통한 경험적 잡다의 "적용"과 관통의 문제들을 만난다. 순수한 초월적 이성으로부터 경험으로의 이행의 문제는 칸트철학의 여러 핵심적인 대목들에서 주요한 역할을 한다. 예컨대 도식기능 이론의 영역에서, 판단력 비판의 체계 성찰과 목적 성찰에서, 자연과 윤리의 "특수 형이상학"의 기획에서, 그리고 마지막으로 유작의 단초들에서도 분명히 그러하다.

이제 화제는 자연 형이상학으로부터 물리학으로의 이행이다. 그것은 하나의 유추적 기획이다. 그것은, 자연의 기본구조가 그에 기초하고 있는 보편적 초월적 기초판단들이 그것들의 형식 엄격성을 포기하고, 경험적인 "질료적인 것"에 대한 그것들의 격리성을 단념하며, 이를테면 감각의 구역으로 뚫고 들어간다는 것을 뜻한다 하겠다. 예컨대 물리학이 수행한 실제 경험을 통해 얻은 질료적인 것의 영역 자체에서 이제는 점점 더 심원한, 어쩌면 이제까지 감추어져 있던 선험적인 구조들을 찾는 것이다. 감각질료가 처음부터 선험성과는 맞지 않은 가망 없는 것으로 취급되지 않는다. 이성은 감각 중에서도 자기 자신을 찾으며, 그렇게 함으로써 이성 비판의 입장에서는 근본적으로 비논리적이라고 본 그 영역을 관통한다. 이런 방식으로 이성은 전체 현실을 관통하여 체계로 파악하고자 한다. 중심 문
322 제인 이행은 자연의 "운동하는 힘[운동력]들의 체계"를 선험적으로 발전시키는 과제를 통해 지시 설명된다. 이 힘들은 경험적으로 보면 한 사물이 다른 사물들에 행사하는 작용의 동인[動因]들이다. 그러나 그것들은 감각하는 주관이 그의 감각기관과 관련하여 "움직이는" 사건의 인자[因子]들이기도 하므로 감각기관의 "촉발"에서 역할을 하는 것이다. 그러므로 이러한 힘들의 체계에 대한 초월(론)적 연구는 동시에 감각에 대한 초월(론)적 이론에 이른다.[400] 그래서 이제 또한 초월적 이론에서 보자면 울퉁불퉁함, 평평함, 부드러움, 딱딱함, 액체성, 고체성 따위 같은 물질의 속성들이 선험적 대상이 된다.

운동하는 힘들의 체계를 선험적으로 발전시키는 과제를 해결하기 위해서는, 현상하는-사물적 힘들에서 "내 안에서" 활동하는 힘으로의 의식 전환이 일어나야만 한다. 외적 경험의 대상들로도 인식될 수 있기 위해서 힘들은 일차적으로 "내적" 경험을 통해 드러나야 한다. 자연 안에 운동하는 힘들의 선험적 체계가 가능하다 한다면, 철

400) Kaulbach, *Der philosophische Begriff der Bewegung*(Köln · Graz 1965), S. 205 이하 참조.

학자 자신이 내적 운동에 대한 그의 경험을 끌어댈 수 있어야 한다. 즉 선험성은 동시에 운동의 내면성으로, 그리고 그 운동을 불러일으킨 힘들의 내면성으로 해석되는 것이다. 이것으로 "외적" 촉발은 그 역할을 마치게 된다. 이제 무게의 전체 중심이 내적 방식의 촉발로 옮겨진다. 칸트는 "자기촉발"을 말하는데, 그것은 내적 경험의 영역에서 "나는 사고한다"는 자발성에 의해 수행되는 것이다.

이 연관에서 화제는 "주관의 자기의식적인, 운동하는 힘들"이다. 이제 "경험적 인식 체계를 위한 선험적 현상들"이 거론되는데, 그것 323
은 "불가능하고 모순되는 것"으로 보인다. 왜냐하면 현상들은 감각을 함유하는 것이니 말이다. 그러나 칸트는 이 모순을 다음과 같은 생각으로써 해소하고자 한다: "외적 대상들에 대한 지각은 다른 것이 아니라 주관의 작용이고, 이 작용을 통해 주관은 자기 자신을 촉발하며, 지각들은 다른 것이 아니라 바로 이 주관의 의식과 결합된 운동하는 힘들이고, 이 운동하는 힘들을 통해 지성은 그 자신이 가능한 경험을 위해 집어넣었던 꼭 그만큼의 것을 원리들에 따라 경험적인 것(표상들의 수동적 요소)을 위해 파낸다."[401] 주관은 자기 자신의 힘들을 자기촉발에서 의식하게 된다. 즉 주관은 이러한 자기의 힘들을 선험적인 체계적 기획에서 펼쳐내고, 그 힘들을 동시에 내적 현실성으로 경험한다. 이렇게 해서 외적인 물리적 세계에서도 객관적으로 자신을 내비치는 운동하는 힘들의 한 체계의 본보기가 생긴다.

이러한 연관에서 감각이 선험적 의미로 등장한다면, 그것은 일관성 있는 일이다. 그러니까 "지각하는 주관의 자기 자신의 작용결과

---

401) OP: 전집, XXII, 391 이하.

인 감각은 실제로 자기 자신을 합성하도록 규정하는 운동력 외의 다른 것이 아니고, 외적 대상들의 지각은 단지 주관을 촉발하는 운동력들의 조립의 자동체[自動體] 현상"[402]이다.

324 외적인 지각까지도 선험화하는 이러한 처리는, 이 외적 지각이 진실로는 그 자신 내적 현실성의 운동이자 경험인 "내적" 과정의 "현상"이라고 파악하게끔 이끈다. 이른바 지각은 외적인, 즉 공간적으로 현상하는 사물의 형식에서 내적인, 즉 자발적인 운동인 것을 펼쳐낸다. 이러한 방식으로 칸트는 개별 과학들에서 이루어진 경험들을 하나의 체계의 통일성으로 초월(론)적으로 연관 짓고자 시도한다.

이성 비판의 입각점에서 보자면 "가능한 경험"의 영역은 지성에 의해 형식적인 점에서 법칙적으로 규정되는 것이라는 점에서, 자연의 질료적인 것도 함께 함유하는 체계는 아니다. 이성 비판의 종합적 원칙들이 "경험의 체계"를 내놓지는 않는다. 그래서 이성은 지성의 "보편적" 법칙수립에 의해 이룩되는 것보다 더 포괄적인 통일을 세우지 않을 수 없다. 그런데 〔유작〕의 표어에 따르면 경험은 "군집"이 아니라 "체계"로 파악될 수 있는 것이어야 한다. 그래서 칸트는 〔유작〕에서 최후의 위대한 통일 운동을 철학적 이성을 통해 완수하고자 하는데, 이에서 경험의 "전체"로, 즉 "하나의" 경험으로 그리고 자연의 체계로의 전진이 이루어질 것이다.

이행의 문제의식과 연관해서는 "신체"에 대한 철학적 이론이 결정적으로 중요한 역할을 한다.[403]

---

402) OP: 전집, XXII, 384.

403) Kaulbach, "Leibbewußtsein und Welterfahrung beim frühen und späten Kant",

신체는 자기 자신을 의식하고, 운동하는 내적 힘들의 실존하는 체계[조직]로 파악된다. 신체는 단지 경험의 한갓된 객체의 역할만 하는 것이 아니라, 오히려 그 안에서 이성의 운동이, 객관적으로는 외적 세계에 대한 체계적으로 틀 잡힌 "하나의" 경험으로 현시되는, 내적인 선험적인 경험에 속하는 것으로 완성되는 주관적 체계[조직]이다. "그러므로 감관객관들의 지각들로서의 경험적 표상들은, 현상에서의 자기 자신의 신체[물체]적 주관[주체]과 관련하여, 또한 선험적으로 종류와 수효대로 종별화될 수 있는 하나의 체계로서 제시되고 분류될 수 있을 것이다. 그리고 이것들이 자연의 형이상학에서, 자기 자신에게 현상인 주관 바깥의 하나의 전체 … 로의 이행을 제공한다. 경험이라고 일컬어지는 경험적 인식의 하나의 체계에서 현상의 현상으로서의 주관은 선험적으로 자연과학의 형이상학에서 물리학으로의 첫 이행을 … 자기 자신의 신체[물체]인 주관[주체]과 관련하여 … 현시하는 것이다."[404] 신체는 내면과 외면 사이의 운동이고, 의식이자 공간상의 물체적 현상이다. 신체는 내적인, 의식 자신을 통해 작동되는 "힘들"의 현실태이다. 주관은 신체로서 내적, 선험적 현상이다. 이 내적인 신체 의식이 외면으로의 격변을 겪는다. 그것은 내 안에서 경험된, 운동하는 힘들을 공간적 대상들의 형식 안에서 펼쳐놓는다. 이 소우주는 대우주를 위한 본보기가 된다.

체계 사상의 징표로서의 신체 이론은 세계 사상으로 나아간다. 선험적 체계[조직]로서의 신체는 객관적 세계 내지는 자연의 체계로 펼

Kant-Studien, Bd. LIV(1963), Heft 4, S. 464 이하 참조.

404) OP: 전집, XXII, 357.

쳐지는 주관적 세계이다. 신체 체계[조직]로서 나는, 내가 목표로 기능하는 체계 전체를 위한 수단과 도구(機關)들을 내세운다는 점에서, 세계를 조직[기관화]한다. 초월철학은 마침내 유기체[조직] 원리만을 올바른 것으로 평가하는 학문이 되어, 신체 경험이 무엇을 직접적으로 함유하는지를 파악한다. 즉 신체 경험은 “자기 자신을 하나의 절대적 전체를 위한 것으로 … 하나의 체계 안에서” 현시하며, 그것도 “(기껏해야 수학처럼) 집합으로서가 아니라, 체계의 절대적 전체에
326 서”[405] 그렇게 한다. 경험은 선험적이고 그래서 체계적이기 위해서는, 먼저 “내면”에서 완수되어야 했는데, 그것은 경험이 외적-대상적이 되기 위해서이다. 칸트는 이렇게 “내면”에서 “외면”으로 나아가, 두 극을 하나로 결합시키는 초월적 이음줄[붙임줄]을 형이상학[초자연학]으로부터 물리학[자연학]으로의 “이행”으로 설명한다.

405) OP: 전집, XXI, 128.

칸트의 저술

(베를린 학술원판 전집의 연대 배열에 따름)

[저술]

1747: (1) Gedanken von der wahren Schätzung der lebendigen Kräfte und Beurtheilung der Beweise, deren sich Herr von Leibniz und andere Mechaniker in dieser Streitsache bedient haben, nebst einigen vorhergehenden Betrachtungen, welche die Kraft der Körper überhaupt betreffen.

1754: (2) Untersuchung der Frage, ob die Erde in ihrer Umdrehung um die Achse, wodurch sie die Abwechslung des Tages und der Nacht hervorbringt, einige Veränderung seit den ersten Zeiten ihres Ursprungs erlitten habe und woraus man sich ihrer versichern könne, welche von der Königl. Akademie der Wissenschaften zu Berlin zum Preise für das jetztlaufende Jahr aufgegeben worden.

(3) Die Frage, ob die Erde veralte, physikalisch erwogen.

1755: (4) Allgemeine Naturgeschichte und Theorie des Himmels oder Versuch von der Verfassung und dem mechanischen Ursprunge des ganzen Weltgebäudes, nach Newtonischen Grundsätzen abgehandelt.

(5) Meditationum quarundam de igne succincta delineatio.

(6) Principiorum primorum cognitionis metaphysicae nova dilucidatio.

327

1756: (7) Von den Ursachen der Erderschütterungen bei Gelegenheit des Unglücks, welches die westliche Länder von Europa gegen das Ende des vorigen Jahres betroffen hat.

(8) Geschichte und Naturbeschreibung der merkwürdigsten Vorfälle des Erdbebens, welches an dem Ende des 1755sten Jahres einen großen Theil der Erde erschüttert hat.

(9) Fortgesetze Betrachtung der seit einiger Zeit wahrgenommenen Erderschütterungen.

(10) Metaphysicae cum geometria iunctae usus in philosophia naturali, cuius specimen I. continet monadologiam physicam.

(11) Neue Anmerkungen zur Erläuterung der Theorie der Winde.

1757: (12) Entwurf und Ankündigung eines Collegii der physischen Geographie nebst dem Anhange einer kurzen Betrachtung über die Frage: Ob die Westwinde in unsern Gegenden darum feucht seien, weil sie über ein großes Meer streichen.

1758: (13) Neuer Lehrbegriff der Bewegung und Ruhe und der damit verknüpften Folgerungen in den ersten Gründen der Naturwissenschaft.

1759: (14) Versuch einiger Betrachtungen über den Optimismus.

1760: (15) Gedanken bei dem frühzeitigen Ableben des Herrn Johann Friedrich von Funk.

1762: (16) Die falsche Spitzfindigkeit der vier syllogistischen Figuren erwiesen.

1763: (17) Der einzig mögliche Beweisgrund zu einer Demonstration des Daseins Gottes.

(18) Versuch, den Begriff der negativen Größen in die Weltweisheit einzuführen.

1764: (19) Beobachtungen über das Gefühl des Schönen und Erhabenen.

(20) Versuch über die Krankheiten des Kopfes.

(21) Rezension von Silberschlags Schrift: Theorie der am 23. Juli 1762 erschienenen Feuerkugel.

(22) Untersuchung über die Deutlichkeit der Grundsätze der natürlichen Theologie und der Moral.

328

1765: (23) Nachricht von der Einrichtung seiner Vorlesungen in dem Winterhalbenjahre von 1765~1766.

1766: (24) Träume eines Geistersehers, erläutert durch Träume der Metaphysik.

1768: (25) Von dem ersten Grunde des Unterschiedes der Gegenden im Raume.

1770: (26) De mundi sensibilis atque intelligibilis forma et principiis.

1771: (27) Recension von Moscatis Schrift: Von dem körperlichen wesentlichen Unterschiede zwischen der Structur der Thiere und Menschen.

1775: (28) Von den verschiedenen Racen der Menschen.

1776~1777: (29) Aufsätze, das Philanthropin betreffend.

1781: (30) Kritik der reinen Vernunft(2. Auflage, 1787).

1783: (31) Prolegomena zu einer jeden künftigen Metaphysik, die als Wissenschaft wird auftreten können.

1785: (32) Grundlegung zur Metaphysik der Sitten.

1786: (33) Metaphysische Anfangsgründe der Naturwissenschaft.

1788: (34) Kritik der praktischen Vernunft.

1790: (35) Kritik der Urteilskraft.

1793: (36) Die Religion innerhalb der Grenzen der bloßen

Vernunft.

1797: (37) Die Metaphysik der Sitten.

1798: (38) Der Streit der Fakultäten.

(39) Anthropologie in pragmatischer Hinsicht.

[논고 및 단편]

1782: (40) Anzeige des Lambertschen Briefwechsels.

(41) Nachricht an Ärzte.

1783: (42) Recension von Schulz's Versuch einer Anleitung zur Sittenlehre für alle Menschen, ohne Unterschied der Religion, nebst einem Anhange von den Todesstrafen.

1784: (43) Idee zu einer allgemeinen Geschichte in weltbürgerlicher Absicht.

(44) Beantwortung der Frage: Was ist Aufklärung?

1785: (45) Recension von J. G. Herders Ideen zur Philosophie der Geschichte der Menschheit.

(46) Über die Vulkane im Monde.

(47) Von der Unrechtmäßigkeit des Büchernachdrucks.

(48) Bestimmung des Begriffs einer Menschenrace.

329

1786: (49) Mutmaßlicher Anfang der Menschengeschichte.

(50) Recension von Gottlieb Hufeland's Versuch über den Grundsatz des Naturrechts.

(51) Was heißt: Sich im Denken orientiren?

(52) Einige Bemerkungen zu L. H. Jacob's Prüfung der Mendelssohn'schen Morgenstunden.

1788: (53) Über den Gebrauch teleologischer Principien in der Philosophie.

(54) Kraus' Rezension von Ullrichs Eleutheriologie.

1790: (55) Über eine Entdeckung, nach der alle Kritik der reinen Vernunft durch eine Ältere entbehrlich gemacht werden soll.

1791: (56) Über das Mißlingen aller philosophischen Versuche in der Theodicee.

1793: (57) Über den Gemeinspruch: Das mag in der Theorie richtig sein, taugt aber nicht für die Praxis.

1794: (58) Etwas über den Einfluß des Mondes auf die Witterung.

(59) Das Ende aller Dinge.

1795: (60) Zum ewigen Frieden.

1796: (61) Von einem neuerdings erhobenen vornehmen Ton in der Philosophie.

(62) Ausgleichung eines auf Mißverstand beruhenden mathematischen Streits.

(63) Verkündigung eines nahen Abschlusses eines Tractats zum ewigen Frieden in der Philosophie.

1797: (64) Über ein vermeintes Recht aus Menschenliebe zu lügen.

1798: (65) Über die Buchmacherei.

1800: (66) Vorrede zu Reinhold Bernhard Jachmanns Prüfung der Kantischen Religionsphilosophie.

(67) Nachschrift zu Christian Gottlieb Mielckes Littauisch-deutschem und deutsch-littauischem Wörterbuch.

[유고 저작들]

조각글들(학술원판 전집 Bd. XIV 이하)과 함께 학술원판 전집에는 다음의 유고 저술들이 수록되어 있음:

I. Briefwelchsel, Bd. X~XIII.

330

II. Opus postumum, Bd. XXI u. XXII(13 Konvolute).

III. Konzepte zu Ganzschriften:

Bd. XX:
1. Lose Blätter zu den Beobachtungen über das Gefühl des Schönen und Erhabenen, S. 183 ff.
2. Erste Einleitung in die Kritik der Urteilskraft, S. 193 ff.
3. Preisschrft über die Fortschritte der Metaphysik, S. 253 ff.

Bd. XXIII:
1. Nachträge zur Kritik der reinen Vernunft, S. 15 ff.

2. Vorarbeit zu den Prolegomena zu einer jeden künftigen Metaphysik, S. 51 ff.
3. Vorarbeit zur Kritik der praktischen Vernunft, S. 67 ff.
4. Vorarbeiten zur Religion innerhalb der Grenzen der bloßen Vernunft, S. 87 ff.
5. Vorarbeiten zur Metaphysik der Sitten, (Rechtslehre) S. 207 ff; (Tugendlehre) S. 371 ff.
6. Vorarbeiten zum Streit der Fakultäten, S. 421 ff.
7. Ergänzungen zum Opus postumum, S. 477 ff.
8. Ergänzungen zum Briefwechsel, S. 489 ff.

IV. Vorlesungen 1[학술원판 전집 수록 강의록]:

Bd. IX: 1. Immanuel Kants Logik, Ein Handbuch zu Vorlesungen, ed. Jäsche, S. 1~150.
2. Immanuel Kants Physische Geographie, ed. Rink, S. 151~436.
3. Immanuel Kant über Pädagogik, ed. Rink, S. 437~499.

Bd. XXIV, 1: 1. Logik(Herder), S. 1~6.
2. Logik(Blomberg), S. 7~302.
3. Logik(Philippi), S. 303~496.

331 Bd. XXIV, 2: 4. Logik(Pölitz), S. 497~602.
5. Logik(Busolt), S. 603~686.

6. Logik(Dohna-Wundlacken), S. 687~784.

7. Logik(Wiener Logik), S. 785~940.

8. Logikauszug(Schlapp), S. 941~952.

Bd. XXVIII, 1: 1. Metaphysik(Herder), S. 1~166.

2. Metaphysik L1(Nomenklatur nach Heinze), S. 167~350.

3. Metaphysik(Volkmann), S. 351~460.

4. Metaphysik(Schön), S. 461~524.

V. Vorlesungen 2 [단행본 출간 강의록]:

1. Immanuel Kants Vorlesungen über die philosophische Religionslehre, ed. Pölitz, Leipzig, 1817.

2. Immanuel Kants Vorlesungen über Metaphysik, ed. Pölitz, Erfurt, 1821.

3. Kants philosophische Anthropologie, nach Vorlesungen bearbeitet, ed. Starke, Leipzig 1831.

4. Vorlesungen Kants über Metaphysik aus drei Semestern, ed. Max Heinze, Leipzig, 1894.

5. Eine Vorlesung Kants über Ethik, ed. Menzer, Berlin 1924.

6. Die philosophischen Hauptvorlesungen Kants (Dohna-Wundlacken), ed. Kowalewsky,

Königsberg, 1924.

7. Immanuel Kant, Vorlesungen über Enzyklopädie und Logik, ed. Lehmann, Ostberlin 1961.

332 8. Immanuel Kant, aus den Vorlesungen der Jahre 1762~1764(Herder), ed. H. D. Irmscher, Köln 1964.

조망 333

맺음말을 대신해서, 이 책에서 그 단초가 주어진 앞으로의 사상적 전개를 그 대강의 윤곽이라도 제시하는 것이 마땅하겠다. 여기서의 조망은 행위원리의 세 주제와 철학적 이성의 법리적 성격과 철학적 실험방법 쪽을 향할 것이다.

[1.] 지성의 선험적 행위 활동의 역할에 관해 말하자면, 그것은 "초월적"이라고 지칭된(예컨대 142면 참조), 대상 건립적인 사고의 운동에서 인식될 수 있다. "나는 사고한다[통각]"는 종합적 작용들에서 가능한 대상의 대상성의 전형의 건립 방식에서 활동한다. 그것은 예컨대 던져진 공에 그것의 대상-임의 통일성을 공간 · 시간상의 가능한 여러 가지 상태들을 선험적으로 종합함으로써 수여한다. "나는 사고한다"는 대상성으로의 이 통일작용을, 자기 자신을 지각된 형상들의 직관적인 "잡다"를 통일하는 상이한 순간들에서 동일성으로 의식하는 방식으로 수행한다. 즉 그것은 이 통일작용을 **자기의** 행위로 이

해한다.[1] 이와 관련하여 내가 말하는 것은 가능한 경험의 대상의 통일성을 만들어내는 "초월적 행위"이다. 이에 상응하여 "나는 의욕한다[의지]"는 실천 현실의 기초에 있는 기초-행위에 대해서도 말할 수
334 있는데, 이것은 실천이성의 자기결정과 법칙수립의 위치에 선다. '나는 의욕한다'는 이 기초 행위를 통해 하나의 실천 성좌[星座]의 현실을 만들어내고, 이에 의해 개별적인 경험적 행위 수행들이 가능하게 된다. 가능한 개별적인 행위들의 세계의 현실은 위치잡기의 원리적 행위에 의해 만들어진다. 이로부터 하나의 실천적 세계가 생기고, 행위자의 "실천적 존재"와 타인들 그리고 물건들 사이에 저 실천적 세계에서 기준이 되는 성좌의 현실이 생긴다.[2] 또한 이 초월적 성좌가 법세계의 정초와 형성을 위한 기준이 된다. 왜냐하면 이를 통해 개별적인 법관계들과 경험적인 법행위들이 가능해지기 때문이다.[3] 전체적으로 보아 밝혀지는 바는, 선험적 행위와 그 안에 포함되어 있는 작업 원리의 사상이 칸트 관심의 중요점이라는 사실이다. 칸트의 관심인즉, 인간의 시민적 자유와 자립성의 관점에서 현대적 인간의 지위를 그의 상상과 지성과 이성의 기초행위들을 통해 특징짓는 일이다. 인간은 이러한 기초 행위들을 통해 자기의 자립적인 작업들과 생산 활동과 행위 활동을 포괄하는 행위세계의 가능성을 만들어내는 것이다. 이렇게 해서 주관/주체는 현실 세계의 기본 구조들을 기투하고 그에 대해 위치를 잡는 초월적 기초 행위들을 통해 가능한

1) Kaulbach, *Das Prinzip Handlung in der Philosophie Kants*(Berlin · New York 1980) 참조.

2) Kaulbach, 앞의 책, 203면 이하.

3) Kaulbach, *Studien zur späten Rechtsphilosophie Kants*(Würzburg 1982) 참조.

인식과 행위 활동을 정초함으로써 현실 세계에 대한 자유의 지위를 얻는다.

2. 이와 연관하여, 칸트는 법소송적 사고의 특징들을 지닌 철학적 이성의 상을 그려 보여주고 있다. 그에 따르면 철학적 "인식"은 가령 결정론과 자유의 시각처럼 상호 모순적인 세계시각들의 다툼에서 335
판결로 해석된다. 만약 이 책에서 칸트에서의 철학적 인식의 대화적-변증법적 특성에 가치를 둔다면, 칸트의 생각을 더욱 천착할 경우 "초월적 변증학"의 법학적 성격이 인식될 수 있을 것이다.[4] 여기서 철학적 이성은 자기 자신의 사고 행위의 법칙수립자("법칙정립")이자 동시에 재판관("이성의 심판석")으로서 나타난다. 후자의 속성에서 철학적 이성은 자기의 언표들의 절대적 인정을 둘러싸고 상호 다툼을 벌이는, 소송 중에 각기 한"편"으로 등장하는 철학적 입장들의 타당성 주장들을 그들의 정당성의 한계 내로 제한한다. 철학적 이성은 부정적으로 처신하며, 다른 한편에서는 또한 정당화하고 — 긍정적이다. 그래서 감히 주장할 수 있거니와, 칸트에 의해 철학적 인식은 각 편들의 다툼에서의 정의로운 판결로 파악되고 있는 것이다. 따라서 철학적 이성의 판사석이라는 말은 단지 은유적인 의미가 아니라, 본질적인 의미를 얻는다. 이로써 근대사에 자리 잡은 이성의 본질 특성이 도드라지고, 이것이 철학적 인식의 "정의[正義]"에 대한 니체의 성찰 중에서 새롭게 시선을 끈다.[5]

---

4) Kaulbach, *Philosophie als Wissenschaft*(Hildesheim 1981) 참조.

5) Kaulbach, *Nietzsches Idee einer Experimentalphilosophie*(Köln · Wien 1980), 제4장 참조.

3. 또한 칸트에서 니체까지 한 오리의 실은 철학적 인식의 실험적 특성이라는 특징으로 이어져 있다. 이 특성은 칸트가 그의 『비판』에서 “형이상학적” 인식으로서의 철학적 인식과 개별 과학의 객관적
336 대상 인식작용을 구별하는 순간에 타당성을 얻는다. 전자의 방법과 “사고방식”은 다음에 의해서 규정된다. 즉 이성이 자기 스스로 세계에 대한 자기의 지위와 자기 법칙수립자적 수행에서의 위치-잡기로 향해 있고, 스스로 그에 의거해 세계가 주관적 인식의도들과 합치하는 것으로 세계를 해석하는 하나의 시각을 발견해야만 한다는 사실에 의해서 말이다. 예를 들어 철학적 사고가 자연과 역사에 대한 힘으로의 의지에 복무할 때, 철학적 사고는 이 의지에게, 이성이 이론적으로 그리고 실천적으로 붙잡는 데 잘 순응하는 세계를 그려 보인다. 칸트는 이런 세계를 『자연과학의 형이상학적 기초원리』에서 전개하고 있다.[6] 그에 맞추어 실천이성은, 사고하는 자의 관심사가 자기의 지위를 세계 내의 자유로운 존재자의 지위로 파악하는 일일 때, 자유의 위치에서 자유로운 행위 활동의 세계를 그려 보인다. 행위세계에 대한 알맞은 실천 철학은 『윤리형이상학』에서 확장된다. 각각의 의지 방향과 의지의 기본틀에 따라 인간은 세계에 대한 알맞은 시각을 필요로 하며, 정위와 의미의 필요에 대한 이것의 중요성은 이성의 자기 자신과의, 즉 자기의 위치잡기와 시각 선택의 실험을 통해 입증될 수 있다. 형이상학은 세계에 대한 이론적 인식에서 성립하는 것이 아니라, 하나의 세계연관의 설계도를 그려내는 것이

6) Kaulbach, “Metaphysik der Natur, Weltidee und Prinzip der Handlung bei Kant”, in: *Zeitschrift für philosophische Forschung*, 30/3 참조.

며, 주관은 자기 자신과 합치되게 사고하고 행위할 수 있도록, 자기
의 의지 방향에 맞춰 이 세계연관 속에 자신을 위치시킨다. 이러한
전제에서 나와 세계 사이의 불가분리적 결합에 대한 칸트의 사상이
그의 철학에서 중심적이고 정초적인 것으로 인식될 수 있다. 이 사 337
상은 예컨대 『순수이성비판』의 구조에서 기초적인 학습극인, 데카르
트와 쟁론을 벌인 "관념론 반박"에 의해 노정되고 있다.

칸트 연구문헌 사용법

칸트의 저작과 같은 철학 저작은 일의적이고 완결적인 교습물이 아니다. 그래서 이에 관한 연구문헌에서 자연과학에서와 같은 의미로 학문의 최신 수준에 타당한 서술의 관점이란 없다. 칸트에 관한 문헌의 연구는 동시에, 칸트 연구문헌에 속하는 저작들 자신이 해석의 역사를 반영하고, 우리와 이 책에서의 서술도 그에 속하는 그 해석의 "현재"가 그 고유의 경험들을 의미 있게 만들어야 함에 관한 반성들을 담고 있어야만 한다. 이런 관점에서 볼 때 칸트에 관한 문헌은 다음과 같은 국면들로 구분할 수 있다: A군[群]의 저작들은 독일 철학사 기술의 위대한 시기에 속하는 것들로, 이의 저자들 자신이 여전히 이상주의/관념론 철학의 전통에 서 있다. 그들의 저술은 헤겔에 의해 실현된, 철학 사상의 역사적 전개의 이념의 영향과 인상 아래에서 쓰인 것이다. 이 저작들, 특히 쿠노 피셔의 저작은 오늘날에도 여전히 정초적인 것이다. — B군의 저작들은 우선적으로 "신칸트학파"에 귀속하는 것들인데, 신칸트학파는 절대적 이상주의/관념론이 좌초한 후 1860년대에 리프만의 "칸트로 돌아가자"는 구호 와 함께 칸트 연구에 새로운 방향을 제시했다. 이 학파는 칸트 관념
론의 수단들을 가지고서 엄선된 인식론적 단초를 확장함으로써 당 338
대의 "문화적" 물음들도 해결하는 것을 과제로 삼았다. 그러나 신칸트학파의 해석은, 절대적 이상주의/관념론의 주장들에 대한 반작용의 추세에서 주관적 인식의 끝없는 전진의 이념 뒤로 "존재"의 이념을 밀쳐버리고, 그로 인해 칸트적 사고의 형이상학적 관련성들을 시야에서 놓쳤다는 점에서, 협소해지는 경향을 보였다.

C군의 저작들은 칸트의 영향사의 현대적 국면에 속하는 것들이다. 현대적 국면은 칸트철학을 특히 독일 "학교철학"을 매개로 서양 전통[사상]과 결합시키는 연관성을 다시 찾은 것으로 특징지을 수 있다. 이로써 칸트의 저작이 그 풍부한 전체 동기에 맞게 칸트 연구의 시야에 들어왔고, 특히 형이상학을 학문으로 정초하려는 중요한 취지가 재인식되었다. 분석철학 유파의 해석들은 역사적-형이상학적 해석에 대한 평형추 역할을 한다. 칸트철학과의 대결은 분석적 이론가들이 선호하는 실험 분야로서, 칸트 연구는 이들 덕에 크게 고무되고 있다. 1970년대 이래 독일어권 칸트-해석가들도 점점 더 많이 분석적인 수단을 이용했고, 분석적인 해석과 비-분석적인 해석을 엄밀하게 분리한다는 것은 어려운 일이므로, C군 안의 더 최근의 저술들을 다시 세분하지는 않았다. 최근의 문헌 분량은 1960년대 이후 칸트에 대한 관심이 급속도로 증가했다는 인상 또한 주고 있다.

특히 최근에 와서 괄목상대할 정도로 칸트 사유의 발전 과정 자 339
체가 연구의 대상이 되었다는 사실은 주목할 만하다. 칸트의 체계적이고 역사적인 사유 과정을 관통함을 과제로 삼은 이 책에서는 또한

칸트의 초기 사유에 특별한 가치를 두었다.

칸트철학을 특수한 방면에서 연구하는 것을 돕기 위해 분야별로 정리한 문헌 목록을 D군에 모아 덧붙였다. 이 목록에는 특히 최근에 발간된 것들이 비중 있게 반영되어 있다. 물론 완벽하지는 않다. 논문들은 단지 예외적인 경우에만 포함시켰다. 광범위한 칸트 연구문헌 목록은 Gerhardt/Kaulbach(1979), Heintel/Nagl(1981), Prauss(1973) 등의 보고서에서 볼 수 있다.

칸트 연구문헌 340

A

Fischer, K.: *Immanuel Kant und seine Lehre*. 1. und 2. Teil. 6. Aufl. Heidelberg 1928.

Erdmann, J. E.: *Versuch einer wissenschaftlichen Darstellung der deutschen Spekulation seit Kant*. Faksimile–Neudruck. Hrsg. von H. Glockner, Stuttgart 1931.

Liebmann, O.: *Kant und die Epigonen*. Leipzig 1865.

Windelband, W.: *Die Geschichte der Neueren Philosophie*. 2. Bd. Leipzig 1878.

Zeller, E.: *Geschichte der deutschen Philosophie seit Leibniz*. München 1875.

B

Bauch, B.: *Immanuel Kant*. Berlin/Leipzig 1923.

Cassirer, E.: *Kants Leben und Lehre*. Berlin 1918.

_____: Kant und das Problem der Metaphysik. In: XXXVI, 1931, 1–26.

Cohen, H.: *Kants Theorie der Erfahrung*. 2. Aufl. Berlin 1885.

Ebbinghaus, J.: Kant im 20. Jahrhundert. In: *Studium Generale*, 7. Jg. 1954, Heft 9, 513–524.

Herrigel, E.: Die metaphysische Form, eine Auseinandersetzung mit Kant. 1. Halbband: der mundus sensibilis. Tübingen 1929.

Kroner, R.: *Von Kant bis Hegel*. 2. Aufl. Tübingen 1961.

Liebmann, O.: *Kant und die Epigonen, eine kritische Abhandlung*. Stuttgart 1865.

Natorp, P.: *Kant und die Marburger Schule*. Berlin 1912.

Paulsen, F.: *Immanuel Kant*. Stuttgart 1898.

Reininger, R.: *Kant. Seine Anhänger und seine Gegner*. München 1923.

Rickert, H.: *Kant als Philosoph der modernen Kultur*. Tübingen 1924.

Riehl, A.: *Der philosophische Kritizismus*. 1. Band. *Geschichte des philosophischen Kritizismus*. 3, Aufl. Leipzig 1924.

Simmel, G.: *Kant, 16 Vorlesungen gehalten an der Berliner Universität* (gehört zwar nicht zum Neukantianismus im engeren

Sinne, aber ist durch dessen Grundsätze beeinflußt). Leipzig 1905.

Volkelt, J.: *Immanuel Kants Erkenntnistheorie nach ihren Grundprinzipien analysiert, ein Beitrag zur Grundlegung der Erkenntnistheorie*. Leipzig 1897. 341

C

Beck, L. W.: *Studies in the Philosophy of Kant*. Indianapolis / New York / Kansas City 1965.

______: *Kant Studies Today*. La Salle(Ill./USA) 1969.

______: *Essays on Kant and Hume*. New Haven / London 1978.

Blaha, O.: *Die Ontologie Kants. Ihr Grundriß in der Transzendentalphilosophie*. Salzburg / München 1967.

Böckerstette, H.: *Aporien der Freiheit und ihre Aufklärung durch Kant*. Stuttgart-Bad Cannstatt 1982.

Buchdahl, G.: *Metaphysics and the Philosophy of Science*. Oxford 1969.

Buhr, M./Oisermann, T. I.(Hrsg.): *Revolution der Denkart oder Denkart der Revolution. Beiträge zur Philosophie Immanuel Kants*. Berlin(Ost) 1976.

Daval, R.: *La métaphysique de Kant*. Paris 1951.

Delekat, F.: *Immanuel Kant. Hist.-krit. Interpretation der Hauptschriften*. 2. Aufl. Heidelberg 1966.

Funke, G.: *Von der Aktualität Kants*. Bonn 1979.

Gerhardt, V. / Kaulbach, F.: *Kant*. Darmstadt 1979 (EdF 105).

Glockner, H.: *Kulturphilosophische Perspektiven*, insbesondere S. 175 ff. Bonn 1968.

Heidegger, M.: *Kant und das Problem der Metaphysik*. 2. Aufl. Frankfurt 1962.

______: Kants These über das Sein. Frankfurt 1962.

______: *Die Frage nach dem Ding. Zu Kants Lehre von den transzendentalen Grundsätzen*. Tübingen 1962.

Heirnsoeth, H.: *Die sechs großen Themen der abendländischen Metaphysik und der Ausgang des Mittelalters*. Berlin 1922.

______: *Studien zur Philosophie Immanuel Kants*. Köln 1956.

______: *Metaphysik der Neuzeit* (Schröters Handbuch). München / Berlin 1929.

Heintel, E.: *Die beiden Labyrinthe der Philosophie*. Wien 1968.

Heintel, P. / Nagl, L.(Hrsg.): *Zur Kantforschung der Gegenwart*. Darmstadt 1981.

Hinske, N.: *Kant als Herausforderung an die Gegenwart*. Freiburg 1980.

342 Kaulbach, F.: *Der philosophische Begriff der Bewegung, Studien zu Aristoteles, Leibniz und Kant*. Köln / Graz 1965.

______: *Philosophie der Beschreibung*. Köln / Graz 1968.

______: *Einführung in die Metaphysik*. Darmstadt 1972.

______: *Das Prinzip Handlung in der Philosophie Kants*. Berlin /

New York 1978.

Kaulbach, F.: *Das Prinzip Handeln in der Philosophie Kants*. Berlin / New York 1980.

Kimpel, B. F.: *Kant's critical philosophy*. Boston 1964.

Knittermeyer, H.: Der Terminus transzendental in seiner historischen Entwicklung. Diss. Marburg 1920.

Körner, S.: *Kant*. Göttingen 1967.

Kopper, J.: *Transzendentales und dialektisches Denken*. Köln 1961.

Kopper, J. / Malter, R.(Hrsg.): *Immanuel Kant zu Ehren*. Frankfurt 1974.

Lebrun, G.: *Kant et la fin de la métaphysique*. Paris 1970.

Lehmann, G.: *Beiträge zur Geschichte und Interpretation der Philosophie Kants*. Berlin 1969.

______: *Neue Beiträge zur Geschichte und Interpretation der Philosophie Kants*. Berlin / New York 1980.

Maier, A.: *Kants Qualitätskategorien*. Berlin 1930.

Martin, G.: *Immanuel Kant, Ontologie und Wissenschaftstheorie*. 2. Aufl. Berlin 1968.

______: *Gesammelte Abhandlungen*, Band 1. Köln 1961.

Oesterreich, K.: *Kant und die Metaphysik*. Berlin 1906.

Prauss, G.(Hrsg.): *Kant. Zur Deutung seiner Theorie von Erkennen und Handeln*. Köln 1973.

Sellars, W.: *Science and Metaphysics. Variations an Kantian Themes*. London / New York 1968.

Sommer, M.: *Die Selbsterhaltung der Vernunft*. Stuttgart-Bad Cannstatt 1977.

Vleeschauwer, H. J. de: *La déduction transzendentale dans l'oeuvre de Kant*. 3 Bände. Paris 1933/37.

Walsh, W. H.: *Kant's Criticism of Metaphysics*. Edinburgh 1975.

Wolff, R. P.: *Kant's Theory of Mental Activity*. Cambridge, Harvard Univ. Press 1963.

Wundt, M.: *Kant als Metaphysiker*. Stuttgart 1924.

Zocher, R.: *Kants Grundlehre*. Erlangen 1959.

343 D

1. Theoretische Philosophie

Bartuschat, W.: *Zum systematischen Ort von Kants Kritik der Urteilskraft*. Frankfurt a. M. 1972.

Bennett, J.: *Kant's Analytic*. Cambridge 1966.

_____: *Kant's Dialectic*. Cambridge 1974.

Bird, G.: *Kant's Theory of Knowledge*. London 1962.

Butts, R. E.: Kant's Schemata as Semantical Rules. In: *Kant-Studies Today*. Ed. by L. W. Beck, La Salle(Ill./USA) 1969 (Open Court), 290–300.

Dryer, D. P.: *Kant's Solution for Verification in Metaphysics*. London 1966.

Düsing, K.: *Die Teleologie in Kants Weltbegriff*. Bonn 1968 (Kant–

Studien-Erg.-H. 96).

Henrich, D.: *Identität und Objektivität*. Heidelberg 1976.

Heidemann, 1.: *Spontaneität und Zeitlichkeit*. Köln 1958. (Berücksichtigt auch die spez. menschliche Ausgangssituation der Kritik—vgl. auch I. H.: KS 47, 1955/56, 3–30 bes. S. 29).

Hogrebe, W.: *Kant und das Problem einer transzendentalen Semantik*. Freiburg / München 1974.

Kaulbach, F.: *Philosophie als Wissenschaft*. Eine Anleitung zum Studium von *Kants Kritik der reinen Vernunft*. Hildesheim 1981.

Konhardt, K.: *Die Einheit der Vernunft*. Königstein 1979.

Kopper, J. / Malter, R.(Hrsg.): *Materialien zu Kants Kritik der reinen Vernunft*. Frankfurt 1975.

Krausser, P.: *Kants Theorie der Erfahrung und Erfahrungswissenschaft*. Frankfurt 1981.

Lütterfelds, W.: *Kants Dialektik der Erfahrung. Zur antinomischen Struktur der endlichen Erkenntnis*. Meisenheim a. Gl. 1977.

Mc Farland, J. D.: *Kant's Concept of Teleology*. Edinburgh 1970.

Milles, M. L.: *Logik und Metaphysik bei Kant*. Frankfurt 1978.

Mörchen, H.: *Die Einbildungskraft bei Kant*. 2. Aufl. Tübingen 1970.

Prauss, G.: *Erscheinung bei Kant. Ein Problem der "Kritik der reinen Vernunft"*. Berlin 1971.

______: *Kant und das Problem der Dinge an sich*. Bonn 1974.

344 Röttges, H.: *Dialektik als Grund der Kritik*. Königstein 1981.

Sachta, P.: *Die Theorie der Kausalität in Kants Kritik der reinen Vernunft*. Meisenheim a. Gl. 1975 (Hain).

Schmucker, J.: *Die Ontotheologie des vorkritisdien Kant*. Berlin / New York 1980.

Schönrich, G.: *Kategorien und transzendentale Argumentation. Kant und die Idee einer transzendentalen Semiotik*. Frankfurt 1981.

Schulthess, P.: *Relation und Funktion*. Berlin / New York 1981.

Strawson, P. F.: *The Bounds of Sense. An Essay of Kant's Critique of Pure Reason*. London 1966.

Stuhlmann-Laeisz, R.: *Kants Logik*. Berlin / New York 1976.

Swing, T. K.: *Kant's Transcendental Logic*. London 1969.

Teichner, W.: *Die intelligible Welt. Ein Problem der theoretischen und der praktischen Philosophie Kants*. Meisenheim a. GI. 1967.

2. Naturphilosophie

Adickes, E.: *Kant als Naturforscher*. Berlin 1924.

Drews, A.: *Kants Naturphilosophie als Grundlage seines Systems*. Berlin 1894.

Drossbach, P.: *Kant und die gegenwärtige Naturwissenschaft*. Berlin 1943.

Gloy, K.: *Die Kantische Theorie der Naturwissenschaft*. Berlin / New York 1976.

Hoppe, H.: *Kants Theorie der Physik. Eine Untersuchung über das Opus postumum*. Frankfurt 1969.

Kaulbach, F.: *Die Metaphysik des Raumes bei Leibniz und Kant*. Köln 1960.

König, E.: *Kant und die Naturwissenschaft*. Braunschweig 1907.

Löw, R.: *Philosophie des Lebendigen*. Frankfurt 1980.

Martin, G.: Arithmetik und Kombinatorik bei Kant. Diss. Itzehoe 1938.

Menzer, P.: *Kants Lehre von der Entwicklung in der Natur und Geschichte*. Berlin 1911.

Plaaß, P.: *Kants Theorie der Naturwissenschaft*. Göttingen 1965.

Schäfer, L.: *Kants Metaphysik der Natur*. Berlin 1966. 345

Tuschling, B.: *Metaphysische und transzendentale Dynamik in Kants Opus postumum*. Berlin / New York 1971.

Vuillemin, J.: *Physique et métaphysique kantienne*. Paris 1955.

Weizsäcker, C. F. v.: *Die Einheit der Natur. Studien*. München 1971.

3. Praktische Philosophie

Acton, H. B.: *Kant's Moral Philosophy*. London 1970.

Beck, L. W.: *Akteur und Betrachter*. Freiburg 1975.

Bittner, R. / Cramer, K.: *Materialien zu Kants "Kritik der praktischen Vernunft"*. Frankfurt 1975.

Cohen, H.: *Kants Begründung der Ethik*. Berlin 1877.

Ebbinghaus, J.: *Die Formeln des kategorischen Imperativs und die*

Ableitung inhaltlich bestimmter Pflichten. Turin 1959.

———: *Gesammelte Aufsätze, Vorträge und Reden*. Darmstadt 1968.

Forschner, M.: *Gesetz und Freiheit*. München 1974.

Gueroult, M.: Canon de la raison pure et critique de la raison pratique, Revue internationale de philosophie. 1954.

Heubült, W.: *Die Gewissenslehre Kants*. Bonn 1980.

Högernann, B.: *Die Idee der Freiheit und das Subjekt*. Königstein 1980.

Hutchings, P. A.: *Kant on Absolute Value*. London 1972.

Kaulbach, F.: Der Herrschaftsanspruch der Vernunft in Recht und Moral bei Kant. In: *Kant-Studien* 67, 1976, 390–408.

Krüger, G.: *Philosophie und Moral in der Kantischen Kritik*. Tübingen 1931, [2]1967.

Moritz, M.: *Pflicht und Moralität. Eine Antinomie in Kants Ethik*. Lund 1965.

Paton, H. J.: *Der kategorische Imperativ, eine Untersuchung über Kants Moralphilosophie*. Berlin 1962.

Patzig, G.: *Ethik ohne Metaphysik*. Göttingen 1971.

Reich, K.: *Rousseau und Kant*. Tübingen 1936.

Reiner, H.: *Pflicht und Neigung*. Meisenheim 1951.

Ross, S. D.: *Kant's ethical theory*. Oxford 1954.

Schilpp, P. A.: *Kant's pree-critical ethics*. Evanston 1938.

Schmucker, J.: *Die Ursprünge der Ethik Kants in seinen vorkritischen Schriften und Reflexionen*. Meisenheim 1961.

Schwartländer, J.: *Der Mensch ist Person*. Stuttgart 1968. 346

Schwemmer, O.: *Philosophie der Praxis*. Frankfurt 1971.

Teale, A. E.: *Kantian Ethics*. 2. Aufl. Westport(USA) 1975.

Vialatoux, J.: *La morale de Kant*. Paris 1956.

Walsh, W. H.: *Kant's Moral Theology*. London 1963.

Williams, T. C.: *The Concept of the Categorical Imperative*. Oxford 1968.

4. Rechtsphilosophie und Politik

Batscha, Z.(Hrsg.): *Materialien zu Kants Rechtsphilosophie*. Frankfurt 1976.

Borries, K.: *Kant als Politiker. Zur Staats- und Gesellschaftslehre des Kritizismus*. Leipzig 1928.

Brandt, R.: *Eigentumstheorien von Grotius bis Kant*. Stuttgart-Bad Cannstatt 1974.

Buchda, G.: *Das Privatrecht Immanuel Kants*. Jena 1929.

Burg, P.: *Kant und die französische Revolution*. Berlin 1974.

Busch, W.: *Die Entstehung der kritischen Rechtsphilosophie Kants*. Berlin / New York 1979.

Coing, H.: *Kant und die Rechtswissenschaft*. Frankfurt 1955.

Despland, M.: *Kant on History and Religion*. Montreal / London 1973.

Dulckeit, G.: *Naturrecht und positives Recht bei Kant*. Leipzig 1932.

Emge, A. C.: Das Eherecht Immanuel Kants, *Kant-Studien* 29, S.

243–279. 1924.

Gablentz, O. H. v. d.: *Kants politische Philosophie und die Weltpolitik unserer Tage*. Berlin 1956.

Galston, W. A.: *Kant and the Problem of History*. Chicago / London (Univ. of Chicago) 1975.

Gerhardt, V.: Recht und Herrschaft. Zur gesellschaftlichen Funktion des Rechts in der Philosophie Kants. In: *Rechtstheorie* 12, 1981, 53–94.

Heimsoeth, H.: *Geschichtsphilosophie*. Bonn 1948.

Hensel, W.: *Kants Lehre vom Widerstandsrecht*. Berlin 1926.

Kaulbach, F.: *Studien zur Rechtsphilosophie Kants*. Würzburg 1982.

Lehmann, G.: *Kants Besitzlehre*. Berlin 1956.

Luf, G.: *Freiheit und Gleichheit*. Wien / New York 1978.

Ritter, Ch.: *Der Rechtsgedanke Kants nach den frühen Quellen*. Frankfurt a. M. 1971.

347 Saage, R.: *Eigentum, Staat und Gesellschaft bei Immanuel Kant*. Stuttgart u. a. 1973.

Saner, H.: *Kants Weg vom Krieg zum ewigen Frieden*. Bd. 1: *Widerstreit und Einheit*. München 1967.

Shell, S. M.: *The Rights of Reason. A study of Kant's philosophy and politics*. Toronto / Buffalo / London 1980.

Vlachos, G.: *La pensée politique de Kant. Métaphysique de l'ordre et dialectique du progrès*. Paris 1962.

Vollrath, E.: *Die Rekonstruktion der politischen Urteilskraft*. Stuttgart

1977.

Vorländer, K.: *Kant und Marx*. Tübingen 1926.

Welzel, H.: *Naturrecht und materiale Gerechtigkeit*. 4. Aufl. Göttingen 1962.

Weyand, K.: *Kants Geschichtsphilosophie. Ihre Entwicklung und ihr Verhältnis zur Aufklärung*. Köln 1963. KantStudien-Erg.-Hefte 85.

Wieacker, F.: *Privatrechtsgeschichte der Neuzeit*. 2. Aufl. Göttingen 1967.

5. Religionsphilosophie

Bach, B.: *Luther und Kant*. Berlin 1904.

Baumbach, R.: *Das Irrationale in Kants Religionsphilosophie*. Marburg 1929.

Bohatec, J.: *Die Religionsphilosophie Kants in der "Religion innerhalb der Grenzen der bloßen Vernunft"*. Hamburg 1938.

Kaftan, J.: *Kant der Philosoph des Protestantismus*. Berlin 1904.

Lötzsch, F.: *Kritik der Autorität. Das Sittengesetz als pädag. Problem bei Luther, Kant und Schleiermacher*. Köln / Wien / Böhlau 1974.

______: *Vernunft und Religion im Denken Kants*. Köln / Wien 1976.

Noack, H.: *Einleitung in Kants Religionsschrift*. Hamburg 1956.

Otto, R.: *Kantisch-Fries'sche Religionsphilosophie und ihre Anwendung auf die Theologie*. Tübingen 1921.

Redmann, G. H.: *Gott und Welt*. Göttingen 1962.

Salmony, H. A.: *Kants Schrift "Das Ende aller Dinge"*. Zürich 1962.

348 Schweitzer, A.: *Die Religionsphilosophie Kants von der Kritik der reinen Vernunft bis zur Religion innerhalb der bloßen Vernunft*. Tübingen 1899.

Troeltsch, E.: Das Historische in Kants Religionsphilosophie, *Kant-Studien* IX. 1906.

Wood, A. W.: *Kant's Moral Religion*. Ithaca u. London 1970.

6. Ästhetik

Baeumler, A.: *Kants Kritik der Urteilskraft, ihre Geschichte und Systematik* (angelegt auf zwei Bände, von denen nur der erste erschien). Halle 1923.

Cohen, H.: *Kants Begründung der Ästhetik*. Berlin 1889.

Crawford, D. W.: *Kant's Aesthetic Theory*. Univ. of Wiscon. Pr. 1974.

Diemel, W.: *Die Bedeutung von Kants Begründung der Ästhetik für die Philosophie der Kunst*. Köln 1959.

Freudenberg, G.: *Die Rolle von Schönheit und Kunst im System der Transzendentalphilosophie*. Meisenheim 1960.

Heidemann, I.: *Der Begriff des Spieles und das ästhetische Weltbild in der Philosophie der Gegenwart*. Berlin 1968.

Kuhlenkampf, J.(Hrsg.): *Materialien zu Kants "Kritik der Urteilskraft"*, Frankfurt 1974.

______: *Kants Logik des ästhetischen Urteils*. Frankfurt 1978.

Kuypers, K.: *Kants Kunsttheorie und die Einheit der Kritik der Urteilskraft*. Amsterdam und London 1972.

Lehmann, G.: *Kants Nachlaßwerk und die Kritik der Urteilskraft*. Berlin 1939.

Menzer, P.: *Kants Ästhetik in ihrer Entwicklung*. Berlin 1952.

Neumann, K.: *Gegenständlichkeit und Existenzbedeutung des Schönen. Untersuchungen zu Kants "Kritik der Urteilskraft"*. (Kant-Studien-Erg.-H. 105). Bonn 1973.

Odebrecht, R.: *Form und Geist*. Berlin 1930.

Saatroewe, J.: *Genie und Reflexion. Zu Kants Theorie des Ästhetischen*. Neuburgweier b. Karlsruhe 1971.

Scheer, B.: *Zur Begründung von Kants Ästhetik und ihrem Korrektiv in der ästhetischen Idee*. Frankfurt 1971.

Stein, H. von: *Die Entstehung der neueren Ästhetik*. Stuttgart 1886.

Trebels, A. H.: *Einbildungskraft und Spiel, Untersuchungen zur Kantischen Ästhetik*. Bonn 1967.

7. Lexika und Kommentare 349

Apell, M.: *Kommentar zu Kants Prolegomena*. Leipzig 1908.

Beck, L. W.: *A commentary on Kant's critic of practical reason*. Chicago / Toronto 1961.

______: *"Kritik der praktischen Vernunft". Ein systematischer Kommentar*. München 1974.

Cassirer, H. W.: *A commentary on Kant's Critique of Judgement*. New York / London 1970.

Cohen, H.: *Kommentar zu Immanuel Kants Kritik der reinen Vernunft*. 4. Aufl. Leipzig 1925.

Coninek, A. de: *L'analytique transzendentale de Kant*. Band 1: *La critique kantienne*. Löwen / Paris 1955.

Eisler, R.: *Kant-Lexikon*. Nachschlagewerk zu Kant-Lexikon. Nachschlagewerk zu Kants sämtlichen Schriften, Briefen und handschriftlichem Nachlaß. Berlin 1930.

Heimsoeth, H.: *Transzendentale Dialektik, ein Kommentar zur Kritik der reinen Vernunft*. 4 Bände. Berlin 1966/69.

Holger, K.: *Personenindex zu Kants Gesammelten Schriften*. Bonn 1964.

Martin, G.: *Sachindex zu Kants Kritik der reinen Vernunft*. Berlin 1967.

Mertens, H.: *Kommentar zur Ersten Einleitung in Kants Kritik der Urteilskraft*. München 1973 (Epimeleia 25).

Messer, A.: *Kommentar zu Kants "Kritik der reinen Vernunft"*. Stuttgart 1923.

Paton, H. J.: *Kant's metaphysic of experience. A commentary on the first part of the "Kritik der reinen Vernunft"*. 2 Bände. London 1936.

_____: *Der kategorische Imperativ*. Berlin 1962 (Kommentar zur Metaphysik der Sitten).

Ratke, H.: *Systematisches Handlexikon zu Kants Kritik der reinen Vernunft*. Leipzig 1929.

Vaihinger, H.: *Kommentar zu Kants Kritik der reinen Vernunft* (Band 1 Stuttgart 1881, Band 2 Stuttgart / Berlin / Leipzig 1892).

Vleeschauwer, H. J. de: *La déduction transzendentale dans l'oeuvre de Kant*. 3 Bände. Paris 1933/37.

Wolff, R. P.: *Kant's theory of mental activity*. Cambridge/Mass. 1963.

______: *The Autonomy of Reason. A Commentary on Kant's Groundwork of the Metaphysik of Morals*. New York 1973.

8. Zur Person Immanuel Kants 350

Borowski, L. E.: *Darstellung des Lebens und Charakters Immanuel Kants*. Königsberg 1804.

______: *Immanuel Kant. Ein Lebensbild nach Darstellung der Zeitgenossen*. Nachdruck. Halle 1907.

Drescher, S.(Hrsg.): *Wer war Kant? Drei zeitgenössische Biographien*. Pfullingen 1974.

Gulyga, A.: *Immanuel Kant*. Frankfurt 1981.

Messer, A.: *Immanuel Kants Leben und Philosophie*. Stuttgart 1924.

Schultz, U.: *Kant*. Reinbek 1965 (rororo–Bildmonographien).

Stavenhagen, K.: *Kant und Königsberg*. Göttingen 1949.

Ritzel, W.: *Immanuel Kant Zur Person*. Bonn 1975.

Thom, M.: *Immanuel Kant*. Leipzig / Jena / Berlin o. J. (1974).

Vancourt, R.: *Kant*. Paris 1971 (P. U. F.).

Vorländer, K.: *Immanuel Kant. Der Mann und das Werk*. 2 Bde. Leipzig 1924, 2. Aufl. in einem Band: Hamburg 1977. —Kants Leben. Neu hrsg. v. R. Malter. 3. Aufl. Hamburg 1974.

Wasianski, C. A.: *Immanuel Kant in seinem letzten Lebensjahr*. Königsberg 1804.

9. Ausgaben Kantischer Werke

Kant: Vermischte Schriften, authentische und vollständige Ausgabe mit einer Einführung und Anmerkungen von J. H. Tieftrunk. Halle 1799.

Kants Werke. Sorgfältig revidierte vollständige Ausgabe in 10 Bänden, ed. Hartenstein. Leipzig 1838/39.

Immanuel Kants sämtliche Werke, hrsg. von Karl Rosenkranz und Friedrich Wilh. Schubert. Leipzig 1838/42.

Immanuel Kants sämtliche Werke in chronologischer Reihenfolge, hrsg. von G. Hartenstein. Leipzig 1867/68.

Kant: Sämtliche Werke, hrsg. von J. H. von Kirchmann. Berlin / Leipzig / Heidelberg 1864/1880.

Kants gesammelte Schriften, hrsg. von der Königlich–Preußischen Akademie der Wissenschaften (bzw. der Deutschen Akademie der Wissenschaften) zu Berlin, 1900 ff.

Kant: Sämtliche Werke, hrsg. von Vorländer, in Verbindung mit O. Buek, P. Gedan, W. Kinkel, F. M. Schiele, Th. Valentiner u. a.

Leipzig 1920/40.

Immanuel Kants Werke, in Gemeinschaft mit H. Cohen, A. 351
Buchenau, O. Buek, A. Görland, B. Kellermann, hrsg. von E. Cassirer. Berlin 1912/22.

Kant-Studienausgabe, hrsg. von Wilh. Weischedel. Darmstadt/ Frankfurt 1956 ff. (Diese Ausgabe ist inzwischen in verschiedenen Editionen in mehreren Verlagen [Wiss. Buchgesell., Insel, Suhrkamp] zugänglich).

Kants Werke: Akademie-Textausgabe (Paperbacks). Berlin 1968. Bde I－IX Werke; Bd X Nachworte zu den einzelnen Ausgaben. (Diese Ausgabe ist für Studienzwecke auch deshalb zu empfehlen, weil sie seitenidentisch mit der Akademie-Ausgabe ist und infolgedessen die Grundlage wissenschaftlicher Arbeiten darstellen kann.)

■ 찾아보기

인명 찾아보기

※ 면수는 원서 기준

[ㅁ]

[ㅂ]

[ㅅ]

[ㅇ]

[ㅎ]

개념 찾아보기

※ 면수는 원서 기준

[ㄱ]

[ㄴ]

[ㄷ]

[ㅅ]

[ㅇ]

[ㅈ]

[ㅊ]

[ㅎ]

옮긴이 | **백종현白琮鉉**

서울대학교 명예교수. 한국포스트휴먼연구소 소장.
서울대학교 철학과에서 학사 · 석사 과정 후 독일 프라이부르크 대학에서 철학박사 학위를 받았다. 인하대 · 서울대 철학과 교수, 서울대 철학사상연구소 소장, 서울대 인문학연구원 원장, 한국칸트학회 회장, 한국철학회 『철학』 편집인 · 철학용어정비위원장 · 회장 겸 이사장, 한국포스트휴먼학회 회장을 역임하였다.
주요 논문으로는 "Universality and Relativity of Culture"(*Humanitas Asiatica*, 1, Seoul 2000), "Kant's Theory of Transcendental Truth as Ontology"(*Kant-Studien*, 96, Berlin & New York 2005), "Reality and Knowledge"(*Philosophy and Culture*, 3, Seoul 2008) 등이 있으며, 주요 저서로는 *Phänomenologische Untersuchung zum Gegenstandsbegriff in Kants "Kritik der reinen Vernunft"*(Frankfurt/M. & New York 1985), 『독일철학과 20세기 한국의 철학』(1998/증보판2000), 『존재와 진리—칸트 〈순수이성비판〉의 근본 문제』(2000/2003/전정판2008), 『서양근대철학』(2001/증보판2003), 『현대 한국사회의 철학적 문제: 윤리 개념의 형성』(2003), 『현대 한국사회의 철학적 문제: 사회 운영 원리』(2004), 『철학의 개념과 주요 문제』(2007), 『시대와의 대화: 칸트와 헤겔의 철학』(2010), 『칸트 이성철학 9서5제』(2012), 『동아시아의 칸트철학』(편저, 2014), 『한국 칸트철학 소사전』(2015), 『이성의 역사』(2017), 『인간이란 무엇인가 – 칸트 3대 비판서 특강』(2018), 『한국 칸트사전』(2019), 『인간은 무엇이어야 하는가 – 포스트휴먼 시대, 인간을 다시 묻다』(2021) 등이 있고, 역서로는 『칸트 비판철학의 형성과정과 체계』(F. 카울바흐, 1992)//『임마누엘 칸트 – 생애와 철학 체계』(2019), 『실천이성비판』(칸트, 2002/개정2판 2019), 『윤리형이상학 정초』(칸트, 2005/개정2판 2018), 『순수이성비판 1 · 2』(칸트, 2006), 『판단력비판』(칸트, 2009), 『이성의 한계 안에서의 종교』(칸트, 2011), 『윤리형이상학』(칸트, 2012),『형이상학 서설』(칸트, 2012), 『영원한 평화』(칸트, 2013), 『실용적 관점에서의 인간학』(칸트, 2014), 『교육학』(칸트, 2018), 『유작 I.1 · I.2』(칸트, 2020), 『학부들의 다툼』(칸트, 2021), 『유작 II』(칸트, 2022) 등이 있다.

임마누엘 칸트

1판 1쇄 펴냄 | 2019년 7월 23일
1판 3쇄 펴냄 | 2023년 3월 24일

지은이 | F. 카울바흐
옮긴이 | 백종현
펴낸이 | 김정호
펴낸곳 | 아카넷

출판등록 | 2000년 1월 24일(제406-2000-000012호)
주소 | 10881 경기도 파주시 회동길 445-3
전화 | 031-955-9511 (편집) · 031-955-9514 (주문)
팩시밀리 | 031-955-9519
책임편집 | 김일수
www.acanet.co.kr

Printed in Paju, Korea

ISBN 978-89-5733-636-6 93130